民 政 管 理 专 业 系 列 教 材

社会调查方法与统计

SHEHUI DIAOCHA FANGFA YU TONGJI

主　编：戴香智　侯国凤　廖　敏
副主编：曹述蓉　姜文斌
参　编：卞　群　喻　枣

北京师范大学出版集团
BEIJING NORMAL UNIVERSITY PUBLISHING GROUP
北京师范大学出版社

图书在版编目(CIP)数据

社会调查方法与统计/戴香智，侯国风主编 .—北京：北京师范大学
出版社，2025.7

ISBN 978-7-303-20837-1

Ⅰ.①社… Ⅱ.①戴… ②侯… Ⅲ.①社会调查—调查方法—职业
教育—教材 ②社会统计—职业教育—教材 Ⅳ.①C915 ②C91-03

中国版本图书馆 CIP 数据核字(2016)第 150268 号

出版发行：北京师范大学出版社 https://www.bnupg.com
　　　　　北京市西城区新街口外大街 12-3 号
　　　　　邮政编码：100088
印　　刷：三河市兴达印务有限公司
经　　销：全国新华书店
开　　本：787 mm×1092 mm　1/16
印　　张：19.25
字　　数：468 千字
版　　次：2025 年 7 月第 2 版
印　　次：2025 年 7 月第 3 次印刷
定　　价：38.80 元

策划编辑：易　新　　　　　　　责任编辑：易　新
美术编辑：焦　丽　　　　　　　装帧设计：焦　丽
责任校对：陈　民　　　　　　　责任印制：赵　龙

编 委 会

总　序

　　民政部门的基本职能是在党中央、国务院和地方各级党委、政府领导下，保障和改善民生、加强社会管理工作、促进国防建设、强化社会服务，力求在服务党和国家工作大局、促进经济平稳发展和社会和谐稳定等方面发挥骨干作用。

　　"行业发展、教育先行"，大力培养民政管理专业人才，不仅可以为民政行业提供专业化人才，而且能够促进民政行业的职业化、规范化建设。教材是知识传承和积累的载体，是保障教学的基础，优秀的教材更是提高教学质量、培养优秀人才的根本。因此，在民政行业指导委员会的大力支持下，在北京师范大学出版社的积极推动下，由全国民政职业教育教学指导委员会联合全国开设民政管理专业的优秀的职业院校、研究机构编写了本套民政管理专业系列教材，并向全国职业院校和相关机构推荐使用。本套系列教材的出版，将会在推动民政管理专业建设、人才培养、社会服务等方面起到推动和促进作用。

　　本次编写的民政管理专业系列教材，旨在以教材鼓励各主编学校结合各自办学特色及优势学科，整合各参编单位教学经验，博采众长，在稳定教学内容的基础上，做到优势突出、特色鲜明。主编单位发挥牵头作用，参编单位积极出谋划策，分享教学经验和成果，共同提高中国职业教育的教学水平。在内容选取上，本系列教材立足民政管理岗位需求，内容涵盖民政管理岗位人才需要掌握的核心技能，包括民政概论、社会工作方法与技巧、个案工作与小组工作、社区工作实务、民政公文写作、社会保障基础、社会福利管理与服务、社会调查方法与统计、沟通技巧、社会心理学基础 10 个方面的内容。

　　"十年树木，百年树人。"人才队伍建设非一朝一夕可实现。在此，我要感谢参与编写本系列教材的所有人员和出版社，是你们的全心投入和努力，让我们看到这样一系列优秀教材的出版。我要感谢各院校以及扎根于一线民政管理人才教育的广大教师，是你们的默默奉献，为民政行业输送了大量的高素质人才。我相信，在教育机构和行业的共同努力下，我国的民政人才必定会数量充足且质量优秀，进而推动民政事业走上规范化、专业化、职业化、可持续发展的健康道路。

前　言

　　随着社会调查在我国社会生产、生活领域的广泛运用，社会调查方法的作用与意义日渐凸显。但实践中水平较高的社会调查成果并不多见，甚至对社会调查还存在误解，似乎只要面向可见事物，用经验事实说话，或者配上简单的社会现象统计，就是在开展社会调查了。导致这一现象出现的原因固然很多，但是其中最重要的应当是对社会调查基本内涵、方法、操作程序等方面的把握不足。究竟什么是社会调查呢？社会调查就是在一定的理论指导下，有效获取社会信息、认识社会、改造社会的研究方法。"工欲善其事，必先利其器"。概言之，人们从事社会研究、社会治理理论研究，推进多层次多领域依法治理、提升社会治理法治化水平等实践活动，都有必要掌握社会调查这个有用的工具。

　　为此，根据社会调查的学科特性，立足如何有效做好一项基本的社会调查，面向职业教育对于社会调查与统计课程内容的需要，根据民政管理、社会工作、社区康复等专业教学标准，我们团队在长期开展《社会调查》等课程的理论与实践教学基础上，不断丰富、优化课程，通过核心成员的共同努力，于2013年将《社会调查》建成了国家级精品资源共享课（https：//www.icourses.cn/sCourse/course_6199.html），2016年，团队成员将本课程建设成国家职业教育社区管理与服务专业教学资源库核心课程（https：//www.icve.com.cn/portal_new/courseinfo/courseinfo.html？courseid＝yqpuabomzlpgz-ugo7rapvg），依托网络资源课程的教材《社会调查方法与统计》于2017年得以公开出版。

　　作为服务于职业教育的专业教材，我们在编写《社会调查方法与统计》的过程中，始终坚持立足职业教育是基于工作过程导向的职业技能教育的这一基本特征，充分结合社会调查的专业操作，进行课程内容的精心安排与尝试。全书以什么是社会调查—调查什么—调查谁—怎么调查—调查到什么等作为结构安排的逻辑主线。根据如何有效完成一项完整的社会调查，我们将全书内容分为社会调查的认知、社会调查课题的提出、社会调查的设计与准备、社会调查对象的选定、社会调查资料的收集、社会调查资料的统计和社会调查结果的呈现七个项目模块。鉴于社会调查资料收集等项目模块的内容庞杂，我们又将其分为社会测量、问卷法、访问法、观察法、文献法等任务。全书共有十二个任务，涉及社会调查操作过程的各个环节。每一个项目模块包括项目简介、项目分析，每一个任务部分则包括任务描述、任务完成、任务支撑、任务范例、任务评估、任务习题、拓展训练及推荐阅读等，全书强调完成社会调查过程的每一具体步骤必须掌握的理论知识与实务技能要求，不仅要求施教者在传授基本知识的过程中注意加强对社会调查与统计的理论与实务的把握，而且也要求学习者必须掌握相关的理论、知识、技能，在学习过程中形成较强的动手操作能力。

《社会调查方法与统计》可作为职业院校社会工作、民政管理、市场营销、商贸、企业管理、人力资源管理、现代文秘等相关专业学生的专业教材，也可作为民政领域的培训教材，以及民政、社会工作领域管理人员提高业务素养和业务能力的参考书。

本书对民政、社会工作领域等方面实务经验进行了有益的研究和分析，为有效认识问题、解释问题及解决问题提供了系统的方法体系。自首次出版以来，无论是在全日制学生专业课程教学过程，还是行业企业业务培训过程，本书均得到了较多的选用，且起到了良好的效果。近年来，国家战略明确"加快发展现代职业教育，办好人民满意的教育，提供更高质量的职业教育服务"，对职业院校教材提出了新要求，及时更新、优化教材，对于落实立德树人根本任务，提升技术技能人才培养质量具有重要意义。为此，本团队进一步认识到教材对于解决"培养什么人""怎样培养人"这一关键问题的重要意义，在严格落实立德树人根本任务、充分把握好教材的政治方向、确保社会主义核心价值观进教材内容，紧扣职业教育的类型教育定位，坚持问题导向、需求导向，进一步强化产教融合、校企合作等基础上，结合新形势、新要求，对首次出版以来在教学运用过程中发现的不足与局限进行了修订，以期更好地服务于新时代高素质技术技能人才的培养与行业企业人才培训。但由于编者水平有限，本书仍存疏漏和值得商榷之处，欢迎广大读者批评指正。

戴香智

目　录

项目一　关注社会求真相：社会调查的认知

项目简介

　　每当听到"社会调查""数据分析"之类的行话，人们往往会想象到恐怖的场景：捣弄数据、背诵公式、学习术语。然而，社会调查方法的具体细节跟这个大不相同。虽然调查需要我们和数据、测量打交道，但调查也需要我们深入社会之中，它是一项系统性、体系性的科学活动。

　　在当代社会，要客观、准确、深入地了解瞬息万变的社会现象，必须深入社会实际开展调查研究。究竟什么是社会调查？作为一项科学研究活动的社会调查，又具有哪些不同于人们日常生活中一般认识活动的特点？关于这些问题，我们将在本项目中系统介绍，从而帮助读者掌握社会调查方法这一了解社会、认识社会、研究社会的有力工具。

项目分析

知识目标

1. 掌握社会调查的概念、社会调查的特点，掌握社会调查的基本类型；

2. 了解社会调查认识社会的基本任务；熟悉社会调查的一般程序及社会调查认识社会的突出功能；

3. 了解社会调查在西方发展的原因及历史进程、社会调查在西方发展的规律和特点；了解近现代史上我国社会调查方法的发展状况以及当前我国社会调查的发展状况。

能力目标

1. 根据所选的调查类型，遵循社会调查的特点，按照社会调查的要求与方法完成一项社会调查；

2. 能设计合理的社会调查程序；

3. 能客观分析并总结中西方社会调查发展的历史脉络及特点，并指导个体开展社会调查。

素养目标

1. 具有认真钻研，深入实地探究事实的态度，思维严谨有序、周到细致；

2. 具有谦虚、务实的工作作风，具备分析问题并解决问题的责任意识。

任务 1
了解社会调查

任务描述

什么是社会调查？这是每一个学习社会调查方法、尝试做社会调查的人都希望弄明白的一件事。现实中，社会调查既有广义之说，又有狭义之说，同时，还存在着学术与非学术之别。因此，本书第一部分将对社会调查概念的不同理解作一个简单的介绍。

任务实施

一、任务目标

1. 掌握社会调查的概念、社会调查的特点及基本类型，为后期开展社会调查做好铺垫；

2. 了解社会调查认识社会的基本任务、一般程序及社会调查认识社会的突出功能，并能设计一份合理的社会调查程序；

3. 了解社会调查在西方发展的原因及历史进程、社会调查在西方发展的规律和特点；了解近现代史上我国社会调查方法的发展状况以及当前我国社会调查的发展状况。

二、任务实施步骤

1. 教师讲解社会调查的概念、特点、功能以及发展历程；

2. 学生分享以往主持或参与的社会调查过程及心得，掌握社会调查的特点及功能；

3. 教师举例介绍中西方社会调查的发展历程，师生共同分析并归纳科学的社会调查的态度；

4. 教师举例介绍完成社会调查项目的程序；

5. 学生在课后查阅资料，分组讨论，初步拟定 3 个准备调查的课题；

6. 预习社会调查选题部分的课程知识，并初步论证上述 3 个课题的重要性、创新性、可行性、合适性。

知识链接

任务 1-1　把握社会调查的概念

一、社会调查的含义

社会调查随着人们认识社会的需要而诞生并被广泛应用。社会调查是人的一种社会活动，这种活动是一个非常复杂的过程，同时，人们认识这种活动时，会受到主观和客观等多种因素的制约，因此，人们对它的认识存在着较大的差异。这些差异便造成了仁者见仁、智者见智的不同观点。较有代表性的观点主要有以下四种。

第一种：认为社会调查是收集社会资料或社会事实的行为。如社会调查"是运用有目的的设计的询问方法收集社会资料的过程"①。这种表述强调社会调查是一种收集资料的方法或过程。

第二种：认为社会调查是对某种社会现象或者规律进行完整的认识的过程，既包括资料的收集过程，又包括对资料进行整理并开展分析与研究的过程。如"社会调查指对某一地区的社会现象、社会问题或社会事件，用实际调查的手段，取得第一手的材料，用以说明或解释所要了解的各种事实及其发生的原因和相互关系，并提供解决线索的一种科学方法"②。这种观点实际上认为社会调查包含着调查和研究两个阶段。

第三种：认为社会调查与社会调查研究是有区别的。社会调查着重调查资料的收集，是人们认识社会的活动；而社会调查研究则强调系统的社会研究方法。社会调查研究尤其强调对事实资料进行去粗取精、去伪存真以后进行的资料分析，前者多为一种感性的认识活动，后者多为一种理性的认识活动。这种观点将社会调查与社会调查研究截然区分开来。

第四种：认为社会调查既是认识社会的认识行为，又是改造社会的实践活动。"社会调查作为人们科学地认识社会发展规律，进行社会改革，促进社会更快发展的一种基本方法和工具，也是提高人们认识能力和工作效率的主要途径。"③

本书倾向于第二种观点，即社会调查包括社会调查与社会研究两个层面的内容。基于此，我们将社会调查的定义界定如下：社会调查是在一定的理论指导下，有目的、有计划、有组织地运用特定的方法和手段，系统、直接地收集有关社会现象的信息资料，进而加以分析、综合，做出描述和解释，阐明社会现象的本质及其发展规律的一种自觉的社会认识活动。这一定义包含以下三层意思。

(1)社会调查是一种自觉的认识活动

社会调查和我们所说的没有特定目的的一般观察和思考是有区别的。社会调查有着明确的目的，遵守科学的研究程序，运用一定的方法和先进的技术来了解、分析社会事实。一般而言，它要经过选题—设计—调查—研究—总结几个步骤。也因此，我们常听到的到乡村走马观花地看一看、听一听、转一转，或者在街头巷尾道听途说一番并不是我们所说的社会调查。

(2)社会调查是一种复杂的理性认识活动

社会调查这种理性体现在调查和研究的各个阶段，都不是一种纯感性的认识活动。即使是我们调查员到实地进行访谈，或者观察，都是项目组围绕项目的调查目的，根据拟定的调查提纲展开调查，否则，我们不可能收集到符合我们目的和要求的资料。比如，课题"返乡农民工职业培训与教育研究"，需要项目组成员奔赴返乡农民工所在村域，围绕经济环境、经济发展优势、农民工就业经历、培训课程设置、师资引入、资金筹集等系列因素开展实地调查，而不能凭空假想。

---

① [英]迈克尔·曼．国际社会学百科全书．袁亚愚，等译．成都：四川人民出版社，1989.

② 李剑华，范定九．社会学简明辞典．兰州：甘肃人民出版社，1984.

③ 于忠志．社会调查研究实用教程．北京：东方出版社，1991.

(3)社会调查的目的是了解社会生活的真实情况，探索社会现象的本质及其规律性，并寻找改造社会、推动社会发展的方法。

社会调查作为一种认识活动，不是对社会现象简单、机械、零碎、表象的反映，而是在通过对资料的收集、整理、分类、汇总和统计分析的基础上进行思维加工，逐步揭示社会现象的真相和发展规律，从而改造社会以及推动社会发展。

二、社会调查的特点

社会调查作为一种社会活动，不同于其他的社会活动，具有区别于其他社会活动的一些自身的特点。社会调查活动的特点是指社会调查行为的作用对象和方式所具有的特性。这些特性是在社会调查与其他相关的社会行为相比较中显现出来的，是与其他社会行为相区别的标志。通过对它的特点的分析，我们可以进一步认识社会调查的实质。

1. 活动的科学性

社会调查与我们的日常观察和参观访问是有区别的，日常观察和参观访问往往只是一般性的了解活动，对事物的认识停留在经验性和表象之上；而社会调查是有目的、有计划、有步骤地运用特定的方法系统地认识和研究的社会活动。它既要求准确地认识对象的表象，又要求通过表象认识进而对对象做出解释、预测和对策性的研究，掌握事物的本质和规律。在这里，社会调查的行为充分显现了它的目的性、计划性、系统性等特征。学者林闽钢、祝建华主持的国家社会科学基金项目："建立和健全我国新型社会救助体系研究"和联合国儿童基金会（UNICEF）、民政部社会救助司项目："缓解我国低收入家庭贫困代际传递的政策研究"的抽样过程充分体现了项目组对于社会调查活动科学性的坚持。

"本研究的资料收集方法主要采用结构式问卷调查的方法。调查于 2010 年 7—9 月在全国范围内 6 个城市中进行。调查点的选择主要考虑了地区分布和城市类型两个因素。从中国东部的江苏省、中部的河南省、西部的陕西省一共抽 6 个城市，包括 3 个省会城市（代表大城市）、3 个普通城市（代表中小城市）。各城市调查样本的抽取采用多阶段抽样的方法进行。在每一个城市中，依据各个城区中城市低保家庭的分布情况，采用简单随机抽样的方法抽取 1~2 个城区，然后再从这些城区中按照街道、社区的层次，逐步抽取符合条件的低保家庭，另外，每个城市再各抽取部分退保家庭和常态家庭。每个家庭根据 Kish 选择法，选取一个成年人作为最后的调查对象。"[①]

2. 行为的现实性

社会调查的课题选择来自现实社会，调查者在选题过程中，会选择从现实社会生活中、从个人经历中、从现有文献中寻找。调查资料的收集也源于现实社会的第一手资料，调查成果应服务于社会现实，并直接解决某种现实的社会问题。比如，我们一直关心的当前市场经济的发展对校园霸凌的防治、大学生就业、失能老人的长期照护、职业教育助力乡村振兴等，这些现象的研究都来源于我们的生活，或者就存在我们周围，与历史研究相比，社会调查的对象是现实的社会事实；与实验研究相比，社会调查是客观环境

---

① 林闽钢，祝建华. 我国城市低保家庭脆弱性的比较分析[J]. 社会保障研究，2011(6)：60—71.

的现实，而实验研究是人为的模拟现实。

3. 对象的社会性

社会调查认识社会具有对象的社会性特点。与新闻采访、案件调查相比，社会调查的对象着眼于认识社会中个人与个人之间、群体与群体之间的共同行为及相互关系，更强调研究对象的社会性。比如，北京大学国家发展研究院于 2011 年开展的中国健康与养老追踪调查，零点研究咨询集团在 2014 年开展的"'00 后'生活形态与消费方式"研究，都是以社会所关注的"老年人""00 后"群体为研究对象进行的全国性的抽样调查。又如，近年来学者研究的"失能半失能老人""困境儿童""返乡农民工"都是具有时代特征的社会群体，其研究对于改善这些群体的生活质量、提升生活水平有现实意义。

4. 态度的客观性

客观性特点主要是指社会调查遵循了价值中立的原则，调查者在调查过程中持有客观、公正的调研态度。在调查过程中，我们的调查者会受到一些社会历史条件的影响和制约，研究者的立场、观点都会对研究过程造成影响。比如，你正在研究"人情""关系"对学校篮球赛裁判的影响，当你感觉到某个裁判对你最喜欢的队伍判决不公，那么你的研究就有可能因此受到影响。客观性原则要求调查人员应保持客观的态度去寻求反映事物真实状态的准确信息，正视事实，不允许带有任何个人主观的意愿和偏见，不唯书、不唯上、只唯实，以保证调查结果能如实反映客观实际。又如，我们在调查了解城乡居民的生活差异的时候，我们应该深入居民生活和活动的场所，通过观察、走访等多种方式来收集信息和资料，要避免将个人对"城里人""乡下人"的主观偏见带入调查项目中，影响调查过程和结果的分析。

5. 研究的综合性

社会调查具有研究的综合性特点。

第一，分析角度的综合性。比如流浪儿童再次流浪的原因分析，研究者会综合流浪儿童的家庭经济因素、家庭关系因素、社区环境因素、教育因素以及同辈群体因素等方面综合分析，从不同角度对该现象进行较深入的多层次分析，注重从该现象与其他现象的相互关系中去认识它、把握它。

第二，认识方式的综合性。社会调查既包括感性和经验的认识方式，也包括理性的认识方式。"中国居民生命历程研究"体现了认识方式的多元性和综合性。

第三，学科运用的综合性。社会调查需要运用到社会学、经济学、心理学、统计学、哲学、计算机等多学科、多领域的知识来进行深入的分析。学者李培林在 20 世纪 90 年代撰写关于流动民工招标课题的阶段性成果时，重点关注经济学与社会学关于"流动"的研究成果，并对比分析经济学视角、社会学视角、人口学视角关于"劳动力流动和社会流动"的差异，最终提出"流动民工"这个概念实际上包含了三种流动：一是在地域上从农村向城市，从欠发达地区向较发达地区的流动；二是在职业上从农业向工商服务等非农产业的流动；三是在阶层上从低收入的劳动者阶层向比其高的职业收入阶层流动。[①]

第四，研究方法的综合性。社会调查资料收集的方法种类繁多，方式有抽样调查、典型调查、个案调查之分；调查方法则有问卷法、访谈法、观察法、文献法等；现代调

---

① 李培林. 流动民工的社会网络和社会地位[J]. 社会学研究，1996(4)：42—52.

查的技术则具备录音、摄像及相应的计算机处理等。现代社会调查综合运用先进的设备和方法进行跨地区、多领域的课题研究。

三、社会调查的类型

根据不同的标准，可以将社会调查划分为不同的类型。比如，根据调查对象的范围，可以分为普通调查、抽样调查、典型调查、个案调查；根据收集资料的方法，可以分为问卷调查（自填问卷与邮寄问卷）和访问调查（当面访问与电话访问）；根据调查的目的和作用，可以分为描述性调查、解释性调查和预测性调查；根据调查的时间性，可以将社会调查分为横向调查和纵向调查；根据社会调查的性质或应用领域，可以分为行政统计调查、生活状况调查、社会问题调查、市场调查、民意调查和研究性调查。前面4种分类的内容将在后面的章节中详细介绍，这里只对根据社会调查的性质或应用领域划分出的几种类型进行介绍。

一是行政统计调查。它主要包括由国家和各级政府部门所进行的人口调查、资源调查、行业调查、社会概况调查等，其特点是多为宏观的、概况性的，其中一个典型的例子就是全国人口普查。这类调查对于了解一个国家、一个地区或一个行业的基本情况有很重要的作用。

二是生活状况调查。通常是对某一时期、某一社区或某一社会群体的社会生活状况所进行的调查。与行政统计调查不同，它的着眼点主要放在了解人们日常社会生活各个方面的基本状况，以综合地反映一个时期、一个地区或一个群体中人们总的社会生活状况，比如对某市离退休老人生活状况的调查、对某市居民生活质量的调查，等等。

三是社会问题调查。即针对社会中所存在的各种社会问题进行系统的调查、了解，找出问题的原因。为解决社会问题提供参考意见，类似于医生给患者看病，社会问题的调查是对各种社会问题进行"社会诊断"：比如失能失智老年人长期照护及护理问题调查，群众看病难、看病贵的问题调查，三孩政策实施后各地配套措施建设情况调查，等等，都是当前人民群众急难愁盼的问题调查。

四是市场调查。即为拓展商品的销路，以便更好地为企业的生产和产品的销售服务，从而围绕某种商品的市场占有率、顾客购买情况、商品的宣传效果等进行的调查。比如化妆品市场调查、饮料市场调查、服装市场调查、家电市场调查，等等。

五是民意调查。也称舆论调查，即对社会中民众的意见、态度、意识等主观意向进行的调查。典型的民意调查是美国的总统选举民意测验，以及对社会热点问题的民意调查，如中南财经政法大学人口与健康研究中心开展了"第三期湖北省百县生育意愿"的课题调查。

六是研究性调查。即广泛应用于社会学、政治学、人口学、教育学、传播学等社会科学领域的社会调查。例如，近年来，社会学家陆学艺对当代中国社会结构变动的研究，体现了社会学家对当代中国社会结构与社会建设之间关系的研究，与其他类型的调查项目相比，研究性调查的目标往往不是针对某一具体的社会现象和社会问题得出结论，而是致力于对同类社会现象所具有的一般规律或普遍法则进行探索和研究。

对研究者而言，调查类型的选择不仅要考虑调查目的、调查内容和调查重点，而且还要考虑人员、经费、时间等客观条件。例如，由于普查所需要的时间、人力、经费都很多，所以在一般的社会调查中很少采用。当调查课题需要准确地了解总体的一般状况时，研究人员一般会选择抽样调查而不是普查。又如，在具体的工作部门对某些问题做一般性的调查了解时，也没必要做大规模的问卷抽样调查，可选择适当的、有代表性的单位进行实地个案调查，从而节省时间和人力。

任务 1-2　理解社会调查的功能

一、社会调查的基本任务

社会调查认识社会的任务是指调查者根据调查目的和要求，在调查过程中必须完成的对调查对象的认识和研究。由于社会调查的具体目的不同，其具体任务也有所侧重。

1. 收集调查对象的真实资料

社会调查的首要任务是根据调查目的提出的具体要求，运用特定的方法和手段，收集有关社会现象的信息和资料，建立系统的资料。收集调查对象的信息，一方面可以从现成的二手资料中收集，即人们已经收集的报刊、书籍、磁带、胶片等储存的文献资料；另一方面是运用问卷、访问、观察等方法和手段向调查对象直接收集的未经加工的第一手资料。

资料收集的主要任务是对原始资料的收集。只有及时收集社会现象的系统真实资料，才有可能对所研究的社会现象进行客观描述，做出正确解释，进而进行科学预测和对策研究。

2. 客观描述调查对象

所谓客观描述调查对象，是指对收集来的资料进行去粗取精、去伪存真的加工整理，将调查对象有关的真实情况如实地客观地反映出来和呈现出来。比如社会调查中的普查、民意测验，都是以客观反映真实情况为主要任务的。

例如，我国 2006 年 4 月 1 日，进行了第二次全国残疾人抽样调查。根据此次调查数据，全国各类残疾人的总数为 8 296 万，占全国总人口的 6.34％，此次调查数据也客观反映了我国各类残疾人的数据分布，详细情况可参看表 1-1。

表 1-1　2006 年全国残疾人抽样调查数据

类　别	数量（单位：万人）	百分比
听力残疾	2 004	24.16％
言语残疾	127	1.53％
智力残疾	554	6.68％
肢体残疾	2 412	29.07％
视力残疾	1 233	14.86％
精神残疾	614	7.40％
多重残疾	1 352	16.30％
合　计	8 296	100％

注：数据来源于第二次全国残疾人抽样调查数据公报、第二次全国残疾人抽样调查主要数据公报。

描述研究要达到准确、客观地再现对象，必须要达到以下几点：第一，描述所依据的调查材料要真实；第二，采用的方法要科学；第三，对调查对象的属性、数量、动态等主要关系要描述透彻；第四，立场要客观中立，避免各种因素的干扰。

3. 正确解释调查对象

描述性研究主要目标是回答和说明调查对象"是什么"的问题，而对于解释性研究而言，一般会在描述调查对象是什么的基础之上，进一步回答有关"为什么"的问题。因为，认识调查对象仅停留在表面的认知是不够的，一般的社会调查要求，不仅要求认识调查对象的表面现象，说明其特征，还进一步要求调查者说明调查对象内外部之间的关系，说明调查对象运动、发展、变化的原因，回答为什么的问题，说明对象的本质属性及运动规律。比如，青少年犯罪原因调查、单位行政效率低下原因的调查等，都是以解释社会现象的本质属性为主要任务的。

影响解释性研究的因素有：描述性调查成果的真实与否，调查者依据的理论，采用的方法和手段，以及调查者的立场和价值取向等。

4. 对调查对象进行科学的预测和对策研究

对策研究是指调查者对调查对象内外相关的联系及发展趋势进行科学的估计和评价。调查者运用各种预测方法，如建立在数学和统计学等现代科学基础上的数据方法，通过图表模型、计算和模拟来进行预测，或者通过历史分析法等进行预测。

对调查对象估计和评估的结果，就是社会调查预测研究的成果。社会调查预测研究的成果可以使人们认识调查对象的发展现状，也可以让人们认识对象未来的发展趋势和前景。例如一份致美国政府的文件《致总统的 2000 年全球报告》(*The Global 2000 Report to the President*，Barney，1980)结论体现了该项社会调查对世界的环境、资源和人口情况进行的综合性的预测。该报告结论如下："如果目前的发展趋势持续下去的话,2000 年的世界将比现在更拥挤、污染更严重、经济上更加不稳定，并且与我们现在所生活的世界相比更容易崩溃。未来严重的人口、资源和环境压力已清晰可测。尽管物质生产将会更加丰富，但那里的人们在许多方面将比今天的人更贫穷。"[①]

预测研究与解释研究一般是同步进行的，预测研究的成果往往也是在解释研究的过程中产生的，它们属于对调查对象进行规律性探索和研究。科学的对策研究是指调查者在掌握调查对象本质的基础上，运用自己掌握的有关知识和技能，提出干预对象发展进行的计划和意见的活动。这些计划和意见主要有如下几种。

(1)调查者向委托者建议，通过一定的社会控制手段，使调查对象达到和谐与稳定的控制型对策。

(2)提出解决问题的对策。例如人口政策、养老保险政策、社会福利政策等社会政策。

(3)预防措施的对策。在社会一旦发生失调和解体的时候，能够按照计划消除风险和危害。例如根据人口结构分析及人口发展趋势预测，对计划生育政策进行适时调整，并对教育、医疗、养老等社会设施及人才培养进行计划配置，防止因人口增长与这些设施不协调而发生种种危机。

还有一些社会调查，其任务并不满足于解释已有的社会事实，而是要求能预言新的社会事实，即现在还没有出现，但是在一定条件下可能出现的事实。这就要求调查者对调查对象内外相关的联系及发展趋势进行科学的估计和评价。预测调查一般是在认识调

---

① [美]戴维·波普诺. 社会学(第十版). 李强，等译. 北京：中国人民大学出版社，2007.

查对象现状的基础上，着重探讨调查对象未来的发展趋势。科学预测，需要方法的科学性，最重要的是用来预测的基础数据必须真实可靠。

二、社会调查的程序

作为一种自觉的认识活动，社会调查有比较固定的程序，这种固定的程序可以说是社会调查自身所具有的内在逻辑结构的一种体现。从大的方面看，社会调查的程序可以分为 5 个阶段：选题阶段、准备阶段、调查阶段、研究阶段、总结阶段，各个阶段所包含的基本内容及任务如表 1-2 所示。

表 1-2　社会调查的基本程序

	阶　段	基本内容
社会调查的一般程序	选题阶段	选择调查课题
		查阅文献资料
		提出研究假设
		进行课题论证
	准备阶段	设计调查方案
		组建调查队伍
		做好物质准备
		制订抽样方案
		准备测量工具
	调查阶段	进入调查地点
		接触调查对象
		收集调查资料
	研究阶段	整理调查资料
		进行统计分析
		开展理论研究
	总结阶段	撰写调查报告
		总结调查工作
		评估调查成果

1. 选题阶段

选题阶段是社会调查工作的首要阶段。这一阶段的任务是正确选择与论证社会调查课题。选择一个合适的调查课题在初学者看来并不困难，但实际上并不是一件简单的事情。从程序上看，选择调查课题是社会调查活动的起点，是整个调查工作的第一步。调查课题一旦确定，整个调查活动的目标和方向也就随之确定，调查课题选择得是否有意义，适不适合我们的调查者来开展，能不能通过调查得到数据也就是课题的意义、合适性、可行性等，在一定程度上决定着整个选题工作的成败，也决定调查成果的好坏优劣。

比如，某大学生选择"中年人士的婚姻调适"作为研究主题，这一课题虽然有研究的重要性，但与大学生的生活领域相差甚远，学生在进行资料收集及分析时会因为缺少生活体验等难以坚持下去。所以，选题应该得到高度重视。

2. 准备阶段

准备阶段是社会调查的重要环节。社会调查能否满足社会管理、社会改革与发展的需求，在很大程度上取决于筹划准备阶段的工作内容与工作质量。准备阶段的工作主要有五项：设计调查方案、组建调查队伍、做好物质准备、制订抽样方案、准备测量工具。

(1)设计调查方案

调查课题的确定，实际上是对整个社会调查研究工作提出了所要达到的目标。目标提出后，怎样去达到这一目标便成为社会调查者所要思考的一大问题。社会调查就是要使人们对社会现象的认识从模糊转变为清晰，使人们对社会状态的认识从不确定转变为确定，因此，靠蛮干是不行的。要有效地完成社会调查的任务，首先必须进行周密的调查方案设计，而不是急于到社会中去收集资料。社会调查方案设计的任务较多，社会调查方案的设计一般包括以下8个方面：说明调查课题的目的、意义；说明调查的内容；说明调查范围、调查对象；说明抽样方案；说明资料收集方法和分析方法；说明调查人员的选择、培训与组织；说明调查经费与物质手段的计划与安排；确定调查的场所、时间与进度安排。

(2)组建调查队伍

包括调查人员的选择、培训、组织及各项物质准备等工作。这是调查设计中最为琐碎，也是最为具体的部分。它可以说是将上述几项设计内容所构成的蓝图进一步操作，即把前面那些体现和代表着调查研究思路、策略和水平的几方面内容一项项落实。这方面内容的设计虽不像调查目标、途径和手段的设计那样对调查的层次、水平具有决定性影响，但它却是一项高质量的社会调查得以顺利完成的必要保证。

(3)做好物质准备

在这一阶段需作出调查经费的开支预算，并对经费使用作出规划、安排，同时准备好录音机、照相机、计算器、计算机等调查工具及设备等。

(4)制订抽样方案

包括对调查总体、抽样方法、样本规模等在内的所有问题进行具体的可操作性的方案设计。抽样方案的调查需要从调查课题的目标、调查对象和调研项目组的实际可能出发，设计出科学、合理的抽样调查方案，从而保证抽样调查顺利进行。

(5)准备测量工具

与抽样一样，社会调查必然会涉及对社会现象进行测量的问题。社会调查的资料以及调查成果的质量，都直接与测量的质量紧密相关，在社会调查的准备阶段，我们需要确定测量指标，设计调查表格，选择适当的测量手段，从而确保提升调查成果的质量。

3. 调查阶段

调查阶段也称作收集资料阶段或调查方案的实施阶段。这个阶段的主要任务，就是具体贯彻调查设计中所确定的方法、技术进行资料的收集工作。在这个阶段，调查者要深入实地，接触被调查者。比如有同学选择城市社区老年人的闲暇生活作调查，那么这一项目组的调查者就要深入社区，去观察，甚至参与到老年人正在开展的活动中体验老年人的闲暇生活。调查工作中不但需要大量的人力，还会遇到各种问题，比如调查对象拒绝调查，调查对象多次不在家，调查设计与现实之间不太符合，调查资料丢失、语言交流障碍等，这个时候我们的调查小组就要发挥主观能动性，及时调整调查的思路和安排，保证调查资料的完善、客观、真实。

4. 分析阶段

分析阶段在有的书中也称为研究阶段。这一阶段的主要任务是：对实地调查所收集到的原始资料进行系统的审核、整理、统计、分析。从实地调查中所得到的众多信息和第一手资料，需要经过调查研究者的多种加工和处理，才能最终变成调查研究的结论。这里既有对原始资料的清理、编码和录入计算机等工作，也有对资料进行各种方法的分析工作。

5. 总结阶段

总结阶段的任务主要是：撰写调查报告，评估调查质量，应用调查成果。调查报告是一种以文字和图表将整个调查工作所得到的结果系统地、集中地、规范地反映出来的形式。它是社会调查成果的集中体现，而撰写调查报告也可以说是对整个社会调查工作进行全面的总结。从调查的目的、方式，到资料的收集、分析，到调查得出的结论、调查成果的质量，都要在调查报告中进行总结和反映。同时，还要将社会调查的成果以不同的形式应用到社会实践中去，真正发挥社会调查在认识社会现象、探索社会规律中的巨大作用。

三、社会调查的功能

社会调查的功能是指社会调查活动对社会生活的作用和影响，以及这种活动所产生的实际效益。其突出功能有以下几个方面。

1. 正确认识社会、制定政策的重要方法

社会调查作为一种科学研究的实践活动，调查者在调查活动过程中，得到专业知识和实际操作的训练，因此，它能够有效地提高调查者科学认识和研究社会现象及其规律的能力。此外，社会调查的学科知识和调查的成果，又能够帮助一般人正确地看待社会现象和问题。它是提高国民素质的重要途径。因此，通过本门学科的学习和研究，能够为人们深入地认识社会，进而改造社会、服务社会打下基础。

2. 有效查清社会问题、改造社会的重要手段

社会问题是社会关系或社会环境失调，致使许多人的日常生活发生障碍，影响社会的良性运行，妨碍社会协调发展的社会现象。我国现阶段各个领域中都有诸多问题需要调查、了解，并提出解决问题的对策，比如近年来日趋引起社会关注的环境污染、权力腐败、人口老龄化、失业等。面前这些社会问题，社会管理机构与社会工作部门不能被动观望和消极等待，而应该积极主动地采取各种措施，选择各种方法去处理和解决这些社会问题。

解决社会问题，需要首先了解其现状、产生的原因及趋势，而这些任务的完成都需要开展深入细致的社会调查，收集翔实的资料，进行定量或者定性分析，并提出可行的解决方案，为政策的制定提供科学的依据，从而改造社会，推动社会的健康、良性运行。

四、社会调查的实践应用

(一)社会调查应遵循的原则

社会调查是一种系统的社会研究方法，调研者采用科学的手段和方法收集有关社会现象的事实，并通过对事实资料的理性分析，从而得以科学地阐释社会现象的产生、发展和变化规律。但是，没有规矩，不成方圆。科学的社会调查研究的开展必须以科学的理论、规范为指导原则，带领调研者沿着正确的轨道行驶。否则，社会调查定会陷入无序、混乱的状态，后续的调查工作必然是举步维艰，事倍功半，甚至偏离方向，误人误事，从而丧失它的实际意义。总体而言，科学的社会调查应该坚持实践原则、客观原则、系统原则、定量与定性分析相统一的原则。

1. 坚持实践的原则

在调查研究过程中，调研者通过深入实际，了解情况，掌握第一手资料，从而达到对事物客观规律的认识。关于社会调查研究与认识的关系，毛泽东同志还曾作过一个形象的比喻。他说："你要有知识，你就得参加变革现实的实践。你要知道梨子的滋味，你就得变革梨子，亲口吃一吃。"[①]社会调查研究的直接目的是认识社会现象的本质及其发展规律，这一目的决定着社会调查研究工作是一项极富探索性和创造性的实践活动。课题的遴选、资料的收集、整理、综合、分析都离不了调研人员的创造性、探索性的社会实践。

具体说来，调研人员在社会调查研究中应该从四个方面着手来坚持实践的原则。第一，要根据社会实践的需要和可能选择调查研究课题，正确确定社会调查的大方向。第二，在调查过程中，调研者一定要面向群众、面向实际、面向生活，做深入细致的调查研究，不摆"官架子""花架子"。为了尽可能获取最翔实的资料，要勤于动手、动脑，密切接触调查对象，为研究工作做好最完善的准备。第三，在研究阶段，调研者须充分发挥自身的主观能动性，对已收集的资料进行认真的分析研究，客观真实地反映社会现象的本来面目。第四，还要求调研者在撰写调查报告的总结阶段里，提出的理论或解决问题的方案能够"还原"于实践，服务于实践，并要接受社会实践的检验。

2. 坚持客观的原则

在社会调查过程中，要坚持客观的原则，就必须克服形形色色的主观主义的思维方法，避免个人偏见或者歧视。在实际调查研究中，调研者应坚持不"唯上"、不"唯书"、不"唯众"、不"唯己"。不"唯上"，就是不能为了迎合上级领导机关或某些权威人士的意图，而任意剪裁或歪曲客观事实；不"唯书"，就是不能为书本上已有的结论或过时的老框框所禁锢，而不尊重活生生的现实；不"唯众"，就是不要"随大流"，不能为多数人不符合客观规律的看法所左右；不"唯己"，就是不能以自己的看法为转移，不要害怕否定自己的不符合实际的观点，要敢于否定自己，从而获得思想上的新生。保持客观看起来非常简单，但在实践操作过程中却有可能十分困难。现阶段，我国的社会调查研究工作尤其需要贯彻客观的精神，客观、深刻地反映处于社会转型时期的社会现象、社会问题，

---

① 《毛泽东选集》第一卷．北京：人民出版社，1951.

为社会政策的制定提供客观依据。

3. 坚持系统的原则

社会不仅是一个客观存在的、充满矛盾的实体，而且是作为一个异常庞杂的系统而存在着的。系统是指由互相作用的若干要素按一定的方式组合而成的，并且有特定功能的统一整体。社会学功能论者帕森斯在其理论研究中指出，社会是一个相互关联的系统，如果一个部分的运转出现了问题，整个系统都会受到影响。在系统中，每个要素的性质和行为都将影响整体的性质和行为，同时也受整体的性质和行为的影响。在调查研究中，不能仅仅简单地就调查对象做孤立调研，而要把考察对象置于系统中，把调查材料当作有机整体来研究，才能为实现整个社会大系统最优化提供科学的依据和合理的建议。具体落实到社会调查研究工作的各个环节上时，调研者应研究事物或现象的构成要素，包括自然地理环境、文化、社会制度、人口等系列要素，应研究事物系统的内在结构及排列组合方式，这是认识各种事物或现象的中心环节；应研究事物系统的整体性和整体功能，才能达到对事物整体的认识和整体的把握；应研究事物的外部系统，才能求得全面、科学地认识客观事物。比如，学者们在研究中国的离婚率持续上升现象的原因时，不仅会考虑个体家庭的因素，更多的则会从社会因素来分析。又如中国家庭结构的变迁，社会对于家庭和性别定义的不断变化，离婚申请的简便，社会对离婚现象的认可态度，国人平均寿命更长了等因素进行系统的调查和研究。

4. 坚持定量与定性分析相结合的原则

定量分析是对事物量的方面的分析和研究，事物的量是事物存在和发展的规模、程度以及构成等可用数量表示的规定性。定性分析是对事物质的方面的分析和研究，事物的质是该事物区别于其他事物的固有规定性。马克思主义哲学认为，任何事物都具有质的方面和量的方面，都是质和量的统一体。对事物质与量的分析，能够达到对事物的全面把握。因而，做到定性分析和定量分析相辅相成是一切调研者在调查研究中应牢记的原则。在初始的调查阶段，调研者既要注意收集反映现象质的材料，又要注意收集反映现象量的材料。在接踵而来的研究阶段，调研者更应把对事物的定性分析和定量分析有机地结合起来。在最后的总结阶段——撰写调查报告阶段，要做到有观点、有数据、有分析、有对策。一份有理有据的调查报告是对一次调研工作的最好总结。任何偏重于定性分析或偏重于定量分析的社会调查研究都是不完整的，对事物的认识应达到定性准确、定量精确，两者并重、完美结合才是社会调查研究工作的理想境界。

此外，成功的社会调查还需要调研者发扬勤奋、艰苦的作风。到基层做调查是一项十分艰苦的工作，一是生活上的艰苦，二是调查工作的艰苦，要求调查者不怕困难、不怕挫折、不怕看冷眼、受冷遇、坐冷板凳。此外，调研者一定要脚勤、眼勤、口勤、手勤、脑勤，要勤于调查、勤于记载、勤于思考、勤于研究，才能收集到客观、真实的调查资料。

(二)社会调查的实践运用

1. 社会调查与社区研究

当你调查的目的是帮助当地的社区，并为社区建设与发展做出贡献时，那么需求评估将显得格外有价值。需求评估是一种分析特定人群并且通过书面展现结果的分析方法。在做一项需求评估时，有三个关键的问题需要去调查。

（1）需要什么样的信息。

（2）现在状况的背景是什么。

（3）要怎样去收集信息。

科学运用社会调查的方法，将为你在后期的社区工作中提供客观依据。

2. 社会调查与社会政策

社会政策之所以出台，是因为人们意识到了问题的存在，并且采取措施去处理。现代社会政策的制定需要依赖大量可靠的社会信息，这些信息又以具备数量特征为条件。要获得这些信息，不仅依赖于社会调查，而且必须实现社会调查手段和方法的科学化、现代化，比如调查样本的科学选择，保证调查资料的真实性和可靠性，实行定量分析的原则等。这些也决定了制定社会政策要依赖于现代化的社会调查方法，比如依赖于它的抽样方法、问卷设计和使用方法、问卷和访问相结合的方法、数据统计和推论的方法等。总之，社会政策的制定离不开社会调查，同时，社会调查要服务于社会政策，并在其中发展自己。

任务1-3　了解社会调查方法的发展历程

无论是在中国还是世界范围内，社会调查都有着十分古老而悠久的历史，社会调查的发展大体经历了三个阶段，即古代的社会调查，近代的社会调查和现代的社会调查。近代以来的社会调查影响较大的又分为欧美等国的社会调查和马克思主义社会调查。20世纪以来，社会调查在中国也得到了迅速的发展。社会调查方法的发展历程将向我们展示社会调查方法的发展阶段及各阶段的突出特征。

一、古代社会调查方法的发端认知

社会调查方法是从人类的社会实践中产生的。其起源可以追溯到公元前数千年的古埃及、古罗马。例如，在古埃及和古罗马，早在几千年前，就相继以徭役、征兵为目的，进行了人口、土地、粮食、牲畜等方面的国情国力调查。据有关资料记载，古埃及在公元前3050年，为了筹集资金修建金字塔，曾对全国人口、资财等情况进行过调查。

古代中国社会调查方法也有着悠久的历史。古代社会调查与政权的建立和巩固有着密切的关系。公元前21世纪，大禹治水划九州，曾进行人口调查。它和古埃及为建金字塔而进行的调查并列为人类社会最早的社会调查。此后，历代统治者从来没有停止过对人口的调查。

战国时期，商鞅提出了我国历史上第一个调查提纲，提请国家必须摸清13个数字：即人口数、粮食贮存数、壮年男子数、壮年女子数、女子数、老人数、儿童数、官吏数、士兵数、靠游说混饭的人数、商贩数、马牲口数、牛牲口数。这是一个较为系统的调查统计提纲。

古代的社会调查，其主要目的是制定征税等方面的政策，加强人口、税收管理，从而治理国家、控制社会。其特点主要有两点：一是调查规模不大，调查项目不多，调查内容不复杂，大多在人口、土地等社会资源的项目上，多为基本的社会调查；二是当时的调查方法比较简单，人们运用原始的观察、直接的访问、简单的比较、不成形的统计以及有限的文献资料进行调查，调查结果比较粗糙，多为经验的社会调查，这是与当时的社会发展水平不高和人们对社会的认识能力有限相适应的。

二、近代社会调查的形成认知

科学系统的社会调查理论和方法是伴随着资本主义的产生而形成和发展起来的。这一时期，国外社会调查发展的重心在欧洲国家，包括英国、法国等，其形成的原因主要有四点。

1. 资本主义社会中大量的社会问题

18世纪以来，伴随着资本主义社会工业化和城市化的迅猛发展，西欧国家产生了一系列社会问题，诸如城市人口急剧膨胀、贫富两极分化、劳资矛盾尖锐、犯罪现象层出不穷等。一些资产阶级的社会改革家、慈善实业家为缓解社会矛盾，开始使用社会调查方法进行研究，寻找医治社会问题的良方。此时，社会调查涉及的范围主要有人口普查、农业资源普查以及与工业化和都市化有关的制造业、公共健康、教育体系、货物消费、财务水平、赤贫、工资、童工、自杀、犯罪等问题的调查研究。这些社会调查既有政府主持的，又有社团举办的，还有个人进行的，其目的都是为了谋求了解社会情况，研究解决社会问题的方案。

2. 自然科学方法的渗入

当人们迫切需要解决社会问题时，人们开始向当时发展比较成熟的自然科学寻求方法，此时，数学、物理学等自然科学得到很大的发展。我们的社会学始祖孔德主张将物理学、数学的方法运用到社会研究中，并将社会学称为社会物理学。一些杰出的自然科学家，比如，哈雷、拉普拉斯、达兰贝尔等人直接用自然科学方法研究社会，他们根据材料加以变通，创造出适应社会研究的新方法，加速了近代社会调查方法的产生，可以说他们是经验社会调查的创始人。

3. 最初统计方法的产生

17世纪统计方法引入社会现象的研究，在近代社会调查方法的形成过程中起了非常突出的作用。英国的"政治算术"、德国的"国势学"对统计调查做了很大的贡献，后来演化为统计学。1795年，拉普拉斯用概率论研究人口问题，出版了《概率论的解析理论》，奠定了现代人口统计理论的基础。

4. 人口普查的需要

统计方法的产生和应用，导致人口普查的深入全面开展。1801年起，英国开始经常性地全国人口普查，每十年一次，社会调查开始系统化、职业化发展。

西方社会调查的形成时期，多集中于行政统计调查和社会问题调查，在此期间，在英国、法国、德国等国涌现了一些有影响力的社会调查先驱。

典型的社会调查有：

第一，霍华特的监狱调查。约翰·霍华特在1770年前后进行了监狱调查，他采用访问调查和观察的方法，在监狱直接找犯人谈话，广泛收集欧洲各地200座监狱的情况，将监狱中恶劣的环境和犯人患病原因及人数加以记录统计。1774年，霍华德用调查结果获得的确凿事实，说服众议院，顺利通过了监狱改革法案。1777年，霍华德通过对欧洲一些国家监狱情况进行比较研究，出版了《英格兰和威尔士监狱状况》。

第二，辛克莱的统计性社会调查。1791年至1799年，约翰·辛克莱发动宗教界人士为调查人员，对881个教区进行了普查，他编制了有116个项目的调查表，内容涉及社会生活的各个方面，其间他编写出版了21卷本的《苏格兰统计报告》(1791—1799年)。

辛克莱编制的大型调查表对后来欧洲许多国家的人口普查影响很大。英国自 1801 年起，便开始经常性地人口普查，并规定每 10 年一次。

第三，凯特勒的犯罪调查与道德素质测定。阿道夫·凯特勒是法籍比利时学者，他是将概率论思想引入社会研究的第一人。他坚信社会生活具有一定的统计规律，这一点在他的社会调查实践中得到证实。他运用数理统计方法研究了法国不同年龄层次的犯罪现象，提出了具有深远意义的"平均人"概念。他注意到，在人数的统计量足够大时，人们各种特性的分布遵从正态分布律。而"平均人"就是所有人的特性的平均数，其属性正处于正态分布图形的中央。"平均人"的概念是现代社会统计中"均值"概念的前身。"平均人"概念的提出是社会统计学史上一个重要的里程碑。此外，凯特勒在他的犯罪研究中还涉及现代社会统计学中的另一个重要思想，即概念的操作化。按照现代的研究术语，凯特勒曾就人的"道德素质"概念提出了操作化方案，以实现对人的道德素质的测定。

第四，普累的家庭调查。弗雷德里克·勒·普累主要从事家庭调查，并在问卷法方面做出了贡献。从 1835 年起，他以工人家庭为调查的基本单位，以家庭预算为调查的中心课题，用了 20 年时间调查了英、法、德、匈、俄等国数千名城市工人家庭的收支情况，最后编成《欧洲工人》(1855 年)一书，该书后来扩充为 6 卷。在调查中，他发现家庭的收支状况决定家庭生活，家庭消费与国家的社会政策之间有某种固定关系。他的问卷调查结果在 1853 年国际统计会议上公布时，德国统计学家恩格尔深受启发，从而促使恩格尔研究并发现了工资与生活费的比例关系，并创立了著名的恩格尔定律。

与古代社会调查相比，近代以来西方社会调查具有一些显著不同的特点：①调查目的不同。近代西方社会调查的目的主要是为资产阶级、为巩固或改良社会制度服务；②调查方法不同。它有一套比较系统的调查研究方法，比如观察法、问卷法、访问法等；③调查人员和机构的独立性。近代西方社会调查已经形成了一些专门的调查机构和人员，如政府的统计局、议会的调查委员会、企业的调查部门、高等院校的调查研究中心以及商业性的调查研究机构等。近代以来欧美等国社会调查的典型特征说明，它已突破了古代社会调查的原始性和局限性，逐步形成一套具有学科特点的社会调查方法体系。

三、马列主义调查法的发展认知

在西方社会调查发展过程中，马克思、恩格斯、列宁等为揭示资本主义制度产生、发展和灭亡的规律，以辩证唯物主义为指导思想，科学地进行社会调查，实现了社会调查方法论的革命性变革。

1. 马克思的社会调查研究实践

卡尔·马克思从青年时代就开始进行社会调查，主张任何理论都要从实践中获得检验。1842 年，马克思在莱茵报工作时，对德国摩塞尔沿岸地区酿造葡萄酒的农民的贫困状况进行了调查，并撰文抨击当时的普鲁士社会制度。1843 年 10 月至 1845 年 2 月，马克思在法国巴黎开展调查研究，"马克思不仅偏好地研究了法国过去的历史，而且还考察了法国当前历史的一切细节"[①]，不仅与许多社会主义流派的代表人物经常见面讨论，而

---

① [法]罗伯尔-让·龙格. 我的外曾祖父卡尔·马克思. 北京：新华出版社，1982.

且还经常到"咖啡馆和其他许多地方去和工人们交谈"①。通过这些调查研究活动，"马克思在巴黎得到了在德国没有的东西：他开始意识到自己的阶级利益，并且同开展革命运动的活跃的无产阶级进行直接而生动的接触"②，这些调查活动几乎成为改造马克思世界观的主要原因，这种改造使他产生了新的世界观。

在《资本论》的写作准备阶段，马克思突出表现了深入调查社会的种种实际情况的科学态度。在大英图书馆里，他研读了 1 500 多种书籍和档案文件，摘录了大量的文献资料，特别是对英、法、德、俄、美等国的经济状况进行了详细的调查研究，从而完成了这部不朽的名著。

2. 恩格斯的社会调查研究实践

恩格斯一生中做了大量的社会调查研究工作。恩格斯在 19 岁时就调查了他家乡的资产阶级和劳动人民的生活状况，写了《乌培河谷来信》(1839 年)，这是马克思主义社会调查史上的第一篇调查报告。对恩格斯世界观转变有决定性影响的是 1842 年 11 月—1844 年 8 月，恩格斯在曼彻斯特等地对英国进行的 21 个月的调查。在曼彻斯特期间，恩格斯深入工厂和工人住宅区进行实地调查，从亲身的观察到亲身的交往中研究英国的无产阶级，写成了《英国工人阶级状况——根据亲身观察和可靠材料》(1845 年)一书，全书共 22 万字。这是恩格斯的第一部专著，被誉为"世界社会主义文献中最优秀的著作之一"，也是马克思主义调查史上一部光辉著作。

同以往的社会调查有着本质的区别，马克思和恩格斯在指导社会调查的理论方面有了重大突破。这主要表现在以下三个观点：第一是实践的观点。这是马克思主义认识论的基本观点，社会调查的课题和资料都是来自实践的，取决于社会实践的需要，而不是头脑中主观臆造的。第二是透过现象认识事物的本质。社会包罗万象，十分复杂，现象只是认识事物本质的导向，是事物的外部表现，只有通过调查才能把握事物发展的规律性。第三是阶级的观点。马克思和恩格斯在社会调查中重视使用阶级分析的方法，帮助人们在纷繁复杂的世界中找到事物的规律性。

3. 列宁的社会调查研究实践

列宁为了把马克思主义同本国的实际情况相结合，从青年时期起就一直重视社会调查。1889 年，列宁在萨马拉开展关于农民经济的现象调查，并且直接了解伏尔加河流域农民的生活状况和风俗。列宁通过制定调查表，到该县 20 多个村庄进行调查，反映农户按耕地面积分类的户数、人口分配、土地占有和租用情况，用来提示农村中资本主义产生和农民分化的情况，根据这些调查，列宁在 1893 年春，写成了他的第一篇调查研究著作《农民生活中的新的经济变动》。

1883—1893 年，列宁用了 7 年时间对俄国资本主义状况进行了深入的调查研究。在收集大量俄国城乡资本主义发展的事实的基础上，列宁对俄国资本主义关系的产生和发展进一步做了阐述，写成了《论所谓市场问题》，1895 年年底，列宁在圣彼得堡被沙皇政府关进监狱，又着手写作《俄国资本主义的发展》。列宁细致地研究了 600 多种书籍和统计资料，用了三年时间，完成了这部著作。书中全面地阐述了俄国大工业的国内市场形

---

① 　[法]罗伯尔-让·龙格. 我的外曾祖父卡尔·马克思. 北京：新华出版社，1982.
② 　[法]罗伯尔-让·龙格. 我的外曾祖父卡尔·马克思. 北京：新华出版社，1982.

成过程，指出了资本主义形成的一般规律。

1900 年 7 月—1917 年 4 月，列宁先后两次被迫侨居国外。在此期间，他把社会调查的视野扩展到整个西欧，考察了西欧各国的社会状况，特别是工人阶级的状况，在此基础上于 1916 年写成了《帝国主义是资本主义的最高阶段》的重要著作。

在西方社会调查史上，马克思、恩格斯、列宁等以辩证唯物主义和历史唯物主义为指导思想，科学地进行了社会调查，实现了社会调查方法论上的革命性变革，对社会调查方法做出了革命性的贡献。列宁继承和发展了马克思、恩格斯社会调查的理论和方法，并把社会调查作为马克思主义的普遍真理同俄国革命的具体实践相结合的重要工具。

四、现代西方的社会调查兴起认知

现代西方社会调查是指 20 世纪初以后国外的社会调查。在这一时期里，社会调查基于数理统计的发展、现代科学技术的发展、抽样理论和方法的应用，呈现出新的发展趋势，主要是：技术方法趋于现代化、资料数据趋于精确，调查方法广泛研究和应用、调查机构趋于专业化。美国在这一时期已成为社会调查发展的重心，这与美国民众和政府关心社会问题有关。在这一时期，社会调查所取得的主要成果有：

第一，波兰农民调查。波兰农民调查是由芝加哥学派的社会学家威廉·托马斯和兹纳尼茨基等人进行的关于美国社会问题中移民问题的一项调查。他们使用控制观察法、文献法和个案分析法，将移居美国后的波兰农民生活的变化与波兰本国的农民进行对照研究，写成《波兰农民在欧洲和美国》(1920 年)一书。该书被认为是社会学个案研究的经典范例。

第二，春田调查。春田调查(spring field survey)是应美国中部的春田市居民的要求而做的一次目的在于改善市内公共事业的社会调查。该项调查是在 1914 年，由哈里逊主持，调查内容包括教育、工商业、市政管理、公共卫生、居住条件、娱乐场所和治安等方面的情况和改进建议。该项调查的最终成果为《美国城市社会状况》，发表于 1920 年。

第三，密苏里犯罪情况调查。1925 年，雷蒙特·莫利主持了密苏里州的犯罪情况调查。这项调查采用大量个案法，动员了 28 位调查员，抄录了 10 000 多名罪犯的案情，并采用问卷法、表格法、现场观察法，对法官、罪犯与监狱进行了调查。该项调查最终形成了 11 本调查报告书。

第四，加州失业原因与救助调查。1931—1932 年，加州举行了失业原因与救助调查。该项调查采用统计法，通过对失业和支付工资的指数、季节性失业指数、劳动力生产所需工时的指数等的统计分析，研究了失业的原因与影响，最后形成了《加利福尼亚州失业委员会的报告与建议》等调查成果。

第五，盖洛普民意调查所的工作。20 世纪 30 年代，由于政治、经济发展的需要，美国形成了一个新兴的市场——社会调查市场，于是一些专业调查机构应运而生，其中最著名的是"盖洛普民意调查所"。该机构由乔治·盖洛普于 1935 年创办。1936 年该所准确地预测出罗斯福当选总统的竞选结果，因此声名大振。该所还积极采用现代技术开展社会调查，尤其是计算机技术，现已成为该所社会调查不可缺少的辅助手段。

随着现代社会调查方法的发展和广泛运用，社会调查方法逐渐成为一门专门研究和教授的学问。20 世纪 50 年代以后，各种各样的社会统计学、社会统计软件包的使用等课程成为大学里普遍开设的基础性课程，对社会调查作为一门方法科学的形成和发展起了巨大的推动作用。此外，电子计算机、电话、录像、录音、绘图仪等现代调查手段的使用和发展，社会调查的具体方法呈现出更丰富的景象。

五、现代中国社会调查的发展认知

19 世纪末 20 世纪初，科学的社会调查方法开始在中国传播。它与西方传教士和社会学者在中国开展的实地调查活动有密切的关联。

1. 近现代中国学者的社会调查

在 19 世纪末 20 世纪初，西方传教士和学者运用问卷法、访谈法、参与式观察法等在中国进行实地社会调查研究活动，调查内容主要围绕中国的农村问题展开。1878 年，美国传教士史密斯对山东农村生活进行了调查，并著有《中国农村生活——一个社会学的研究》一书。1914—1915 年，由美国传教士伯吉斯指导，北京社会实进会对 302 名黄包车车夫进行生活状况调查，并发表了英文的调查报告。1917 年，清华大学美籍教授狄德莫指导该校学生对北京西郊 195 户农民家庭的生活费用进行了调查。1918—1919 年，伯吉斯与教士甘博仿照美国 1914 年开展的"春田调查"，调查了北京的社会生活，其中包括历史、地理、政府、人口、健康、经济、娱乐、娼妓、贫穷、救济、宗教等项内容，并于 1921 年以"北京——一个社会调查"为题在美国发表。1918—1919 年，上海沪江大学美籍教授古尔普曾两次率学生去广东潮州凤凰村调查，并著有《华南乡村生活》（1925 年）一书。

西方传教士和学者在中国进行的这些实地调查活动，具有重要的意义，它是首批以科学的方法实地调查、分析我国社会生活所获得的开创性成果。调查过程中使用的访谈法、间接法、统计图表、记账法等都是当时西方社会学界所通行的方法。这些调查方法的使用大大促进了社会调查方法在中国的传播。

2. 社会学的兴起与近现代中国学者进行的社会调查

1919 年爆发的五四运动，对中国社会产生了巨大的影响，有力地推动了社会学在中国的传播。与此同时，20 世纪 20 年代末留学生陆续回国，国内许多大学利用这一条件，纷纷成立社会学系，扩充社会学课程，培养中国的社会学人才。正是在这个基础上，20 年代社会调查的发展才成为可能。

这一时期，中国社会学者将社会学的理论和方法与中国的社会实际结合起来，对中国社会进行了调查研究，社会学向实证研究的方向发展。如 1923—1924 年，沪江大学社会学系访问学者、美国布朗大学教授白克令指导学生进行调查，出版了《沈家行社会调查》，学生们模仿"春田调查"的方法，设计问卷表格，分别就有关家庭、宗教、政府、教养机构、伙房等领域做概况性的调查。他们还根据中国社会的特点，修正了调查方法。

近现代中国社会调查中最有影响力的人物是著名的社会人类学家费孝通教授。他毕生重视社会调查，并将社会学、人类学方法运用于中国社会经济调查。在赴英留学之前，他在开弦弓村做了一个多月的社会调查。这一调查材料经整理后于 1939 年出版，书名为《江村经济》（又名《中国农民的生活》）。该书被他的导师马林诺夫斯基誉为"人类学实地调查和理论工作发展中的一个里程碑"，并且被当时许多大学的人类学课程列为必读参考书。费孝通回国后，在云南工作期间，与张之毅合作进行社会调查，撰写了《乡土中国》一书，在国内外也产生了较大的影响。

20 世纪 20 年代社会调查发展的另外一个重要的标志是，随着社会学教学科研队伍的形成，全国性的调查研究机构逐步建立，大规模的社会调查相继展开，主要的调查研究机构有社会调查所、中央研究院社会科学研究所、南京社会科学研究所。这一时期的调查注重经济因素，侧重了解工农阶级的生活，以及由于社会的变迁而出现的社会问题。调查研究机构开展的影响较大的社会调查有：陶孟和的《北平生活费用之分析》（1930年）；李景汉的《北平郊外之乡村家庭》（1929 年）和《定县社会概况调查》（1933 年）；陈翰笙于 1929 年 7 月至 1930 年 8 月对无锡、广东、保定进行了三次大规模的农村调查，并出版了《中国的地主和农民》（1930 年）与《工业资本和中国农民》（1939 年）。

总的来说，在一批老社会学家的努力下，近现代中国的社会调查有了长足的进步，不仅积累了社会调查的丰富经验，还积累下了大量珍贵的社会调查资料。

3. 毛泽东对社会调查的贡献

1919 年五四运动后，马克思主义开始传入中国，并对中国社会产生了深刻影响。以毛泽东同志为代表的中国共产党人，以马克思主义为指导思想，开始了对中国社会科学的调查研究工作。

毛泽东在 1920 年给朋友的信中这样说道："吾人要想了解中国这片土地上的真实情形，不可不加以实地的调查及研究"[①]。第一次和第二次国内革命战争时期是毛泽东社会调查实践最频繁、最活跃，也是成果最丰富的时期。1926 年 3 月，毛泽东通过深入调查，写出了《中国社会各阶级的分析》一文。1927 年 1 月至 2 月，他实地考察了湘潭、湘乡、衡山、临澧、长沙五地的情况，于 1927 年 3 月写成《湖南农民运动考察报告》。这两篇调查研究报告，科学地阐明了中国社会的性质，正确地分析了中国社会各阶级的状况，得出了农民问题是中国革命的基本问题这一科学结论。这两本书是马克思主义和中国革命具体情况相结合的结晶。

1930 年，毛泽东为解决武装斗争、土地革命和根据地建设等重大问题，亲自至寻乌乡、才溪乡、长岗乡等地进行了仔细的调查研究，撰写了《中国的红色政权为什么能够存在》《井冈山的斗争》《寻乌调查》《兴国调查》《长岗乡调查》等一系列调查研究报告，通过这些调查研究弄清了中国革命的对象、性质、任务、动力、前途等中国革命的根本问题，为创建新民主主义革命理论准备了材料。

毛泽东在进行社会调查研究活动的同时，也对社会调查研究的理论与方法进行了探讨，并做出了杰出贡献。1930 年 5 月，毛泽东在《反对本本主义》一文中提出了"没有调查，没有发言权"的口号，做出了"中国革命斗争的胜利要靠中国同志了解中国情况"的科学论断，并对社会调查的意义、指导思想、调查方法及技术作了详细的论述，这是毛泽东第一本调查研究的专著，标志着毛泽东社会调查理论的形成。

抗日战争和解放战争时期，毛泽东社会调查理论达到成熟。在这一时期，毛泽东发表了《实践论》《矛盾论》《改造我们的学习》《整顿党的作风》《关于领导方法的若干问题》等一系列重要著作。在这些著作里，毛泽东用马克思主义的立场、观点和方法，对调查研究作了集中的、系统的、深刻的论述，从而丰富和发展了马克思主义关于社会调查研究的理论及方法。

---

① 段继业. 毛泽东和费孝通社会调查的共同特点[J]. 青海民族学院学报，1998(3)：11—17.

毛泽东关于社会调查研究的思想有两个典型特征，一是重视运用系统的社会调查研究方法，包括个别访谈、座谈会、典型调查、视察等；二是强调持有"谦虚"的社会调查态度。谦虚地拜群众为"老师"，真诚地与群众交"朋友"。毛泽东说：群众在接受社会调查时不愿意讲真话，是因为他们不确定你的来意，所以要"给他们一些时间摸索你的心，逐渐地让他们能够了解你的真意，把你当作朋友看"，向调查对象表明真诚、安全、善意的动机，是调查成败的关键。毛泽东的调查有一种自然无饰、和谐融洽的特点，原因就"在于他为劳苦大众谋利益的真诚动机。"

毛泽东重视社会调查，创立了他的包括典型调查法和座谈法等在内的方法体系，提倡在调查实践中要有"甘当小学生""与群众做朋友"的谦虚真诚态度，并且，对社会调查至关重要的最后一环——资料的分析，正确地运用了阶级分析法和矛盾分析法等方法，为我国社会调查理论的完善和方法体系的建立做出了重要贡献。

4. 当代中国的社会调查

党的十一届三中全会以来，由于党中央强调实践是检验真理的唯一标准，加上社会学学科的恢复以及国家社会科学基金制度的建立，中国社会调查出现了繁荣的景象。1979 年，张子毅教授等组织实施了青年生育意愿问卷调查，写成《中国青年的生育意愿》一书；1980 年，费孝通、宋林飞教授等对江苏省吴江县（现江苏省苏州市吴江区）开弦弓村进行了调查，写成《"三访"江村》（费孝通）、《"江村"农民生活近五十年之变进》（宋林飞）等调查报告。1982 年，雷洁琼教授指导了北京、天津、上海、南京、成都五座城市的家庭婚姻调查，调查了 8 个居民点，4 385 个家庭，5 047 名已婚妇女，撰写了《中国城市家庭——五城市家庭调查报告和资料汇编》一书；1983 年，天津市进行了城市居民千户问卷调查，问卷表包括 270 多个问题；1983 年，北京市社会科学研究所社会学室在调查研究的基础上出版了《首都社会结构调查与研究》一书；1988 年，中国社会科学院社会学所牵头进行了"14 省市农村婚姻与家庭情况调查"；1988 年，中共中央农村政策研究室等单位组织了全国性农村问卷调查，就农民对农村改革的看法进行了研究。此外，继 1953 年、1964 年、1982 年三次全国人口普查以后，我国又相继在 1990 年、2000 年、2010 年、2020 年开展了第四次、第五次、第六次、第七次人口普查，以及在 1987 年、2006 年先后两次开展的残疾人抽样调查。

进入 21 世纪以来，党和国家更加强调积极开展社会调查的光荣传统和优良作风，促进党员干部特别是领导干部带头深入调查研究，扑下身子干实事、谋实招、求实效。社会调查研究的课题更是多样，仅仅从表 1-3 零点咨询集团近年来完成的社会调查研究可以看出，当前我国的社会调查研究范围更广泛，关注社会发展的各个方面，调查深入社会各个层面的居民，调查方法更科学，手段更先进，研究更深入。

实践证明，当代中国的社会调查已经进入广泛化、科学化、现代化、专业化的发展轨道。

表 1-3 零点咨询集团已经完成的指数研究①

执行时间	名　　　　称
2010 年 10 月	2010 年中国城乡居民生活质量指数数据库
2010 年 6—7 月	2010 中国公众环保指数报告
2009 年 12 月	中国企业公益指数研究报告 2008 年度报告
2009 年 8—9 月	2009 中国公共服务公众评价指数报告
2000—2009 年	2000—2009 年中国城市居民生活质量指数数据库
2009 年 9 月	中国居民生活机动性指数研究报告
2008 年 12 月	2008 年度中国银行服务指数报告
2007 年 10 月	2007 年中国银行服务指数报告
2007 年 5 月	中国居民机动性指数 2008 年度报告
2007 年 5 月	2007 中国公众城市宜居指数研究报告
2006 年 12 月	2007 中国居民沟通指数研究报告
2006 年 4—5 月	中国市民宜居指数 2006 年度报告
2005 年 10 月	中国城市居民生活质量指数 2005 年度报告
2005 年 9 月	中国公众性安全指数 2005 年度报告
2005 年 8 月	2005 中国城市健康指数研究报告
2005 年 7—8 月	2005 中国居民沟通指数研究报告
2005 年 6 月	中国公众银行服务传播指数 2005 年度报告
2005 年 6 月	中国公众航空服务传播指数 2005 年度报告
2005 年 6 月	中国公众保险服务传播指数 2005 年度报告
2005 年 5 月	中国公众移动通信服务传播指数 2005 年度报告
2005 年 6 月	中国公众旅游服务传播指数 2005 年度报告
2005 年 1 月	中国明星公众影响力指数 2005 年度报告
2002 年 10 月	零点生活指数——2002 年中国小城镇居民生活质量研究报告
2001 年 12 月	解码百姓生活——2001 年零点生活指数
2001 年 2—4 月	2001 零点生活指数报告

任务范例

毛泽东怎样开展调查研究

毛泽东多次强调"不做调查没有发言权，不做正确的调查同样没有发言权"，把调查研究作为认识世界的途径，并身体力行地在各个时期广泛地开展调查研究。

毛泽东认为"一到下面去跟群众接触，就能感到有生命"，并"躬身入局"，深入人民

---

① 资料来源：http://www.horizonkey.com/cn/wedo/zhishuwill.html.

群众之中，向人民学习，拜群众为师。

调研前充分做准备。毛泽东一生开展的多次调研活动，在调研前会做准备，经过"打腹稿"，事先思考调研方案，有些调研他还拟定调查提纲，列出大纲和细目，做足各项准备。例如在韶山银田寺座谈中，他提出的调研问题就有：区乡农会的组织发展如何？农会干部的成分怎样？办审公道不公道？农会办了些什么好事？通过对这些问题的深入了解，他最终取得了丰硕的调研成果。

高质量召开座谈会。毛泽东非常重视通过大范围地开高质量的座谈会以听到真话。他每次召开调查会，规模、人数都会视情况而定，座谈会对象尽可能具有广泛性、代表性。例如在1927年对湘潭、湘乡、衡山、醴陵、长沙的调研中，毛泽东调查的对象就比较广泛，包括各县的党、政、工、农、团，以及各部门负责人和一般人员，参与人数较多。在韶山银田寺调研中，毛泽东善于打开在场每一个人的话匣子，让大家敞开心扉发言。当时现场有30多人，大家一起讨论，甚至还相互争论，在大家的争论中，毛泽东通过去粗取精听真话，自己对实情的辨别也就越来越清晰。

读万卷书行万里路。毛泽东是践行读书与调研相结合的典范，始终倡导"读万卷书行万里路"。据湖南党史陈列馆资料统计，新民主主义革命时期，他开展的调查研究不下60次；社会主义革命和建设时期，他到各地调研不下57次、约2 851天，也就是新中国成立后他有约三分之一的时间都在调研。毛泽东正是始终根植于调查研究，才逐步形成科学的世界观、方法论，从而正确指导中国的革命和建设。

2022-04-08　来源：学习时报　作者：苏亮

任务习题

1. 什么是社会调查？社会调查的基本任务是什么？
2. 社会调查认识社会的突出功能有哪些？
3. 社会调查研究的一般程序有哪几个阶段？每个阶段的主要任务和特点是什么？
4. 西方社会调查经历了哪几个阶段的发展过程？每个阶段各有什么特点？
5. 中国社会调查经历了哪几个阶段的发展过程？
6. 毛泽东对中国社会调查的发展做出了哪些贡献？

任务评估

任务采用"课堂＋拓展"相结合的评估方式，课堂评估对标课程标准，重点评估知识、能力、素养目标的达成情况；拓展评估对标《市场、民意和社会调查要求》等国家标准及行业规范，重点评估实操技能、劳动精神、工作态度表现。具体操作可参照下表。

评估环节		评估内容	评估方式	评估目的
课堂教学过程评估（60%）	课前（15%）	线上课程资源学习	教学平台自动考核	重点考查学生知识理解和掌握情况
		课前任务	教师评估	重点考查学生技能掌握和应用情况
	课中（30%）	出勤情况	教学平台签到考核	重点考查学生学习态度和学习习惯
		小组讨论及展示	教师评估、组间互评	重点考查学生合作意识和展示能力
		课中任务	教师评估、自评、组间互评	重点考查学生能力和素养掌握情况
	课后（15%）	社会服务	教师评估	重点考查学生劳动精神和服务意识
拓展训练过程评估（40%）	拓展训练中（30%）	拓展训练任务	教师、行业导师评估情况	重点考查学生工匠精神和实践能力
	拓展训练后（10%）	拓展训练报告	教师评估、组间互评	重点考查学生总结反思和改进能力

拓展训练

1. 阅读任务范例《毛泽东怎样开展调查研究》，思考我们应该如开展社会调查。

2. 阅读党的二十大报告，结合我国历次人口普查数据，绘制我国 2000—2022 年人口变化思维导图。

信息化教学资源

1. 社会调查的基本内涵

2. 社会调查的功能

项目二　深入基层听意见：社会调查的设计

项目简介

社会调查研究需要科学的设计和系统的准备，调查者在展开具体调查之前，应坚持学思用贯通、知信行统一，对社会调查的全过程进行总体设计。社会调查开始于调查课题的选择与确定，所以，在本项目中，首先介绍的是课题的提出与确定。它既是社会调查的起点，也是整个调查研究最重要、最关键的一步。其次 本项目内容还涉及调查研究的具体目标和要求、确定调查对象、内容、调查方式和方法、时间进度、人员安排、经费预算和物质保证等，并制订一份完整、切实可行的总体调查方案。

项目分析

知识目标

1. 理解调查课题选定的意义；
2. 掌握课题选择的原则；
3. 理解并熟练掌握课题确定的程序；
4. 掌握社会调查设计的原则；
5. 掌握社会调查方案设计的内容；
6. 了解社会调查方案设计过程的主要注意事项。

能力目标

1. 能按照要求选择和确定调查课题；
2. 能对概念及假设进行操作化；
3. 能按照研究要求设计社会调查方案。

素养目标

1. 具有前瞻性和创造性精神，不要重复他人的研究，要有自己的特色；
2. 具有精雕细琢、精益求精的理念，做事思维严谨、周到细致。

任务 **2**
提出社会调查课题

任务描述

当课堂上教师抛出一个问题，"你打算选什么课题来调查"或者"你打算研究什么问题"的时候，倘若你的回答只是简单的一句话，"我打算研究农民工返乡创业问题"或者"我想做养老问题的调查"，那么，这些只是一个笼统的、只言片语的研究领域，或者一个研究主题，并不是我们所说的调查课题。

所谓课题，是对特定领域经过提炼和选择的所要说明和解决的问题，是一个十分具体、需要清楚表达的问题，同时，也需要对研究课题中陈述的概念和名词术语有明确的定义，而一旦研究问题不能清楚明确地陈述出来，则一方面说明调查研究者没有把问题想得很清楚，另一方面也会给实际的研究带来困难和障碍。要进行社会调查，首先就是要确定调查的选题，调查课题的选择与选定在整个社会调查过程中具有非常重要的意义。

任务实施

一、任务目标

1. 理解调查课题选定的意义；
2. 掌握课题选择的原则；
3. 了解选题的来源，掌握课题确定的方法。

二、任务实施步骤

1. 教师通过案例分析，让学生理解选题的意义、原则、选题的来源及课题确定的方法；

2. 结合学生在课后初步拟定的课题，各小组在课堂上进一步完成选题论证；

3. 各小组将所选择的课题在课堂上简单展示，师生共同分析，找出不足并加以修改完善；

4. 教师总结，并强调选题的重要性及其注意事项；

5. 教师讲授课题的明确化，学生以小组为单位在课堂上进行操作。

知识链接

任务 2-1 了解课题的重要性

社会调查始于调查课题的选择与确定，课题的选择与确定关乎整个调查研究的总体方向，是社会调查研究中最为关键的一步，而确定社会调查的课题，需要我们提出课题，论证课题，进一步明确课题等一系列环节，才能确保所选择课题的科学性、严谨性。

一、调查课题选定的意义

1. 课题的提出与确定决定着社会调查研究的总体方向

社会调查是人们认识社会现象的一种自觉活动，这种活动总是为着回答特定的问题，服从于一定的研究目的，选定的课题表明社会调查研究的目的和主题思想，同时也会确定社会调查最终将完成什么任务，以什么作为研究对象。因此，选题不仅体现着社会调查研究工作的目的、方向和水平，而且也反映着调查者的思想、社会见解和常识水平。选择的调查课题是否得当，在一定程度上反映了调查者的指导思想、社会见解、理论想象力和专业学识水平。显然，一个缺乏敏感、具有守旧思想的人不会去调查代表事物发展方向的新生事物的；一个缺乏专业学识水平、没有学术创见的人不大可能去调查专业性、技术性、时代感强的课题的。

2. 课题的提出与确定制约着社会调查的整个过程

调查课题一经提出与最后确定，便制约着社会调查的整个过程。由于所选课题不同，确定的调查对象、调查内容、调查规模、调查方法、调查人员的选择、调查队伍的组织、调查工作的安排、调查时间的确定、调查经费的预算也就不同。社会调查方案的设计以及调查活动的一切安排都将围绕着所选课题进行。

例如，对于以下三个不同的调查课题而言，它们有着不同的调查方案。

课题一：我国"80 后"二孩生育意愿调查；

课题二：湖南高职院校大学生择业倾向调查；

课题三：长沙市福利机构老年人生活状况调查。

对于第一个调查课题来说，它需要在全国所有城市这一范围中进行抽样，抽样程序更加复杂，样本规模大，课题调查的资料收集可以运用问卷调查法或者访谈法；课题二集中在湖南省，可以在湖南所有的高职院校中进行抽样，并进行问卷调查。较之课题二，课题一所需经费、人员、时间更多一些。课题三则因为调查对象为老年人，老年人的阅读能力较弱，因此，一般选择访问的方法更为合适，这对于调查员的选择、调查经费、调查时间安排等方面都与课题一、课题二有差异。

一般而言，解释性调查研究比描述性调查研究在方案设计和调查程序上要复杂、严谨，它要明确提出所需要检验的假设，而描述性研究一般是从观察入手，而不是从理论或者假设入手。又如，根据课题确定选用统计调查还是实地调查，有利于明确调查对象、调查方法和调查程序。如果选定统计调查，那么调查对象则为大样本，采用的调查方法则是问卷法、访谈法或者统计报表等，调查程序也与实地研究有区别。

3. 课题的提出与确定是否得当，关系着社会调查的成败与成果的价值。课题若能反映现实生活中的重大理论问题，或者实际问题，能抓住要点，具有时代意义和迫切感，其价值和效用就大；若课题不当或者过于陈旧、笼统，其调查结果必然抓不住要点，调查资料即使丰富，也不会产生好的社会效益。毛泽东同志曾经讲过："材料是要收集得愈多愈好，但一定要抓住要点或特点(矛盾的主导方面)。十样事物，如果你调查的九样都是次要的东西，把主要的东西都丢掉了，那么，仍旧是没有发言权。"①

总之，选择调查课题是社会调查最重要的决策，它直接关系到整个社会调查活动的意义。我们必须坚持解放思想、实事求是、与时俱进、求真务实，一切从实际出发，着眼解决新时代改革开放和社会主义现代化建设的实际问题，不断回答中国之问、世界之问、人民之问、时代之问，作出符合中国实际和时代要求的正确回答，得出符合客观规律的科学认识，形成与时俱进的理论成果，更好地指导中国实践。

二、调查课题的类型

调查课题是多种多样的，按照不同的标准，调查课题可以被分为不同的类型。

1. 理论课题与应用课题

理论课题是指为检验和发展某些理论或假设而确立的调查课题。这种课题成果或许将来会被实际应用，但其主要目的在于解答社会科学领域和各个实践领域中的理论问题，揭示某种社会现象的本质及其发展规律，而不是为着解决某个现实存在的具体社会问题。当要证明某一假设或理论是否正确时，就需要从事理论课题研究，对该假设或理论进行验证；若对某一理论产生怀疑，也需要进行理论课题研究，对此加以证实。例如，有人认为独生子女成长存在诸多不利条件，如缺少兄弟姐妹之间的互动，父母过分宠爱、过多照顾、多头关心、过多给予、过高期望等，这些不利条件均与适应现代社会的要求相悖，于是推测独生子女从家庭走上社会后，适应社会生活的能力比非独生子女要差；而另一些人则认为，独生子女成长有着许多有利条件，如独生子女能有更好的营养供给、获得较多的智力激励以促进智力的发展、和成人接触机会多、知识面较广等，因此，会加速独生子女社会化的过程，于是推测独生子女比非独生子女从家庭走向社会后，适应社会生活的能力会更强。以上两种推测都是作为理论假设而提出来的。无论哪种假设成立，都会对人们关于独生子女的观念和教育产生影响，有关独生子女长大后适应社会生活能力的调查课题就是一个理论课题。

应用课题是为了解决某种现实社会问题而提出的调查课题。它是为解决现实问题而去查明事物的现象，分析其产生的原因，寻求其内在的联系和发展趋势，从而提出解决问题的具体方案或措施。在改革开放时期，社会结构、价值观念都处在新旧交替的剧烈变化之中，新的问题层出不穷，一些新现象、新变化、新问题的出现，需要及时了解、关注，这都属于应用课题的范围。应用课题的范围很广，包括社会发展规划、人口问题、社会保障问题、青少年问题、妇女问题、老龄化问题、犯罪问题、吸毒问题等。应用课题与理论课题的研究目标不同。应用课题注重实用性，调查的时效性要求较高，它为亟待解决的问题做出诊断，并提供方案和咨询。应用课题大致有两类：一种是调查较长时期内普遍存在的社会问题的客体，如老龄问题、环境问题等；另一种是调查一定时期内或某种特定情况下存在的紧迫问题，如大学生就业问题、社会组织的发展问题等。

理论课题与应用课题，虽然根据调查目的可以加以划分，但它们又不是相互排斥的，而是相互促进、相互补充的。

---

① 《毛泽东农村调查文集》. 北京：人民出版社，1982.

理论课题更关注如何发展出某种一般性的社会认知，而应用课题则更关注如何有效地解决现实社会问题。应用课题能够为理论课题提供大量的感性材料，而理论课题的成果又有助于应用课题的研究。任何课题的研究都必须有理论的指导，都要以解答社会现实问题为目的，两者之间没有绝对分明的界限，其区分只不过是调查的侧重点不同罢了。比如，同样是研究企业职工下岗与再就业的现象，理论课题所关注的可能是诸如"下岗职工个人的社会资本、人力资本对其再就业的影响"，或者"社会身份与职业地位获得"，或者"社会分层与职业流动"等问题，而应用课题则可能更关注"下岗职工具有哪些基本特征""如何增加下岗职工再就业的途径"，以及"如何提高下岗职工的素质和技能""如何有效解决下岗职工的再就业问题"，等等。从定义上看，理论课题和应用课题是可以分割开来的，但在实践中，二者有时却难以严格区分。

2. 自选课题与委托课题

按照调查课题的来源，社会调查课题可以分为自选课题与委托课题。

自选课题是指调查者根据自己所从事的科研、教学或者自己的兴趣爱好和需要而选取的课题。这类课题有时是理论工作者为修改和完善已有的理论，或者想通过研究建立一种新的理论而确立的课题；有时是调查者对某些社会现象或社会问题感兴趣而自觉从事应用课题调查。比如大学生在撰写毕业论文时基于对婚姻家庭领域的某些现象产生兴趣而开展的课题调查；教师对社区养老问题有兴趣而进行的调查；政府部门为降低"三公"经费问题而开展的调查，等等。自选课题的确定，主要取决于研究者本人，因而研究者有很大的主动性和决定性。

委托课题是指调查者受某个机构的委派而从事研究的调查课题。委托课题目前呈现越来越多的趋势。一方面，可能是委托机构想要调查某一问题，但由于缺乏调查能力，或因时间紧、任务重、人手少等原因，从而不得不将调查任务委托出去；另一方面，由于市场经济的发展，信息的作用越来越突出，人们出于各种目的，为得到有价值的详尽的信息不得不求助于专业的调查机构和人员。比如：政府职能部门将建立现代社会组织体制研究、社会养老服务体系建设研究、困境儿童分类保障制度研究、社会托幼工程促进机制研究、志愿者权益保障研究等课题委托给具备研究能力的大专院校、企事业单位等。

国外调查机构和人员经常以合同的方式从一些基金会或政府机关接受调查课题，基金会或政府机关给调查机构和人员提供经费和物质条件，调查机构和人员则在规定的时间内按要求向基金会或政府机关提供调查报告。为了委托课题顺利完成，无论是调查课题的委托方，还是调查课题的接收方，都有必要了解对方的相关情况，并提出具体要求。接受调查课题委托的机构和人员，需要向委托方了解为什么要进行这个项目的调查等问题，以明确具体的调查目的。不过，也有某些机构所提供的课题介于二者之间，如国家社会科学基金课题，省社会科学基金课题等。这类课题既具有一定的指导性和规范性，又有一定的自主性和灵活性，对研究者来说，具体课题的确立，也有一定的自选性。

三、选题必须坚持的原则

正确选择课题，一般来说，应遵循以下几个原则。

1. 必要性原则

所谓必要性原则，是指选择课题时应考虑课题的社会需要程度。毛泽东曾说："调查就是解决问题"。① 凡社会需要解决的，对当前工作有现实意义的，就是必要的，有价值的；凡社会迫切需要解决的，对当前工作具有重大现实意义的，就是非常必要的，具有突出价值的。当然，对社会需要应作全面的理解，既有实际工作的需要，也有理论研究的需要，有解决社会大众疾苦的需要，有党和政府制定方针、政策、制度的需要等。

理论性课题属于基础研究范围，以揭示研究对象的本质及其发展规律为目的，更多的是解决"为什么""是什么"的问题。应用性课题是指围绕重大或广泛的应用目的，通过科学研究，提出达到此目的或完成任务的具体措施。核心是对策和方法，更多的是解决"为什么""怎么办"的问题。例如，学者林闽钢在"建立和健全我国新型社会救助体系研究"②中论证到：随着中国贫困治理的深入，解决长期贫困问题开始进入理论研究和贫困治理决策者的视野中，其中贫困家庭代际传递被认为是贫困治理的关键。为了缓解我国城市贫困家庭代际传递，也为了推进我国城市社会救助制度的转型，需要建立综合的政策体系。本文基于缓解贫困代际传递的政策视角的讨论，重新对缓解我国城市贫困家庭代际传递的政策进行了目标定位，从而提出要推动目前单一的城市居民最低生活保障制度发展成综合的生活支持制度，实施"最低生活保障制度＋贫困家庭分类救助（五类补助金制度）＋贫困家庭救助服务"的政策体系。

2. 可行性原则

所谓可行性原则，即根据调查主体和客体的现实条件选择调查课题，做到切实可行，能够预期完成。美国科学家莫顿说道："选择题目不能草率，如果根本没有实现的可能，选题就等于零"。就调查主体而言，选择课题必须是与调查者的思想状况、工作作风、基础知识、技术水平、研究能力（如观察能力、实验能力、设计能力、阅读能力、思维能力、表达能力等）、实践经验、心理素质、身体状况、调研人员自身的性别、年龄、语言以及人力、物力、财力和时间等条件相适应。比如，民政工作者在基层进行调研时，如果不懂当地方言，就会出现语言障碍，影响调查工作的开展；一个人在调研时，太注重个性，装束打扮夸张，也会影响调查员与调查对象之间关系的建立以及调查工作的顺利开展。

就研究主体而言，可行性需要考虑研究者自己的兴趣、专业特长与优势，慎重考虑自己的能力与水平，选择在大小、难易上适当的课题。

就调查客体而言，选择的调查课题必须是与客观事物的成熟程度、与被调查对象的回答能力和合作意愿，包括文献资料获取、资金设备、协作条件、所限时间等条件符合。例如，要调查监狱囚犯的生活状况，就离不开监狱管理部门的支持；要调查少数民族的婚俗习惯，就应该深入当地，感受并熟悉风俗文化。否则，难以达到预期的结果。

只有这种与调查主体和客体的现实条件相适应、相符合的课题，才是正确的、有可能完成的调查课题。即使有些调查课题，具有重要的现实意义和理论意义，但是如果调查主体的条件不允许，不能胜任，或者调查客体的条件不具备，那也只能是"伟大的空想"③。

---

① 《毛泽东农村调查文集》. 北京：人民出版社，1982.

② 林闽钢. 缓解城市贫困家庭代际传递的政策体系[J]. 苏州大学学报，2013(3)：15—19.

③ 风笑天. 现代社会调查方法(第二版). 武汉：华中科技大学出版社，2001.

3. 创新性原则

创新性原则是科学研究的灵魂，是课题选择的重要原则之一。创新性的本质在于新颖性、独特性和先进性，我们所选的课题不能总是在重复别人的研究，而要有新的东西，即要能增加人们对现实世界的新认识。最具创造性的课题当然是那种全新的、前人从没有做过的课题，也就是人们常说的"填补空白"的课题，但要找出一个这样的课题也最为困难。对大多数研究者来说，创造性更经常地是指在角度、方法、对象、内容等方面与前人的调查有所不同，有自己独特的地方。

具体而言，创新主要体现在三个方面。

第一，理论创新。理论创新的表现可以有新思路、新内容、新命题。新思路可以是对新问题规律的认识，也可以是对旧问题的新认识，或者说是更深入的认识。比如，某一课题过去曾经做过调查，而现在尚需进一步调查的追踪课题。新内容包括前人所未触及的一些科学分支，或由学科之间交叉而产生的新的领域。比如，有的课题是本地区、本部门尚未调查过的移植课题。新命题是指提出新的概念、假说以及理论体系。比如，有的课题是从新角度、新侧面，或者运用新方法开展调查研究的老课题的扩展性课题。

第二，方法创新。在课题调查研究过程所采取的方法是前人未曾采用过的，或者前人虽采用过但添加了新的内容。比如，建立新指标体系、计量指数、抽样方法或者运用新的分析计算方法。

第三，资料创新。包括通过调查研究获取新的第一手资料，发掘或整理新的资料等。

反映到选题上，当研究范围确定后，要注意研究思路、研究视角、理论框架、核心概念、研究方法的创新性。倘若研究思路不创新，即使研究者的选题领域很重要也不可能做出有创新的研究成果。

选择课题要做到创新，调查者应注意三点：一是要培养创新意识；二是要提高理论修养，开拓认识领域，增强对新鲜事物的敏感性；三是要加强信息、资料的收集和积累，努力掌握最新的工作和学术动态。

4. 合适性原则

即注意题目大小适中，确定课题的内容和范围要适当。防止题目过大过空，一般宜小不宜大，力求具体，可从内容、空间、时间、范围上作一定的限定。比如，研究犯罪问题，可缩小范围，从青少年犯罪问题着手，进而限定调查区域、调查某一段时间的青少年犯罪；或者选择青少年犯罪原因进行深入调查分析，甚至可以选择从家庭环境、社区环境等某一影响因素作为调查的主要内容。在满足调查目标的情况下，应尽可能选择小题目，题目具体化，这样调查的方向才更明确，资料才好收集，结论才更具体、可靠。

总之，课题选择应将必要、可行、创新、合适四条原则综合起来考虑，只有全面、综合运用这四条原则，才能科学地、正确地选择调查课题。

四、选题必须反对的倾向

社会调查选择调查课题，有可能存在各种问题，对此应当加以注意与克服，否则会影响社会调查质量。常见的问题主要有以下几种情况。

1. 简单草率

选择课题时，不能简单草率，随随便便定题目。课题选择的成功与否决定了整个课题研究的成败。有学生凭空想象觉得"中年人的婚姻调适"是一个不错的课题，于是将之定为自己毕业调查的课题，殊不知，随意确定的课题，并没有慎重考虑选题的可行性与合适性，即使课题设计再完美，开展调查时则会遇到诸多的难题，影响调查的顺利进行和调查的质量。选题时过于草率，容易陷入两种情况：要么跟在别人后面做重复劳动，结果课题缺乏新意；要么不去了解调查现状，不问条件是否具备，确定的课题无法开展研究，或者半路夭折，无法顺利完成课题研究。

2. 贪大求全

贪大求全是选题时常爱犯的一个通病。不少人在选题时一是调查范围太广，动辄"全国"，或者课题内容过于宽泛，课题内容涉及现状分析、原因分析、对策分析、历史比较分析等，选题时应该充分考虑课题完成的主客观条件。如果条件允许，选择一些重大的现实问题、理论研究课题、城乡对比分析、古今对比分析进行调查也不是不可取的。但是在主客观条件不具备的情况下，课题定得太大太泛，既容易超出调查者的经验水平和能力范围，又无足够的时间、人力、物力和财力去进行调查，到头来反而被大课题束缚了手脚，其结果是久攻不克、半途而废。对于初学者来说，最好选择那些与实际联系紧密、资料较易收集、易于出成果见成效的小课题进行调查。

比如，开篇所提到的"农民工返乡创业问题"，它只是一个大的方向，具体研究的主题与内容都没有明确，实际上加上一个背景，可以转变为"经济衰退对农民工影响"的课题研究，倘若进一步缩小范围，一方面从输出地考虑，可以将课题分解为"返乡农民工创业研究""返乡农民工职业培育与教育研究"；另一方面，从输入地考虑，我们可以将课题分解为"广、深地区留守农民工生存状态研究""留守农民工的构成分析"，那么课题则更为明确，更为具体。

选题贪大求全，在一定程度上不能正确认识课题的大小与研究成果的关系，以为只有大课题，调查成果才大。其实不然，只要选题适当，小题目同样可以出大成果。很多有成就的社会调查者往往毕生致力于"小课题"的研究，而对社会做出了较大的贡献。他们总是从社会生活和工作的某一侧面着手，从而揭示了整个社会面貌和工作全貌。这就是宏观和微观相结合的方法，即从大处着眼，小处着手。当然，小题能够大做，取决于小题背后有无大的理论背景，也取决于课题本身的潜力和调查者的挖掘能力。

任务 2-2　调查课题的选择与确定

掌握了选题的原则，并不能保证我们一定能选择到一个恰当的调查课题，我们还需要解决上哪儿找到课题，以及用什么方法找到课题等问题，这也正是社会调查课题来源、选择课题的途径问题及选择调查课题的方法的问题。

一、选题的来源

尽管在各门学科和现实社会生活中，都存在着大量的尚未解决的问题，各种社会问题又在不断地涌现，但是，要从中选择出一个有着明显研究需要和较大研究价值的特定的问题，也并不是一件容易的事情。美国学者贝蒂·H.齐斯克指出："依靠丰富的想象创立并发展一个可行的研究问题是研究工作中最为困难的一部分"[①]。特别是对于初次进行一项社会研究的人来说，要找到一个合适的研究问题似乎比实际去研究这个问题还要困难。对于社会现象的研究者来说，要选择一个有价值的、有新意的、可行的，并且适合个人情况的研究问题，并没有普遍适用的方法。有的问题可能来源于研究者的某种好奇；有的问题则可能起源于研究者偶然碰到的一件事情；有的问题可能来自研究者与朋友的一次聚会或交谈；有的问题则来源于研究者无意之中读到的一篇文章、一本杂志或者一部著作。当然，应当指出的是，我们不能总是寄希望于这种碰运气似的机会，或总是期待着某种突发的"灵感"。与此相反，我们应该主要依靠自己所掌握的理论知识，所熟悉的生活经验，所面对的社会现实，所具有的观察、分析能力，以及对选择研究问题过程中的某些带规律性的方法和常见的选题途径的熟悉和了解。

所有的研究都是从某种具体的思想开始的，这些思想有时是规范的假设，有时是研究者个人的直觉，有时则仅仅只是偶然的思想火花。了解这些思想是怎样转化为具体的、系统的研究计划的，对于社会研究者有着重要的意义。我们先用下面的例子来描述一种思想的发展过程，特别是这种思想转化为具体研究设计的过程。

美国心理学家特里普利特是个自行车迷。在研究美国自行车竞赛联合会的比赛记录时，他发现集体项目的成绩比个人计时赛的成绩要好得多。在这项具体观察所得到的发现的基础上，他提出了人的行为动力渊源问题（这个理论是当代社会促进论的原型）。他的理论基本上提出了"其他人的行为是一个刺激因素"的观点。特里普利特认为，如果他的这个结论正确，它就不仅适用于自行车比赛，同时也应该适用于其他类似的活动。为了验证他的这一理论，他设计了一项绕线的实验。他选择了40个儿童，并让其中一部分儿童自己单独绕线，而让另一部分儿童在一起比赛绕线。实验的结果证实了他的理论假设：一起比赛的儿童比单独的儿童绕线的速度要快得多。因此，特里普利特从一个简单的观察开始，进而把其思想应用于实验研究，提出了社会心理学研究的核心问题：即其他人的活动怎样影响到行为的个体[②]。

社会研究的选题有哪些主要的来源？或者说，我们可以从哪些方面或通过哪些途径去寻找一个合适的研究选题呢？答案是：现实社会生活、个人特定经历、各种文献资料是社会研究选题的最主要来源。

1. 现实社会生活

社会学的研究对象和目标启示我们：千姿百态、形形色色的社会生活是各种社会研究选题最主要、最丰富和最经常的来源。各种可以作为研究问题的社会现象、社会行为、社会问题、社会事件总是客观地存在于我们的周围。之所以有时难以被我们发现，主要是由于我们每时每刻都生活在它们中间，对它们早已"司空见惯"，因此常常对它们"熟视无睹"。比如，在节庆期间，人们互送问候或者礼物，"问候"与"礼物"在中国人的互动中有什么意义和功能，最近网络流行的"抢红包"现象，对于改善人们的互动方式、互动关系有什么意义？当我们从认识和理解中国的互动方式在逐步发生的变化时，可以向自己

---

① 　[美]贝蒂·H.齐斯克．政治学研究方法举隅．北京：中国社会科学出版社，1985.

② 　[美]杜加克斯等．八十年代社会心理学．北京：生活·读书·新知三联书店，1988.

提出一些"为什么"的时候，就会从这种很熟悉、很普遍、很一般的现象中，抽出诸如"基于礼物的城乡社会互动现象比较研究""社交网络中的社会互动行为研究"等这样一些值得探讨的社会研究问题来。

2012 年零点指标曾对中秋月饼进行了系列调查显示：月饼更像礼物而不是美食，但对单位送员工月饼，员工却难买账。

被"嫌弃"的月饼：仅 8.5％上班族想领月饼作福利

零点指标最新民调数据显示：上班族最偏爱的中秋福利是实用性福利：现金红包(59.4％)和商场购物卡(26.5％)，仅 8.5％的上班族选择中秋的传统食品——月饼作为中秋福利，月饼在中秋福利市场中失宠(图 2-1)。

进一步调查显示，"90 后"对商场购物卡的偏爱度高于平均水平(38.8％)，对网店充值卡这样的"潮福利"，偏爱度(4.1％)，也高于"80 后"和"70 后"。

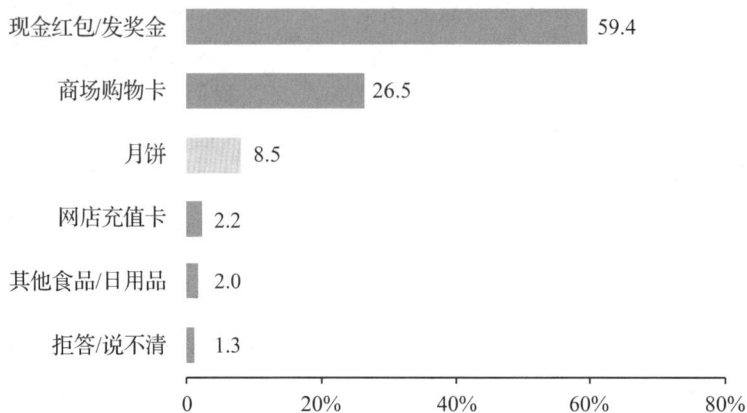

现金红包/发奖金　59.4
商场购物卡　26.5
月饼　8.5
网店充值卡　2.2
其他食品/日用品　2.0
拒答/说不清　1.3

图 2-1　中秋节员工偏爱的中秋福利

"吃不到嘴里"的月饼：仅 6.2％的人买月饼只为了自己吃。

月饼在中秋福利市场中失宠，但却并未失去中秋食品霸主的地位，仍有七成以上(76.4％)的公众在中秋节会买月饼，且偏向购买"平民"价格的月饼。公众能接受的一盒月饼最贵的价格均值是 170 元。"80 后"接受的价格最高，超出 200 元。

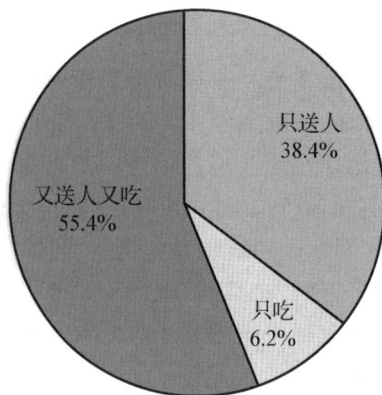

只送人 38.4%
又送人又吃 55.4%
只吃 6.2%

图 2-2　中秋买月饼的用途

对购买月饼的用途的调查显示，买月饼只是为了自己吃的受访者仅占6.2%，远低于买月饼只为送人的受访者（38.4%）。进一步调查显示，在买月饼送人的消费者中，近两成（19.3%）是要送给客户和生意上的伙伴，月饼的商务社交的用途有一定体现。

技术说明：本次调查采用多阶段随机抽样方式，对北京、广州、西安、郑州、杭州5个城市1 098名18岁以上的城市居民进行入户访问。在95%置信度下，抽样误差为±1.76%。

注：数据来源于零点指标数据。

从现实社会生活中发现研究问题的关键，是要善于观察、勤于思考。在日常生活中，我们要养成对各种社会现象、社会行为、社会心理、社会问题经常问个"为什么"的习惯。这样做往往可以使我们从纷繁复杂的生活大潮中、从变化无穷的社会现象中，抽出值得研究和探讨的研究问题来。对这一点，我们可以借用一句格言来概括，那就是：处处留心皆"选题"。同时，一项好的研究选题的发现，也和作家写小说一样，既需要"深入生活"，也需要"灵感和火花"。这里所说的"深入生活"，主要指的是广泛地接触社会；而"灵感和火花"则指的是那些可以发展成为研究选题的最初的想法和思路。应该指出的是，没有广泛地与现实社会生活的密切接触，这种"灵感和火花"也就成了无本之木、无源之水。

2. 个人经历

个人经历和经验是人们参与社会生活的特定记录，也是人们对社会生活的认识、感受的积累和沉淀。这种经历形成了人们观察各种事物、理解各种现象的基本视角和出发点。因此，对于以观察和理解社会现象为目的的社会研究来说，同样也离不开个人的经历和经验的帮助。

我们每一个个体都有各自不同的生活环境、生活经历和生活体验，因此，我们自己在社会生活中的各种经历、各种体验、各种观察、各种感受，常常是众多合适的研究选题的最初来源。许多有价值的、有创造的、并且切实可行的研究选题，正是从研究者个人的经历和经验中，特别是从个人特定的生活环境、特定的生活感受中发现和发展起来的。另一方面，发生在社会研究人员身边的一件事情、他与朋友进行的一次交谈、他所参加的一次活动，都有可能成为导致一个研究选题产生的最初的火花。

比如，城市社区邻里之间被"铜墙铁壁"阻隔，互不相识，相比较农村社区村民之间"张家长，李家短"的熟人社会，城市社区少了"邻里情"和"邻里互助"，关注社区生活的人，也许会思考"城乡社区邻里关系的差异"或者思考"城市社区邻里关系弱化（异化）"的原因等，从而最终选择"城市社区邻里关系现状分析"这一课题。

从某种意义上说，这种从个人自身经历中去寻找问题的方式，是一种十分简单实用的方法。在许多情况下，它常常可以帮助我们找到既十分有趣又值得探讨的研究问题。

3. 相关文献

有大量的社会科学期刊可供我们去发现和探索特定的研究问题。一些主要的期刊如《中国社会科学》《社会学研究》《社会》《青年研究》等中，每年都会发表大量的与社会研究有关的论文和研究报告。这些论文和研究报告代表着以前的和现在的研究者对生活世界各个方面的探索成果。这些专门的社会科学期刊常常是研究者寻找问题的重要来源之一。当然，从一些非专业的、综合性的、甚至是大众性、通俗性的期刊、报刊等文献中，我们有时也能发现这样的信息，找到合适的研究选题。当然这需要另一种留心和思索。

从文献中寻找，方法之一是在阅读各种文献时，始终带着审视的和批判的眼光，不要过于盲目地接受书上、文章中所说的一切。由于眼光不同了，我们对同样的文献、同样的内容、同样的材料的看法就会有所不同，就会产生一些新的疑问，就会产生一些新的思索，就会迸发出一些新的火花。在这些新的疑问、思索和火花中，往往能够找到值得研究、也能够研究的选题。

比如，我们读到一篇文章，谈到独生子女具有许多不同于非独生子女的特点，并得出二者之间存在明显差别的结论。但如果我们发现文章所提供的证据主要来自几个十分特别的个案资料时，只要我们的头脑中对这种数据多保留几个疑问，对这种结论多打几个问号，就可能会产生或形成一个与此相关的研究问题"独生子女与非独生子女行为特点的比较研究"，以此来检验这篇文章的结论，揭示现实生活中的实际状况。

方法之二是要进行广泛的联想。我们可以从纵向与横向、形式与内容、对象与方法、时间与空间等不同角度、不同侧面、不同层次，对所阅读的文献展开广泛的联想，由此及彼，换个角度观察，往往也能碰撞出一些新的火花，开启一些新的思路，并在此基础上进一步提炼出切实可行的新的研究问题来。

比如，当我们在文献中读到关于"青少年犯罪的原因研究"或者"青少年犯罪的特征分析"这类文献时，我们可以结合我们对影视作品或者生活周遭类似青少年犯罪现象的思考，进一步研究"家庭关系与青少年犯罪""影视作品与青少年反社会行为之间的关系""青少年初次犯罪的原因"等课题，这些都是同样值得去做的研究选题。

当我们选择到一个可以明确表述、有意义、有价值、切实可行而且符合个人兴趣的调查课题时，整个调查的质量和水平从一开始就已经有了基本的保障。

二、调查课题的确定

课题的提出与选择，并不是课题的最后确定，确定课题时，还必须明确课题的具体要求。只有在明确社会调查目的的情况下，课题才能最后确定下来，即使委托课题也是如此。调查的目的、要求不明确，就会影响整个社会调查活动的方向、方式、方法的确定。课题确定的过程包括以下几个步骤。

(一)初步研究

从提出问题到形成课题、选择课题再到确定课题是一个过程。提出问题是重要的，然而，并非所有提出的各种问题都能确定为调查课题。对于提出与选择的课题，调查者一般了解不深或只有片段而零散的了解，因此，有必要进一步熟悉情况，以使自己对课题的研究更有把握，于是，需要进行初步研究。初步研究是一种对社会现象进行初步了解的摸索性的研究。它在调查者对研究课题的范围和概念不甚清楚，对课题研究的具体目的不够明确，对所选课题的价值和意义没有很大把握的情况下，显得尤为重要。初步研究主要有以下三种方式。

1. 查阅文献

初步研究一般是从查阅文献资料开始的，其目的是使社会调查能充分建立在科学研究已有的水平上，并使自己的研究避免跟风，或者重复。文献是人类知识的结晶，它以一定的形式记录于一定的物质载体上。前人的调查和理论上的探索一般都反映在文献资料中。要了解前人或他人调查研究的成果，就必须查阅与调查课题有关的各种文献资料。文献查阅主要围绕以下四个方面进行。

(1)查阅已经做过的同类课题的调查文献

已经做过的同类课题的调查文献包括已经做过的同类课题的调查报告、调查方案、调查计划和调查工作总结等。通过查阅资料，以便了解是否有人进行过同类课题的调查。如果进行过调查，了解他人的研究内容、研究方法、研究成果，已经取得哪些结论，结论是否可靠，调查当中存在什么问题，这些问题为什么还没有解决，如果再做怎样改进等。比如关注"90后"，可以查阅"90后"的成长环境，也可以查阅"90后"价值观念、学习态度、消费观、人际交往等相关文献，力求做到全面阅读文献，并比较分析文献资料，便于研究者更明确自己的研究方向，确定研究目的、研究内容、研究方法等。

(2)查阅与所选课题有关的论著、政策性文献

查阅与所选课题有关的论文、专著以及有关的政策性文献，目的在于了解哪些理论观点可以借鉴，哪些理论观点和政策可以作为提出新理论或制定政策的依据和参考等。比如，关注人口老龄化问题，需要研究者认真研读国内外关于人口老龄化的专著，以及现已出台的各种养老政策，为研究者提供理论支持。

(3)查阅有关调查对象所涉及的相关领域的文献

查阅有关调查对象所涉及的领域以及临近部门、临近地区的有关概括性文献，以便了解这一领域、部门或地区的概况或全貌。

(4)查阅与课题有关的临近学科的文献

一项社会调查需要从多角度，运用不同学科的知识进行研究。通过查阅与所选课题有密切联系的临近学科文献，了解学科间的横向联系，借以活跃思想启发思路。比如关注人口老龄化问题，需要我们结合老年人社会福利、社会保障、老年人康复、护理、老年人心理健康等多个领域的学科知识，才能为我们完成人口老龄化某一方面的课题做好充分的知识储备。

2. 咨询访问

查找文献虽然重要，但文献记录的是以往的知识，而且不全，对于大量正在发生、变化着的社会现象，文献资料不一定都有体现，因此，调查者除查阅文献资料外，还应注意实际经验的收集与了解。咨询访问，就是向一切专业人士、知情人员请教、学习，为调查课题收集可供参阅的经验材料。

咨询对象可包括：①在工作上和调查课题有关系的人；②对这个问题做过专门调查研究的人；③理论造诣较深的专家、教授。咨询访问应注意面向具有不同背景的人，以使吸收的经验更全面一些。

3. 实地考察

通过查找文献和咨询访问，对研究对象的了解都还是间接的，为了获得对研究对象直接的感性知识，还应有选择地接触调查对象，深入实地进行考察。实地考察的对象和范围不宜太广，通常是以少数人、少数团体或社区为实例，在较小的范围内，进行比较深入的研究。其目的不在于收集这方面的资料，而是要从中受到启发，以寻找适合调查课题的思考方向。实地考察要具有较强的观察、分析能力，能够把很多看起来琐碎的事

情连贯起来思考，所以，课题调查者应亲自参加。

(二)科学论证

对于一些重大的调查课题来说，科学论证是一个必经阶段。科学论证主要围绕两个方面进行：一是论证调查课题的必要性和迫切性，即该课题有没有意义、社会需要的程度有多大，迫切程度怎样；二是论证调查课题完成的可能性，即完成该课题所需的各种主客观条件是否具备，各种必要条件的成熟程度如何，课题有没有可能圆满完成。进行课题论证，可以避免因确定的课题不当而造成人财物的严重浪费。社会生活复杂多变，有时调查课题的可能性与必要性处于对立的矛盾状态，即具有可能性的调查课题并不一定是必要的，而有必要的调查课题又不一定具有可能性。处于这种对立的矛盾状态的调查课题，当然不能予以确立。我们所要确定的理想课题，应该是既十分必要又有可能圆满完成的课题。不过，对于一些具有重大社会价值而社会又迫切需要，虽然主客观条件不完全具备，但经过努力可以实现的课题，也应予以考虑。科学论证常需组织一个论证班子，邀请有关方面人士参加，包括领导、专家、同行等。论证的有效手段是进行公开讨论。

(三)课题确定

调查课题从提出、选择到确定，是一个初步研究和理论思维决断的过程。课题提出、选择之初，对其中的很多问题的认识一般比较笼统、宽泛、粗略，经过初步研究，反复探讨与思考，重大课题再经过科学论证之后，调查课题便可逐步清晰、具体，此时，课题也就最终得以确立。随着课题的确定，对情况的了解也就逐步增多，调查研究的具体目标和要求也就逐渐明确，问题的症结也越来越清楚，研究视野、研究类型、研究内容和调查单位也越来越清晰，解决问题的设想开始出现，这样，整个调查研究的设计的基本思路便已大致形成。此时，整个调查研究的准备阶段，便可以由提出、选择与确定调查课题，转入到下一阶段，即转入到社会调查设计的阶段。

三、调查课题的明确化

在实际选择一项调查课题时，容易出现的问题是课题比较笼统、宽泛，不够具体，这种问题也会影响后期方案的设计、调查工具的制作，甚至影响调查的质量。比如，有学生在完成选题的作业时，选择"当代社会青少年犯罪问题研究"。结合选题的四大原则分析这一课题，发现这个课题有重要的意义，但是可行性比较欠缺。主要原因在于这个课题太过宽泛，对于犯罪问题的哪一方面进行研究，完全没有明确。

"调查课题的明确化，指的是通过对调查课题进行某种界定，给予明确的陈述，以达到将最初头脑中比较含糊的想法变成清楚明确的调查主题，将最初比较笼统、比较宽泛的研究范围或领域变成特定领域中的特定现象或特定问题的目的"①。

上述"当代社会青少年犯罪问题研究"需要研究者明确主题，缩小研究范围，可以将"问题"聚焦到青少年犯罪的特征、原因、危害等方面进行调查研究。将宽泛的问题转换为狭窄、具体的问题的过程中，参考文献可以发挥重要的作用。通过查阅文献，并进行文献分析评论，从而进一步细化研究方向和研究内容。比如，"当代青少年犯罪原因分

---

① 风笑天．现代社会调查方法(第二版)．武汉：华中科技大学出版社，2001.

析"，我们可以比较分析文献中关于"家庭因素""社区环境""学校教育""同辈群体""大众传媒"等的调查、分析，从而选择"大众传媒对青少年暴力犯罪的影响"这样的调查课题。

在清楚、明确地定义调查课题之前，就匆忙地收集资料，可能出现的问题是所收集的资料很多是无用的，最终需要收集的资料又可能是残缺的。因此，每一个调查研究人员在具体从事一项课题研究之前，需要完成课题的明确化这一任务。

结合上述知识和内容，选择一个有价值、有新意、符合自己的兴趣，又切实可行的课题，并对课题进行明确界定，后期课题的设计以及调查实施也就有了保证。

任务范例

在实际生活中，一项研究问题的选定，常常是各种不同来源共同作用的结果，而不单单是哪一个来源的产物。比如说，也许最先是因为现实生活中的某种现象引起了我们的注意，使我们对这一现象产生了某种好奇；同时，这一现象又使我们联想起自己生活经历中的某些感受、体会或认识，使我们对这一现象的产生、后果、这一现象与其他现象的关系等有了一定的推测、判断或估计；而这种推测、判断或估计又使我们联想起自己曾经读过、看过、学习过的某些知识、理论或观点，并将自己的判断与阅读过的结论进行比较，一旦比较出现了分歧，出现了差别，便会导致一个新的研究问题的诞生，用以检验"谁是谁非"；有时我们会在比较时发现，现有的知识尚未涉及我们所思考的问题，或没有专门地探讨我们所思考的问题，即现有的答案不足以回答我们的疑问，这也会导致一个新的研究问题的诞生，用以探索新的结论。

我们用一个实际的例子来说明研究问题产生的过程。折晓叶在谈到自己对一个超级村庄的研究时写道：

"近十余年来，我国农村改革中出现了一系列令人关注的大事。其中有两件，一件是乡镇企业，另一件是农民流动，一直引发着我浓厚的兴趣。不过，将这样两件大事一起放大到一个小范围的村庄中去观察和研究，却是源于几年前的一次实地调查的经历和体会。

"我与几位同人结伴南下，在珠江三角洲一带的农村做调查，最后落脚在深圳沿海东岸的一个村庄里。当时，这个村子和村里人在近十几年来发生的巨大变化，令我十分吃惊，留下了极深刻的印象。我并不熟悉中国南部村庄过去的贫穷和落后，只是以往的知识告诉我，中国村庄在产业和职业构成上，在政治文化和传统心态上有着相当的同质性。于是，我调动起脑海中自己作为'知青'时的有关村庄的全部记忆，也调动起近年在内地一些地区对村庄的一般了解和印象，但是都难以与眼前这个村庄的现实联系起来，因为它已经完全改观了。后来，我曾特意去看了残留在村子最东头的老'村防'——福镇围和仍然守着旧宅尚未离开的老人，想寻找对过去的'感觉'，那种因比较而产生的反差无疑是强烈的，令人震惊的。在这个仍被称作村庄的社区里，农民已经变得越来越不像在土地上谋生的传统农民，大多数已经有了新的头衔，董事长、经理、厂长、文员、车间主任、拉长……在当时已经成了村民的主要称谓，人们习惯上把这些变化称作'非农化'。村子也变得越来越不像有田园、鸡叫、蛙鸣和'茅舍'的传统村庄，到处是规划整齐的标准厂房和新型居住区，老街已经延展成一条狭长的商业街，人来车往，还设有酒店、宾馆、剧院、银行、超市和公园等，这些设施在城市里司空见惯，而在村子里尚格外显眼。人们习惯上把这种变化称作'乡镇企业'聚集地的'拟城化'。引起我兴趣的是，上述两种变化成功地发生在一个村庄里，人们曾称这种现象是'离土不离乡，进厂不进城'。

"追寻这些变化，可以知道，主要是随着20世纪80年代初期当地农村引进来自香港地区的加工业而逐渐加剧的。不过，当时初步调查的体验告诉我，农民在村域里办工业，不出村地改变职业，绝不仅仅是外来的工业因素导入，以及内在的变革冲动和力量回应的结果，它们的背后，还有着深厚的乡土社会基础。

"以后，在村里走得多了，住得久了，这种体验就愈加明显，因为，在喧闹的工业表层下面，时时可以感觉到保持完好的乡土生活的基本秩序和宁静；在具有现代特征的工业体制中，随处可以触摸到伸展着的村落组织脉络；在取代了农业的工业文明中，顽强表现出村社区文化和家族文化的韵味……显然，传统的力量与新的动力在这个单姓家族的村庄中具有同等的重要性。于是，外来力量与村庄内在的经济和社会结构是怎样相互作用而共同推进了村庄的社会变迁，就成为我要深入探讨的主题。"①

从作者的介绍中可以看出，首先是农村改革中出现的两件大事——乡镇企业和农民流动——引发了研究者的"兴趣"；但是，光有兴趣还不够，兴趣只是研究者为研究某一主题所积蓄的能量；这种能量要转化成真正的研究行动，还需要某种"思想火花"来引爆；对作者来说，那次特定的"经历"，就犹如这种引爆其长期所积累的兴趣的导火索，它导致了作者对这一问题的实际研究。进一步的分析还表明，这次调查的经历之所以会成为产生研究动机的导火索，与研究者当时所"看到的"现实和她以前所"具有的"经验之间的差异有很大的关系。这一点启示我们：与以往"经验"的差异、与本人"文化"的差异，常常是产生思想火花、引发研究动机、形成研究问题的关键因素。

任务评估

任务采用"课堂＋拓展"相结合的评估方式，课堂评估对标课程标准，重点评估知识、能力、素养目标的达成情况；拓展评估对标《市场、民意和社会调查要求》等国家标准及行业规范，重点评估实操技能、劳动精神、工作态度表现。具体操作可参照下表。

评估环节		评估内容	评估方式	评估目的
课堂教学过程评估（60%）	课前（15%）	线上课程资源学习	教学平台自动考核	重点考查学生知识理解和掌握情况
		课前任务	教师评估	重点考查学生技能掌握和应用情况
	课中（30%）	出勤情况	教学平台签到考核	重点考查学生学习态度和学习习惯
		小组讨论及展示	教师评估、组间互评	重点考查学生合作意识和展示能力
		课中任务	教师评估、自评、组间互评	重点考查学生能力和素养掌握情况

① 折晓叶. 村庄的再造：一个超级村庄的社会变迁. 北京：中国社会科学出版社，1997.

续表

评估环节		评估内容	评估方式	评估目的
课堂教学过程评估（60％）	课后（15％）	社会服务	教师评估	重点考查学生劳动精神和服务意识
拓展训练过程评估（40％）	拓展训练中（30％）	拓展训练任务	教师、行业导师评估情况	重点考查学生工匠精神和实践能力
	拓展训练后（10％）	拓展训练报告	教师评估、组间互评	重点考查学生总结反思和改进能力

任务习题

1. 课题在调查研究中有何重要意义？

2. 调查课题的可行性是什么意思？它与合适性之间有什么关系？

3. 选择课题应该注意哪些问题？方法有哪些？

4. 为什么说课题从提出问题到确定是一个过程？

5. 从各种社会科学期刊中选出若干社会调查报告，结合选择的原则对它们进行评价。

6. 分析上述社会调查课题的来源，并评价这些课题的明确化工作。

拓展训练

1. 请根据自己的个人经历与研究兴趣，确定自己的课题类型，并说明原因。

2. 对自己选择的课题进行可行性研究与论证。

3. 结合所选课题，完成所选课题的明确化。

信息化教学资源

调查课题的选择与确定

任务 3
设计调查研究方案

任务描述

与其他调查选题选定之后一样，并不能马上进入调查阶段。凡事预则立，不预则废。研究者在展开调查之前，应围绕社会调查的全过程进行总体设计，具体内容涉及调查研究的具体目标和要求、确定调查研究对象、内容和范围、调查研究方式和方法、调查研究时间与步骤安排、组织领导与人员安排、经费预算和物质保证等，并制订一份完整、切实可行的总体调查方案。

任务实施

一、任务目标

掌握设计调查方案的基本原则和调查方案的主要内容，能设计符合要求的调查方案。

二、任务实施步骤

1. 教师带领学生完成预设大项目的总体方案设计；

2. 学生在课下以小组为单位，围绕选定的课题设计好调查总体方案；

3. 将各小组所设计的调查方案在课堂上简单展示，对此加以分析，找出不足进行修改完善；

4. 再次强调调查研究方案设计的重要性、内容及其注意事项。

知识链接

如果说"社会调查的第一步是定题阶段，即要确定一个调查的主题"[①]，那么，研究设计则是指对整个调查研究工作进行总体规划。因为研究课题的确定，实际上仅仅只是为整个调查研究工作提出了一个预期的宏观目标，而如何去达成这一目标，则是研究设计阶段所要完成的任务。因此，研究设计在整个调查研究过程中扮演着至关重要的角色，事先必须根据主客观条件，就研究课题的策略、途径、手段和方案等方面进行严格周密、切实可行的规划与设计。

---

① 费孝通. 社会调查自白. 北京：知识出版社，1985.

任务 3-1　选择社会调查研究类型

一、社会调查的研究类型

(一)社会调查研究类型的分类标准

研究者在针对各种特定现象进行研究时，目的是千差万别、各不相同的。为了便于研究，往往需要根据不同的研究类型来有效地选择研究方法或途径。但由于人们确定研究类型的着眼点及其所选择的分类标准不同，所以形成了不同的分类形式。归纳起来，主要有下述几大类。

按照社会调查内涵的大小，可以分为广义的社会调查和狭义的社会调查；按照调查的不同范围可以分为普查、抽样调查、典型调查和重点调查；按照研究的深度不同，可以分为探索性调查、描述性调查和解释性调查；按照时空维度，可以分为横向调查和纵向调查；按照研究的直接目的，可以划分为应用性调查和理论性调查；按照调查的基本方式，可以分为统计调查和实地研究；等等。

(二)描述性研究与解释性研究

研究者在对某课题进行研究时，虽然其目的归纳起来不外乎就是要描述或解释所涉及的现象，但目的及深度不同会带来在研究设计、研究对象和方法的选择及其具体操作程序等方面的差异。

1. 描述性研究

许多社会调查的主要目的在于对某些特定现象或事件的客观实际情况，通过收集、整理、分析其资料，以反映现象。换言之，社会调查最经常地被用于对某些研究总体或现象的描述，其目的就是要发现并展示研究对象在某些特征上的状况。

描述性研究即指研究者通过借助观察等方法与手段收集资料，系统地了解某一社会现象的状况及其发展过程，把握反映其主要特征和一般规律的属性，以实现对其现状和历史做出准确描述的研究方式。简言之，描述性研究所关注的焦点是现象"是什么"或"如何发展"的问题，而不是"为什么会发生"的问题。其作为一种调查研究方式，被日益广泛地运用于实践。它不仅适用于民意测验、市场调查等应用性研究课题，而且还可以用于理论性的研究课题，但必须注意描述的准确性和概括性。比如，全国人口普查是描述性研究的最好范例，其目的就是要准确而系统地描述全国及各省市地区人口的数量、年龄、性别以及文化程度等基本特征，为有关部门的决策提供依据；如市场调查的目的则是对购买或将要购买某种产品的倾向进行描述等。

2. 解释性研究

按照科学的认识规律，人们在对于事物和现象的认识的基础上，往往还期望得出一种适用于较大范围内的一般性理解。比如，迪尔凯姆在研究自杀现象时，其感兴趣的不仅仅是哪一类人比另一类人自杀得多，而是希望能够得出一种关于自杀原因的普遍理解。

解释性研究指的是以说明引起社会现象的原因、探讨社会现象之间的因果联系、揭示现象发生或变化的内在规律等为目的，回答各种"为什么"的社会研究方式。比如，现实生活中要探讨青少年犯罪的原因、人们购买行为的影响因素等，其目标就是要回答解释原因，因而其理论色彩明显强于描述性研究，一般要求有明确的研究假设、具体的操作程序。其一般逻辑思路是：从建立理论假设出发，经过深入实践，全面收集资料，并在对资料整理、分析的基础上，来检验研究假设，最后以实现对课题所涉现象或事件进行理论解释的目的。

3. 描述性研究与解释性研究的关系

解释性研究与描述性研究，无论是在内容上还是在方法上均有较大的差别。在内容方面，解释性研究要求研究内容必须紧紧围绕研究假设，注重其适用性和针对性，而并不一定要求面面俱到。例如，对城乡居民形成不同生育观的解释性研究，在内容上就不一定要像描述性研究那样，分别对城乡居民的年龄、性别、文化程度等状况进行全面了解；而只需要把研究的主要着眼点集中在对城乡居民形成不同生育观念的原因进行分析探讨上来。在分析方法方面，解释性研究一般采用双变量或者多变量的分析方式，在具体研究之前，建立理论假设并将其具体化、明确化，然后构建出一个因果关系模型。比如，对于人们购买行为的研究，就可以从性别、年龄、收入状况、家庭背景、价值取向等因素来分析，只有详细考察了这些变量与人们购买行为的关系，才可能对不同消费者产生不同购买行为的原因进行尝试性解释。

此外，两者在有无研究假设上也有较大的差别。一般而言，描述性研究在展开具体研究之前不需要有研究假设，而解释性研究则必须有明确的研究假设。

当然，需要说明的是，一方面，上述分类并不是绝对的，而是具有明显的相对性；另一方面，具体的调查研究往往在侧重于某种类具体目的的同时，也可能会涉及其他方面。因此，在实践中，往往是描述和解释两种研究兼而有之，只是各自的侧重点不同。即使是解释性研究，一般也离不开对现象的描述，在一定程度上甚至可以认为对现象或事件的解释是建立在对其基本状况进行描述的基础之上的。正如有学者所言，"经验的、在观察和实验基础上获得的知识构成整个知识的根基，它们是任何概括、类型化及随后的各种理论分析阶段的基础。"[1]

（三）横向研究与纵向研究

时间维度是社会科学领域区分不同类型的重要参数之一，从该角度出发，可以把研究类型分为横向研究与纵向研究。

1. 横向研究

横向研究，也称为横剖研究，指的是在某个时间点上围绕研究课题，收集有关资料，并描述研究对象在该时间点的基本性状或探讨有关不同变量之间的关系。所谓"某个时间点"，并不是指具体的时刻，而是相对比较短的一段连续的时间，比如说一个星期、一个月或事物发展的某个阶段等。在实践中，横向研究是较为常见的一种研究方式，人口普查、民意测验等描述性研究大多采用横向研究的方式。比如，要研究当前城乡居民的消费观念，那么选择某一时间点应该是进行对比研究的一个较好的参照，从而来分析和比较城乡居民消费观念的不同特点及其原因。

横向研究的主要特点是调查时间点统一、调查面较广、指标体系统一、调查研究的

---

① ［德］斯托贝格.马克思列宁主义社会学原理.哈尔滨：黑龙江人民出版社，1983.

标准化程度高，因而可以用于各种不同类型的研究对象的描述和对比分析。但是由于所涉时间跨度较短，故调查指标不宜过多，且调查内容的广度和深度也受到一定程度的限制，从而难以对社会现象的发生、发展过程等进行具体分析。

2. 纵向研究

纵向研究，也称为纵贯研究，是一种跨时段的研究，即在不同时间点或在较长的时期内观察社会现象，收集资料，从而了解社会现象在较长时期内发展变化的情况，以及解释不同现象前后之间的联系。例如，费孝通教授从 20 世纪 30 年代到 80 年代的 50 年间对江苏的一个农村先后进行了三次实地调查（通称"江村调查"或"江村研究"），他不仅深入探讨了中国农村的发展道路，而且为研究中国农村的历史变迁提供了丰富的资料。[①]纵向研究主要可以分为三种不同的类型。

（1）趋势研究

趋势研究是指对一般研究总体随着时间推移而发生的变化等进行比较，以揭示其变化趋势及其规律的研究方式。比如，新中国成立以来，我国先后进行了七次全国人口普查，若通过七次全国人口普查结果的比较，来分析我国人口发展变化的规律、预测将来的发展趋势，就是典型的趋势研究。又如，每相隔十年对人们的生活水平状况进行比较分析，也是趋势研究。另外，在实践中，从某种程度上也可以认为，趋势研究相当于利用多次横向研究的结果，来探究其发展变化的规律。

（2）同期群研究

同期群研究，也称为人口特征组研究，是指对某一特定时期的同一类型的人群随着时间的推移而发生的各种变化的研究。同期群研究对于样本的关注是看其在时间方面是否属于某一类型，而并非要求每次研究的具体对象都要完全一样。比如，农村改革后，将 1984 年从外省到广东省务工的农民作为一个特殊群体，分别研究他们在 1994 年及 2004 年的情况，以了解分析这一特殊人群在我国改革发展过程中的变化。

（3）追踪研究

追踪研究，也称为定组研究或同组研究，是指在不同时间点对同一研究对象进行观测，以分析其所发生的变化。它与同期群研究相似，两者的区别在于追踪研究在每次进行研究时，所选取的样本必须是相同的。比如，在较长时期内研究单亲家庭子女的成长过程，首次研究从某小学选取一批来自单亲家庭的孩子了解其学习、生活、性格特征等方面的状况，以后等到其进了初中、高中等阶段，每次研究，仍然找这些人作为研究样本。但是，进行追踪研究过程难以确保都能找到与首次研究完全相同的样本，特别是若时间间隔越长，则困难越大。

纵向研究的主要特点是能够了解现象的发展变化过程，不仅可以分析比较现象不同时期的变化规律，而且可以在此基础上对其将来的发展趋势进行一定程度的预测。但由于纵向研究的时间跨度相对横向研究而言比较大，其研究成本无疑就要增加，并且调查范围较小，难以进行不同类别的比较研究，故该研究类型在研究设计中用得并不是很广泛。

---

① 袁方. 社会调查原理与方法. 北京：高等教育出版社，1990.

(四)统计调查与实地研究

实证主义与人文主义是社会研究中两种主要的方法论,在此方法论的基础上,依据调查资料、收集资料方法和资料分析方法的特点,可以将研究的基本方式分为两大类,即统计调查与实地研究。

1. 统计调查

统计调查是指利用事先设计好的表格、问卷或量表等标准化工具,调查较大样本、收集资料,并对资料进行统计分析的调查研究方式。无论是研究程序,还是资料收集工具、记录格式、处理分析方法等,统计调查都要求是标准化的,其关注的是社会现象之间的数量关系,故常常被称作"定量研究"。比如,用一组问题来了解当前大学生的择业倾向,如"当你大学应届毕业时,你首先考虑的因素是什么?"对于经济收入、稳定性程度或社会地位等因素的不同回答,可以看作是对一个个具体指标的统计分析。

统计调查的主要特点体现在三个方面:第一,它是以实证主义方法论为指导的一种研究方式。第二,它是利用结构化或标准化程度较高的调查方法来收集资料的。第三,收集到的资料便于进行定量分析处理。这样,统计调查获取的资料就比较精确,不仅适用于描述调查总体的一般性状,也适用于解释现象之间的因果关系或检验各种研究假设。因此,统计调查使用范围广泛,不仅可以用于对个人、群体、单位的调查,也可用于国家有关部门的大范围调查,如人口普查、国情调查等。

统计调查也具有一定的局限性。首先,一般都是对较大样本的某些少数特征进行调查,在一定程度上难以获取深入、详尽的资料。其次,由于统计调查一般都是借助于事先设计好的标准化工具来收集资料,研究者一般都不在现场,因此难以深入了解现场的情况。最后,统计调查从事前的工具设计,到资料的收集记录、整理分析过程,试图尽量便于量化处理,无疑会影响到资料的全面性、准确性。

2. 实地研究

实地研究,也称为实地调查,是一种不带研究假设深入研究对象的生活现场中,以观察、非结构式访问、座谈等方法收集资料,然后,依据研究者对所获资料的理解,运用定性分析来得出一般结论的研究方式。从不同的着眼点,实地调查常常被区分为参与观察、个案研究、蹲点调查、社区研究等。

实地调查的根本特征在于其强调"实地",即研究人员必须亲临第一现场,通过观察、感受等方式来判断和解释现象。具体而言表现在以下三个方面:首先,调查内容深入具体,调查资料效度较高。其次,能对具体的现象或事件进行全面的了解,能从感性上把握其状况。最后,调查活动方式灵活,形式多样。当然,实地研究也有其局限性,主要在于其调查研究过程标准化程度比较低,易受到研究者主观因素的影响,从而在一定程度上会影响到其研究结论的概括性和可靠性。不过,尽管如此,由于它适用于对少数有代表性或独特性的研究对象进行详细深入的研究,特别是对那些必须亲临现场方可能很好理解的事件或现象进行研究,故 20 世纪以来,实地研究已经逐步成为社会研究的主要方法之一。比如,费孝通的"江村研究"和怀特的"街角社会研究"等,主要是采用了实地研究的方式进行的。

此外,社会调查研究类型的划分除了上述情况以外,还可按照其他标准来划分,如按照调查对象范围的标准可分为普查、抽样调查、典型调查和重点调查等。并且,在实践中，各种不同的研究类型并不是完全割裂的，而是相互联系、相互补充的，在具体研究中，也可以将多种研究类型结合起来，以便更好地满足研究的需要。

二、社会调查研究类型选择的意义

研究类型的确定在整个调查研究过程中具有十分重要的意义，对此，本书认为可以从以下三个方面来理解。

(一)社会调查研究类型的选择可进一步明确研究方向

科学的调查研究，同人们在日常生活中对于社会现象或事件的普遍了解是有区别的。日常生活中人们的了解往往是随机的、零碎的甚至是自发的，而作为科学的社会调查研究，则要求研究者通过对现象或事件的考察，来分析揭示其中的规律，以指导实践；并且，各种不同研究课题及研究类型的具体类型的要求是不相同的。因此，事先选择确定研究类型，可以较好地确保研究过程围绕课题朝着预期目标的方向发展。

(二)社会调查研究类型决定着社会调查具体方法的选择

社会调查研究具体方法是指在整个调研过程中的各具体阶段或环节所使用的具体方式、技术及手段等。与研究类型相比而言，具体方法只是对调研过程中的某一特定阶段、环节、方面或特定环境下起作用，对于调研活动只有特定意义，而未必有综合的指导意义和作用，更不具备普遍的代表性，在整个调研方法体系中是属于基础层次的。当然，社会调研的具体方法是多种多样的，比如，按照整个调研的一般进程来说，可分为资料收集的具体方法、资料整理与分析的具体方法等；并且对于各阶段的具体方法还可以进一步细分，如资料收集方法可分为问卷法、访问法、观察法等。相比而言，各种不同的具体方法，各有其优劣，各自适合于不同的研究类型。如问卷法标准化程度较高，比较适用于统计调查；而非结构式访问法则能获取比较详细的个性资料及大量的非语言信息，比较适用于实地研究，等等。

(三)社会调查研究类型制约着研究方案设计的全过程

不同的研究类型对调查的内容、对象范围的确定、方法及技术手段的选择、调查人员的选择、调查队伍的组建、整个调研的进程安排、物力、时间的预算等都有着不同的要求。比如，描述性研究一般只要求将现象的基本状况描述出来即可，而解释性研究则还需要去探寻现象之间的联系，故各自对研究者的能力、分析方法及工具要求等方面是不同的。

总之，研究类型的选择与确定，是社会调查研究的关键环节之一，它对整个研究过程进展得顺利与否具有十分重要的意义。

任务 3-2　提出研究假设

科学研究的一般逻辑思路是针对研究课题提出具体的研究假设，在一定的理论和方法论的指导下，依靠科学的程序和方法来收集资料，检验假设，并力图说明现象之间的普遍逻辑联系，从而解答课题所要研究的问题。社会调查研究的逻辑过程基本上也是如此。

一、研究假设的概念与特点

1. 什么是研究假设

研究假设，也称为理论假设，是指研究者在收集资料之前，对反映研究对象的某些特征及其相互联系的有关变量之间的关系所做出的一种推测性判断或尝试性解释，它是一种可通过经验事实来检验的命题。比如，在研究"人们在重大传染病疫情等危机情境中的反应"时，其中很可能有"影响个体对危机风险认知的因素是什么"这样的问题。对此研究者可提出多种具体假设，如："负性疫情信息会加剧个体风险认知的上升，导致人们非理性的紧张或恐慌""正性的疫情信息，特别是政府措施信息，对于降低民众的风险认知将有显著的作用""疫情自身的未知因素和不可控制因素，是导致民众风险认知模型中各项风险认知因素的相互位置和产生不安全感的关键性的影响要素""疫情信息将通过风险认知的中介因素对民众的心理行为发生影响"等。然后再在假设的基础上进行具体调查研究来证明其真伪。

2. 研究假设的特点

研究假设作为一种对社会现象或事件的特征及其相互关系进行概括性说明的理性活动，它具有其自身的特点：首先，研究假设对于其研究范畴难以做出具有普遍意义上的理论解释，而仅仅是对其进行推断性判断或尝试性解释。其次，研究假设不同于公理或定理，必须是可通过经验事实来检验的，而且也是能够被检验的。最后，研究假设的最终检验结果将有两种情况，要么被证实，成为具有推广意义的科学结论；要么被证伪，部分或者全部被推翻。

二、研究假设的作用

如果说问题是科学的起点，那么根据问题所提出的研究假设则无疑是科学研究的起点。事实上，关于社会调查研究的具体过程，在一定程度上可以说是从有关社会现象或事件的变量之间关系的假设开始的。具体而言，研究假设的作用主要表现在以下几个方面。

1. 指导社会调查研究

假设是调查研究的逻辑起点，其可以使研究的方向及其重点明确化，客观上为整个调研方案的设计提供了行动指南。正如马尔科姆·沃特斯所言，"如果社会调查研究要在人类的自我认识和对人类社会的指导方面发挥重要作用，就始终必须将'理论（理论假设）'作为不可或缺的核心目标"[①]。在实践中，对于同一现象或事件，当研究者用不同的假设作指导时，所收集到的资料是不同的。比如，研究企业的竞争力，有研究者假设衡量企业核心竞争力的唯一标准是员工素质，那么在其研究过程中，主要是设计有关员工素质的调查指标，且具体调查内容也主要是与员工的状态、行为、意向性有关。有的研究者则认为，既要包括员工素质方面的指标，又要包括有关生产、经营状况方面的指标；如此等等。因此，有了研究假设，便可使研究任务具体化、步骤程序化，围绕什么问题

---

① ［澳］马尔科姆·沃特斯. 现代社会学理论. 北京：华夏出版社，2000.

收集资料，收集什么资料，怎样收集资料等都有了具体的依据，这样就可以避免资料收集的盲目性和片面性，从而提高资料的信度和效度。

2. 逻辑推演的作用

恩格斯指出："只要自然科学在思维着，它的发展形式就是假设。"[①]人们对事物的理性认识活动往往是运用相对抽象的概念或变量来概括说明同类事物或现象，而研究假设就是对这些概念或变量之间关系所做的尝试性解释。可见，研究假设是联系抽象概念与具体经验事实之间的纽带，实践中往往将其作为中介，通过逻辑推演，把理论与实践、抽象概念与经验事实联系起来。例如，"通信工具的运用导致人们之间的直接互动减少"这一假设，可以推论出"由于通信工具在城市的运用情况要比农村广泛，因此，城市居民之间的直接互动要比农村居民少"。后一假设说明了现象之间的关系，可据此设计具体的指标，分别在城乡居民中选取对象进行调查，然后再根据经验事实来检验假设。

3. 促进修正原理论、发现探索新解释

通过调查研究，假设若被证实，则能支持其所依据的一般理论或发展新的理论；若被证伪，则说明原有理论需要修改、补充和完善。这一过程说明了，在探索客观真理的过程中，假设是一种不可或缺的工具；检验假设、修改假设和完善假设的过程，实质上就是不断探索和发展真理的过程。

综上所述，研究假设在调查研究方案的设计、调查资料的收集及新知识的探索等方面，都具有十分重要的作用。但应当指出，并非所有的社会调查研究都必须事先建立研究假设。一般而言，描述性研究和相当部分的应用性研究的主要目的是了解客观情况，描述客观事实，因此，并非一定要事先提出明确的研究假设，如全国人口普查、国情调查等。而在解释性研究和理论研究中，则必须有明确的研究假设来指导研究，因为其研究目的就是要探究现象之间的关系，发现社会现象的一般规律。

三、研究假设形成的途径

研究假设虽然一般是在展开调查之前，由研究者根据研究课题而提出的，但它并非凭空想象或主观臆造出来的，它形成的基本途径主要有以下三种。

1. 根据以往理论演绎得出假设

理论本身通常就包含着许多抽象的命题，用以概括性地解释各类具体的现象，当遇到需要解释的具体现象或事件的时候，往往只需在现有理论的基础上经过合适的逻辑演绎推理，从一般到特殊，经过适当的操作化，就能推演出可供探讨变量之间关系的经验假设。例如，在研究社会问题时可以根据"社会问题的产生与社会整合程度的高低有密切关系"的社会整合理论，推演出"自杀的原因在于社会整合程度的不同，社会整合程度过高或过低都容易引起自杀"的研究假设。迪尔凯姆在《自杀论》一书中，就是运用这样的逻辑过程推演出其研究假设，并到现实中去观察、收集资料，最后检验了其假设，认为只有适度的社会整合才是有利于社会生活的。

---

① 《马克思恩格斯选集》第三卷. 北京：人民出版社，1972.

2. 由经验概括而得出假设

与理论演绎相对的是归纳推理。归纳推理的过程则是从特殊到一般，即根据以往的实践经验或实地初步观察的结果推导出具有一般性意义的研究假设。比如，在了解"影响青少年性格的因素"时，研究者根据其生活经验以及有关信息提出研究假设："父母性格越开朗，其子女性格越开朗""家庭环境越和睦，子女性格越开朗""父母管教孩子的方式越专制，子女的逆反情绪越强"等。因此，归纳推理，通过对大量的经验事实较系统地提出问题，概括归纳出带规律性的结论，无疑是构建研究假设的一个重要途径。

3. 由类推而得出假设

即研究课题所涉现象完全是陌生的，甚至没有任何经验可以借鉴，很难运用现有理论做出直接解释，就可以将其与熟悉的现象或事件等与之类比，提出一些猜测性设想。比如，互联网宽带服务广泛进入居民家庭的影响，这是一个比较新的研究范畴，但我们可以参照以往电视的普及对居民家庭闲暇生活的影响等提出相应的假设，如互联网进入家庭影响到家庭成员的情感沟通，等等。

另外，研究假设还常常来源于研究者的生活常识、个人的预感或猜测等，当然，常识也是来自人们对生活现象的经验积淀，至于预感或猜测能力也不是凭空瞎猜，也是在一定依据的基础之上，凭借其长期积累的推理、归纳概括等能力而做出的。因此，仍然也可以归入上述三个方面。

四、研究假设的陈述形式

假设是社会调查研究中最为常用的命题形式，由相对具体的变量构成，其目的是构建可以通过经验检验的变量关系。一般而言，假设有以下三种陈述形式。

1. 条件式陈述

其表达通式是"若 A，则 B"，即 A 是 B 的先决条件，B 是 A 引起的结果。它主要说明变量之间的因果关系，但有时也说明相关关系，比如，"在某阶段，社会变迁的速度越快，文化各部分失调或文化堕距的现象越突出""接受全日制教育年限越长首次生育年龄越大"等。

2. 差异式陈述

其表达通式是"若 A 不同，则 B 不同"或"A 与 B 在某一变量（Y）上有（或无）明显差异"，即表示按照研究对象的某种属性或性状的 X 变量划分为 A 与 B 两种不同类别，再来探究 A 与 B 在某一变量（Y）上有（或无）明显差异。比如，"城乡居民在消费水平上有显著差异""男女大学应届毕业生在关注将来职业的稳定性方面有明显差异""工人与农民在对子女的管教方式方面无明显差异"等。

差异式陈述主要是说明 X 与 Y 两个变量之间是否存在相关关系。若 A 与 B 在变量 Y 上有显著性差异，则表明其所在的变量 X 与另一变量 Y 有相关关系；反之，则无相关关系。

3. 函数式陈述

其表达通式是"A = f(B)"，即 A 是 B 的函数。这种陈述形式由于在构建数学模型过程中，往往需要全面、精确地度量变量之间的数量关系，而对于社会现象或事件的衡量很难完全数字化，故在社会研究中很少用函数式的陈述形式。

五、调查课题具体化的另一种途径：拟定调查大纲

在确定一个研究课题时，最初往往是比较笼统、模糊的问题，而不是一个具体明确的问题。这样，为了确保调查研究的可操作性，则必须将这种粗略或宽泛的问题转变成切实可行的研究问题，也就是说，必须对研究课题进行具体化操作。

所谓调查研究课题的具体化，即指在研究方案设计之前，通过对研究课题进行某种界定，将模糊的命题或设想转化成明确的陈述，将宽泛、笼统的研究范围或领域变成特定的现象或问题。这是社会调查研究进程中的一个重要环节，通过具体化，可以增强研究的针对性、有效性。比如说，若要研究"当前的互联网问题"，这样的问题很有研究价值，但是，它无论是在内涵还是在外延方面都很宽泛，几乎涵盖了整个领域，很难展开具体的操作。如果将其具体化、明确化，至少可从互联网的技术支持状况、发展速度、功能、影响以及如何规范管理等方面，即使仅仅在影响方面，也可以具体化为正面影响与负面影响、经济影响与社会影响等。

关于课题的具体化的途径是多样的，一般而言，可以先从研究课题出发，提出有关研究假设，然后再按照严格的程序对假设进行操作化，最后，在此基础上收集资料，以此检验假设。但是，并非所有的调查研究都必须事先建立研究假设，比如，描述性研究是对现象的一般状态和主要特征进行描述和概括，它一般也不需要建立明确的研究假设，但并不等于不需要对调查课题进行具体化，在进入调查研究之前也必须有一个初步研究框架的设想，拟定一个操作性较强的调查大纲，以便把握其目的性和方向性。这个大纲主要应该包括以下几个方面的设想。

1. 研究对象的确定

一方面，在理论上从内容、单位、时空范围等方面明确界定研究总体。例如，研究课题是"在突发性流行病危机情境中，个体对于风险的认知状况"，而在展开具体调查研究之前，首先，就要将课题的研究对象界定在一定的时空范围之内，是了解现象的当前状态还是历史状况或发展过程，也就是要确定是进行横向研究还是纵向研究；是了解几个重灾区还是整个国家的情况；是对现象进行整体描述还是将其划分为不同具体的部分分别进行描述以相互比较。比如，在重大传染病疫情危机情境中不同个体对于风险的认知状况，只有规定了高、中、低风险区等不同的空间范围，才能确定具体的调查地点和对象。其次，虽然研究课题中已经提出了所要研究的问题，但是需要具体化，以确定本次调查研究究竟是要描述什么。比如，在上述"有关重大传染病疫情中不同个体对于风险的认知状况"，在这一题目下有各方面的内容和因素，如作为社会环境因素的疫情发布信息、政府组织行为干预信息、公众互动信息等，一项研究可以描述其中的一个方面，也可以选择多个方面。

另一方面，根据研究需要，在界定总体的基础上选取合适的调查对象，比如，是对研究总体中的所有个体进行调查，还是只选取其中的一部分或某些典型的个体进行调查。若是后者，则还要考虑根据需要确定选取调查对象的方法和程序。

2. 研究层次与角度

研究者可以从宏观层次和微观层次来描述，前者如描述在重大传染病疫情所反映出的一般特点和人们的普遍认知模式，后者如描述不同个体的行为及心理，研究者可仅在

经验层次上描述具体现象，也可以从抽象层次上说明现象的普遍意义。比如，可以具体描述各类调查对象的年龄、文化程度和职业等背景资料，也可以描述整个社会在特定的危机情境中，负性危机信息和正性危机信息，特别是政府的措施信息等因素的一般作用。此外，研究者还可以从社会结构、社会制度观念等方面来描述个体在特定危机情境中对于风险的认知情况。

3. 具体化与操作化

在明确了研究主题之后，紧接着在展开调查研究之前，还要对其所涉及的概念进行具体细化。例如，要描述当前我国各社会阶层对于风险的认知状况，就要对"社会阶层"的概念进行界定，说明本次研究是如何定义"社会阶层"的，研究者是按照什么标准来把个体纳入不同阶层的，比如说按经济收入状况或文化程度或职业等；对于"风险"的概念也可以从不同的角度去界定。

在研究设计阶段的调查大纲并非一定非常完善，但仍需不断地到实践中去完善，但是，一般而言，在展开具体的调查之前，必须将课题具体化，并拟定出比较清楚的可操作的调查大纲，研究者才能比较清楚地认识到调研的目的是什么，调查工作才能有切实可行的参照体系。

任务 3-3　明确调查对象和调查内容

在确定调查研究课题和提出研究假设之后，紧接着就要着手进行研究方案的设计工作，而在方案设计时，研究者必须首先明确调查对象和调查内容。调查对象，也称为分析单位，是研究者所要调查和描述的对象，是考察和总结同类事物特征、解释其中差异或关系的基本单位。调查内容是指调查对象的基本属性或特征，是研究者所要调查和描述的具体项目指标。

一、调查对象

在社会调查中，通常调查对象可以等同于抽样单位。比如，要描述大学应届毕业生的择业倾向，可以抽取一个个学生作为调查对象，要了解高校新生入学率则可以抽取不同的学校作为调查对象。但是，调查对象并非一定与抽样单位一致。例如，要调查分析独生子女家庭家长对子女的关爱状况时，调查对象是家长，而抽样单位则可能是"户"或"社区"等。另外，研究结论中的解释单位未必就一定与调查对象一致，比如，对当前城乡居民的生活水平的调查，调查对象是具体的个体，但做结论时则将城市居民与农村居民这两个群体来进行比较分析。简言之，在社会调查研究中，主要有五种类型的调查对象：个人、群体、组织、社区和社会产物。

(一)个人

个人是社会调查研究中最为常用的调查对象。社会调查研究鉴于其自身的学科特征，以个人作为调查对象并不像生物学、医学等学科那样去调查分析人类的一般共性，而是以不同社会角色的个性特征为调查分析单位，来解释与说明各种社会现象，如个人在具体的调查中各不相同，或是学生、工人、农民，或是顾客、服务员，等等。当然，社会调查研究不仅仅是停留在个人层次上，而是通过对个人特征的描述，并将其汇总处理，以便描述或解释由个人或其行为组合而成的社会现象或事件。

(二)群体

作为调查分析对象的群体主要是指那些具有某些共同特征的一群人，如家庭、团伙、青少年、老年人、工人、农民、民营企业家、网民、球迷等，他们可以作为调查对象，以此为单位来收集资料，描述其特征，解释其联系。当以群体作为调查对象时，群体特征与群体中个人的特征有关。有些群体的特征可以由个人特征汇集或抽象归纳出来，比如，家庭经济收入是由每个家庭成员的收入所决定的。不过，把群体作为调查对象与研究群体中的个体不同。比如，可以根据家庭年收入或是否拥有私家小汽车的比例来描述家庭经济状况，来判断年平均收入高的家庭是否比年平均收入低的家庭更可能拥有私家车。这样，调查对象就是一个个具体的家庭。

另外，如果通过带黑社会性质的团伙成员去研究犯罪，调查对象是犯罪的个体；但如果通过研究某地区范围内的各"涉黑团伙"以了解它们之间的差异的话（如大小团伙之间的差异、市区与非市区团伙之间的差异、本地区团伙与跨地区团伙之间的差异等），那么，调查对象则是一个一个的团伙，即群体。

(三)组织

社会组织也是一个重要的社会调查研究对象。所谓组织是指人们为了达到某种共同目标，将其行为彼此协调与联合起来所形成的社会团体如企业、学校、政党等。组织的特征包括组织规模、组织方式、组织规范、管理模式等。

社会调查研究中，许多社会现象是在组织内部以及组织之间产生的，把组织作为调查对象，可以通过对组织的特征进行分析来解释和说明某些社会现象或事件。比如，要调查研究不同企业对社会效益的关注程度是否相同，本书认为，即可通过对其规模、年纯利润、管理模式、管理者及普通员工的素质等方面的特征来比较分析。

(四)社区

社区是以一定地域为基础的人们生活共同体，如乡村、城市、街区等。社区内的居民往往依地缘、血缘与业缘等关系结合为各种群体和组织，它们是社区生活的载体。正因为如此，社区内居民在社会、政治、经济等方面活动，特别是文化规范和价值观等方面具有较强的趋同性。因而，把社区作为调查对象，通常是描述社区居民的生活状况、文化交往活动、行为规范及社区的发展沿革等。从每个具体的社区收集资料，既可用来描述每个社区的具体特征，又可将若干个社区进行比较研究，还可以把较小范围的不同社区的性状汇集起来，放到更大范围内进行研究。这样，由社区研究可以进一步延伸到对整个社会的研究，从而上升到宏观的层次。

(五)社会产物

调查对象还可以是社会人为事实，即各种类型的社会活动、社会关系、社会制度等人类行为及其产物。例如，调查分析各个历史时期不同国家或地区的政治制度、经济制度、主流文化、家族关系、婚姻关系等；在把犯罪、离婚、罢工、游行等行为作为调查对象时，不是把其行为主体作为对象，而是侧重于描述各个行为本身的特征，比如分析不同历史时期离婚现象的主要原因、影响、社会认可度等。人类行为的产物或社会产品通常包括建筑物、书籍、图画、服装、电影、歌曲及食谱等，也可以作为独立的研究对象。例如，研究者可以分析不同时代或不同国家电影的主题、内容、表现手法及其所渲染的价值观等特征；也可以分析不同时代歌曲的歌词、旋律、影响力等特征；也可分析不同时代或不同国家的中小学教材的内容、价格、所含图片的数量、发行量、使用率等。

本书从个人、群体、组织、社区与社会产物五个方面讨论了调查对象，并非穷尽了所有的可能，但社会调查基本上可以根据研究需要从上述五个方面来选择确定调查对象。另外，在实践中，研究者首先应根据社会现象的复杂程度和研究目的来选择调查对象。一般而言，研究者只需要选用一两个主要的分析单位，但对于复杂的现象也可以选用多种调查对象，以便从不同角度、不同层次去获取更真实、更详尽的信息。并且，若某一分析单位不能满足研究需要，则可以增加或改变分析单位，如要解释"学习风气"问题，若以个人为单位则不能满足需要，便可考虑以学校或班级为分析单位。

二、调查内容

调查内容是指调查对象的属性和特征。在设计研究方案之前，研究者必须根据需要，确定其将要调查和描述的项目或指标。比如，一个人不仅具有社会属性、生物属性等多重属性，而且还具有政治、经济、心理、态度、行为等多方面的特征。但是，一项研究不可能面面俱到，只能根据需要从中选择某些方面来调查分析。一般而言，可以将研究内容分为状态、意向性与行为三大类。

(一)状态

状态是反映调查对象基本特征或状态的一些客观指标，如个体的状态包括性别、年龄、文化程度、婚姻状态等；群体、组织与社区的状态包括规模、结构及地点等方面；社会产品则可根据其大小、重量、颜色、形式等进行描述；若以社会行动作为调查对象，则可根据事件发生的时间、地点以及相关的人或群体等进行描述。

(二)意向性

意向性是反映调查对象内在属性的一些主观指标。当调查对象为个体时，研究者常常要考察个体的取向，比如，人格、心理、态度、观念、信仰、个性特征、偏见、偏好等；当将群体、组织或社区作为调查对象时，其意向性也可以表述为其目的、政策、规范、关系结构、利益关系、内部凝聚力、行为过程及其成员的整体取向等；另外，以社会行动或社会事件作为调查对象，其意向性也可以做出类似表述，比如，可以把游行行为分为有政治动机的和无政治动机的。类似的现象或事件还有商业谈判、工作会议、购物、宴会、舞会、郊游等，都可以根据其组织者的目的或期望做出类似区分。

(三)行为

行为是反映调查对象属性或特征的外显变量，即研究者可以通过直接观察或第二手资料来了解的各种社会行为和社会活动，如选举、入党、辍学、聚会、旅游、就业等。其中，第二手资料可来自参与者本身，也可来自其他渠道，比如，若要了解一个人变换工作的动机，既可以当面询问其自己，也可以通过分析有关材料，或间接地从其他人那里了解相关的信息；对于群体、组织和社区的特定行为也可以进行相关分析研究，如一些家庭周末一起聚会，或假期一起外出旅游及各类文化活动等。在实践中，还可以从不同的着眼点来区分社会行为，比如，政治行为与经济行为、长期性行为与短期性行为、功利性行为与非功利性行为等。在研究中，社会行为往往是研究者所要解释的因变量，受到状态和意向性影响，并且不同的行为之间也存在着相互影响。正如通常所说的行为之间的互动关系，一个人的某种行为会导致另一个人某种行为的发生，或影响其自身其他行为的发生。另外，对行为有影响的因素还包括社会结构、社会关系、时代背景、历史文化传统、风俗习惯等，它们是较高层次的调研对象所具有的属性或特征。

三、调查内容的选择

如果说研究课题的确定与假设的提出，为研究指出了大致的范围和基本方向，那么，调查内容则是对研究目的的具体分解和细化。但是，任何一项调查研究不可能将调查对象的所有属性或特征都进行描述或解释清楚，因此，研究者必须确定究竟要研究哪些具体内容。调查内容的选择不仅取决于研究课题和假设，而且受制于研究者的方法论倾向。此外，研究者在选择调查内容时，还应该从以下几个方面考虑。

(一)研究层次

简言之，调查对象通常可以从结构层次方面被分为宏观层次、中观层次与微观层次等。以国家、社会制度、阶级、政党等作为调查单位的研究一般是侧重于宏观层次的，调查内容一般是期望通过社会结构、社会环境、意识形态、文化传统等方面的变量来描述、说明其特征；而以个体或小群体作为调查对象的研究则侧重于微观层次，主要是以有关个体特征为调查内容；介于两者之间的调查对象则属于中观层次，比如群体、组织等。

(二)研究类型

不同的研究类型对调查内容的确定有重要的影响。比如，描述性研究所关注的是解答社会现象或事件"是什么"的问题，故一般只需要那些能反映其有关状况等方面的资料；而解释性研究则还需要在描述现象基本状况的基础上对其关系做出说明，那么在了解有关状态与行为等外显性客观变量之外，还需要获取有关意向性方面的信息。另外，普查与非全面调查等也对调查内容的选择有不同的影响。比如，普查涉及对调查总体中的所有对象进行调查，很难确保调查内容的全面性、详尽性与精确性等，特别是有关意向性方面的资料更是难以保证；而若是抽样调查或典型调查等非全面调查类型，由于其对象数量少，则为深入研究提供了可能。这样，研究者在选择研究内容时，也就可以从更全面、更精确、更深入的角度去考虑获取资料。

(三)抽象程度

调查内容既可以是非常具体的现象或事件，也可以是高度抽象的范畴。前者旨在提供丰富具体的经验资料，后者则试图做出某种抽象的理论解释。

(四)解释方式

调查研究的目的很大程度上在于对社会现象或事件做出解释。解释一般有个性解释与共性解释两种具体方式。个性解释是指对某一现象或事件的特殊性或独特性做出的解释，它需要详尽地考察具体个案的各种属性和特征，因此，其调查内容相当广泛，可能涉及个体的态度、思想倾向、文化程度及其行为的动机等方面。而共性解释则以大量样本的共同特征来说明其一般模式或规律，它试图以最少的原因变量最大限度地去解释因果关系等，因此，一般只需要考虑其中的主要因素。

另外，调查内容的选择也会受到具体的调查方式、方法与技术手段、调查的主客观条件等因素的影响。

任务 3-4 澄清调查研究课题的相关概念

在研究中，调查研究课题及其假设一般都是由抽象概念关联而成一定的命题来说明现象及其关系的。概念澄清是一个十分重要的过程，甚至直接关系到资料的信度或效度。比如，考察社会中富裕居民的消费水平，"富裕"就是一个很模糊的概念，在不同的时空范围内的具体含义肯定不一样。因此，研究设计的重要任务之一就是要将抽象的、模糊的概念具体化、明确化，以便调查实施、解答课题。

一、概念与变量

社会调查研究的目的就是通过经验观察，获取有关信息，并在对资料的分析基础上得出普遍性的解释。任何课题及其研究假设都是以一定的概念或变量作为其构建基础的。

（一）概念

1. 概念的含义

概念是人们抽象思维的产物和基本单位，是对研究范围内同一类现象的概括性表述。具体而言，即人们通过对具体现象的大量观察，从同类事物或现象中归纳、抽象出其共同属性的产物，它是综合概括同一类事物或现象的抽象范畴。比如，"风俗"是一个抽象的概念，但当说到衣着、饮食、待人接物、婚丧嫁娶、节日庆典等方式时，则是具体的。虽然不同的时空范围内人们在这些方面的表现并不一样，但它们却都是人们在日常生活中自发形成并持续相传的某方面的行为规范。

概念都是通过概括和抽象得来的，但是各种概念的抽象程度是不同的。有抽象程度低的具体概念和抽象程度高的综合概念。前者指可直接观察到的、抽象层次较低的物体、事物或现象，如计算机、老人、集会、游行等；后者则无法直接观察，抽象层次较高，如社会关系、文化、同情心、责任感等。概念的抽象层次越高，其内涵就越大，外延特征也就越模糊；相反，若一个概念的抽象层次越低，其涵盖面就越小，特征也就越明确。社会调查涉及的相当部分概念是抽象层次比较高的，因此，必须对其进行明确界定。

2. 概念的作用

概念是构成各种命题、假设及理论的最基本元素，在调查研究过程中有着十分重要的作用与意义，具体主要体现在以下几个方面。

（1）概念是感性认识的深化

研究者对事物的认识是一个不断深化的过程。首先，研究者在实践中通过感官去感知对象，获得感性认识，即认识事物的现象的、外部的联系；然后，随着实践的继续，研究者的认识也不断向前发展，即在感性认识的基础上，运用比较、分析、综合、抽象、概括等方法，逐步认识到对象的特有属性或本质属性，从而形成概念。

（2）概念是理性认识的基础

理性认识活动也是一个由浅入深的过程，最初的认识总是不深刻或不太深刻的，只能把握研究对象的某些属性，形成一定的概念。随着实践的进一步发展和认识水平的提升，逐步把握了对象的本质属性，形成了比较深刻的概念，并可将不同概念之间联系起来，形成一定的思维体系，指导具体的研究。

（3）概念可以巩固对研究对象的认识

概念是揭示同类事物共同属性，并将其与别的事物区分开来的范畴。研究者对某类事物或现象有了具体认识之后，就可以用概念的形式来总结和概括对其认识。比如，以邓小平同志为代表的党和国家领导集体，运用马克思主义的基本原理考察了中国基本国情，给"中国特色社会主义"以科学的概念，阐述了社会主义的本质，这也就是总结和概括了长时期不断认识的成果。

（4）概念可以修正调查课题与研究假设

由于具体个体有不同的经历和观察能力，对于事物的认识难以与他人完全相同，但研究者可以凭借能反映事物共性的概念及其体系来修正自身的认识或判断，使之具有普遍性，便于实施研究。

（二）变量

1. 变量的含义

变量，最初是一个与常量相对的数学范畴，是指具有一个以上不同取值的概念。在社会研究中，人们则把变量看作通过对概念的具体化而转化来的。它反映了概念所指的现象在类别、规模、数量、程度等具体状态或属性方面的变动性。比如，"性别"这一变量就表明了"男性"与"女性"两种不同状态；"职业"则包括了工人、农民、教师、医生等多种具体形式；"社会行为规范"则有法律、道德、风俗习惯等。

正如法国社会学家雷蒙·布东所言"社会学，正像一切科学那样，也要运用这么一种语言：其基本词汇由变项（即变量）构成，而其句法则在于确定这些变项之间的关系。"[①]可见，社会研究需要精确描述事物和现象的状态、探究现象之间的相互关系，且变量较之于概念而言，其具有明确性和可观测性，因此，只有使用变量的语言，即从变量之间的相互关系来分析事物产生的因果，才能进行有效的经验研究。在社会调查研究中，理论假设也可以说是由变量语言构成的，其目的是描述不同变量的状态或解释它们之间的关系。

2. 变量的类型

变量具有不同的类型。从变量之间的相互关系看，可以把变量分为自变量与因变量。在一组变量中，通常把那种能够引起其他变量变化，而又不受其他变量影响的变量叫作自变量，一般用 x 来表示；而把那种由于其他变量的变化而导致自身发生变化，且不能影响其他变量的变量叫作因变量，一般用 y 来表示。在因果关系中，原因是自变量，结果是因变量。例如，改革开放促进经济发展，"改革开放"是自变量，"经济发展"则是因

① ［法］雷蒙·布东．社会学方法．殷世才，译．北京：商务印书馆，1995.

变量。在社会调查研究中，自变量大多数是有关状态属性方面的变量，如性别、年龄、文化程度、收入等；而因变量则多为有关行为或意向性方面的变量，如罢工、工作态度、动机等。值得注意的是，实践中常常还会出现这样的情况：同一变量在不同的变量关系中，既可以自变量的形式出现，又可以因变量的形式出现。例如，在"减轻农民负担可导致农民收入增加"这一关系中，"农民收入增加"是"减轻农民负担"的因变量；但在"农民收入增加导致农民生活水平提高"这一关系中，"农民收入增加"则又成为"农民生活水平提高"的自变量了。因此，若要确定一个变量究竟是自变量还是因变量或中介变量，则需要根据调查研究的理论框架来决定。

3. 变量之间的关系

变量之间的关系是指两个或两个以上变量相互关联、相互作用的性质，一般而言，主要包括相关关系、因果关系和虚无关系三种类型。

(1)相关关系

所谓相关关系是指变量 x 与变量 y 之间确定存在的不确定的依存关系，意思就是说 x 与 y 一起发生变化，若 x 有变化，则 y 也有变化，反之亦然；但不能确定自变量与因变量之分。例如，"价格水平随着供求关系的变化而变化"，在此价格水平与供求状况是一种相关关系，价格变化可以引起供求关系变化；反之，供求状况也可以引起价格变化。简言之，在相关关系中的变量，一般很难明确区分哪个是原因，哪个是结果。

如果不同变量的取值朝着同方向变化，即一个变量值伴随着另一个变量值的增加而增加，或者一个变量值伴随着另一变量值的减少而减少，则将这样的关系称为正相关或直接相关。若不同变量的取值朝着相反方向变化，即一个变量值随着另一个变量值的增加而减少，则将这样的关系称为负相关或逆相关。例如，若市场供应量随着价格水平的提高而增加，则市场供应量与价格水平是正相关的；若价格水平随着市场供应量的增加而降低，则价格水平与市场供应量就是负相关的。另外，在研究中也可以根据关系的强弱程度不同，分为强相关、中度相关和弱相关等。

(2)因果关系

针对相关关系的两个变量，若明确说明了变量 x 发生变化，变量 y 也随之变化，反之不然，则可以认为 x 与 y 有因果关系。换言之，所谓因果关系就是" x 的变化导致了 y 的变化"，其中 x 变化是 y 变化的原因，y 变化是 x 变化的结果；并且在时间顺序上，x 的变化必须先于 y 的变化。例如，若"社会生产力水平影响社会变迁"，则首先"社会生产力水平"与"社会变迁"之间是有相关关系的；其次假如控制了其他与"社会变迁"有关的因素(如自然环境、人口、国家制度、历史文化传统、意识形态、社会心理、民族特征等)，"社会生产力水平"与"社会变迁"也仍然相关；最后"社会生产力水平"的变化在时间上明显先于"社会变迁"而发生，即因先于果，而果后于因。由此则可以认为两者的关系是因果关系。

因果关系是普遍复杂的，没有一个现象不是由一定的原因引起的，也没有一个现象不产生一定的结果。当然，因果关系也是相对的，一个现象对于某种现象来说是结果，可是它对另一个现象来说又是原因。正如恩格斯所言："为了解单个的现象，我们就必须把它们从普遍的联系中抽出来，孤立地考察它们，而且在这里不断更替的运动就显现出来，一个为原因，另一个为结果"①。

　　探求现象间的因果关系是个复杂的认识过程，既包括通过观察、实验和调查来收集各种经验材料，又包括对经验材料进行比较和分析，运用推理得出结论，最后经过实践的检验。就认识因果关系的科学思维活动而言，基本上有两大步骤：第一步，确定可能的原因（或结果）。任何现象都有数不清的先行情况或后行情况，人们必须根据已有的知识来判定究竟哪些现象是与被研究现象之间有关的，可能是被研究现象的原因（或结果）。第二步，从可能原因（或结果）中探求出真正的原因（或结果）。这是需要对被研究现象出现（或不出现）的各种场合进行比较的，以排除不是真正原因（或结果）的现象，从而辨认出真正的原因（或结果）来。这样的探求思路，在具体操作过程中，英国哲学家穆勒于1872年总结出了已经广为人所知的五种归纳因果关系的方法，如求同法、差异法、求同求异法、共变法和剩余法。这些方法都是根据某个现象与其他先行或后行的现象在某些场合里所显示的关系，从而概括出一般性的结论，即断定某个现象与另一现象之间具有普遍的、必然的因果联系。

　　简言之，探讨现象变量之间因果关系的常用模式有两种：其一，由因析果，即可以根据某一已知自变量 x，来探讨它对其他变量的影响；如，要研究"离婚率上升对社会造成哪些影响"，就是要找出由"离婚率上升"引发的各种因变量。其二，由果溯因，即可以根据某一已知因变量 y，来探寻导致其产生的各种原因；如，"离婚率上升的原因有哪些"，就是要找出引发"离婚率上升"的各种自变量。

　　（3）虚无关系

　　在研究现象变量过程中，从某一变量的变化很难预计到另一变量如何发生变化，这样的两个变量之间的关系通常被称为虚无关系。比如，性别与高考成绩之间不相关，从性别的差异中很难预测到其高考成绩的好坏。换言之，虚无关系中的一个变量与另一个变量之间不存在某种共变关系。

　　4. 变量的作用

　　在社会调查研究中，变量的作用表现在可将抽象概念具体化、明确化，既有具体性，又不失对现象的概括性。但是，不同学者对此有不同的认识和概括。有人认为，变量的作用在于界定概念的外延，描述现象的状态和变化趋势，有助于调查课题及研究假设的具体化；有人则将变量的作用概括为，以变量的形式可使研究课题具体化，在变量取值规定的范围内便于研究假设的检验，增强研究的目的性；等等。具体而言，可以归纳为以下几方面。

　　（1）描述作用

　　描述作用是指对社会现象或事件进行客观的描述，如实反映情况，主要说明"是什么"。"是什么或不是什么"，是判断社会现象性质和特征的关键所在，此时虽尚未做出深入的解释和评论，但它是变量诸多作用的基础。

　　（2）解释作用

　　解释作用是指对社会现象进行全面、深入的分析，不但要发现问题，而且主要是要说明问题发生的原因，即回答"为什么"。具体变量能够回答为什么，往往可以为解决问

---

　　①　恩格斯. 自然辩证法. 北京：人民出版社，1971.

题提供可行途径。

（3）评价作用

评价作用是指可将变量作为调查研究中的一种具体尺度，用它可对所研究的社会现象及其发展变化情况进行测量分析，比较研究。通过分析和比较，就可以针对不同现象的性状做出适当的判断和评价。当然，在进行具体评价时，还必须有科学的评价标准和评价方法。

（4）监测作用

监测作用是指通过各种变量的取值，特别是可直接数值化的取值，可以监测到有关现象的发展变化情况，以便及时发现问题、解决问题，对所研究社会现象的进行宏观调控。

（5）预测作用

预测作用是指通过变量根据已有的基本资料，在对过去和现状进行分析的基础上，探索社会现象的发展变化规律，从而对未来的可能趋势做出预测。这种预测不单纯是推算具体变量取值的变化，而应着重分析变量值发生变化时的各种社会经济背景条件。

概言之，变量的作用就是对社会现象的状况进行描述和解释，对社会规划、社会政策及其效果和影响做出评价，对研究目标的实现进行监测和预测，对研究进程的把握，对需要解释解决的问题提出参考性意见和建议。

二、明确概念与概念操作化

在研究中，概念是反映研究对象共同属性的思维形式，任何研究课题或假设都会涉及一些概念，有些概念是比较明确具体的，有些概念则是比较抽象，难以把握。对于那些含义不清楚或比较模糊的概念，如"生活方式""闲暇时间""传统道德""业务能力"等。在展开具体调查研究工作之前，必须对概念做出明确的界定，只有这样，才能进行具体的操作；否则，将难以有效地对社会现象或事件进行观测、解释。

（一）明确概念

1. 概念的抽象定义

概念反映对象的特有属性或本质属性，同时也就反映了具有这些特有属性或本质属性的对象，因而概念有其自身的内容和确定的范围。这两方面就构成了概念的两个基本逻辑特征，即内涵和外延。因此，所谓概念的抽象定义，也就是对概念的明确界定，即用精练的语句来概括地说明一个概念的内涵与外延，从而将概念所指的某类现象与其他现象区分开来的过程。例如，"社会改革"的抽象定义是："在社会制度、体制、机构、文化、思想等方面的人为改变。"这一定义说明了概念内涵的本质属性在于"人为改变"，而不同于"自然变化"，从而将"社会改革"与"社会变迁"区分开来。另一方面，它还说明了概念的外延，即社会改革包括哪些方面或不包括哪些方面。

在实践中，只有经过明确界定了的概念，才能为科学研究所用，否则，就有可能造成混乱、误解和认识的模糊不清。例如，人们常说的"某人有文化"，这里的"文化"就是一个相当模糊的范畴，既可以理解为"知识"，也可以理解为"文化程度"等。

2. 界定概念的方法

怎样给概念以明确的定义？要给出一个科学的定义，必须掌握有关的科学知识，了解概念所反映的对象的共同属性。在实际思维中，最为常用的一种给出概念定义的方法，就是通过揭示邻近的属和种差来进行，通称为"属加种差定义"。用这种方法给概念下定义时，首先是找出与被定义概念邻近的属，确定其所反映的对象属于哪一类。正如列宁所言："下'定义'是什么意思呢？这首先就是把某一个概念放在另一个更广泛的概念里"①。然后把被定义的概念所反映的这一种对象同该属中的其他种进行比较，找出被定义概念所反映的这一种对象与其他种之间的差别——种差。例如，在给"自致角色"下定义时，首先要找出"自致角色"邻近的属——"社会角色"，确定自致角色是社会角色中的一种，把它放到"社会角色"这个更广泛的概念之中。然后将"自致角色"与其他各种社会角色进行比较，找出它们之间的差别，即从人们获得角色的方式上，还有建立在血缘、遗传等先天的或生理的因素基础上的社会角色。这样，就可以把"自致角色"定义为："主要是通过个人的后天活动与努力而获得的社会角色。"当然，明确界定概念要求揭示概念的邻近属和种差。但在对一个概念进行明确界定时，究竟选择外延较广的哪一个概念作为属概念，则取决于调查课题的要求。

按照"属加种差"方法得出的概念，往往也存在一定的模糊性，难以把现象之间实质性的种差区分出来，因此，在研究中必须按照科学的程序对得出的概念进行明确界定。正如默顿指出："概念澄清的一个功能，是弄清包括于一个概念之下的资料的性质"②。也就是说，通过精确地指出一个概念包括什么，排斥什么，就可以为研究者提供对资料进行分析和组织的指导性框架；同时也可以使各项具体的经验研究中所包含的资料更具有一致性和可比性。在具体程序上可分为两个步骤：第一步将概念分解，即从不同角度或不同方面对概念所指的现象进行分类。通过分解可以了解一个概念的内涵和主要分类。当然，一个概念可以从不同的着眼点进行若干个不同的分类，这样，就需要在概念本质属性的基础上，根据研究的需要来对其进行分解。第二步就是从各种类型抽取出它们的共同性因素，归纳出该概念的具体内涵与外延。例如，从各种不同类型的社会制度中抽取出共同属性，将社会制度界定为："在特定的社会活动领域中围绕一定目标而形成的具有普遍意义的、比较稳定的和正式的社会规范体系。"它一般由三个层次组成：一是总体社会制度或者说是社会形态，如资本主义制度、社会主义制度等；二是社会不同领域或方面的制度，如家庭制度、经济制度、文化制度等；三是社会群体内部具体的行为模式或办事程序，如社会组织中的奖惩制度、考勤制度等。

明确概念或概念的抽象定义仅仅是在抽象层次对概念的界定与澄清，而没有说明与概念相对应的各种具体现象。因此，对于经验研究而言，若想具体度量某一概念，则必须在经验层次上对概念进行操作化，使其转化为能够具体观测的事物。

---

① 《列宁选集》第二卷．北京：人民出版社，1972.
② [美]罗伯特·默顿．论理论社会学．何凡兴，等译．北京：华夏出版社，1990.

(二)概念的操作化

1. 操作定义

概念(或变量)通常是由抽象定义界定的,但对变量的测量则是在经验层次的,要进行对现象的经验观测,则需要将抽象定义经过操作化或操作定义,以建立一些具体的程序和指标来说明如何观测一个概念(或变量)。所谓操作化是指通过对那些反映有关社会结构、制度,以及人们行为、思想和特征等方面内在事实的抽象概念的定义来选择(或制定)调查指标,从而将其转化为具体的可以观测的变量,将研究假设转化为具体的假设,以便对社会现象的内在事实性状及其相互联系进行描述和解释。简言之,操作化就是将抽象的概念具体化为可观测的指标的过程,是对那些抽象层次较高的概念进行具体测量的程序、步骤、方法及手段等的详细说明。例如,"企业规模"是一个抽象概念,它的操作定义是某企业在员工数目,固定资产,总产值,利润等方面的状况;"学生的学业成绩"即可用其在具体各门功课上的考试分数来评价;在研究"未成年人的迷恋网络游戏问题"中的"未成年人"是一个较宽泛的范畴,若研究者将其研究界定在"2021 年年龄在 12～16 周岁的在校学生",则范围大大缩小,明确了研究对象;"破裂家庭"可以用父母存亡,父母关系,父子(女)关系,母子(女)关系等方面的指标来衡量。

2. 操作定义的作用

在社会调查研究中,操作定义的作用主要表现在:首先,有利于澄清概念在研究中所选用的意义,提高社会调查的客观性。这是因为,操作定义是用可以直接观测的具体事物、现象或方法来界定和说明调查指标,使得调查指标成为可直接感知或度量的东西,从而有利于提高调查研究的客观性。其次,有利于使得研究假设获得科学的验证。在实际工作中,由于研究者或被研究者对概念的理解不同,往往会产生许多调查误差;有了操作定义后,不同的研究者在对不同的对象进行调查研究时,就可以按照统一的标准、方法和过程进行调查,提高资料的统一性,以便对研究假设的检验。最后,有利于提高调查研究的可比性。许多研究课题往往需要在某个临界点上进行横向比较或纵向比较。有了操作定义,不管横向调查的点有多少、纵向调查的时间间隔有多长,均可以按照统一的、具体的标准、方法或程序进行调查,从而有利于提高调查结果的可比性;同时,也使得今后同样的研究有所根据,以便比较彼此的研究结果。

当然,在社会研究中,相当部分概念(变量)往往有多种不同的观测指标,比如,以个人为分析单位时,可以将"个人"按照年龄、性别、文化程度、职业等标准来划分为不同的调查对象的群体。因此,在确定操作定义时,必须要注意它所能包含的抽象定义以及弄清楚抽象定义的内涵与外延,否则,不仅会影响操作定义作用的发挥,甚至还可能误导整个研究进程的方向。

3. 选择或设计调查指标

对于经验研究而言,操作定义是将有关概念的抽象定义转化为能具体观测的事物,就是要寻找与之相对应的经验指标。表面上看,操作定义较之于抽象定义要具体、明确,但实践中,操作定义也常常会遇到种种困难。比如,要了解调查对象的年龄,而年龄常用的表述方式就有虚岁、实岁与标准岁之分,若按照虚岁计算刚出生几天的婴儿就是一岁,若按实岁算将近两周岁的婴儿仍然只能算作一岁。又如,"经济收入"除了工资外,还可能包括奖金及各种津贴等,且不同的对象他们"经济收入"的具体测算指标也未必相同。因此,对于一个概念可以用不同指标来衡量，这就需要研究者根据需要，按照方便与适当的原则来进行指标的设计与选择。不同的研究者由于其经历与对概念的把握程度等方面的差异性，可能也会选择不同的指标，因此其对于同一概念的操作定义也可能有所不同。

设计操作定义，一般可采用以下两种方法。

(1)列举概念的维度

如前文所言，许多比较抽象的概念往往具有若干个不同的维度。或者说，一个抽象概念不仅仅是一个单纯的可直接观测的现象，而往往可能对应于现实生活中的某一个现象集。比如，"一个社会的现代化，不仅是结构、文化、经济、科学技术及城市化的发展。社会由无数个人构成的，没有个人，也就没有社会，在任何社会和变迁中，人都是一个基本的因素"①。正如，美国著名社会心理学家 A. 英克尔斯在 20 世纪 60 年代，针对世界上不同地区的 6 个国家进行了一次有关人的现代性的大规模调查，把人的现代性这个概念分成了积极参与公共事务、消费态度、公民权等 24 项不同的维度。

(2)建立测量指标

在研究方案设计中，对于有些概念而言，为其建立测量指标是比较简单的，比如，人们的"文化程度""婚姻状况"等；但对于比较复杂、抽象的概念来说，要建立适当的指标也并非易事。鉴于科学研究的连贯性与延续性，研究者在编制测量指标时，可以寻找和利用前人已有的指标，特别是对于那些比较成型的、系统的测量指标，可供借鉴。同时，知识来自实践，研究者在编制指标过程中采用实地观察或无结构式访问方式，先行进行一些探索性研究，这样可以帮助研究者从被研究对象的角度感知现象，了解调查对象的想法及其看问题的方式等，对研究者建立测量指标也是大有裨益的。

建立观测指标的具体方法，一般有以下几个种类。

第一，通过确定具体事物边界的方法来建立具体操作指标。例如，在有关在校大学生生活状况调查中，研究者可以将调查对象按照每月生活费多少分为"低消费水平群体""中等消费水平群体"和"高消费水平群体"等，并分别用"每人平均每月生活费"这一客观存在的具体事物来给这三种学生群体设计操作定义，如规定每人每月生活费 600 元以下的属于"低消费水平群体"，600～1 000 元的属于"中等消费水平群体"，1 000 元以上的属于"高消费水平群体"。

第二，选用可以直接感知或度量的社会事实来编制操作指标。例如，对于在校大学生的"纪律性"这样的问题，也可用出勤率、迟到早退的次数、旷课的次数及其他违反纪律的次数和后果等可感知的现象来作为观测指标。

第三，建立综合指标。简单的变量用一个指标就够了，但不少变量是复杂的，范围比较宽。如对于一个领导干部能力的测量，就需要从组织管理、科学决策、协调服务、调查研究、思想工作、写作、演讲等方面能力的指标来测量。在实践中，各项有关指标可以分别研究，但有时则需要将各项指标综合起来，以提高测量的有效性。一般可以采用类型法和指数法来建立综合性较强的测量指标。所谓类型法，是指将各个具体指标进行交互分类，然后建立新的类型，以形成新的观测指标的方法。例如，在衡量员工素质时，可以从德、能、绩、效等方面分别进行考虑，也可以将它们分别结合起来设置新指

---

① 郑杭生．社会学概论新修．北京：中国人民大学出版社，1998．

标；如把"德"与"才"结合起来，将其分为"有德有才""有德无才""无德有才""无德无才"等相对综合指标。又如，按年龄可以把研究对象分为老年人、中年人、青年人等，而若将其分别与性别交互分类的话，则可形成男青年与女青年、男中年人与女中年人等相对综合的指标。所谓指数法，是指通过用比较简单、明了、合理的公式来综合各个具体指标，从而形成新指标的方法。例如，养老保险参加率＝参保人数/（参保人数＋未参保人数）×100％，这样，养老保险参加率这个指数较之于参保人数与未参保人数就是新构建的一个指标。

值得注意的是，对于同一概念的操作化结果往往不是唯一的，且设计出的不同指标对于现象观测的信度与效度也会存在差别，因此，绝对准确、绝对完善的操作化指标是不存在的，关键是研究者能够尽量根据调查研究需要找到方便、适当的指标就可以了。

三、假设的操作化

研究假设是对研究课题的尝试性解释，它往往是用抽象概念来陈述现象之间的关系。比如，"员工生产积极性越高，企业的生产效益就越好""现代化程度的提高伴随着人们直接交往的减少"等。这种假设往往是无法直接收集资料而对其进行检验的，它必须通过假设的操作化来转化为具体的研究假设。所谓假设的操作化过程，简言之，就是将抽象假设转化为具体假设的过程。这一过程运用的是经验演绎法。前文提到了假设是由概念构成的，因此，假设的操作化实质上是在概念的操作化的基础上进行的经验演绎。也就是要把构成研究假设的抽象概念推演到经验指标，从研究假设推演出具体假设的过程。下面举例说明：

譬如，在进行有关"为什么近年来邻里关系越来越淡漠"问题的研究，其中一个假设就是"现代化的发展导致邻里关系的淡漠"。对于"现代化"这个概念的度量有多种，涉及社会结构、文化、经济、科学技术、城市化等方面。如："工业生产总值""社会分工""现代科技""人均收入""居住条件""生活观念""社会防范意识"等。对于"邻里关系"也可以用多项指标来衡量，如："邻里之间串门的次数""邻里之间互助行为的多少""参加社区活动的多少"等。如果所列举出的这些指标能够反映概念的本质属性和一般属性，那么，在研究假设中所说明的概念之间的关系也就必然可以从这些指标中去探究。这样就可以对研究假设进行操作化了。如下所示：

研究假设：现代化发展程度越高，邻里关系越淡漠。

具体假设：

工业生产总值越高，每年邻里共同参与社区活动的次数越少；

社会分工越细，邻里之间串门的可能性越少；

现代科技越发达，邻里之间的直接互动越少；

居住条件越好，邻里互助行为越少；

人们越注重隐私权，邻里之间的交往越少；

……

由于一个概念可以用多个指标来衡量，因此，研究者能够从一个抽象的研究假设推演出多个具体假设。如果这些具体假设被经验材料证实了，那就证明了研究假设，由此也就可以解答研究课题所提出的问题了。

同时，在把研究假设转化为具体假设的基础上，为了增强其可操作性，可继续将其细化，推演出一系列的可以直接观测的指标。比如，在"现代科技对邻里之间直接互动行为的影响"方面，又可以将"现代科技的影响"分为从闲暇生活、沟通方式等方面的影响，即可从人们主要选择的闲暇方式（如看电视、打网络游戏、邻里之间串门等）及其所占闲暇时间的比例等方面分析；在过去，邻里之间直接串门是一种主要的沟通交流方式，现在打电话、发短信、上网等方式在联络邻里感情中的作用越来越重要，频率越来越高。

这样，经过操作化，抽象的理论假设也就被一层一层地转化成了可以直接观测的调查指标了。正如没有理论假设的定性研究就没有进一步定量分析的基础一样，若没有操作化手段也就无法完成定性研究向定量分析的转化。因此，研究假设及其操作化都是社会调查研究的前导，它是决定整个调查研究是否确有价值的基础。另外，值得注意的是，检验具体假设往往是以抽样数据来验证假设的，它需要调查大量样本；否则，样本容量太少，就难以保证结论的科学性，甚至容易犯以偏概全的错误。同时，由于指标并不能完全反映概念的本质，甚至失之偏颇。因此，具体假设被证实，也未必一定能证明研究假设就是真的。同样，具体假设被推翻了，也并不能完全否定研究假设。要证明研究假设的真伪，需要对多个具体假设进行检验。

任务 3-5　设计调查研究方案

在整个设计与准备阶段，除了研究课题的确定、研究假设的选择及操作化等策略性工作以外，还包括相对具体的方面，比如，对整个研究工作的步骤、手段、对象、时间、人力、物力、财力等方面进行规划、选择和安排，并形成一份完整的研究方案。所谓调查研究方案，是指通过对一项调查研究的程序和实施过程中的各种问题进行详细、周密的考虑，制订出的总体计划和切实可行的调查大纲。它是整个调查研究过程的行动指南，对保证调查研究工作的顺利进行具有重要的指导作用。

一、社会调查研究方案的基本内容

调查研究方案是对研究过程的总的统筹规划，其具体内容涵盖了从课题的确定，到资料的收集、分析，直到研究报告的撰写为止的全过程。因此，在设计研究方案时，应该把调查研究的各个阶段、各个环节联系起来统筹考虑，既要注意到各阶段工作的前后衔接，又要考虑到各阶段的目的、任务等都紧紧围绕着整个调查研究的目的。一般而言，一项调查研究的具体方案应包括以下几个方面的内容。

1. 阐明调查课题及其研究的目的与意义

首先说明为什么要进行该项调查研究，从事该项调查研究理论或实践方面的意义是什么；其次说明其目的是要探讨分析什么问题及其期望达到何种程度，其结果将用于做什么，是做学术探讨，还是用于提出政策性建议或影响大众舆论；再次说明其要描述或解释哪些社会现象，是对其进行一般性的状况描述，还是要深入了解或探究现象之间的因果联系；最后若是探寻因果关系，则还须说明研究假设及其操作化等环节。

2. 确定调查范围

即明确在什么地区进行调查、调查对象的范围有多大；是普查，还是抽样调查或典型调查等。这样，有利于增强具体工作的目的性，以有效地实现调查研究的目的，有利于实地调查工作的前期准备和进行，有利于节约调查研究的成本。一般而言，围绕研究的需要，根据调查研究工作的主、客观条件，应事先确定一个恰当的调查范围。

3. 确定研究类型和研究方法

即主要说明是描述性研究还是解释性研究，是横向研究还是纵向研究，是统计调查还是实地研究等。不同的研究类型也将带来其不同的具体研究方法，调查方法的选择主要涉及资料收集方法与资料分析方法；简言之，研究方法的选择应该适应课题的需要与研究类型的要求来决定，是采用问卷法还是访问法或观察法等具体资料收集方法，是采用定性分析还是定量分析等。

4. 确定分析单位，制订抽样方案

分析单位是调查研究的基本单位，分析单位是什么，是个人，还是群体或组织等，在很大程度上决定了抽样方案和调查方案的制订，因此，在研究方案中必须明确分析单位。而抽样也是社会调查研究的一个重要步骤，它不仅与研究目的、内容及样本对调查总体的代表性等紧密相关，而且还直接关系到资料的收集、整理与分析，同时还涉及调查研究的成本及其研究结果的推广与应用范围。简言之，在抽样方案的设计中，需要具体说明：①研究总体与调查总体分别是什么，明确界定实际抽取调查样本的个体的集合体。②采用什么样的抽样方法和程序抽样，即以某一种抽样方法单独抽样，或采用多种方法综合进行，抽样的具体步骤又是如何等。③样本的容量及样本准确性程度的要求等。

在个案调查中，也存在着选取调查研究对象的问题。例如，若确定以一个村或者几个村的农民作为调查对象，就农村最低生活保障有关事宜展开调查研究，那么还是要选取样本，是调查沿海经济发达地区的村庄还是中西部地区的村庄，是调查所在区域经济比较发达的村庄还是比较落后的村庄等。调查者一般是根据调查课题的需要和研究目的来选择，当然，有时也得根据研究的主、客观条件来确定调查对象。

5. 确定调查内容，编制调查表格或提纲

调查课题的确定为研究者指出了所研究现象的大致范围或基本方向，但还需要先将宽泛的问题转化为范围较窄的问题，或者只选择其中的某个方面进行研究。比如，有关"未成年人问题研究"，则可转化为诸如"未成年人越轨行为状况的研究""未成年人社会越轨的原因研究""未成年人的闲暇生活研究""未成年人心理健康状况研究"等比较具体的研究问题。然后，通过对所选问题所涉概念进行界定，明确调查研究的变量及其具体指标，再据此设计调查问卷等调查表格或访问提纲等。

6. 确定调查的场所与进度安排

调查的场所是指在什么地点实施调查，如问卷调查是进入各家各户进行调查，还是在街道、商场等公共场所进行询问。进度一般应涉及调查工作何时开始、何时结束、时间耗费量等，具体是指根据每一阶段（准备、调查、研究、总结）以及每一具体步骤等的统筹安排。

7. 研究经费和物质手段的计划与安排

在设计调查方案时，需要对研究经费做出具体的开支预算及具体使用规划，比如，研究人员的差旅费、课题资料费、调查表格制作费、调研人员劳务费等各种开支及其具体数额与比例。物质手段主要指调查工具、设备以及资料处理分析的手段，如录音录像

设备、实验设备、计算机及其有关统计分析软件等。

8. 调查人员的选择、培训与组织

对于相当部分调查课题而言，往往需要许多人的共同努力才能完成，因此，必须对调查课题的有关人选及其职责通盘考虑、明确分工，制定切实可行的组织管理办法，并且还要对调查人员进行有目的的挑选和培训，以期从人选上保证调查研究目标的实现。

研究方案通常是比较细致周密而又简明扼要的，因此，研究者还应尽量注意与自己的研究题目相同或相似的研究，注意借鉴其经验，事先考虑必须尽可能全面，尽可能考虑到可能出现的问题及对其做出的预案，这样，在实际调查中就能有备无患，保证调查工作的顺利进行。

二、社会调查研究方案的设计原则

社会调查研究方案作为整个调查研究过程的行动指南，具有重要的作用与意义；而要使研究方案做到科学实用，在设计中必须遵循以下四个基本原则。

1. 实用性原则

即要求调查方案的设计必须从课题的实际需要出发，充分考虑到具体调查过程的主、客观因素，来选择测量指标、确定调查范围、对象、时间进度安排和调查过程中将可能遇到的问题及其解决预案等。简言之，就是编制的方案可以使得整个调查研究过程的各阶段、环节都有了具体的参照，而不仅仅是一个抽象的范畴。

2. 时效性原则

即指要求调查方案的编制要充分考虑到时间效果，特别是一些应用性很强的调查课题，更要注意其时效性。例如，市场需求变化调查、近期物价变动调查及一些政策性很强的调查等都是时效性很强的调查，如不及时拿出结果，也将使调查失去其本来的意义。

3. 经济性原则

即指在设计调查研究方案时，充分注意到成本与效益的关系，考虑到人力、物力、时间等方面的节约，力争用最少的投入，取得最好的调查效果。

4. 弹性原则

任何调查研究方案都是一种事前的设想与安排，它与客观现实之间总会存在一定的差距。在实际调查过程中，又常常可能会遇到一些难以预料的新情况、新问题。因此，在设计研究方案时，要留有一定的余地，保持一定的弹性。只有这样，才能是真正实用的调查研究方案。

三、社会调查研究方案的可行性研究

调查研究方案编制出来之后，还需要对其进行可行性研究；特别是对于某些重大的、复杂的调查课题来说，往往需要设计几套不同的调查方案，经过对比分析，再从中筛选出最佳的方案作为具体实施的方案。对调查方案进行可行性研究的方法主要有以下三种。

1. 逻辑分析法

即运用逻辑推演的方法来论证调查研究方案的可行性。例如，调查某地区流动人口的状况，而设计的调查指标却是"农民工"和"非流动人口"，这样调查出来的数据是不能说明问题的。因为"流动人口"与"农民工"是两个不同的概念,"流动人口"并非仅仅是指"农民工",它们的内涵和外延有很大的差别。因此,这样的设计违背了逻辑学上的同一律,对于调查所要说明的问题是无效的,该调查研究方案也是不可行的。

2. 经验判断法

即运用研究者以往的实践经验或借鉴他人研究经验来判断调查研究方案的可行性。比如,根据经验,就调查时间而言,若到农村进行调查,则不宜安排在农忙季节;在资料收集方面,若调查对象文化程度很低,则不宜采用自填问卷方法;等等。

3. 试调查法

即通过小规模的实地调查来检验方案的可行性,并根据试调查的结果,去修改和完善原来编制的调查方案。试调查的目的既不是具体收集资料,也不是具体解答调查课题所提出的问题,而是对所编制的研究方案本身进行可行性研究。在实施试调查法的过程中,研究者要注意选择适当的调查对象、采用灵活的调查方法、组织高效的调查队伍进行多"点"的对比调查,并认真分析试调查的结果,以修改和完善研究方案。

需要指出的是,逻辑分析和经验判断这两种方法虽然简便、易行,且有实效,但它们也有很大的局限性。比如,有的操作定义设计在逻辑上是正确的,但在实际调查时却往往行不通;而经验判断的局限性则更为明显,因为每个人的实践经验等方面的差异,可能会导致其判断的不同。因此,仅使用逻辑分析和经验判断这两种方法,还不能最终说明研究设计的可行性。只有试调查才是对研究设计进行可行性研究的最基本、最重要的方法。

任务 3-6 实施调查研究的组织管理工作

社会调查研究的组织管理是为了实现调查目的、完成调查任务,而对整个调查研究各阶段及其环节进行的具体协调和指导工作。具体包括人员的挑选、组织、培训、调用以及物质手段运用等方面的工作。

一、实施调查研究的组织工作

(一)调查研究组织工作的必要性

有效的组织管理是调查研究工作的重要环节,对于保证调查顺利进行、确保研究目标实现,都具有非常重大的意义。

1. 有效的组织管理工作是整合调查研究团队的必要条件

社会调查研究,特别是大型的调查研究,往往需要若干人通过分工与合作来共同完成,因此,只有通过有效的组织管理,才能凝聚团队精神,充分整合团队资源。

2. 有效的组织管理工作是规范调查研究行为、确保调查研究顺利进行的需要

调查研究是十分复杂的过程,随时都可能出现新情况、新问题,这都需要调查人员去直接面对与把握。若不加强科学、规范的行动管理,将不利于调查目标的实现,甚至工作都难以开展。

3. 有效的组织管理工作能够为调查研究提高可靠的物质保障

调查研究不仅需要相当的人力,而且离不开必要财力、物力等物质支持,否则将难

以顺利进行。而有效的组织管理可以为调查研究筹集经费、物质支持、物质工具等的准备及其合理、高效地运用等提供保证。

(二)调查研究的组织管理活动的内容

在整个调查研究过程中，组织管理活动的内容十分丰富，牵涉到方方面面，诸如：成立调查小组、确定人员的职责分工、选择和培训调查人员、联系调查单位、筹集调查经费、协调关系与寻求支持、准备物质工具，等等。

二、调查人员的选择与培训

一个综合素质较高的调查人员，不仅可以提高调查研究的质量，而且还可以节约调查的成本；反之则不然。因此，慎重选择调查人员并对其进行有效培训是十分必要的。

(一)调查人员的选择

一般而言，应该尽可能地选择那些经过相关训练、有一定调查研究经验且对研究课题比较熟悉的人来作为调查人员，特别是对于采用无结构式访问法来收集资料的调查研究，更是需要具备与所调查课题有关的专业知识的人，往往就是参与研究者本身来进行调查资料的收集工作。

具体而言，调查人员应该具备以下四种基本素质。

1. 诚实、客观、精确的科学态度

这是调查人员必备的最基本品质，不仅体现在严格遵守调查工作准则的方面，而且要求一切从实际出发，实事求是，客观精确地记录资料。

2. 勤奋负责、勤俭节约、吃苦耐劳的工作精神

社会调查是一项极其辛苦的工作，有时甚至还有精神上的痛苦，比如，受到调查对象的拒绝、刁难等，若无高度的责任心，没有吃苦耐劳的精神，是很难成功地完成调查任务的。因此，这个条件对于调查人员来说是相当重要的。

3. 谦虚谨慎、甘当小学生的工作作风

进行社会调查，很大程度上是在与调查对象互动过程中，谦虚谨慎地向调查对象求教，以便真正得到他们的配合，获得比较客观的材料。正如毛主席曾经强调，搞社会调查，"没有满腔的热情，没有眼睛向下的决心，没有求知的渴望，没有放下臭架子、甘当小学生的精神，是一定不能做，也一定做不好的"[①]。

4. 具备一定的科学文化知识和调查研究技能

对于社会调查这种需要综合运用多学科知识和技能的活动来说，无论是阅读能力、理解能力、人际交往能力、观察能力、文字表达能力等都是一个优秀调查人员所必须具备的。

(二)调查人员的培训

调查人员选定之后，还要对他们进行培训，一般的培训主要包括以下几个方面：首先，研究指导者向全体调查人员介绍该项调查研究的内容、目的、方法、范围、地点、

---

① 毛泽东农村调查文集．北京：人民出版社，1983.

时间进程、对象特征、工作量与报酬等有关情况，以便调查人员对该项工作有个整体性的认识。其次，组织学习和讨论调查研究方案、调查问卷、调查人员工作守则、纪律要求以及调查对象背景资料等。再次，组织模拟调查或试调查，以便发现和解决在实际调查中将可能出现的问题，熟悉调查内容和程序。最后，结合试调查，研究指导者与调查人员再次就有关问题及在试调查中出现的新情况、新问题展开讨论解决，并强调在今后的实际工作中应该注意的问题。

总之，通过培训，可以使整个调研方案的具体内容及其细则都为调查人员所熟悉掌握，并渗透于每位调查人员的思想和行动中，以便于调查研究顺利进行。

三、实施调查研究的物质保证

必要的物质条件是确保整个社会调查研究顺利进行的基础和保障，因此，在展开工作之前必须要经过科学合理的预算，有效筹集经费，全面准备工具等。具体而言，可以从以下几个方面来考虑。

1. 必要的经费

社会调查一般都是工作量大、任务繁重的活动，需要保障必要的工作条件，因此必须有一定的财力支持。这就要求研究者，事先经过科学合理的预算，制订出详细的预算方案，然后通过向有关部门申请拨付或赞助。

2. 详细、全面、切实可行的调查研究方案

它是调查研究顺利进行的制度保障，是调查过程的行为规范与操作准则。它引导调查研究者紧紧围绕研究课题而收集资料、整理分析资料、得出结论，实现研究目标。

3. 问卷或访问提纲、量表等资料收集工具的准备

社会调查过程中，问卷是一种使用频率高、适用范围广的有效资料收集工具。正如，美国社会学家艾尔·巴比所言"问卷是社会调查的支柱"。因此，在开展具体调查活动之前，要设计好调查问卷；对于无结构式访问等资料收集方法，一般也要有一个大致的提纲，以便增强行动的有效性。

其他辅助性工具。诸如：有关调查对象的背景资料、照相机、录音录像器材、电子计算机、统计分析软件等。随着调查研究方法的日趋现代化，像电子计算机以及有关统计分析软件在调查研究中所起的作用也越来越重要。

任务范例

社会调查研究方案的设计范例

例如：越轨行为研究。[①]

1. 调查课题：吸食大麻者的研究。

研究目的：通过对吸食大麻者的观察和访问建立一种"如何成为大麻吸食者"的过程理论。这一研究对了解吸毒者的情况，制定措施来解决这一社会问题具有现实意义，且

---

① 本案例选自美国著名社会学家 H. 贝克尔 20 世纪 60 年代所做的一项调查研究。参见袁方主编：《社会研究方法教程》，北京：北京大学出版社，1997。

对于认识越轨行为的产生过程有普遍意义。

研究设想：心理学者常以个人心理特征来解释越轨行为。但本研究的理论假设是：越轨的产生是一系列社会经历连续作用的结果。人在这些社会经历中逐渐形成了一定的观念、认知和情景判断，它们导致了一定的行为动机或行为倾向。因此，应当以个人的社会经历来解释越轨行为。

2. 研究设计类型：描述性研究、纵向研究、个案调查等。

调查方法：实地研究，即通过非结构式访问和观察法来收集资料。

资料分析方法：定性分析法和主观理解法。

3. 分析单位：个人；抽样单位：个人。

4. 研究内容：了解吸食大麻者的吸毒经历，走上吸毒之路的原因，吸毒量的变化，是否戒过毒等，并据此编制出访问提纲。

5. 抽样方案：采用滚雪球式的非概率抽样方法选取 50 个人组成调查样本。

6. 调查场所与时间：由被访问者选择其认为合适的时间、地点接受访谈。

时间计划：在第一次访问之后间隔几个月或半年再次进行访问，共访问 2～3 次。调查时间约一年半。

7. 研究经费和物质手段：略。

贝克尔在调查研究报告中对 50 个个案的共同特征进行了归纳，概括出成为吸毒者必须经过三个阶段：首先，学习吸食大麻的方法；其次，学会体验吸食大麻的效果；最后，享受吸食大麻的效果。他由此抽象出三个相互联系的理论概念：接触、体验、享受。这三个概念可以描述许多越轨行为的产生过程，并且可以建立一种"社会习得"理论，以此来反驳某些心理学家用"个性"理论或"先天倾向"理论对越轨行为所做的解释。

任务评估

任务采用"课堂＋拓展"相结合的评估方式，课堂评估对标课程标准，重点评估知识、能力、素养目标的达成情况；拓展评估对标《市场、民意和社会调查要求》等国家标准及行业规范，重点评估实操技能、劳动精神、工作态度表现。具体操作可参照下表。

评估环节		评估内容	评估方式	评估目的
课堂教学过程评估（60%）	课前（15%）	线上课程资源学习	教学平台自动考核	重点考查学生知识理解和掌握情况
		课前任务	教师评估	重点考查学生技能掌握和应用情况
	课中（30%）	出勤情况	教学平台签到考核	重点考查学生学习态度和学习习惯
		小组讨论及展示	教师评估、组间互评	重点考查学生合作意识和展示能力
		课中任务	教师评估、自评、组间互评	重点考查学生能力和素养掌握情况
	课后（15%）	社会服务	教师评估	重点考查学生劳动精神和服务意识

续表

评估环节		评估内容	评估方式	评估目的
拓展训练过程评估（40%）	拓展训练中（30%）	拓展训练任务	教师、行业导师评估情况	重点考查学生工匠精神和实践能力
	拓展训练后（10%）	拓展训练报告	教师评估、组间互评	重点考查学生总结反思和改进能力

任务习题

1. 试简述描述性研究与解释性研究的区别与联系。

2. 什么是纵向研究？举例说明纵向研究的常见类型。

3. 什么是研究假设？联系实际说明研究假设的具体作用。

4. 什么是研究假设的操作化？为什么要对其进行操作化的工作？

5. 试对"再就业服务""责任感""同情心""择业意向"和"青少年网络诚信"等进行操作化。

拓展训练

联系实际，运用相关知识，根据前一阶段所确定的调查研究课题，并设计出调查研究的总体方案。

信息化教学资源

1. 操作化

2. 调查研究的组织管理

3. 研究假设

项目三　巧选对象解难题：社会调查对象的选定

项目简介

　　"调查研究是一门致力于求真的学问，一种见诸实践的科学，也是一项讲求方法的艺术。"众所周知，调查统计认识活动的一项主要内容是调查对象的选择。调查对象是社会调查研究资料的主要来源，我们可以将符合调查目的和要求的所有个体均作为调查对象，但多数情况下我们只将其中一部分作为调查对象，在这种情况下我们将面对选择什么样的部分作为调查对象，这一部分应该包含的个体有多少，用什么样的方法进行选择等一系列的问题。本项目将通过对抽样的一般原理、各种抽样方法、抽样程序等的介绍对上述一系列问题——做出回答。

项目分析

知识目标

1. 了解抽样的含义和作用；
2. 掌握五种概率抽样方法的原则、要点和适用范围；
3. 掌握四种非概率抽样方法的原则、要点和适用范围。

能力目标

1. 能够制订抽样方案；
2. 能够熟练运用五种概率抽样方法；
3. 能够运用四种非概率抽样方法。

素养目标

1. 具有严谨周密、一丝不苟的探究精神；
2. 具有客观、诚信、精确的科学态度。

任务 4

抽取调查样本

📖 任务描述

抽取调查样本的核心知识和技能是抽样方法，集中体现于抽样方案的制订和执行。抽样方法有很多种，按是否具有"随机性"可以分为两类，即概率抽样和非概率抽样。对于概率抽样，要求掌握简单随机抽样、系统抽样、分层抽样、整群抽样和多段抽样五种具体方法的原则、要点和适用范围等知识，能够熟练运用这五种方法抽取调查样本。对于非概率抽样，要求掌握方便抽样、主观抽样、定额抽样和滚雪球抽样四种具体方法的原则、要点和适用范围等知识，能够运用这四种方法抽取调查样本。

✓ 任务实施

一、任务目标

掌握抽样方案制订的基本原则、主要内容和抽样的程序，能制订符合要求的抽样方案，能进行调查样本的抽取。

二、任务实施步骤

1. 教师带领学生完成预设大项目的抽样方案设计，选定调查对象；

2. 学生在课下以小组为单位，围绕选定的课题制订合适的抽样方案；

3. 各小组所制订的抽样方案在课堂上简单展示，教师对其加以分析，找出不足并加以修改完善；

4. 再次强调抽样方案制订的重要性、内容及其注意事项。

知识链接

任务 4-1　抽样的含义与作用

一、抽样的含义

(一)抽样的概念

抽样调查是通过对总体中部分单位进行选取和调查，并依据对部分单位的调查结果推论总体属性和特征的一种社会调查方法。抽样，是抽样调查中的一种具体方法，是抽样调查过程中的一个环节或步骤，其功能是选择和确定调查对象(如图 4-1 所示)。

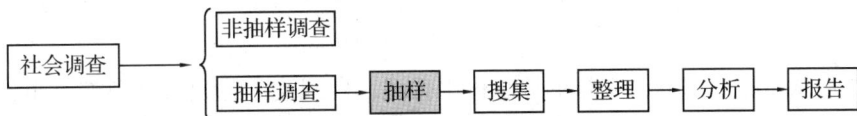

图 4-1　抽样在社会调查中的位置

(二)抽样调查的特点

1. 抽样调查是一种非全面调查，即不对总体中的所有单位进行调查，而是对总体中的部分单位进行调查，一般是对选定的调查单位进行全面而又有深度的调查。

2. 抽样调查的目的不在于选定的调查对象，而在于通过分析选定调查对象的数据推论总体的属性和特征。抽样仅是一种手段，推论总体才是调查的目的。

3. 抽样调查以概率论、大数法则为理论基础。简单地说，大数定理就是"当试验次数足够多时，事件出现的频率无穷接近于该事件发生的概率"。具体到社会调查的抽样里面，大数法则说的就是当样本量足够大的时候，样本的情况可以推论总体的情况。当样本量最大($n=N$)的时候，样本的情况就是总体的情况；当样本量适度小的时候，样本的情况与总体的情况存在允许的误差，可以通过样本的情况推论总体的情况。

4. 抽样调查在推论总体的时候会出现误差，一种是抽样本身必然会出现的误差，叫作允许误差或抽样误差，抽样误差是不可避免的，也是可以接受的；另一种是由于抽样方法的使用不正确导致的误差，叫作抽样错误，抽样错误是可以避免的，也是不可以接受的。

5. 一般来说，抽样调查比非全面调查的其他方法，如典型调查法、个案调查法等，在推论总体的属性和特征时更完备、更准确、更有依据，因而相对来说也更科学；比全面调查(普查)更具有经济性和可行性。

(三)抽样的分类

1. 随机抽样

抽样调查一般具有随机特征。抽样最常使用的具体方法是随机抽样，包括简单随机抽样、分层抽样、整群抽样、系统抽样、多阶段抽样、双重抽样等。

2. 非随机抽样

抽样调查也可以是非随机抽样。抽样也可以运用非随机的方法开展，包括随意抽样(偶遇抽样)、判断抽样、滚雪球抽样、配额抽样、典型抽样等。

(四)抽样中常用的专业术语

1. 总体

总体是指所要研究对象的所有单位的集合。它是根据一定研究目的而规定的所要调查对象的全体所组成的集合，组成总体的各研究对象叫作总体单位。在抽样调查中，总体和总体单位一般用 N 表示。如，$N=1\,000$，即表示抽样调查的总体单位个数是 $1\,000$，总体的规模是 $1\,000$。

2. 个体

个体，又叫总体单位或单位，是指总体中的每一个研究对象。在抽样调查中，个体是研究对象，但是并非每一个研究对象都会成为样本，即调查对象。个体一般用 N_1、

N_2、N_3…表示。

3. 样本

样本是总体的一部分，它是由从总体中按照一定规则抽选出来的那部分个体所组成的集合。样本除了可以指集合，有时也指单个样本，可以表述为样本1、样本2等。样本一般用 n 表示，单个样本用 n_1、n_2、n_3…表示。如，$n=100$，即表示抽样调查的样本容量（样本大小）为100，n_1 即表示100个样本中的第一个样本。

4. 样本容量

样本容量又叫样本大小或样本规模，指抽样调查中样本的个数，一般用 n 表示。样本容量根据总体大小、结构特征、调查目的和调查能力等综合设定。在抽样调查中，样本容量的确定很重要。因为样本容量太大，会造成人力、物力和财力的很大浪费；反之，样本容量太小，会导致抽样误差太大，使调查结果与实际情况相差很大，影响调查的质量。

5. 抽样比

抽样比是指在抽选样本时，所抽取的样本单位数与总体单位数之比。

6. 抽样框

抽样框是指用以代表总体，并从中抽选样本的一个框架，其具体表现形式主要有包含全部总体单位的名册、地图等。比如，用抽样调查的方法研究某高职院校学生的学习成绩，则该校所有学生的花名册即可作为抽样框。抽样框在抽样调查中处于基础地位，是抽样调查必不可少的部分。对于抽样调查来说，抽样能否顺利实现、样本代表性强弱，抽样调查结果推论总体效度的大小，首先取决于抽样框的质量。可以说，抽样框对于科学方便抽样的实现和推论总体情况具有重要的影响。

7. 置信度

置信度又叫可靠度、置信水平、置信系数，指允许误差出现的概率大小。在抽样调查中，通过样本情况对总体情况做出推论时，结论总是不确定的。因此，采用一种概率的陈述方法，也就是数理统计中的区间估计法，即允许样本估计值与总体参数值在一定范围内存在误差。此时，误差出现的概率大小称作置信度。

8. 抽样误差

在抽样调查中，通常以样本做出估计值对总体的某个特征进行估计，当二者不一致时，就会产生误差。因为由样本做出的估计值是随着抽选样本的不同而变化，即使观察完全正确，它和总体指标之间也往往存在差异，这种差异纯粹是抽样引起的，故称为抽样误差。

9. 抽样错误

抽样错误，又叫抽样偏差、抽样偏误，指在抽样调查中除因抽样方法本身必然出现的抽样误差以外，由于其他原因（如抽样不科学、统计错误、推论不当等）而导致的样本估计值与总体参数值之间的偏差。

10. 参数值

参数值又叫总体值、总体参数值，是总体中某一测量内容（变量）的属性和特征的综合描述，或者说是总体中所有单位的某种属性和特征的综合数量表现。在社会调查和社会统计中，最常用的总体参数值是平均值。比如，某校大一学生第一学期的大学英语平均成绩、某村村民某年的人均纯收入、美国共和党总统候选人在历届总统竞选中的平均得票率等。它们分别是关于某校大一学生这一总体在第一学期大学英语成绩这一变量上的综合描述，某村村民这一总体在某年纯收入这一变量上的综合描述，以及共和党总统候选人这一总体在总统竞选得票率这一变量上的综合描述。需要注意的是，总体参数值只有通过对总体中的每一个单位进行测量才能得到，也就是说只有全面调查才能得到参数值。

11. 统计值

统计值又叫估计值、样本值、样本统计值，是样本中某一测量内容（变量）的属性和特征的综合描述，或者说是所有样本的某种属性和特征的综合数量表现。样本统计值是通过对所有样本进行测量得到的数据，是相应的总体参数值的估计量。比如，样本均值（抽样均值）是通过对所有抽样单位在某一变量上的特征做平均运算得出的平均值，它是总体均值的估计量。抽样的目的之一就是通过统计值去推论参数值。由于从相同的总体中抽取的样本单位、样本容量等是不同的，所以从每一个样本中得到的统计值是不同的。简单来说，两次不同的抽样可以得到两个不同的样本，计算出两个不同的样本均值，与总体均值有不同的抽样误差。抽样设计的目标就是要尽量使统计值与参数值之间的差距变小。此时，又会涉及另一个概念，样本均值的抽样均值，即通过对多次抽样得到的不同的样本均值计算均值，用计算结果去估计参数值。一般而言，用样本均值的抽样均值去估计参数值比用样本均值去估计参数值，犯错误的可能性更小。

（五）抽样方案的制订：抽样的程序

完整的抽样程序一般包括六个步骤，即界定总体、制定抽样框、确定样本规模、确定抽样方法、实际抽取样本和评估样本质量，它们共同构成了抽样方案的核心内容。

1. 界定总体

界定总体是对抽取样本的总体范围与界限做明确的界定，是根据抽样的目的确定总体全部单位的集合。界定总体是抽样程序的第一步。一方面，抽样是对总体的部分单位（样本）进行测量，但是其目的是推论总体的情况，因此抽样前必须界定总体；另一方面，如果不能清楚明确地界定总体的范围与界限，即使采用严格抽样的方法，也很有可能抽取不到能够代表总体属性和特征的样本，因此合理界定总体是科学抽样的前提。需要注意的是，界定总体包括界定研究总体和界定调查总体两个内容。研究总体是研究对象的全部单位的集合，调查总体是调查对象的全部单位的集合。一般来说，研究总体与调查总体是一致的，但在具体调查研究实践中，二者往往出现不一致的情况。对于研究者来说，必须界定研究总体和调查总体，并明确二者是否一致，以及不一致的具体情况，才能在抽样调查推论总体情况时准确把握自己得出的对于总体的结论。

2. 制定抽样框

制定抽样框是根据明确界定的总体的范围和界限，收集总体中全部单位的名单，通过对名单进行统一编号建立全面单位的名单的过程。例如对某本科院校学生择业观念的抽样调查，第一步是界定总体。比如，确定本次调查的总体是该校所有在读的全日制本科生，不包括专科生、研究生、成教和自考学生、夜大学生、函授学生等不符合上述界定的学生。界定总体之后就要制定抽样框，即收集全校各专业全日制本科生的花名册，并制定一定的编号规则，把花名册上面的所有名单统一编号，形成一份完整的、完备的、互斥的总团体成员名单。在本例中，名单上所有名字代表的学生的集合既是调查总体，也是研究总体。

抽样框，在一定程度上可以理解为总体的操作化表现，即通过名单、图表等形式直观地而且毫无遗漏地表现文字形式界定的总体。一般来说，抽样框里的名单与总体的单位是一一对应的关系，其目的是总体具有可操作性。如本例中，界定总体之后，我们知道调查总体是该校所有全日制本科生的集合，但是我们仍然不知道调查对象具体是谁和应如何找到他，所以就要制定抽样框。另外，需要注意的是，在一次抽样调查中可以出现有多个抽样框的情况，这种情况多出现在分段抽样调查中。例如，研究某市大学生的择业观念问题，需要从全市 50 所大学(普通高校、高职)中抽取 10 所大学，再从每个被抽中的大学中抽取 10 个专业，最后再从每个抽中的专业中抽取 5 名同学，以 500 名同学作为样本进行调查，并通过对 500 名同学在择业观念变量上表现出的属性和特征去推论该市大学生业观念的总体情况。在这个过程中，我们分 3 个阶段进行了抽样，最终确定了 500 个样本，那么，在抽样的每一个阶段都要制定单独的抽样框，即本次抽样共有 3 个抽样框。

需要注意的是，在制定抽样框的过程中，常常容易出现 4 个问题，应该多加注意。一是不完全覆盖，即抽样框没有包括所有总体单位；二是过覆盖，即抽样框里的名单超过总体单位的数量；三是抽样框中有重复单位，即抽样框里的名单有重复；四是分类错误，即抽样框编制的规则有问题。

3. 确定样本规模

在实际抽样调查中，一般依据两个原则确定样本规模。一是在既定的调查费用下，使抽样误差尽可能小，以保证推算的精确度和可靠性；二是在既定的精确度和可靠性下，使调查费用尽可能少，以保证抽样推论的质量尽可能高。一般来说，在抽样调查中，样本规模在 30 以上。

4. 确定抽样方法

确定抽样方法就是综合考虑研究目标、研究内容、总体的规模、初步判断调查对象特征、调查条件(经费、人力、时间)等因素，选择某种抽样法的过程。在抽样调查中，一般选择随机抽样方法，在有些情况下，也会选择非随机抽样方法。

5. 实际抽取样本

抽取样本就是在以上几个步骤完成的基础上，严格按照确定的抽样方法，从抽样框中抽取总体单位成为样本的过程。在抽取样本时，综合考虑抽样框的复杂程度、抽样框是否可以在抽样前得到和抽样方法的差异等方面，实际抽取样本的工作可以在研究者到达实地测量样本之前完成，也可能需要到达实地测量样本之时才能完成。也就是说，在实际抽取样本的工作中，既可以事先抽好样本，再去实地直接对预先抽好的样本进行调查；也可以一边抽取样本一边开始调查。第二种情况即是把抽取样本和收集调查资料两个工作在同一个环节中完成。

例如，在一所大学中抽取 100 名学生作为样本，调查该校学生择业观念的问题。该校共有全日制本科生 5 000 人，并且可以很容易拿到这 5 000 人的花名册，我们就可以在实地调查之前以花名册作为抽样框，事先抽好样本，在其他准备工作都做好之后，根据抽取的样本逐一调查。但是当总体的规模较大、抽样框不容易拿到，或者抽样框上的信息不完备时，尤其是多阶段方法抽样时，一般就需要边抽样边调查。比如，前述关于某市大学生择业观念的课题。首先，拿到全市50所大学的学生花名册并非是一件容易的事情。其次，即使拿到所有学生的花名册，学生数量实在过多，也很难进行实际抽样。所以往往采用分段抽样的方法。那么，从100所大学中抽取10所大学的工作可以事先完成，而从所抽中的每所大学中抽取10个专业，再从每个被抽中的专业中抽取5名同学的工作，则往往是到某校进行实地调查的时候再进行。

边抽样边调查时，虽然事先不抽样，但是研究者一般都会预先制定好抽样的操作方式和具体方法，具体调查人员在调查时即根据要求抽样调查。比如，在某县抽取500个农村家庭时，一般先抽好10村（事先抽样），然后再制定具体的操作方法（边调查边抽样）：集中居住的村落，楼房按单元抽，每个单元抽1户；平房按排抽，每排抽1户。分散居住的村落，按组抽，每组抽5户。每种抽样都采用简单随机抽样的方法，调查员随身携带抽签袋，袋中装30个编号的卡片，抽到哪个号码就对应调查哪个家庭，抽完的号码不放回抽签袋。

6. 评估样本质量（信度与效度）

评估样本质量是对样本的质量、代表性、误差等方面进行初步检验和评价的过程，包括对抽样设计的评估、对抽样实施过程的评估和抽样结果的对比性评估等，其目的是避免样本质量不高导致推论总体情况时的误差过大的状况出现。研究者往往采用把能够得到的总体的某个变量方面的属性和特征与样本在该变量上表现出的属性和特征作对比的方法评估样本质量。如果二者之间的差别较小，则认为样本的质量较高；如果二者之间的差别较大，则认为样本的质量可能不高。比如，按照前述对某校大学生择业观念的研究，我们从5 000名全日制本科生中抽取100名学生作为样本，样本的构成情况是男生30%，女生70%；本省80%，外省20%；农村生源65%，城市生源35%。同时，我们从有关部门得到的该校全日制本科生的总体构成情况是男生60%，女生40%；本省60%，外省40%；农村生源35%，城市生源65%。二者对比，我们很容易就发现在该校学生构成方面，样本情况与总体的实际情况差别较大。该结果在一定程度上表示，样本的代表性较差，质量较低，用样本的情况去推论总体的情况很容易出现较大的偏差。需要说明的是，用来进行对比的变量越多，对样本质量的评估就越准确。

（六）制订抽样方案的原则

制订抽样方案和具体实施六个抽样程序的时候，需要根据实际情况具体问题具体分析，但是也要遵循一定的原则。美国著名的抽样调查专家科什（Kish）提出了抽样设计的四个原则，即目的性原则、可测性原则、可行性原则、经济性原则。

1. 目的性原则

目的性原则是指要以调查研究的总体方案和研究目标为依据设计抽样方案。这个原则一方面保证通过抽样获得的资料是对研究目标有用的资料，另一方面通过剔除对研究无用的资料收集而产生节约的效果。

2. 可测性原则

可测性原则是指要以能够通过样本自身计算出有效的估计值为依据设计抽样方案。可测性用标准误差来表示，是统计推断的现实基础，是确定样本的情况可以推论总体情况所犯错误的大小。只有标准误差足够小的抽样调查，其结果才可以推论总体；反之，则不能推论总体。

3. 可行性原则

可行性原则是指要以抽样实施切实可行为依据设计抽样方案。这个原则要求研究者尽可能考虑到实际抽取样本过程中可能出现的各种困难，并且对每一种可能出现的问题提供可以处理的方法。

4. 经济性原则

经济性原则是指要以用尽可能少的人力、物力、时间等成本获取足够质量的研究资料为依据设计抽样方案。

需要注意的是，这四个原则是一个相互联系的整体，既有相互促进的关系，也有相互制约的关系。比如，一般来说，要提高抽样方案的可测性，研究者应该尽可能增加样本容量；但是当研究者这样做的时候，必然会同时提高抽样使用的人力、物力、时间等成本，降低了经济性。对于研究者来说，在抽样中依据四个原则办事，实际上是在四个原则之间寻找一种平衡关系，让它们之间的相互促进表现得更充分，相互制约表现得更微弱。在实际抽样中，当四个原则之间出现制约甚至冲突的时候，相对而言，目标性原则和可行性原则是第一位的，可测性原则和经济性原则是第二位的。因为只有在抽样可以进行和抽样得到的资料是有用的基础上，讨论推论总体和减少资源使用才是有意义的。

二、抽样的作用

(一)抽样调查的作用

1. 节约人力、物力、财力和时间成本

跟全面调查相比，抽样调查的首要作用即在于节约人力、物力、财力和时间成本，这是由抽样只对部分对象进行测量进而推论总体情况的属性决定的。可以说，抽样调查是通过放弃一定程度的精度而达到降低调查成本的方法。

2. 解决全面调查无法或很难解决的问题

例如，具有破坏性或消耗性产品的质量检验，如灯泡的寿命、轮胎的行程、人体的血液检验以及糖果、烟酒等食品和调味品的质量检验，都不可能将所有产品逐一进行检查和实验，只能采取抽样调查的方法。又如，城乡居民的家庭收入和支出调查，虽然可以对城乡中每一户居民进行逐一调查，但工作量太大，耗费人力、物力和财力太多，而且常常缺乏原始记录。面对此种情况，往往采用抽样调查，掌握部分家庭的收支状况，继而推论总体的收支状况。

3. 补充和验证全面调查的结果

抽样调查可以在全面调查之后，对其进行修正和验证，作为全面调查的补充。例如，为了检查人口普查资料的正确性，在普查完毕后要抽取 5%～10% 的居民户对一些重要的指标进行详细的复查，用复查结果修正普查资料。比如，新中国成立以来的七次人口普查所公布的人口资料，都是经过抽样调查修正普查数据后的结果。

总之，抽样调查是研究者在综合平衡全面调查和抽样调查的可行性、现实性等方面之后做出的选择，其结果是以放弃一定程度的测量精度为代价，获取降低成本、调查可以进行等情况，并使调查结果在一定程度上可以接受为总体结论，目标是在有限的人力、物力、财力、时间与规模庞大、结构复杂、内容多变的社会现象之间架起一座桥梁。为了综合展示抽样的作用，我们举一个抽样调查中的经典案例。

1984 年 10 月底和 11 月初，美国总统大选临近之前，美国不同的民意调查机构分别对共和党和民主党的两位候选人的得票率进行了抽样调查，并依据抽样调查的结果推论出两位候选人最终的选举得票率，如表 4-1 所示。结果，在 11 月的大选中，里根以 59% VS 41% 战胜蒙代尔，当选美国总统。对比里根和蒙代尔的实际得票率和各个民意调查机构的预测结果，我们会发现：第一，尽管各种抽样调查得到的民意测验结果有所差异，但是都成功预测了里根当选总统的这一结果；第二，各种抽样调查得到的民意测验结果与实际结果之间的差异都不大。如果再结合每个民调机构在近 1 亿的美国选民中仅仅抽取了 2 000 个人作为样本的对比，我们一定会惊讶于抽样的神奇作用！

表 4-1　1984 年美国总统选举预测与实际结果比较

	里根	蒙代尔
《时代》/《扬基拉维奇》	64%	36%
《今日美国》/《黑蛇发女怪》	63%	37%
哥伦比亚广播公司/《纽约时代周刊》	61%	39%
盖洛普民意测验/《新闻周刊》	59%	41%
美国广播公司/《华盛顿邮报》	57%	43%
哈里斯民意测验	56%	44%
罗珀民意测验	55%	45%
实际投票结果	59%	41%

资料来源：Earl Babbie. The Practice of Social Research，1986.

抽样调查也有其自身的局限性。一方面，由于总体构成的复杂性，通常无法提供总体中各个组成部分的全部资料；另一方面，实施抽样调查要遵守某些条件，被调查对象也有一定限制。二者共同作用，导致不是所有的研究都可以采用抽样的方法开展，如一些重要的反映国情、国力的统计资料，仍然必须组织全面调查。因此，既要大力推广和应用抽样调查，又不能用抽样调查取代其他调查，应根据资料的性质和调查对象的不同，采用不同的统计调查形式。

(二)抽样调查的适用范围

根据抽样调查的作用，我们可以总结出在实际研究中，抽样调查的适用范围。

1. 抽样调查适用于对大量现象的调查。

2. 抽样调查适合于需要进行全面调查，但限于各种条件不可能进行全面调查的情况。

3. 抽样调查适用于有破坏性的产品质量调查。

4. 抽样调查适用于要求资料信息及时性很强的调查。

5. 抽样调查适用于对全面资料进行核实。

任务 4-2　概率抽样方法

概率抽样，又叫随机抽样，是指通过随机抽取的方式获得样本的方法，其随机性表现为总体中的每个单位被抽取成为样本的概率是相同的。概率抽样有多种不同的具体方法，主要包括简单随机抽样、系统抽样、分层抽样、整群抽样、多段抽样、PPS 抽样、二重抽样等。我们将介绍应用较多的前五种概率抽样方法。

一、简单随机抽样

简单随机抽样，又叫纯粹抽样，是概率抽样的一种基本方法。一个总体包含 N 个单位，从中逐个不放回地抽取 n 个单位作为样本($n \leqslant N$)，保证每次抽取样本时总体内的每个单位被抽到的机会相同。简单随机抽样适用于总体有限的情况，即总体单位的数量较少。简单随机抽样的具体做法有抽签法、随机数表法等。

抽签法：把总体中的 N 个单位编号，把号码写在号签上，将号签放入一个容器中，搅拌均匀后，每次从中抽取一个号签，连续抽取 n 次，就得了一个容量为 n 的样本，这样的方法叫作抽签法。抽签法简单易行，当总体单位的数量较少容易搅拌均匀时，使得每个个体被抽到的机会均等，从而保证样本的代表性。但是当总体数量较多时，搅拌均匀比较困难，样本的代表性不好，并且制作号签也十分麻烦。

抽签法的步骤，抽象表示为：

(1)编号：将 N 个个体编号为 1 到 N。

(2)制签：把号码写在号签上。

(3)搅拌均匀：把号签放入容器中搅拌均匀。

(4)抽签：逐个不放回地抽取 n 个号签。

(5)确定样本：在总体中找出与号码对应的个体组成样本。

抽签法的步骤，如图 4-2 所示。

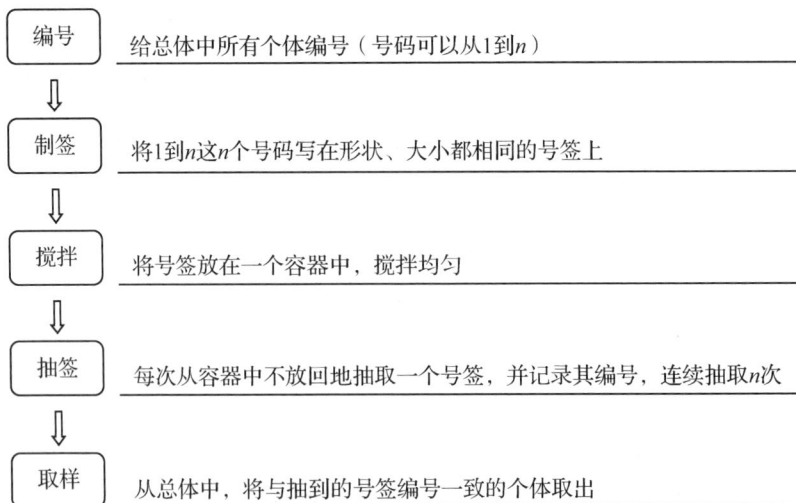

编号	给总体中所有个体编号（号码可以从1到n）
制签	将1到n这n个号码写在形状、大小都相同的号签上
搅拌	将号签放在一个容器中，搅拌均匀
抽签	每次从容器中不放回地抽取一个号签，并记录其编号，连续抽取n次
取样	从总体中，将与抽到的号签编号一致的个体取出

图 4-2　抽签法步骤图示

抽签法的步骤，示例表示为：

(1)编号：将 30 名五保对象编号，号码为 01，02，…，30。

(2)制签：将号码分别写在一张纸条上，揉成团，制成号签。

（3）搅拌均匀：将做成的号签放入一个不透明的盒子中，并充分搅匀。

（4）抽签：从袋子中依次抽取5个号签，并记录号签上的编号。

（5）确定样本：所得号码对应的志愿者就是志愿小组的成员。

随机数表法：利用随机数表、随机数骰子或计算机产生的随机数进行抽样，叫作随机数表法。比如，对某专业60名学生学习成绩的抽样调查，样本容量30。第一步，先将60名学生编号（按01，02，10，11，…，60编号，每个编号称为一项，每个学号对应一项数字）；第二步，在随机数表中任意选择一项数，如选出第4行第9列的数07，由于07在1～60，所以数字07对应的学号代表的学生是第一个样本，记为$n1$；第三步，从第一个选定的数07开始向右读（读数的方向也可以是向左、向上、向下等），得到一个数字82，由于82＞60，说明号码82不在总体内，将它去掉；继续向右读，得到52，由于52＜60，将它保留，按照这种方法继续向右读，又取出42，44，38，…，依次下去，直到样本的30个号码全部取出，这样我们就得到一个容量为30的样本（如表4-2所示）。

表4-2 随机数表（部分）

16	22	77	94	39	49	54	43	54	82	17	37	93	23	78
84	42	17	53	31	57	24	55	06	88	77	04	74	47	67
63	01	63	78	59	16	95	55	67	19	98	10	50	71	75
33	21	12	34	29	78	64	56	07	82	52	42	07	44	38
57	60	86	32	44	09	47	27	96	54	49	17	46	09	62
87	35	20	96	43	84	26	34	91	64	21	76	33	50	25
83	92	12	06	76	12	86	73	58	07	44	39	52	38	79
15	51	00	13	42	99	66	02	79	54	90	52	84	77	27

随机数表法的步骤，抽象表示为：

（1）将总体的个体编号。

（2）在随机数表中选择开始数字。

（3）读数获取样本号码。

随机数表法的步骤，如图4-3所示。

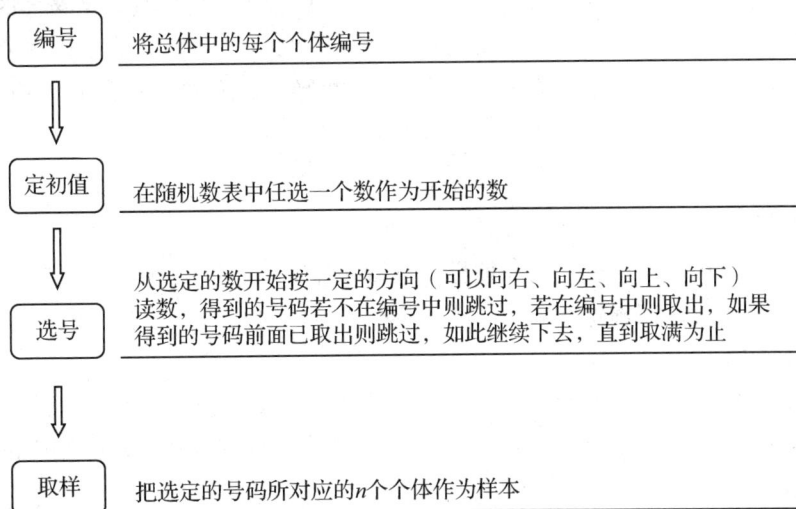

编号	将总体中的每个个体编号
定初值	在随机数表中任选一个数作为开始的数
选号	从选定的数开始按一定的方向（可以向右、向左、向上、向下）读数，得到的号码若不在编号中则跳过，若在编号中则取出，如果得到的号码前面已取出则跳过，如此继续下去，直到取满为止
取样	把选定的号码所对应的n个个体作为样本

图4-3 随机数表法步骤图示

随机数法的步骤，示例表示为：

(1)编号：将 18 名志愿者编号，号码为 00，01，…，17(同抽签法编号一致也可以，但号码的位数要相同)。

(2)定初值：在随机数表中任选一个数，如第 1 行第 1 列的数 0。

(3)读表并录号：从选定的数 0 开始向右读(读数的方向也可向左、向上、向下)，得到一个两位数 03，由于 03＜17(03 理解为 3)，说明号码在总体内，将它记录；继续向右读，得到 47，由于 47＞17，将它去掉，按照这种方法继续向右读，直到记录的号码为 03，16，11，14，10，07。

(4)定样：所得号码对应的志愿者就是志愿小组的成员。

简记为四步走：编号、定初值、读表录号、定样。

简单随机抽样的特点：

(1)简单随机抽样要求被抽取的样本的总体个数 N 是有限的。

(2)简单随机样本数 n 小于等于样本总体的个数 N。

(3)简单随机样本是从总体中逐个抽取的。

(4)简单随机抽样是一种不放回的抽样。

(5)简单随机抽样的每个个体入样的可能性均为 n/N。

当然，随机抽样也有不足之处，它只适用于总体单位数量有限的情况，否则编号工作繁重；对于复杂的总体，样本的代表性难以保证；不能利用总体的已知信息等。在市场调研范围有限，或调查对象情况不明，难以分类，或总体单位之间特性差异程度小时采用此法效果较好。

抽签法的优点是简单易行，缺点是当总体的容量非常大时，费时、费力，又不方便。如果标号的签搅拌得不均匀，会导致抽样不公平。而随机数表法的优点与抽签法相同，缺点是当总体容量较大时，仍然不是很方便，但是比抽签法公平，因此这两种方法只适合总体容量较少的抽样类型。比如，要在全省 200 000 名大学生中抽取 1 000 名学生，调查大学生就业观念的情况。如果采用简单随机抽样方法，不管是抽签法还是随机数字法，都会有几乎难以完成的工作量。若用抽签法，则要制作 20 万个号签，足够大的容器，搅拌均匀，不放回地抽取 1 000 次；若用随机数字法，则需要足够大的随机数表，至少要 1 000 次，才能在表中抽取到 0～200 000 的 1 000 个样本。面对此种情况，我们可以采用其他抽样方法，如系统抽样。

二、系统抽样

系统抽样，又叫等距抽样、间隔抽样、机械抽样，是通过把总体单位编号、排序后，按一定的规则把编号之间确定一定的间隔，再按确定的间隔抽取样本的方法。

系统抽样的步骤：

(1)将总体的 N 个单位编号，并排序，即制定抽样框。

(2)计算抽样间距(K)。计算方法是用总体的单位数量(N)除以样本的单位数量(n)，即：

抽样间距＝总体单位数/样本单位数

一般来说，当 $\dfrac{N}{n}$（n 是样本容量）是整数时，取 $K=\dfrac{N}{n}$，

抽样间距 K 代表每一段的总体单位的容量，$K_1=K_2=K_3=\cdots\cdots=K_n$，$K_1$ 代表抽样间距第一段内的所有总体单位容量。

（3）在第一段的 K 个总体单位中，用简单随机抽样确定第一个单位成为第一个样本，编号为 $m(m\leqslant k)$，m 叫作随机起点。

（4）按照一定的规则逐一抽取样本。在抽样框中，自 m 开始每隔 K 个单位抽取一个单位（初值），直到抽完所有样本为止，用符号表示为：m，$m+K$，$m+2K$，$\cdots$，$m+(n-1)K$。

如图 4-3 所示，第 n 个个体编号，是以 m 为首项，k 为公差的等差数列，$a_n=m+(n-1)k$

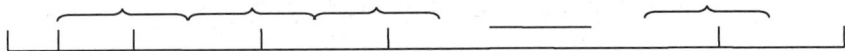

图 4-4 系统抽样步骤图示

（5）将抽到的 n 个单位集合起来，就构成了该总体的样本。比如，要在一个 3 000 户家庭的社区中抽取 30 户，调查家庭年均收入。采用系统抽样的方法：①制定抽样框，拿到 3 000 户居民家庭名单，依次编 3 000 个编号；②确定抽样间距，$K=N/n=3\,000/30=100$；③确定初值，在 1～100（第一段）中随机抽取一个编号 28；④每隔 100 个编号，依次选定后面的 29 个样本，为 $28+100=128$、$28+200=228\cdots28+2\,900=2\,928$。

又如，要在全省 200 000 名大学生中抽取 1 000 名学生，调查大学生就业观念的情况。采用系统抽样的方法：①制定抽样框，拿到 200 000 名学生名单，依次编 200 000 个编号；②确定抽样间距，$K=N/n=200\,000/1\,000=200$；③确定初值，在 1～200（第一段）中随机抽取一个编号 45；④每隔 200 个编号，依次选定后面的 999 个样本，为 $45+200=245$、$45+400=445\cdots45+199\,800=199\,845$。可以看到，对于本案例来说，系统抽样的方法会比简单随机抽样的方法更简便易行。但是，要对 20 万个学生编序号，在 1 000 段中找 1 000 次，才能确定 1 000 个样本，其工作量依然不小。在这种情况下，有没有更为简便易行的抽样方法呢？那就要用到分层抽样的方法。

需要注意的是，当用总体单位数除以样本单位数之后，得到的数不是整数时，即计算得到的抽样间距，我们要通过修正数据确定实际抽样间距。一般是去掉小数位，直接取整数。比如，要在某专业 438 名学生中抽取 30 名，调查专业满意度。计算得到的抽样间距 $K=N/n=438/30=14.6$，实际采用的抽样间距是 14，而不能是 15。因为，如果我们确定抽样间距为 15 的话，假设选初值为 30，则最后一个样本编号应为 $30+29\times15=465$，在 438 之外，就无法确定样本了。确定抽样间距为 14，则最后一个样本编号应为 $30+29\times14=436$，在 438 之内，可以确定样本。

三、分层抽样

分层抽样，又叫分类抽样、类型抽样，是通过把总体单位分类的方法抽取样本的抽样方法。分层抽样的步骤是：①将总体的单位按某种特征或标志分为若干次级总体（层/

类型）；②根据研究目标和总体的层次之间、类型之间的具体情况确定各个层或者类型中需要抽取的样本数量；③运用简单随机抽样或系统抽样的方法，从每一个层或者类型内抽取一定数量的样本构成子样本；④把从各个层或者类型中抽取到的子样本合并起来，构成总体的样本。例如，对某专业学生的学习成绩的调查，采用分层抽样的方法可以这么做：按年级把该专业学生分为 4 类，即一年级、二年级、三年级、四年级；按性别把该专业学生分为两类，即男生和女生。在抽样的时候，根据 4 个年级学生数量比例和男女生比例，在每个年级中抽取相应比例的男生和女生构成子样本，把 4 个子样本合在一起构成总体的样本。假设该专业有学生 210 人，一年级 90 人，二年级 60 人，三年级 30 人，四年级 30 人，每个年级的男女比例为 1：2，样本容量为 21。那么，采用分层抽样的方法抽取样本的过程就是：从该专业一年级抽取 9 人，男生 3 人，女生 6 人；二年级抽取 6 人，男生 2 人，女生 4 人；三年级抽取 3 人，男生 1 人，女生 2 人；四年级抽取 3 人，男生 1 人，女生 2 人。子样本按年级从低到高分别为 9 人、6 人、3 人、3 人，总体样本为 21 人。

分层抽样的应用：

某省有 100 所大学，共有 2 000 000 名学生，这些学生分布在全省 20 个地市州，其中普通高校 40 所，高职院校 60 所。现在要从全省大学生中抽取 1 000 名学生进行调查，以了解全省大学生的就业观念情况。运用分层抽样的方法抽取样本的具体做法就是：第一步，将总体单位 2 000 000 名学生按读书所在地（行政级别为地市州）分为 20 个层。第二步，根据不同地市州拥有大学生比例确定各层抽取的子样本容量，第一层有 1 000 000 名学生，第二层有 200 000 名学生……第 20 层有 40 000 名学生，各层拥有学生比例依次为 1：2、1：10…1：50，据此得出在各层抽取的子样本的比例也为 1：2、1：10、…，1：50，即第 1 层的子样本数为 500，第 2 层的子样本数为 100……第 20 层的子样本数为 20；第三步，按照简单随机抽样的方法从第 1 层中抽取 500 名学生构成子样本 1，在第 2 层中抽取 100 名学生构成子样本 2，以此类推，在第 20 层中抽取 5 名学生构成子样本 20。第四步，把 20 个子样本集合起来构成总体样本 1 000。该抽样如图 4-5 所示。

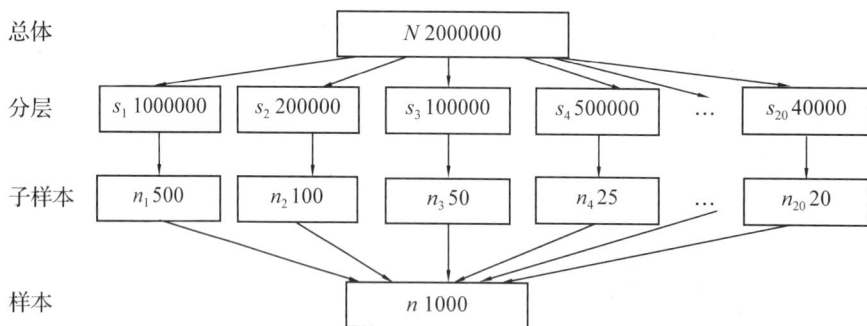

图 4-5　分层抽样示意图

分层抽样尽量利用事先掌握的信息，并充分考虑了保持样本结构和总体结构的一致性，这对提高样本的代表性是很重要的。当总体是由差异明显的几部分组成时，往往选择分层抽样的方法。其特点是将科学分组法与抽样法结合在一起，每个个体被抽到的概率都相等 N/M。分组减小了各抽样层变异性的影响，抽样保证了所抽取的样本具有足够的代表性。

在抽样调查与统计中，与简单随机抽样相比，往往选择分层抽样，因为分层抽样具有显著的潜在统计效果。也就是说，如果从相同的总体中抽取两个样本，一个是分层样本，另一个是简单随机抽样样本，那么相对来说，分层样本的误差更小一些。另一方面，如果目标是获得一个确定的抽样误差水平，那么更小的分层样本将达到这一目标。

总体中赖以进行分层的变量为分层变量，理想的分层变量是调查中要加以测量的变量或与其高度相关的变量。分层的原则是增加层内的同质性和层间的异质性。常见的分层变量有性别、年龄、教育、职业等。分层随机抽样在实际抽样调查中广泛使用，在同样样本容量的情况下，它比纯随机抽样的精度高，此外管理方便，费用少，效度高。

在分层抽样方法的实际运用过程中，研究者需要着重考虑以下两个方面的问题。

(1)分层的标准，即如何确定分层或类型的特征和标志的问题

分层的标准不是事先给定的，是研究者根据研究需要自己设定的，同一个总体可以按照不同的标准进行分层，或者说，按照不同的标准可以将同一个总体分成不同的层。那么问题是，在实际抽样过程中应该按什么样的标准分层呢？一般来说，分层应该遵循以下几个原则。

原则一：分层要保证每个层内部总体单位之间的同质性强、各层之间异质性强。要实现这一点，一般在分层的时候以能够代表总体结构特征的变量作为分层变量。比如，前述在对某专业学生的学习成绩的抽样调查中，分层变量有两个，分别是年级和性别，也就意味着研究者假设该专业学生的学习成绩在不同年级和不同性别上有差异。又如，在单位进行抽样调查，可以把单位人员分为单位领导、中层干部、普通职员等；在福利院进行抽样调查，可以把福利院的服务对象分为老年人、妇女、儿童和其他。

原则二：分层要以根据研究目标和研究内容确定的主要变量或者相关变量作为标准。要实现这一点，一般在分层的时候以主要变量或者相关变量的某个特征或标志进行分层。比如，在研究居民家庭消费问题的时候，最好能够以居民家庭人均消费或者人均收入作为分层标志；又如，在研究不同职业者的政治参与度问题时，最好能够以人们的职业分工(如公务员、事业单位人员、企业员工、个体工商户等)为标志分层。

原则三：分层要以常用的或者已有明显层次区分的变量为标准。比如，在社会调查中，常用的分层变量一般有性别、年龄阶段、文化程度、职业、收入水平、学校类型、人口规模等。

(2)分层的比例，即如何确定是否按比例分层抽样的问题

分层抽样一般按各个层之间的比例进行抽样，更进一步说，就是在单位多的层中抽取的子样本相应地大，在单位少的层中抽取的子样本相应地小，具体多多少、少多少根据不同层之间单位数量的比例确定，即为分层比例抽样，前述对某专业210名学生学习成绩调查的抽样就是如此。又如，某工厂有工人200人，样本容量40，以性别作为分层变量，男工160人，女工40人。按比例分层抽样的做法就是：从男工中抽取32人，从女工中抽取8人，共同构成总体样本。此时，样本中的男工与女工的比例与总体中的男工与女工的比例完全相同，都为4∶1。此时，在性别这个变量上，样本的属性和特征能够充分反映总体的情况。

但是在分层抽样的实际应用过程中，研究者也常常会采用分层非比例抽样的方法。

这是因为，虽然分层比例抽样具有能够保证得到在某一变量上样本的属性和特征充分代表总体的优点，但是在有些情况下不宜采用这种方法。一般来说，把总体分层之后，如果某层内的总体单位数量过少，按比例抽样得到的该层的子样本在其他变量上的代表性就会较差，此时，往往要采取分层非比例抽样的方法解决这一问题。比如，在上述对某工厂200名工人的抽样调查中，8名女工的样本量过少，不足以让研究者了解女工的情况。此时，我们可以采用分层非比例抽样的方法，从160名男工中抽取20人作为子样本，从40名女工中抽取20人作为子样本，共同构成40人的总体样本。这样，样本就能够较好地反映男女两类工人的一般状况，也能对男女两类工人的属性和特征进行对比分析。

需要注意的是，分层非比例抽样的结果可以直接应用于不同层或者类型的子总体之间的专门研究和比较分析，而不能直接对总体样本进行分析进而推论总体。若要用分层非比例抽样得到的样本情况去推论总体，在统计分析的时候，需要把样本数据恢复到子总体之间的实际比例结构，一般采用加权的方法处理这个问题。比如，上述对某工厂200名工人的抽样调查中，若直接用20名男工、20名女工的收入状况去推论该厂全部工人的收入状况，就会导致推论错误。合理的做法是，在男工的收入后乘1.6(32/20)，在女工的收入后乘0.4(8/20)，再加总平均，得出样本的平均收入值，再用该值去推论总体，即为该厂全部工人的平均收入。

四、整群抽样

整群抽样，又叫聚类抽样、集体随机抽样，是指从总体中随机抽取小群体，以抽到的小群体内的所有总体单位作为样本的抽样方法。整群抽样的步骤是：

(1)将总体中各单位归并成若干个互不交叉、互不重复的集合，称为群。

(2)然后以群为抽样单位随机抽取一定数量的群。

(3)最后以抽到的群内的所有总体单位为样本的抽样方法。

整群抽样的方法可以使抽样变得简单。例如，某高校有100个班级，每个班级有40名学生，共有4 000名学生，采用整群抽样的方法抽取400名学生构成样本。我们的做法是：第一步，运用简单随机抽样(或系统抽样、分层抽样)的方法从全校100个班级中抽取10个班级；第二步，把10个班级的全部学生(400名)作为样本。

整群抽样的方法不仅可以使抽样变得简单，更为重要的是可以降低收集资料的费用、相对扩大抽样的应用范围和提高抽样的可行性。在运用简单随机抽样和系统抽样的时候，我们都需要拿到包含总体所有单位的名单，即抽样框。但是在实际调查过程中，这样的名单往往不容易获得，或者难以获得满意的名单。因此，以上两种抽样方法的实际应用范围就受到一定程度的限制。例如，某市有100万户家庭，我们要抽取2 000户家庭进行调查。若按简单随机抽样和系统抽样的方法，我们首先应该拿到该市100万家庭的名单，可是这是不容易实现的。如果运用整群抽样的方法，我们的做法是：第一步，以该市的居委会为群，假设该市有1 000个居委会，则以1 000个居委会为抽样单位构成抽样框(全市居委会的名单是比较容易拿到的)；第二步，运用简单随机抽样或系统抽样的方法从该市1 000个居委会中选取5个居委会(假设每个居委会有400个家庭)，然后以抽中的5个居委会的全部家庭构成样本。该抽样过程如图4-6所示。

整群抽样的优点是实施方便、节省经费；整群抽样的缺点是由于不同群之间的差异

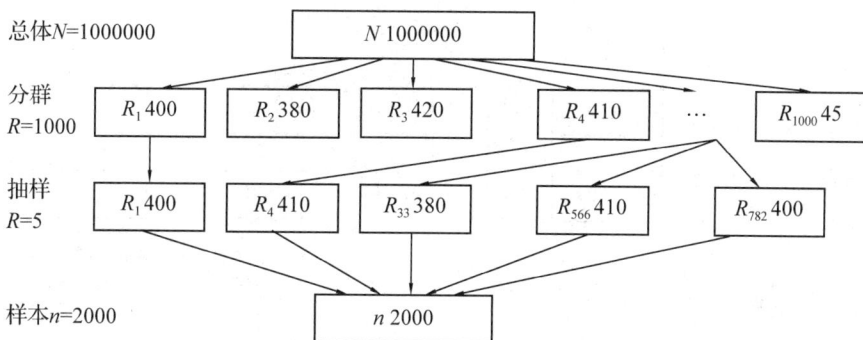

图 4-6　整群比例抽样示意图

较大，由此而引起的抽样误差往往大于简单随机抽样。应用整群抽样时，要求各群有较好的代表性，即群内各单位的差异要大，群间差异要小。

整群抽样与分层抽样在形式上有相似之处，但实际上差别很大。分层抽样要求各层之间的差异很大，层内个体或单元差异小，而整群抽样要求群与群之间的差异比较小，群内个体或单元差异大；分层抽样的样本是从每个层内抽取若干单元或个体构成，而整群抽样则是要么整群全部被抽取为样本，要么整群全不被抽取为样本。

在以上介绍的四种抽样方法中，一般来说其抽样误差的大小关系是：整群抽样 ≥简单随机抽样 ≥系统抽样 ≥分层抽样。

五、多段抽样

多段抽样，又叫多级抽样、分段抽样或多阶段抽样，是把从总体中抽取样本的过程分成两个或多个阶段抽取样本的抽样方法。分段抽样主要适用于总体内个体单位数量较大，而彼此间的差异不太大的情况。分段抽样的步骤是：①将总体各单位按一定标志分成若干群体，把这些群体作为抽样的第 1 阶段单位；②用简单随机抽样（或系统抽样、分层抽样）的方法，从第 1 阶段单位中抽出若干群体作为第 1 阶段样本；③把第 1 阶段样本又分成若干小群体，作为抽样的第 2 阶段单位；④从第 2 阶段单位中抽出若干群体作为第 2 阶段样本；⑤以此类推，最末阶段抽出的样本单位的集合，就形成最终的总体样本。一般在抽取前阶段样本时采用分类抽样或等距抽样，抽取后阶段样本时用整群抽样或简单随机抽样。比如，对某市大学一年级学生的抽样调查：第一步，以学校为标志把该市的 20 个高校作为 20 个群体，构成抽样的第 1 阶段的 20 个单位；第二步，用简单随机抽样的方法从第 1 阶段的 20 个单位中抽取 10 个单位构成第 1 阶段样本；第三步，以学院（系）为标志，把 10 个学校中的 100 个学院（系）作为 100 个群体，构成抽样的第 2 个阶段的 100 个单位；第四步，用简单随机抽样（或分层抽样、系统抽样）的方法从第 2 阶段的 100 个单位中抽取 30 个单位构成第 2 阶段的样本；第五步，以班级为标志，把 30 个学院（系）中的 100 个大一班级作为第 3 阶段的 300 个单位；第六步，用简单随机抽样（或分层抽样、系统抽样）的方法从第 3 阶段的 100 个单位中抽取 30 个班级作为第 3 阶段的样本；第七步，用简单随机抽样（或分层抽样、系统抽样）的方法从 30 个班级的 1 000 名大一学生中抽取 100 人，构成最终的总体样本。以上抽样方法如图 4-7 所示。

总体 N=100 000　　N 100 000

阶段
R=4　　R_1 20　　R_2 100　　R_3 300　　R_4 1 000

抽样
r=4　　r_1 10　　r_2 30　　r_3 30　　r_4 100

　　　　　　　　　　　　　　　　　　　　n 100

样本　n=100

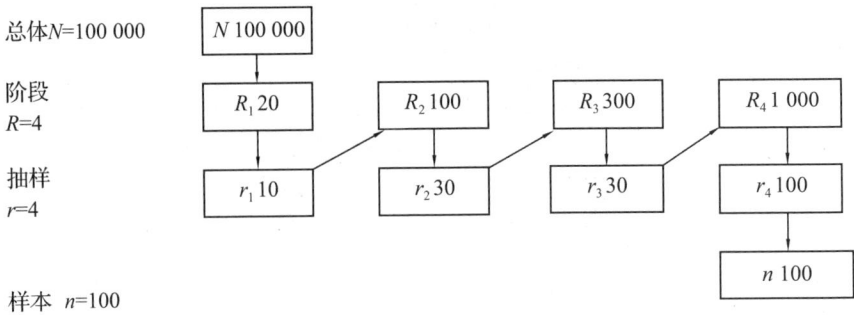

图 4-7　某市大一学生分段抽样示意图

多阶段抽样的意义在于缩小总体范围，提高抽样效率，降低抽样成本。其最大优点就是可以达到以最小的人财物消耗和最短的时间获得最佳调查效果的目的，特别适用于调查范围大、单位多、情况复杂的调查对象。此外，多阶段抽样由于在各阶段抽样时可根据具体情况灵活选用不同的抽样方法，所以能够综合各种抽样方法的优点，有利于提高样本质量。多阶段抽样的不足之处是抽样误差较大。由于每次抽样都必然产生误差，所以抽样阶段越多抽样误差就越大。

需要注意的是，在多阶段抽样过程中，各阶段可以采用不同的抽样方法，也可采用同一种抽样方法，要根据研究目标、样本需求和总体的情况具体而定。一般来说，第1阶段采用简单随机抽样的方法，以后的每个阶段采用系统抽样或分层抽样的方法。

在两阶段抽样中，总体各个阶段单元所包含的二阶单元数，有相等和不相等的两种情况。前者无论在样本的抽取还是在指标的估算方面都相对比较简单，然而在抽样实践中却很少有这种情况的存在，但作为基本方法仍然有其实际意义；后种情况在抽样和指标的估算方法上都较为复杂，然而在实际中普遍存在此种情况。

六、多阶段抽样与分层抽样、整群抽样的关系

多阶段抽样区别于分层抽样，也区别于整群抽样，其优点在于适用于抽样调查的面非常广、没有一个包括所有总体单位的抽样框、总体范围太大无法直接抽取样本等情况，可以相对节省调查费用。其主要缺点是抽样时较为麻烦，而且从样本到总体的估计比较复杂。

多阶段抽样与分层抽样、整群抽样的联系在于：将总体分为若干个一阶单元，假如在每一个一阶单元中，都随机抽取部分二阶单元，由这些二阶单元中的总体基本单元组成的样本，在抽样的方式上，就相当于分层抽样；假如在全部的一阶单元中，只抽取了部分一阶单元，并对抽中的一阶单元中的所有的基本单元都做全面调查，这就是整群抽样。因此，分层抽样实际是第一阶抽样比为 100％ 时的一种两阶抽样；而整群抽样实际上是第二阶抽样比为 100％ 时的一种两阶抽样，故也称单级整群抽样。

多阶段抽样与分层抽样的主要区别在于：分层抽样是对总体中的每个一级样本群体进行全面入样，再对所有的样本进行抽查；而两阶抽样则把总体中所有的群体视为子总体，对这些子总体进行抽样，将抽出的样本再次进行抽样（两次都不是进行全面的调查），产生二级样本，最后构成总体样本。

整群抽样是对总体中抽取的每个样本群体所包含的基本单元进行全面调查；而两阶抽样则把总体中所有的群体视为一阶单元，对每一个被抽中的子总体所包含的单位，不是进行全面的调查，而是再进行一次抽样调查（也称抽子样本）。

任务 4-3　非概率抽样

非概率抽样是研究者根据自己的方便或主观判断抽取样本的方法。它不是严格按随机抽样原则来抽取样本，所以失去了大数定律的理论基础，也就无法确定抽样误差，无法正确地说明样本的统计值在多大程度上适合于总体。虽然根据样本调查的结果也可在一定程度上说明总体的属性和特征，但不能从数量上推断总体。非概率抽样主要有方便抽样、主观抽样、滚雪球抽样、配额抽样等类型。

一、方便抽样

方便抽样，又叫自然抽样，一般有偶遇抽样和就近抽样两种具体方法。前者是指研究者根据现实情况，以自己方便的形式抽取偶然遇到的人作为调查对象；后者是指研究者选择那些离得最近的、最容易找到的人作为调查对象。

比如，为了调查某市的交通情况，研究者到离自己最近的公共汽车站，把正在那里等车或者路过的人选作调查对象；或者到离自己较近的几个繁忙的十字路口，把等待过马路的行人或者司机选作调查对象。在抽样方案设计的时候，要注意调查的时间不宜过长。

其他类似的偶遇抽样还有：在图书馆阅览室对当时正在查找、阅读和休息的读者进行调查；在商店门口、展览大厅、电影院等公众场合把进出往来的顾客、观众选作调查对象进行调查；利用报纸杂志、网络页面等把浏览者选作调查对象进行调查；授课教师、班主任或辅导员把所教所管班级的学生选作调查对象进行调查；研究者到劳务市场把来此求职和咨询的外来务工人员选作调查对象进行调查等。

方便抽样调查实例：

（1）实例简介

2000 年，刘玉、方洋、晏德光等研究者用偶遇抽样的方法做了"都市里的吉卜赛人——对武汉市外来务工、经商人员的调查"，调查从生活、工作、社会帮助与保障、观念等几个方面对武汉市外来务工、经商人员的生活状态进行了初步的描述分析，发现文化水平对城市外来人口的收入情况影响不大，但是对观念有一定的影响。调查结果发表在《青年研究》2001 年第 6 期，有一定的影响力。

（2）抽样

本次调查以武汉市外来务工、经商人员为对象。具体做法如下：在武汉市外来务工、经商人员集中的地方（汉正街）的几条主街道发放调查问卷，由调查员按照非随机抽样中的偶遇抽样原则抽取一定的人员进行调查。本次调查问卷由 58 个问题组成，主要询问了外来务工、经商人员的基本社会特征、工作、收入与支出、观念、社会交往以及对现有生活的满意度等方面的问题。实际发放问卷 280 份，回收有效问卷 252 份，有效回收率 90%。问卷采用自填法，由被调查者当场填写回收，对一些没有上过学不识字的被调查者采取由调查员根据问卷的内容逐一访谈的方式完成。

方便抽样的基本理论依据是：假设总体的每个单位的属性和特征基本相同，那么把哪个总体单位选作样本进行调查，调查结果都是一样的，因此研究者可以而且应该采用最节约人力、财力、时间等成本的方法进行抽样调查。按照这一理论依据，我们可以认为方便抽样适用于总体中各个单位的属性和特征大致相同的情况。或者说，当我们用方便抽样方法抽取样本时，总体的同质性越强，得到的样本的代表性越强；总体的同质性越弱，得到的样本的代表性就越弱。在实际研究中，总体中每一单位都是相同的情况很少，所以方便抽样结果一般偏差较大，可信程度较低，样本缺乏足够的代表性。但是，方便抽样技术简便易行，可以及时得到所需的资料，节约时间和费用。在一定的条件下，如在探索性调查或正式调查前的准备工作时，也会采用这种方法。

与随机抽样一样，方便抽样在实际抽取样本的时候排除了主观因素的影响，纯粹依靠客观机遇来抽取对象。但是，与随机抽样的本质不同之处在于，偶遇抽样没有保证使总体中的每一个成员都具有同等的被抽中的概率。在一定程度上来看，方便抽样的样本是那些总体中具有最先被碰到、最容易见到、最方便找到、最愿意接受调查等属性和特征的单位的集合，准确地说，样本代表的是这些调查对象的情况。

二、主观抽样

主观抽样，又叫判断抽样、立意抽样、目标式抽样，是指研究者根据研究的目标和自己主观的判断来选择和确定调查对象的方法。

主观抽样一般在两种情况下使用。①研究者的目的不是通过主观抽样获得的样本去推论总体情况，而是作为修订问卷设计、发现问题、提出假设的依据等。比如，在问卷设计阶段，研究者往往有意地选择一些观点差异悬殊的人作为调查对象，根据主观认定的差异悬殊者的回答情况检验问题设计是否得当。又如，在用其他方法完成抽样调查之后，研究者可能还会找那些偏离总体平均水平较大的人作为调查对象，其目的是弄清楚是什么导致他们发生偏离。②在有些调查中，总体边界无法确定、总体规模较小、调查所涉及的范围较窄，或调查时间、人力、财力、物力等条件有限而难以进行大规模抽样的时候，往往使用主观抽样方法。比如，在编制物价指数时，有关产品项目的选择和样本地区的决定等，通常采用主观判断抽样。又如，校长要了解某班同学的学习情况，可以把该班级成绩中等的同学选作调查对象。

主观抽样实例：

(1)实例简介

2001年，陆青华、王茂福用主观抽样的方法做了"丹江口水库移民生活满意度的调查"，调查从丹江口移民的生活状况和对安置地生活的满意度进行了描述和分析，调查结果发表在2002年《社会》杂志，有很大的影响力。

(2)抽样

调查以1978年前因丹江口水库工程而迁出的移民为对象，以湖北的宜城市和荆门市的部分乡镇的移民为总体(总体规模不确定、界限不清楚)，以比较熟悉且得到当地移民局支持的宜城市和荆门市两个地区的移民为调查对象进行抽样调查。此次调查总样本为517人，其中宜城市为328人，占总样本的55.7%，荆门市为189人，占总样本的44.3%。

主观抽样的前提是研究者对研究对象已经有相当程度的了解和判断，然后依据主观判断选取可以代表总体的个体作为样本。样本的代表性取决于研究者对总体的了解程度和判断能力。在研究者对研究的总体情况比较熟悉，研究者的分析判断能力较强、研究方法与技术十分熟练、研究的经验比较丰富时，采用这种方法往往十分方便，也可以充分发挥研究人员的主观能动作用。但是由于样本的代表性难以判断，也就无法很好地推论总体情况，所以使用主观抽样的方法应该持有谨慎的态度。

三、滚雪球抽样

滚雪球抽样是指研究者先用随机抽样（或者主观抽样、方便抽样）的方法选定几个对象作为样本，然后再根据以上样本提供的信息获得接下来的样本，依次获得全部样本的方法。该过程就像雪球会越滚越大一样，样本的规模会不断增加，直到抽完所需样本数量为止，是一种边抽样边调查的抽样方法。

滚雪球抽样是在特定总体的成员难以找到的时候最适合的一种抽样方法。滚雪球抽样适用于研究者不了解或者无法了解总体情况时而开展的调查研究。此时，研究者可以从总体中能够调查到的少数成员入手，对他们进行调查，并向他们询问还知道哪些符合调查条件的人，再去找那些人并询问他们知道的人，以此类推。如同滚雪球一样，就可以找到越来越多具有相同性质的符合调查条件的调查对象。比如，要研究退休老人的生活，可以到城市中的某些广场去，在广场舞之前或者之后结识几位退休老人，再通过他们结识其他退休的老人，依次进行，就会找到越来越多的退休老人。又如对无家可归者、流动劳工及非法移民等调查对象进行抽样的时候，常常采用滚雪球抽样方法。

滚雪球抽样实例：

（1）实例介绍

全国妇联妇女研究所课题组在1999—2000年运用滚雪球抽样的方法对"北京市暂不在业女性的社会支持系统"进行了调查研究。依据调查资料，张艳霞对"城市非自愿离岗女性的社会支持系统"采用个案深入访谈和定性分析方法，描述了北京市非自愿离岗人员的基本情况，分析了城市非自愿离岗女性主要的社会支持需求，提出了离岗女性的社会支持系统是一个由正式支持系统和非正式支持系统共同组成的多元化结构的观点，并揭示了离岗女性与男性之间的性别差异。研究结果发表在《妇女研究论丛》2001年第1期，其影响力较大。

（2）抽样

由于非自愿离岗是一个没有客观界定和广泛使用的概念，那么，界定总体和确定总体单位就成了一个比较困难的工作。研究者决定用滚雪球抽样的方法开展调查。通过对离岗人员的初步走访，研究者找到了2名非自愿离岗人员，然后通过这两个人的介绍又找到其他的非自愿离岗人员，最终抽取了30位非自愿离岗人员构成总体样本，其中女性22人，男性8人，对这30人进行了个案访谈。

使用滚雪球方法抽样时，需要注意几个容易导致抽样偏差的问题。①如果总体单位数量不多，在滚雪球时用不了几次就会出现"雪球饱和"状态，即越到样本快要抽满的时候，调查对象介绍的往往是之前已经访问过的人。②滚雪球抽到的样本具有某种内在的关联，这种关联有时候是研究者需要的同质性因素，有时候并非如此。如前述对退休老人生活的滚雪球抽样，非常可能出现的情况是，抽取的样本都是爱好活动、爱好广场舞、爱去广场、行动方便的老年人，而那些不好活动、不爱去公园、不爱和别人交往、喜欢一个人在家里活动的老人，你就很难把雪球滚到他们那里去。两种类型的老年人却代表着不同的退休后的生活方式，在滚雪球时忽略掉的一类人需要研究者注意。另外，滚雪球时，滚到最后可能仍然有许多调查对象无法找到，这种情况往往是已有样本出于某些主客观原因有意无意地漏掉了那些对象。以上两种情况，研究者在使用滚雪球抽样得到的资料进行统计分析的时候要综合考虑，做出说明。比如，上述对"城市非自愿离岗女性的社会支持系统——北京市个案研究"，研究者在文章最后补充说明，由于采用非概率抽样，调查对象的代表性有一定的局限。

四、配额抽样

配额抽样，又叫定额抽样，是指调查人员将总体单位按一定标志分层或类型，构成子总体，确定各子总体中所要抽取的样本数量，在各子总体内任意抽选确定数量样本的抽样方法。比如，要了解某市居民的交通安全意识，以性别为标志把该市人口分为两类，根据该市男女性别比例，确定抽取样本中男女比例，然后到十字路口和公交站采用偶遇抽样的方法实地抽样。

进行配额抽样时，研究者要依据那些可能影响研究变量的各种因素（标志）来对总体分层，并找出具有各种不同特征的成员在总体中所占的比例。然后依据这种划分以及各类成员的比例去选择调查对象，使样本中的成员在上述各种因素、各种特征方面的构成和在样本的比例尽量接近总体情形。

比如，某高校有2 000名学生，其中男生占60%，女生占40%；文科学生和理科学生各占50%；一年级学生占40%，二年级、三年级、四年级学生分别占30%、20%和10%。现要用定额抽样方法依上述三个变量抽取一个规模为100人的样本。依据总体的构成和样本规模，我们可得到表4-3的配额抽样表。

表4-3 配额抽样表

年级	男生(60)								女生(40)							
	文科(30)				理科(30)				文科(20)				理科(20)			
年级	一	二	三	四	一	二	三	四	一	二	三	四	一	二	三	四
人数	12	9	6	3	12	9	6	3	8	6	4	2	8	6	4	2

配额抽样实例：

1999年，社会学家仇立平等人对上海职工做了关于职业地位的调查。该调查的研究总体界定为"具有上海户籍的、年龄在35～60岁的上海职工(包括部分郊区农民)"。调查问卷的问题很多涉及个人隐私，如家庭财产、经济收入、重大生活事件、家庭出身或家庭成分等，调查对象可能不愿意配合调查或者提供不真实的资料信息。面对此种情况，研究者选用了判断抽样法，即要求调查人员在自己的熟人范围里选择调查对象。同时，考虑到样本的代表性，访问人员在选择调查对象时要按照年龄、性别、职业等要求，按配额抽样方法选择样本，以保证样本能够成为总体的"模拟物"。抽样设计样本容量为400个，实际抽取有效样本391个；男性占59.3%，女性占40.7%；平均年龄为46.25岁；95%的调查对象的教育程度在初中及以上；个人平均月收入约1 030元，家庭平均月收入约2 074元；家庭平均财产（包括不动产）为 23.29 万元（据《1999 年上海年鉴》）。样本的个人月均收入较接近总体状况，但由于是非概率抽样，某些指标如性别、职业等与总体有较大差别，且样本较小，因此样本的资料按抽样理论是不能推论总体的，或者在推论时要谨慎。

配额抽样与分层比例抽样的区别：

配额抽样与分层比例抽样相似，都是按调查对象的某种属性或特征将总体中所有个体分成若干类或层，然后在各层（类）中抽样，样本中各层（类）所占比例与它们在总体中所占比例相对应。但是，二者在随机性上存在本质的差别。

1. 配额抽样与分层比例抽样的目的不同

定额抽样之所以分层分类，其目的在于要抽选出一个总体的"模拟物"。换句话说，定额抽样注重的是样本与总体在结构比例上的表面一致性。分层抽样的主要目的是提高不同层间单位的异质性与同一层内单位的同质性，另一方面也是为了照顾到某些比例小的层次，达到提高抽取到的样本的代表性，减小抽样误差。

2. 配额抽样与分层比例抽样的抽样方法不同

配额抽样是通过主观的分析来确定和选择组成"模拟物"的单位构成样本，是"按事先规定的条件，有目的地寻找样本"。分层抽样的方法尽量排除主观因素，客观地根据等概率原则抽取样本。

需要注意的是，配额抽样方法在实际应用的时候常常会被研究者修正使用。严格来说，配额的框架必须十分精确，这要求研究者掌握调查对象某些方面的全部资料，但在实际调查研究中做到这一点是十分困难的。另外，在对选定样本进行实地抽样调查的时候，常常是调查人员被要求与多位具有某种复杂特征的人逐一面对面接触，调查人员经常会面临要爬七层楼才能找到受访者、破败的家庭和家养恶犬的人的情况。此时，调查人员往往会人为地避免去访问这些调查对象，而用更容易接触的调查对象作为替代，最终导致调查对象不如定额时候选取的样本那样理想的状况。研究者在采用定额抽样方法的时候要考虑到上述问题。

五、其他的非概率抽样方法

1. 志愿者抽样

从与调查目标有关的志愿者中抽取样本，如医疗实验、媒体座谈讨论节目等只能从志愿者中抽选参与者。

2. 修正的概率抽样

修正的概率抽样是概率抽样与非概率抽样的结合，如在多阶段概率抽样中，前几个阶段均采用概率抽样，在最后阶段采用非概率抽样的方法。

3. 空间抽样

空间抽样针对的是一个变动的总体，最重要的是在同一个时间对整个总体进行抽样，以防止它的组成经历太大的变化。比如，在游行与集会等事件中，参加者从一地到另一地，一些人离去又有一些人进来，总体单位是暂时性地在空间上相邻，就要求调查中在规定时间内对聚集在某处的群体进行空间抽样调查。

非概率抽样的优缺点及适用范围：

非概率抽样根据人们的主观经验或其他非概率原则抽取样本，因而，其样本的代表性往往较小，误差或小或大，无法估计，一般不能用来推论总体。但是非概率抽样也有自己的优点，比如操作方便、省钱省力，统计上也远较概率抽样简单等。在研究者对调查总体和调查对象已经有较好了解的时候，抽样也可以获得相当的成功。总之，非概率抽样有其适用的范围。

(1)严格的随机抽样几乎无法进行，例如调查对象的总体边界不清而无法制作抽样框。此外有些研究为了符合研究的目的，不得不按照需要从总体中抽取少数有代表性的个体作为样本。此时，采用非概率抽样的方法就比较合适。

(2)为了保证随机的原则，对抽样的操作过程要求严格，实施起来比较麻烦，费时费力，因此如果调查的目的仅是对问题的初步探索，获得研究的线索和提出假设，而不是由样本推论总体，采用随机抽样就不一定是必需的，采用非概率抽样就显得更合适。

抽样调查的局限性：

(1)抽样总体越小，越不适合采用抽样调查的方法。抽样方法是建立在大数法则基础之上的，应用抽样方法得出的样本属性和特征在推论总体的时候，只有当总体包含的单位足够多时才能充分显示出来，即调查对象的数量越多，就越适合采用抽样调查方法。这里面的"适合"包括两个方面的含义，一是结果的有效性，即用样本去推论总体时抽样误差的大小；二是过程的控制性，即运用抽样技术时要求的严格程度高低。比如，在一个省或全国范围内采用抽样调查方法，比在一个市或者一个县显得更适合。即是说，按照相同的把握程度、抽样允许误差和标志变动度，同时在一个省或者全国进行抽样调查，比在一个市或者一个县进行抽样调查，所要调查的必要数量占全部总体数量的比例比较低的。

(2)用样本的情况去推论总体的时候，常常要依赖调查对象在其他方面的总体情况。比如，研究者要通过抽样调查，用某省大学生择业观念对其就业质量影响的样本情况去推论总体的时候，就需要知道该省大学生就业质量的总体情况，而后者的资料往往不容易得到，这就会使抽样调查得到的数据资料陷入尴尬的境地。

(3)在制订抽样方案，尤其是确定样本规模的时候，常常需要依据一些关于总体情况的资料，而这些资料往往只能依靠全面调查才能得到。

(4)抽样调查应用范围的受限制，导致抽样调查与普查同时进行，违反了抽样调查的初衷或节约成本的优势。比如，抽样调查不适用多层管理，特别是微观管理的需要，所以在我国采用抽样调查取得统计资料的同时，又不可避免地进行着全面调查。结果就是保有抽样调查和全面调查两支统计队伍，对同一调查任务进行两次调查，无法起到抽样调查省时、省力、省钱的应有作用。

任务范例

三孩政策下城乡居民生育意愿调查设计与样本分析

为了优化人口发展战略，建立生育支持政策体系，了解全面三孩政策放开后城乡居民生育意愿及其影响因素，为"十四五"期间我国"生育友好型社会"建设提供理论及实证支持，2021年8月15日—8月31日，中南财经政法大学人口与健康研究中心开展了"第三期湖北省百县生育调查"。本调查选择湖北省为调研区域主要基于以下考虑：第一，湖北省各地区经济发展差异大，省内既有经济总量全国排名前十的城市(武汉)，也有2020年完成"深度贫困县"摘帽工作的县区(巴东县、丹江口市等)。第二，湖北省地处我国中部，素有"九省通衢"之称，不仅兼容了南方和北方的文化特色，也是东部地区和西部地区分界的重要节点。第三，湖北省地形地貌丰富，从东至西依次分布着大别山区的丘陵地形，江汉平原的平原湖区地形以及秦巴山脉的山地地形。此外，湖北省民族多样化特征明显，少数民族占总人口比重4.80%，是全国少数既有自治州又有自治县还有民族乡的省份之一，民族自治区域占全省总面积的1/6。综上，湖北省可作为我国"全面三孩"政策放开后的代表性研究区域。

本研究所使用的数据来源于湖北省全员人口数据库，调查的目标群体是截至2021年7月31日湖北省常住人口中妇女年龄在15—45岁的未生育家庭、一孩家庭和二孩家庭。调查采用分层、两阶段、等规模的随机抽样方法，避免了按规模大小成比例抽样方法所导致的部分地区样本量过少的情况，使样本具有全域代表性。调查抽样分两步进行：

首先，确定初步抽样框。我们从湖北省全员人口数据库中筛选出目标群体，之后在湖北省全部125个县区进行随机抽样，每个县区抽取400个家庭作为初步抽样框。初步抽样框共有50 000个样本家庭数据，反映了湖北省育龄家庭的整体生育行为，其中未生育家庭、一孩家庭和二孩家庭数量分别为1 821个、27 704个和20 475个，占比为3.64%、55.41%和40.95%。育龄妇女年龄在25岁以下的家庭有662个(1.32%)，25—29岁家庭有6 080个(12.16%)，30—34岁家庭有16 813个(33.63%)，35—39岁家庭有14 018个(28.04%)，40岁及以上家庭有12 427个(24.85%)。第二步，在初步抽样框中进行调查抽样。我们在125个县区的400个样本中分别随机抽取100个样本并进行电话调研。调查实际抽取样本12 500个，最终获得有效样本12 014个，样本分布情况与初步抽样框基本一致(见表1)，其中，农村样本占比47.35%，城市样本占比52.65%；受访者中的男女比例分别为41.41%和58.95%；三孩政策的总体知晓比为95.39%。在样本家庭类型上，未生育家庭、一孩家庭和二孩家庭分别有180户、6 663户和5 171户。

湖北省育龄家庭的基本情况

变量	类别	初步抽样框	实际有效样本
家庭类型	未生育家庭	3.64%	1.50%
	一孩家庭	55.41%	55.46%
	二孩家庭	40.95%	43.04%
年龄	25岁以下	1.32%	1.88%
	25～29岁	12.16%	14.99%
	30～34岁	33.63%	37.76%
	35～39岁	28.04%	25.78%
	40岁及以上	24.85%	1.59%
受教育程度	小学及以下	3.24%	2.30%
	初中	57.77%	50.82%
	高中及同等学力	23.59%	26.42%
	大专及以上	15.40%	20.46%

注：初步抽样框共有50 000个样本，问卷调查的有效样本共有12 014。

（内容来自：石智雷，邵玺，王璋，郑州丽，《三孩政策下城乡居民生育意愿》，《人口学刊》，2022年第3期。）

任务评估

任务采用"课堂＋拓展"相结合的评估方式，课堂评估对标课程标准，重点评估知识、能力、素养目标的达成情况；拓展评估对标《市场、民意和社会调查要求》等国家标准及行业规范，重点评估实操技能、劳动精神、工作态度表现。具体操作可参照下表。

评估环节		评估内容	评估方式	评估目的
课堂教学过程评估（60%）	课前（15%）	线上课程资源学习	教学平台自动考核	重点考查学生知识理解和掌握情况
		课前任务	教师评估	重点考查学生技能掌握和应用情况
	课中（30%）	出勤情况	教学平台签到考核	重点考查学生学习态度和学习习惯
		小组讨论及展示	教师评估、组间互评	重点考查学生合作意识和展示能力
		课中任务	教师评估、自评、组间互评	重点考查学生能力和素养掌握情况
	课后（15%）	社会服务	教师评估	重点考查学生劳动精神和服务意识
拓展训练过程评估（40%）	拓展训练中（30%）	拓展训练任务	教师、行业导师评估情况	重点考查学生工匠精神和实践能力
	拓展训练后（10%）	拓展训练报告	教师评估、组间互评	重点考查学生总结反思和改进能力

任务习题

1. 抽样调查的目的是什么？如何理解？

2. 如何理解抽样误差与抽样错误？查找资料，选取并分析一个抽样错误的案例。

3. 说明总体、个体和样本的关系。

4. 制定抽样框过程中常出现的错误有哪些？如何避免？

5. 列举并说明哪些情况不适用抽样调查。

6. 如何理解简单随机抽样中，逐个放回抽取样本与逐个不放回抽取样本？

7. 以你所在班级所有同学为总体，以 10 名同学为样本容量，用随机数字法进行抽样。

8. 系统抽样又叫机械抽样，其"机械性"体现在哪里？

9. 运用分层抽样的方法，调查某工厂员工的收入水平，可以选择的分层标志有哪些？如何分层？

10. 整群抽样又叫集体随机抽样，其"集体性"和"随机性"如何体现？

11. 系统抽样的"段"与多段抽样的"段"有何不同意义？

12. 分层抽样的"层"与整群抽样的"群"有何相同意义？

13. 要对长沙市社会组织进行抽样调查，请自行收集相关资料，严格按照抽样程序制订抽样方案，采取多阶段抽样的方法，每一阶段的抽样运用其他抽样方法，要求用到所有五种抽样方法。

14. 学完"项目五—任务 6"的问卷设计内容之后，分组设计一份调查问卷，对本市的交通安全意识做一个抽样调查。要求采用偶遇抽样的方法，制订抽样方案，综合考虑抽样调查实际情况和研究的目的要求进行抽样。

15. 如何理解分层比例抽样的随机性和配额抽样的非随机性？

16. 分组查找一个运用非概率抽样方法得到样本数据并根据样本推论总体情况的研究，研讨作者推论总体情况时的具体做法有哪些值得借鉴之处和不足之处。

信息化教学资源

1. 抽样调查概述

2. 概率抽样(1)

3. 概率抽样(2)

4. 常用的非概率抽样方法

5. 选择调查的典型

6. 选择调查的个案

项目四　因时因势摸实情：
社会调查资料的收集

项目简介

　　资料收集是社会调查全过程的重要内容，调查研究者围绕调查研究选题，在基于精心设计调查研究方案的基础上，广泛利用社会测量、问卷法、访问法、观察法及文献研究法等研究方法系统地收集资料，进而为统计分析的进行奠定基础。故在本项目，拟重点介绍社会测量、问卷法、访问法、观察法及文献研究法等资料收集方案，要求学习者不仅学会每一种资料收集方法，而且必须能够自行实践操作，真正运用于社会调查的实践过程。调查人员在资料收集过程当中，不但应当敢于实事求是地开展工作，而且还要做到善于实事求是，不断打开调研工作新局面。

项目分析

知识目标

1. 了解、掌握社会调查资料收集的主要方法；

2. 了解、掌握社会调查资料收集具体方法的概念、基本程序及操作等。

能力目标

1. 能够比较区分常用的社会调查资料收集方法的特点及适用范围；

2. 能根据各种调查内容及研究情境需要灵活运用各种不同的资料收集方法。

素养目标

1. 具有务实的工作作风，尊重客观实际，做到不唯上、不唯书、只唯实；

2. 具有良好的心理素质，胜不骄、败不馁，举止谈吐得体，态度亲切、热情。

任务 5

社会测量

任务描述

社会测量的核心知识和技能是社会测量方法和测量结果的信度和效度检验。对于社会测量方法，要求熟练掌握社会测量的四个要素，即测量对象、测量内容、测量规则和测量值的选择和使用；明确区分和深刻理解四个社会测量层次，即定类测量、定序测量、定距测量和定比测量各自的含义、相互关系和应用属性。对于社会测量的信度和效度，要求深刻理解信度和效度在社会测量中的性质和意义，掌握信度检验和效度检验的几种方法，能够对社会测量的信度和效度进行分析、判断和解读。

任务实施

一、任务目标

理解社会测量的含义，能够合理设计社会测量的四要素，深刻理解和掌握社会测量的信度和效度的意义和检验方法，能够运用社会测量方法进行社会测量。

二、任务实施步骤

1. 教师带领学生完成预设大项目的社会测量方案设计，明确测量要素、测量层次、信度和效度检验的方法；

2. 学生在课下以小组为单位，围绕选定的课题制订合适的社会测量方案；

3. 将各小组所制订的社会测量方案在课堂上简单展示，对其加以分析，找出不足并加以修改完善；

4. 再次强调社会测量方案制订的重要性、内容及其注意事项。

知识链接

任务 5-1　社会测量的含义

最早运用社会测量的方法研究社会现象的著名人物是 J. L. 莫雷诺。莫雷诺通过对学生课堂结构的大量观察和研究，详细论证了从幼儿园到八年级的群体结构变化，并以此研究为基础，于 1934 年写成关于群体演变的著作《谁能幸存》。这本书提出了社会测量学理论，是第一部运用社会测量的方法研究社会现象的社会科学著作。由于运用了社会测量，研究人员对群体各种属性和特征的分析取得了前所未有的进步。用莫雷诺的话来说，社会测量"要求一个人在他作为或将要成为其中一员的团体内选择朋友"。在做选择时，选择者不受任何限制，选择的朋友也不限于他自己的团体。为了测量人们（社会测量要素中的"对象"）的社交选择（社会测量要素中的"内容"），测量必须根据规定的标准（社会测量要素中的"规则"），如坐在一起或在一起工作等，来认定人们相互之间的感情上的吸引或排斥关系，这种关系可以用数字、图表的方式表现出来（社会测量要素中的"值"），直观而又准确。

一、社会测量的概念

社会测量，从形式上来看是对研究对象的属性和特征在数量上赋值的过程，从本质上看是指对社会现象性质和数量的度量，反映的是社会现象之间性质和数量上的差异。社会测量一般可以分为对社会态度的测量和对社会行为的测量两种类型。一是社会态度及个性、品格的测量，如心理量表；二是社会行为、社会地位的测量，如社会阶层测量；社会行为的预测，如民意调查；群体结构的测量，如社会阶层结构调查等。

二、社会测量的要素

社会测量的具体操作过程是按照一定的规则把测量对象的属性和特征用一定的数值或数字符号表现出来。也就是说，社会测量由社会测量对象、社会测量内容、社会测量规则和社会测量值四个要素构成。

（一）社会测量对象

社会测量对象在社会测量四个要素中对应的是"测量谁"的问题，即确定测量的客体。在社会测量中，能够成为测量对象的客体可以分为两类，一类是个体，即各种各样的个人；另一类是群体，即由数量不一的个人组成的社会群体（如班级、家庭）、社会组织、社区等。比如，我国前五次人口普查，只调查具有中华人民共和国国籍并在境内常住的人口。2010年，第六次全国人口普查首次明确将我国境内的港澳台居民和外籍人员也作为普查对象。2020年，第七次全国人口普查延续六人普的普查对象，凡普查标准时点在中国境内的自然人，无论是大陆（内地）居民、港澳台居民还是外籍人员，原则上都属于人口普查对象。

（二）社会测量内容

社会测量内容在社会测量四个要素中对应的是"测量什么"的问题，即确定测量调查对象有哪些属性和特征。在社会测量中，测量的对象是某一客体，但是测量的内容并非对象本身，而是该客体的属性和特征。不论是个体还是群体，作为测量对象，我们都关注其属性和特征，如研究大学一年级班级同学的学习成绩所关注的是性别、生源地（城乡、东西等）、高考分数等因素；研究社会组织所关注的是社会组织的数量、类型、结构、功能等属性和特征。又如，2020年第七次全国人口普查主要调查人口和住户的基本情况，内容包括：姓名、居民身份证号码、性别、年龄、民族、受教育程度、行业、职业、迁移流动、婚姻生育、死亡、住房情况。

（三）社会测量规则

社会测量规则在社会测量四个要素中对应的是"如何测量"的问题，即制定一系列的标准和法则，并依据这些标准和法则实施社会测量，也可以说是用数字和符号表达社会现象各种属性和特征的操作规则。比如，我们研究某专业大一 A 班的学习成绩，"从 A 班随机抽取 10 名同学，计算这 10 名同学每门课的平均成绩，平均成绩等级达到 B＋即认为该班级同学在该门课上的成绩较好"，这就是一种社会测量规则。也可以用一种形象直观的例子来参照说明社会测量的规则，在测量汽车底盘的高度时，我们"将同样胎压的汽车停放在水平地面上，然后用直尺从地面垂直靠近汽车驾驶座位的车门，该车门所在处的最低边缘处对应的直尺刻度即为汽车底盘的高度"。这种测量不是社会测量，但是就测量规则的制定和使用来说，具有同样的意义，而且更加形象直观。又如，第七次全国人口普查从 2020 年 11 月 1 日开始持续到 12 月 10 日，与历次人口普查不同的是，这次普查全面采取电子化采集方式，由普查员使用智能手机或平板电脑登记普查对象信息并联网实时上报。除了全面采取电子化采集方式外，这次普查还增加了自主填报的方式，普查对象可以通过微信小程序自主完成填报和报送。

(四)社会测量值

社会测量值是用来表示测量结果的工具，在社会测量中对应的是测量结果"如何表示"的问题，一般用数字、符号、图表的形式表现，也可以用文字来表示。比如，60 分、70 分，或者 A＋、B＋、D 等就是测量学习成绩的结果；20 cm、25 cm 等就是测量汽车底盘高度的结果。在社会调查和统计中，一般用数字、符号和图表的形式表示社会测量的结果，比如社会测量对象的年龄(多少岁)、收入(多少元)、消费(多少元)、规模(多少个)等。但是，也有许多社会现象的测量结果需要用文字表示，比如社会测量对象的性别(男、女)、婚姻状况(未婚、已婚、离婚、丧偶)、学历层次(小学及以下、初中、高中、专科、本科及以上)、对交通状况的满意度(非常满意、比较满意、一般、比较不满意、非常不满意)等。数字、符号、图表和文字都能表示社会测量的结果，并且在实际操作过程中许多文字形式表达的测量结果都转换成了数字(便于统计分析)，但必须注意的是，这种文字转换的数字一般只能作为不同类别的代码，用来进行频数统计，而不能像其他数字那样通过加、减、乘、除运算的方式做统计分析。比如，全国人口普查的主要测量值是不同人口的数量。

综合社会测量的四个要素，我们可以把 2020 年全国人口普查准确地描述为：普查标准时点是 2020 年 11 月 1 日零时，普查对象是普查标准时点在中华人民共和国境内的自然人以及在中华人民共和国境外但未定居的中国公民，不包括在中华人民共和国境内短期停留的境外人员。普查主要调查人口和住户的基本情况，内容包括：姓名、身份证号码、性别、年龄、民族、受教育程度、行业、职业、迁移流动、婚姻生育、死亡、住房情况等。

三、社会测量的特点

测量，在自然科学与社会科学中都有广泛的使用，与自然科学相比，社会测量具有以下特点。

(1)从测量对象角度来看，自然科学测量的对象是客观的物质世界，具有完全的客体性；社会科学测量的对象是个体的人或者由一定数量的人组成的社会群体、社会组织和社区，具有主客体双重性，即测量对象本身具有主体性，会对测量做出反应。比如，采用偶遇抽样的方法在公交站对等车的乘客进行交通状况的抽样调查，研究者要注意以下情况：如果测量对象对交通管理持有极端的态度，很可能在回答问题的时候片面强调交通管理部门的不作为导致交通状况不佳。又如，在进行收入调查的时候，测量对象往往会根据对调查目的的推测修正自己的真实收入填写答案。

（2）从测量内容的角度来看，自然科学测量的内容大都是有形物质的自然属性，比如质量、重量、体积、面积、距离、时间等；社会测量的内容不仅涉及人的自然属性，如年龄、性别等，而且更多地测量人或者群体的社会属性，比如行为选择、心理特征、满意度、支持率等。

（3）从测量规则角度来看，自然科学的测量大都有已经证明了科学性的、大多数人通用的测量规则，比如对物体重量的测量，其规则就是物体的质量乘牛顿，计算出的结果就是物体的重量。社会测量，尤其是调查指标（与社会指标对应）的测量，往往没有一个得到大多数人认同的统一的规则，由研究者在研究过程中单独设计测量规则。比如，测量新生代农民工的收入水平，需要研究者界定新生代农民工群体、设计测量单位、设定收入水平高低的标准等。

（4）从测量值的角度来看，自然现象的测量值大都可以用数字形式表示，其测量工具大多是标准化的仪器，信度、效度很高，测量的误差易于求得；社会现象的测量值除了用数字、符号表示以外，有些必须用文字表示，其测量工具的外在形式是问卷题目或量表，信度和效度都较低，测量误差较难掌握。

四、社会测量的指标

（一）社会测量的指标和指标体系

社会测量的指标，解决的是测量怎么能够进行的问题。也就是说，所谓社会测量的指标就是把研究内容一步一步细化，条目清晰地表示出来，以达到研究目的的方法。在实际工作中，社会测量的指标可以分为社会指标和调查指标两种类型。

1. 社会指标

社会指标，是指反映社会现象的质量、数量、类别、状态、等级、程度等客观特性和社会成员的感受、愿望、倾向、态度、评价等主观状态的项目。比如，国内生产总值、人口自然增长率、人均收入水平、犯罪率、职业满意度、人均医疗床位、社会安全感、自杀率等，都是比较常用的社会指标。社会指标按不同的标准可以分为六种类型，即客观指标和主观指标，经济指标和非经济指标，描述性指标和评价性指标，肯定指标、否定指标和中性指标，投入指标、活动量指标和产出指标，具体指标和抽象指标。社会指标一般有六个功能，即反映功能、监测功能、比较功能、评价功能、预测功能和计划功能。

2. 调查指标

调查指标，是指调查过程中用来反映调查对象的特征、属性或状态的项目（包括询问项目、回答项目以及有关说明），比如姓名、性别、年龄、产值、利润、人口数、第三产业劳动力数等，都是比较常用的调查指标。

3. 社会指标与调查指标的区别

（1）社会指标通过系统的调查研究和理论研究制定出来，其测量规则的标准化和精确化程度较高；调查指标是调查人员在某项具体的调查中选择和制定出来的，其标准化和精确化程度相对较低。

(2)社会指标主要用于衡量、检测和预测宏观社会现象；调查指标主要用于测量微观社会现象。

(3)社会指标主要用比率来反映，调查指标一般不用比率来反映。

4.社会指标与调查指标的联系

(1)社会指标是对社会发展过程和调查研究结果的某种概况和总结，是研究社会发展各要素的现状、问题和发展趋势的一种高度量化的手段；调查指标是在具体社会调查中采用的手段，是反映社会现象的类别、状态、规模、水平等特征的项目及其测量标准。

(2)社会指标为系统、科学地进行社会调查提供指南，为调查指标的制定提供依据；调查指标为社会指标的建立和完善提供基础。

(3)对于研究者而言，社会指标是已有指标，甚至可以直接用社会指标的某些内容作为调查指标；调查指标是正在进行的指标，可以用来补充、修正和完善社会指标。

5.社会测量的指标体系

在实际社会测量工作中，测量指标都会比较多，而且不是一个一个孤立存在的，它总是作为一个体系建立起来并发挥作用的。因此，有必要进一步探讨有关社会指标体系的问题。所谓社会指标体系，是指根据一定目的、理论设计出来的综合反映社会现象的具有科学性、代表性、系统性和可行性的一组社会指标。如图 5-1 所示，指标 1、指标 2、指标 3、指标 4……指标 n，共同构成一个指标体系，综合反映不同的概念及概念之间的关系，即理论。

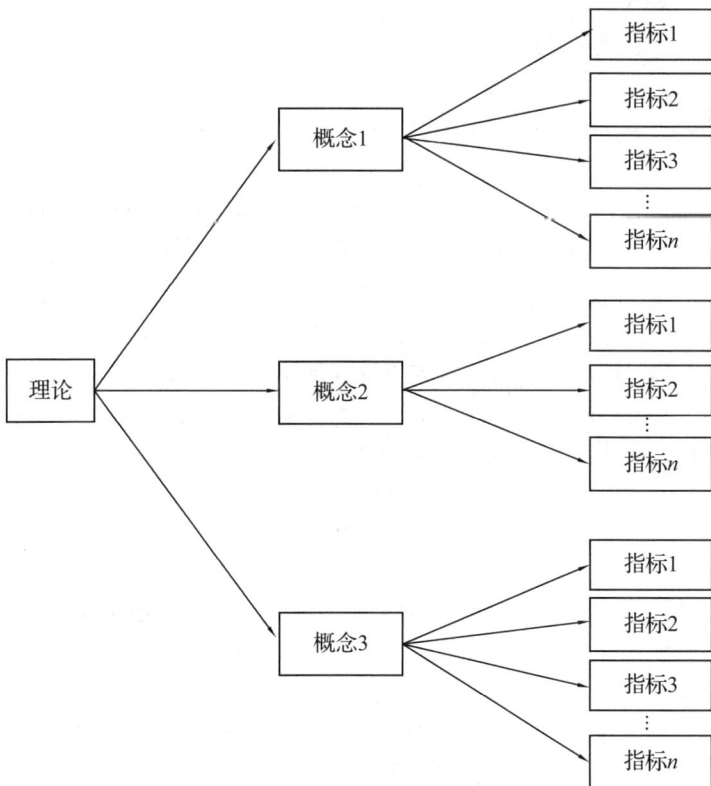

图 5-1　社会测量指标体系示意图

(二)设计社会测量的指标

1. 设计社会指标

社会指标的设计要求比调查指标更加严格、规范、精确、全面,其设计与制定有理论分析和经验分析两种方式,具体运用有分类法、对比法和量表法三种方法。

(1)分类法

分类法的本质是演绎,即采用指标交互分类和加以综合的方法设计社会指标。比如,我们设计关于"社会阶层"的指标体系,二级指标设为"财富"和"地位"两个指标,分别把"财富"和"地位"两个指标的测量结果(选项)设置为"高"和"低",则实际测量结果会出现四种类型,即类型 a:财富多,地位高;类型 b:财富多,地位低;类型 c:财富少,地位高;类型 d:财富少,地位低。这个例子可以用图示的方式表示,如图 5-2 所示。

$$社会阶层=\{财富,地位\}$$

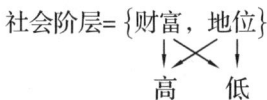

图 5-2 分类法设计社会阶层社会指标

也可以用表格形式表示,如表 5-1 所示。

表 5-1 财富与地位交互表

地位 / 财富	高	低
高	a	c
低	b	d

(2)对比法

对比法的本质是比较,通过对已有社会指标的比较,找出差异,进而挖掘新的指标。对比法通常有纵向对比和横向对比两种形式。纵向对比是以时间为标志比较已有指标,比如,我们设计关于"医疗保险"的社会指标体系,已有参保人数指标,我们通过当前参保人数和往年参保人数的比较,设计出以下指标:参保人数发展速度、增长速度、平均发展速度、平均增长速度等。横向对比是以不同指标间的内在逻辑关系为标志比较已有指标,比如,我们设计关于"人口"的社会指标体系,已有育龄妇女总数和生育一胎妇女人数两个指标,可以用后者除以前者,结果得到"一胎率"这个新的指标。用公式可以表示为:

$$一胎率=\frac{育一胎妇女人数}{育龄妇女总数}\times100\%$$

(3)量表法

量表法的本质是计算,常用的具体方法是总和量表,即通过把已有指标相加并按确定的标准计算总分的方式设计社会指标。比如,我们设计关于"大学生专业满意度"的指标体系,先把专业满意度分为课程设置满意度、师资满意度、教学管理满意度、就业满意度、教学设施设备满意度五个方面;然后,每一个方面的满意度按"非常不满意""比较不满意""一般""比较满意""非常满意"的顺序依次赋分为 1 分、2 分、3 分、4 分、5 分;最后,把学生在五个方面的得分相加,总分即是大学生专业满意度分数。

2. 设计调查指标

调查指标的设计必须以研究假设为指向,以体现研究假设的社会指标为依据。调查指标的设计要求包括必须符合实际情况，符合科学原则；必须全面、完整地反映调查对象实际情况；必须准确，有统一的计算方法；必须简单、明了，以说明问题为原则；必须充分考虑实际调查的可能性。调查指标的设计过程包括两个阶段，第一阶段是从概念到变量的操作化，第二阶段是从变量到指标的操作化。这两个操作化过程要解决的问题是不同的，有不同的侧重点。从概念到变量的操作化，是抽象的概念具化的过程；从变量到指标的操作化，是具化的变量细化的过程。比如，"社工机构管理"这个概念，我们可以把它定义为"对以社会工作者为主体，坚持"助人自助"宗旨，遵循社会工作专业伦理规范，综合运用社会工作专业知识、方法和技能，开展困难救助、矛盾调处、权益维护、心理疏导、行为矫治、关系调适等服务工作的非企业单位开展的管理制度和管理活动"，这就是一个抽象的概念，反映的是"社工机构管理"的属性。现在，我们把"社工机构管理"这个概念操作化，就是要表明本研究中所指的社工机构管理的主体是国家相关部门、社工机构自身和社工行业组织；管理的内容是内部管理机制、监管机制、支持机制、协商机制和引导机制 5 个方面。接下来，我们就要对以上社工机构管理的 5 个变量（一级指标）进行细化，建立二级指标、三级指标、四级指标等，直到能够进行直接的社会测量工作。这个过程可以用图示的方式表示，如图 5-3 所示。

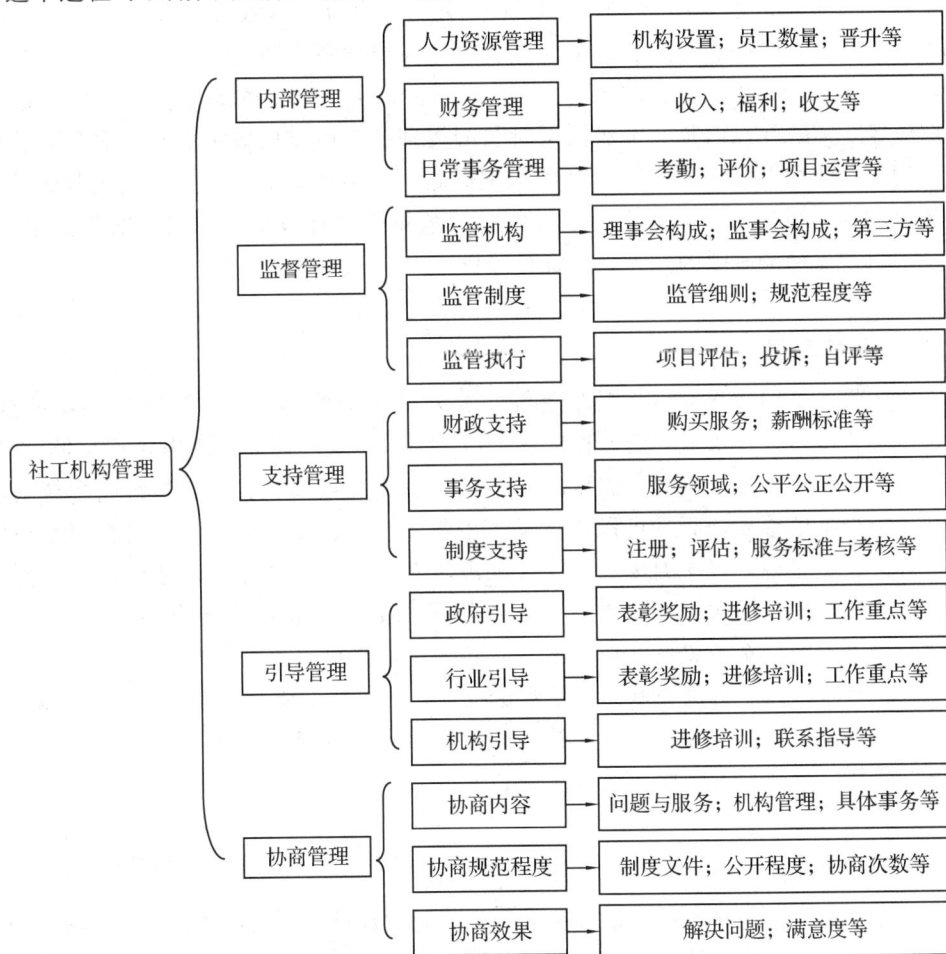

图 5-3　社工机构管理调查指标示意图

任务 5-2　社会测量的层次

社会测量层次是指社会测量中由对测量对象数量化程度的高低决定的测量水平。依数量化程度由低到高的顺序，测量层次依次分为定类测量、定序测量、定距测量和定比测量四个层次。这些尺度都具有完备性和互斥性，保证了研究范围内的每一个测量对象能且只能被赋予一个测量值。社会测量中的测量层次与统计中的变量层次有对应关系，按照变量层次由低到高的顺序依次对应为定类变量、定序变量、定距变量和定比变量。这四种变量在统计中相应地适用于不同的统计分析方法。

一、定类测量

定类测量，也叫类别测量、分类测量、定名测量，是对测量对象的性质或类型上差异的测量。比如，对性别、民族、职业、地区、婚姻状况等，按照事物性质或类别来区分的社会现象的测量，就属于定类测量。其测量结果只能分类，即只能区分测量对象是同类或者不同类，具有"＝或≠"的数学特征，用类别名称表达依次为男性和女性，汉族、蒙古族、回族等，未婚、已婚、离婚和丧偶等。在统计中为了方便起见，一般会用数字来代表某类事物，如用"0"代表女性、"1"代表男性；用"1"代表农业、"2"代表工业、"3"代表商业等。需要注意的是，虽然测量对象的类别结果可以用数字表示，但是这些数字都是人们赋予测量对象在某个变量上的识别标志，并不反映变量本身的数量状况，不能作数学上的加、减、乘、除运算。定类测量的数量化程度最低，一般只能作频率分布、在总体中所占比例等有限的几种数量统计分析。

二、定序测量

定序测量，又叫顺序测量、等级测量，是对测量对象的等级、顺序或层次的测量。比如，文化程度、收入水平、满意程度、工厂规模等，这些社会现象内含着高低、强弱、先后、大小等逻辑差异。比如，测量结果不仅可以用文盲和非文盲、是否高中毕业区分其属性或类型上的差异，而且可以用大学、中学、小学、文盲等来表示其在等级或顺序上的差异。也就是说，定序测量不仅能反映测量对象类型上的差异，还能反映不同类型的测量对象的等级、层次和顺序差异。定序测量的数量化程度比定类测量高一个层次，在一定程度上已经具有了数量差别的含义，其测量结果可以用数学符号"＞"或"＜"来表示，可进行频率分布、比例关系等几种数量统计，但仍然不能进行数学上的加、减、乘、除运算，不能求出不同等级、顺序的社会现象在数量上的具体差距，即无法反映测量对象之间的等级、层次或者顺序差异具体是多少。

三、定距测量

定距测量，也叫区间测量，是对测量对象之间的数量差别或间隔距离的测量。比如，用某种基本单位表示人的智商、年龄、人均可支配收入、家庭人口数、劳动人口比率等社会现象数量差别或间隔距离的测量，其测量结果可用具体数字来反映。近年来，我国深入贯彻以人民为中心的发展思想，在幼有所育、学有所教、劳有所得、病有所医、老有所养、住有所居、弱有所扶上持续用力，人民生活全方位改善。人均预期寿命增长到78.2岁。居民人均可支配收入从16500元增加到35100元。城镇新增就业年均1300万人以上。定距测量不仅能反映社会现象的分类和顺序，而且能反映社会现象的数量状况，计算出它们之间的距离。需要注意的是，定距变量没有一个绝对零点。比如，测量哈尔滨的温度和三亚的温度，哈尔滨的温度为零摄氏度，三亚的温度为30摄氏度，我们可以说哈尔滨的温度比三亚低30度，但是不能说三亚的温度是哈尔滨的30倍。这是因为，一方面，摄氏零度并不是没有温度，而是说哈尔滨的温度达到了"冰点温度"。

四、定比测量

定比测量，又叫比例测量，是对测量对象之间的比例、比率或倍数关系的测量。例如，对出生率、死亡率、性别比例、劳动力负担系数、工资增长速度等反映两个数值之间比例或比率关系的社会现象的测量，就属于定比测量，其测量结果一般用百分比来表示，有时也可以用绝对数来反映。比如，我国2013年人口出生率为12.08‰，2021年人口出生率为7.52‰，我们可以说2013年人口出生率比2021年人口出生率高4.56‰。

定比测量的数量化程度比定距测量更高一个层次，其测量结果不仅反映测量对象的一般数量状况，而且能反映其比率状况。定比测量的数量化水平最高，其结果一般用比率形式表示，能进行数学上的加减运算，而且能进行乘、除运算，并可作所有的数理统计分析。可以用数学符号"×"和"÷"表示定比测量的关系。需要注意的是，定比变量有一个绝对零点，即在定比测量中，测量对象的结果如果表示为0，那么这个0是没有意义的，或者说其数学意义代表"没有"。比如，对月收入的测量，0则表示没有（如表5-2所示）。

表5-2　测量层次之间的特征及其数学意义

	定类测量	定序测量	定距测量	定比测量
类别（＝、≠）	√	√	√	√
次序（＞、＜）		√	√	√
距离（＋、－）			√	√
比率（×、÷）				√

测量层次的变化：

测量层次不是一成不变的，在对社会现象进行实际测量的时候，综合考虑测量精度要求、测量目标、统计需求等因素，可以通过一些技术手段把变量操作为不同的层次。通常在设计变量的时候把高层次的变量操作化为低层次的变量，便于测量和统计；在统计分析的时候把低层次的变量操作化为高层次的变量，以便于分析。比如，收入这个变量，按其本身的属性应该是定距变量，但是也可以把它操作化为定序变量。在测量结果中设计"3 000元以下，3 001～6 000元，6 001元以上"三个序列，把收入3 000元以下定义为低收入，3 001～6 000元定义为中等收入，6 000元以上定义为高收入。此时，我们测量的不是收入的具体数量是多少（定距），而是测量对象在收入水平上的高低（定序）。需要注意的是，当研究者把变量层次降低测量的时候，虽然方便调查和统计，但是会降低测量的精度和减少统计分析方法的使用种类；当研究者把变量层次提高测量的时候，得到更精确的测量结果和提供了用更多统计分析方法计算变量的可能，但是却给调查过程带来难度，对研究者、调查者和被调查者都提出了更高的要求，如果不能很好地实施的话，就会起到相反的效果。

如果完全从便于统计分析出发或者以收集到更多有效数据为目的，在社会调查中对变量的测量也会采用"就高不就低"的方法。也就是说，能用高层次的测量尺度进行测量的变量，就不用低层次的测量尺度进行测量。比如，对社会救助中"城镇居民最低生活保障金"的测量，最低层次的测量是对其设置"有"和"无"两个选项，这就是定类测量，能够知道调查对象是否领取低保金；提高一个层次的测量时对其设置"高""中""低"三个选项，这就是定序测量，不仅能够知道调查对象是否领取了低保金，而且能够知道调查对象领取的低保金是高是低；也可以对其设置"领取多少"这样的填空题目，以实际填写的 300 元、400 元、600 元等数额作为选项，这就是定距定比测量，不仅能够知道调查对象是否领取低保金、领取低保金是高是低，而且能够知道调查对象领取的低保金"高多少""低多少"和比率情况。"就高不就低"，一方面有利于收集更多的调查对象的资料，另一方面为统计分析的顺利进行提供更多的可能。

在实际社会测量工作中，研究者要综合考虑研究目的、测量难度、人力物力财力时间成本、统计分析需求等因素，综合判断，在"就高不就低"和"就低不就高"两个原则之间做出平衡和选择。

社会测量层次与测量尺度、量表和变量的关系：

在社会调查与统计中，当我们说社会测量层次的时候，常常会与几个概念相互替代使用，如社会测量尺度、量表、变量等。但是这些概念术语之间又有着不完全相同的含义，这就要求我们清楚它们之间的细微而重要的差别。

社会测量是对社会现象（主要是人和群体）的属性和特征进行衡量和资料收集的一种方法。在运用社会测量工具收集社会现象资料的时候，我们可以用多种方法，如问卷调查、访谈提纲、心理量表、态度量表等。在我们设计这些测量工具的时候，通常让测量对象回答某些问题，把他们的回答结果作为初步的测量结果。我们把测量工具中的"问题"叫作变量。变量，是经过操作化的概念，便于测量。当我们从测量的角度对这些变量进行分类的时候，可以分为四类，定类变量、定序变量、定距变量、定比变量。当我们说变量的时候，要知道说的就是测量工具中的这些问题。运用这些具体的测量方法和工具得到的资料，我们对其进行分类，就可以把测量结果分为四个层次，即定类层次、定序层次、定距层次、定比层次，这四个层次是按照社会现象测量结果的数量化水平由低到高排列的。此时，我们也可以说，它们是四个不同的测量尺度，即定类尺度、定序尺度、定距尺度、定比尺度。但是当我们说到测量尺度的时候，不仅有这四类尺度，还包括很多，如线性尺度、等级尺度和两分类尺度等。其中，后者主要在量表中使用。什么是量表呢？量表，是一种社会测量方法和工具，在这个意义上其与调查问卷是一样的。但是，量表在社会测量中的特别之处在于：其一，量表主要是对心理、态度等进行测量，问卷主要是对社会事实和社会行为进行测量；其二，量表的标准化和规范化程度一般较高，通常应用已经得到认可的量表对某个具体问题进行测量，或者自行严格设计量表，问卷通常由研究者自行设计，随意性比量表要强。

现在，我们已经可以从内涵、外延、使用情况等几个方面对社会测量层次、社会测量尺度、量表和变量，以及它们之间的关系有了初步的认识。但是，作为社会测量的两种差异较大的主要方法，问卷法和量表法，二者在使用上的差别还是无法知道。本书中将对问卷法进行详细讲解，此处以案例的形式对量表法做一个简介。

任务 5-3　信度与效度

一、信度与信度测量

信度，即可靠性，是指每个测量结果的稳定性或一致性，通常用采取同一种方法对同一总体进行多次调查，调查结果的一致程度来进行信度考察。比如，前述用直尺测量汽车底盘的高度，如果量了几次都得到同样的结果，那么就可以说用该方法测量的结果信度高；如果几次测量的结果都不相同甚至相差较大，那么可以说信度低，意味着测量方法或者测量工具不可靠。

信度指标一般用相关系数(r)表示，通常有以下五种考察方法。

1. 再测信度法

对同一组调查对象，采用同一种测量，在不同的时间点先后进行两次测量，根据两次测量结果的一致程度（即相关系数 r）来考察测量的信度。比如，在抽样问卷调查中，研究者用同样的问卷，对同一组访问对象在尽可能相同的情况下，在不同时间进行两次测量。用两次测量结果间的相关分析或差异的显著性检验方法，评价量表信度的高低。再测信度法是最常用、最普遍的信度考察方法。再测信度法有其自身的缺点，即调查对象处在变化之中，正如"人不可能两次踏入同一条河流"，再次测量的调查对象的变化情况会对用再测信度法考察结果有影响。在实际调查中，通常的做法是两次测量的时间间隔在 2～4 周之内。

2. 复本信度法

在调查的时候，用同样的方法同时制定两套测量工具（复本），根据同时测量得到的两个结果的一致程度（即相关系数 r）来考察测量的信度。比如，在大学英语考试中，用A、B卷测量学生的英语水平即是复本信度的典型例子。这种方法可以避免再测信度法无法保证测量对象的变化对测量结果影响的情况，但是也有自己的不足之处。复本信度法要求复本必须是真正的复本，即两种测量工具在内容、难度、形式、提问方式等方面完全一致。但是，在实际调查中，几乎不存在完全一致的两种测量工具。

3. 折半信度法

在调查时，将调查项目分为两半，计算两半得分的相关系数，进而估计测量工具的信度。一般来说，按单双号把测量项目分为两组，考察这两组项目结果之间的一致性程度。比如，在态度测量中，把量表中的 30 个项目按单双号分为两组，计算其相关系数。折半信度属于内在一致性系数，测量的是两半题项得分间的一致性。这种方法一般不适用于事实式问卷（如年龄与性别无法相比），常用于态度、意见式问卷的信度分析。实际可信度需要用斯皮尔曼－布朗公式校正后得出：$r = \dfrac{2r_{OC}}{1 + r_{OC}}$ 也属于等值系数。

4. α 信度系数法

Cronbach α 信度系数是目前最常用的信度系数，其公式为：$\alpha = \dfrac{k}{k-1}\left(1 - \dfrac{\sum\limits_{k=1}^{n} s_i^2}{s_T^2}\right)$

其中，k 为量表中题项的总数，为第 i 题得分的题内方差，为全部题项总得分的方差。从公式中可以看出，α 系数评价的是量表中各题项得分间的一致性，属于内在一致性系数。这种方法适用于态度、意见式问卷(量表)的信度分析。

5. 评分者可信度

有些问卷不是根据客观的记分系统记分，而是由调查者给被测者打分或评定等级，则这种测量的可靠性主要取决于调查者评分的一致性和稳定性。对于这种标准化程度较低的测量，就必须计算评分者可信度，它分为评分者间可信度和评分者内可信度。前者是用于度量不同调查者间的一致性，后者是度量同一调查者在不同的场合下(如不同时间、地点等)的一致性。

信度的影响因素及其提高方法：

影响测量信度的因素很多，一般来说可以分为两个方面，一是从测量本身考虑，如测量的长度、难度、区分度与测量方法等；二是从测量对象角度考虑，如测量对象参加测量的动机水平、对测量的态度和积极性等。具体来说，可以包括以下五个方面。

(1)适当增多测量的内容

对问卷调查来说，问卷的题目越少，其结果越容易受偶然因素的影响，表现出低信度；反之，问卷的题目越多，其结果越不容易受偶然因素影响，表现出高信度。但是，在延长测量长度的时候要注意"适当"，即在增加问卷题目数量的时候，还需考虑其他因素对信度的影响。比如，被调查者在面对题量过多问题时的疲倦、厌烦情绪常常会使其做出随意的、"应付"式的选择，难以测量到真实情况，导致信度较低。

(2)保证充分的测量时间

依据题量、难度和测量对象的情况，设计充足的测量时间才能保证测量结果反映的是测量对象的真实情况。否则，在有限的时间里，测量对象为了完成测量而做的匆忙回答，很可能不是其真实情况。比如，在用偶遇抽样进行的调查中，调查员在繁忙的交通十字路口对等红灯的路人进行问卷调查，一般时间就是一个红灯的时间，如果题量过大，调查对象要完成作答去过马路，往往会做出随意的选择，降低测量结果的信度。

(3)保证适中的测量难度

测量难度即测量的难易程度，过高或者过低的测量难度都会导致测量结果变为统计上的偏态分布，跟正态分布的测量结果相比有较低的信度。测量的难度既包括问题内容的难度，也包括问题形式的难度。比如，对文化层次较低的人或者视力、反应能力较慢的老人的调查，就要注意问题的口语化、简洁、通俗、易懂等。

(4)保证统一的测量方法和程序

以问卷调查为例，把调查对象集中起来统一填写问卷和一对一访问填写问卷两种方法得到的测量结果，其信度是有差异的。

(5)保证客观的测量标准

评分是否客观对测量信度有直接的影响。对于客观性题目(封闭性)来说，如问卷调查中的选择题，是否客观表现为题目的清晰度和答案的区分度；对于主观性题目(开放式)来说，一般没有客观的标准。

需要注意的是：①在抽样调查中，信度指的是样本结果的可靠性，而不是总体结果的可靠性。②在各种领域的研究中信度都是必须被考虑的因素，并且经得起反复的检验，这样的调查才有价值。③信度指测量方法和测量工具的稳定性，但保证测量结果完全一致的测量方法和测量工具在社会调查工作中是不存在的，所以信度的意义在于测量结果在什么程度上可靠，而非绝对可靠。④对于测量结果来说，信度越高越好；但是在实际调查中，并非严格按照上述因素一味以提高信度为目标，而要综合考虑调查的可行性、目的性等因素确定一个可接受的信度即可。

二、效度与效度测量

效度，即准确性，是指测量结果与研究目的之间的一致性程度，反映的是测量结果的有用性。比如，前述用直尺测量汽车底盘高度的例子，如果研究者的目的是要研究不同车辆在乡村道路行驶的适合程度，那么这个测量的效度就会比较低。因为"乡村道路"是一个抽象的概念，需要对其进行操作化，以我国"村村通"工程的实施效果来看，绝大多数村庄间的连接道路都通了公路，那么底盘的高低对车辆的行驶影响不大。

在社会调查中，考察效度的方法一般有三种，即表面效度法、准则效度法和结构效度法。

1. 表面效度法

表面效度，又叫内容效度或逻辑效度，指的是测量的内容与测量目标之间是否适合和逻辑是否相符。表面效度的考察主要依据个人的主观判断，也可以说是指测量所选择的项目是否"看起来"符合测量的目的和要求。

表面效度的考察通常有两个程序。一是对研究中的概念在内涵和外延上做出研究者的定义，即解决用多个概念反映研究目的的问题；二是对测量工具中的概念进行操作化，即解决用多个变量(项目、问题)反映概念的问题。通常的做法是，请 5～10 名该研究领域的专家，对测量的效度做出主观评价，如果专家一致认为变量反映的是概念，概念反映的是研究目的，那么就说该测量具有表面效度或者说表面效度较高；反之，则说该测量不具有表面效度或说表面效度较低。以"当代大学生的社会参与意识研究"为例，我们首先应该定义测量对象，即当代大学生，可以定义为"调查时正在学校就读的全日制本专科(含高职)学生"；对研究内容进行定义，即社会参与意识，可以定义为"对参与社会相关事务的认知、观点、态度、心理等因素的综合意识"。这就完成了第一步，用概念反映研究目的。接下来，就要对概念进行操作化，也就是用一个一个的问题去表现"对参与社会相关事物的认知、观点、态度、心理等因素的综合意识"。在专家评价的时候，认为两个概念的定义比较准确，说的确实是当代大学生的社会参与意识问题，并且问卷中的问题确实反映的是社会参与意识，那就说明本问卷的效度较高。

2. 准则效度法

准则效度，又叫实用效度、经验效度、效标效度或预测效度。准则效度是指量表所得到的数据和其他被选择的变量(准则变量)的值相比是否有意义。根据时间跨度的不同，准则效度可分为同时效度和预测效度。准则效度分析是根据已经得到确定的某种理论，选择一种指标或测量工具作为准则(效标)，分析问卷题项与准则的联系，若二者相关显著，或者问卷题项对准则的不同取值、特性表现出显著差异，则为有效的题项。评价准则效度的方法是相关分析或差异显著性检验。在调查问卷的效度分析中，选择一个合适的准则往往十分困难，使这种方法的应用受到一定的限制。

3. 结构效度法

结构效度，又叫构造效度或建构效度，是通过利用现有的理论或命题来考察当前测量方法和测量工具效度高低的方法。结构效度法涉及一个理论中几个变量之间关系的测量。换句话说，通过评价本次测量中使用的概念（变量）与其他变量之间的关系跟现有理论中二者关系的一致程度来考察测量的效度。比如，现有一个得到普遍认同的命题"大学生就业的支持政策与大学生的就业质量存在正相关"，即大学生就业支持政策力度越大，则大学生的就业质量越高；大学生就业支持政策力度越小，则大学生的就业质量越低。那么，在实际研究中，如果测量结果显示大学生就业的支持政策与大学生的就业质量之间具有一致性，我们就说测量具有结构效度；如果大学生就业的支持政策力度大与否都不影响其就业质量，我们就说测量的结构效度面临挑战。

效度的影响因素及其提高方法：

(1)控制系统误差

系统误差是影响测量效度的主要因素，它主要包括测量仪器未校准（直尺刻度不一）、表述有暗示性（问卷的诱导性问题）、答案安排不当（测量对象可以猜测）等。控制这些因素可以降低系统误差，提高效度。

(2)精心设计问卷和量表

一是测量内容要适合测量目的，如知识性、记忆性测题就不能准确反映测量对象的智力水平，而主要测量其知识水平。二是测量题目要清楚明了，用语要让被试理解，排列由易到难。三是测量题目的难度和区分度要合适。

(3)按照测量程序进行测量

比如，在多次量表测量中，要严格按照测量手册进行测量，不能做过多的解释，按标准评分，两次测量间隔要适当等。

(4)样本容量要适当

只有足够数量的样本才能准确反映研究目的。这涉及两个方面的内容，一是足够数量是多少，一般抽样调查的样本不低于30人；二是采用何种抽样方法，一般来说采用随机抽样中的分层比例抽样方法，在样本容量同样的情况下，其样本的代表性最强。

(5)正确处理好信度与效度的关系

信度是效度的必要条件，即信度低的测量，其效度一定是低的；但信度高的测量，效度不一定高；效度高的测量，信度也会比较高。在理论上，效度与信度存在矛盾的关系；在实际研究中，既有高效度又有高信度是不容易做到的。"最大可靠度（信度）要求测验项目之间有高度的组间相关；最大预测有效度却要求低度的组间相关。最大可靠度（信度）要求项目等同的难度；最大预测有效度却要求项目的难度有所区别。中等程度的组间相关（0.10～0.60），通常可产生良好的效度（0.30～0.80），并且产生满意的信度（0.90）。"[1] 也就是说，我们在研究中，面对信度与效度，是在二者中寻找一个平衡。

(6)适当增多测量内容

适度增多测量内容可以提高测量的信度，也可以提高效度。这里有两点需要注意，一是增加内容要适度，否则对效度有相反的影响；二是适度增多测量内容对信度的影响大于对效度的影响。

---

① 郝德员.教育与心理统计[M].北京：教育科学出版社，1962.

三、信度与效度的关系

信度与效度之间存在着密切的关系。缺乏可信度的测量肯定是无效的，也就是说效度受信度的制约；但是我们也要看到，并不是信度高的测量其效度就一定高。概言之，信度是效度的必要而非充分条件。信度是为效度服务的，信度是效度的基础，效度是信度的目的，效度不能脱离信度单独存在。

信度是研究结果所显示的一致性、稳定性程度，也是对研究结果一致性和稳定性的评价标准。一个具有信度的测量方法，不论由谁操作，或进行多少次同样的操作，其结果总是具有一致性。效度是一个研究程序的性质和功能，也是对研究结果正确性的评价标准，一个有效度的研究程序，不仅能够明确地回答研究的问题和解释研究结果，而且能够保证研究结果在一定规模的领域中进行推论（如图 5-4 所示）。

既无信度也无效度的图示　　　　有信度而无效度的图示　　　　既有信度又有效度的图示

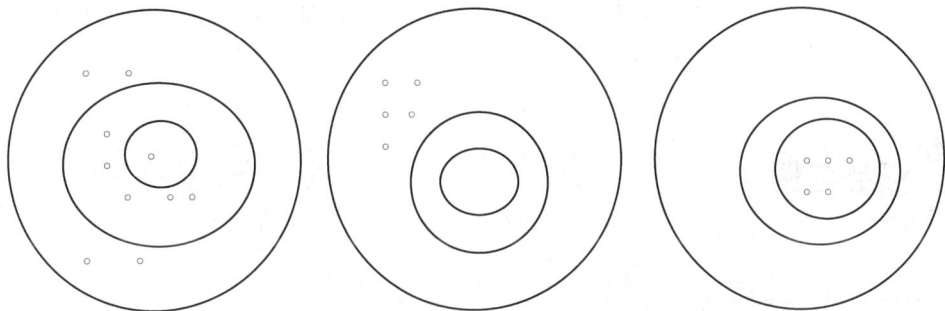

图 5-4　信度与效度关系示意图

信度关注的问题是"测量对象对测量工具的理解是否是一致的"，涉及的是"测量对象"和"测量工具"的关系；效度关注的问题是"测量的结果是否是研究者想要的"，涉及的是"测量结果"和"研究目的"的关系。以通过问卷调查的方式研究当代大学生的政治参与意识为例，研究目的是了解当代大学生政治参与意识的现状，测量工具是调查问卷，测量对象是当代大学生，测量结果是回收的有效问卷及其分析。研究者通过大学生（测量对象）对调查问卷（测量工具）做出的回答（测量结果）研究其政治参与意识的现状（研究目的）。在这个过程中，如果每个大学生都能真正理解并如实回答了调查问卷的问题，我们说测量是有信度的；如果测量结果真实准确地反映了大学生政治参与意识的状况，我们就说测量是有效度的。信度与效度，及二者与研究目的、测量工具、测量对象和测量结果的关系如图 5-5 所示。

不同的测量方法对信度和效度的影响：

前面我们所说的影响信度和效度的因素，讨论的都是在采用同样的测量方法时候的情况，分析的是如何通过提高所使用的测量方法和测量工具的质量来提高信度和效度的问题。但是，我们也要知道，在对同样的社会现象进行研究的时候，采用不同的测量方法，信度和效度的影响会有较大的变化。比如，研究父母溺爱孩子的行为，当我们用结构式问卷来测量父母"溺爱孩子"的行为时，可以得到相对较高一些的测量信度，因为用

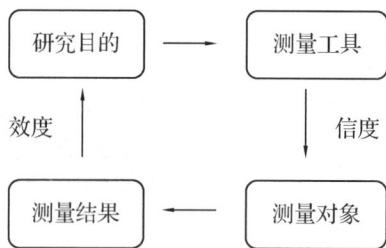

图 5-5　信度、效度与研究目的、测量工具、测量对象、测量结果关系示意图

同样的问题反复询问同样的对象时，所得到的结果的一致性程度会比较高；但是，这种问卷法的测量结果的效度往往会比较低，因为家长们在培养孩子方面的认识、态度和具体做法远比问卷中的几个问题丰富和复杂，我们在问卷中所能够测量的只是其中的很少、很表面、很有限的一部分，不能有效地反映父母溺爱孩子的全面情况。如果我们用深入每一个家庭、实地去考察、与家长仔细交谈的方法来进行测量，那么，所得到的资料的效度会比较高，我们会实实在在地看到和感受到家长们是如何培养孩子的，但是，此时，我们却降低了观察的一致性程度，即降低了信度。

任务范例

以我国社会保障指标体系为例，设计相关指标体系，如表 5-3 所示。

表 5-3　我国社会保障指标体系

一级指标	二级指标	三级指标	四级指标
社会保障	社会保险	养老保险、医疗保险、失业保险、工伤保险、生育保险	参保单位数、参保人数、离退休职工参保人数、职工参保人数、农民工参保人数；参保人数占全社会应享受养老保险的人数的比重、离退休职工与在职职工比例；基金来源、基金支出、累计结余；养老保险支出占 GDP 的比重；应参保单位数、申报登记单位数、应参保人数、实际参保人数、缴费单位数、实际缴费人数；退休职工占参保职工的比重、医疗保险覆盖率、医疗保险实际运行率、医疗保险基金收缴率、医疗保险基金结余率、养老保险支出占 GDP 的比重；医疗保险基金收入发展速度、增长速度、平均发展速度、平均增长速度；医疗保险基金支出发展速度、增长速度、平均发展速度、平均增长速度；参保人数发展速度、增长速度、平均发展速度、平均增长速度；门诊住院人次发展速度、增长速度、平均发展速度、平均增长速度；劳动者总人数、就业人数、失业人数、再就业人数、参保人数、享受保险人数；参保率、失业率、再就业率、失业保险费用占总社会保险费用的比例；失业保险基金的收入、支出、累计结余金额；劳动者总人数、参保人数、享受保险人数；参保率、失业保险费用占社会总保险费用的比例；工伤保险基金的收入、支出、累计结余金额；处于生育年龄的总人数、参保人数、享受保险人数；参保率、生育保险费用占社会总保险费用的比例；生育保险基金的收入、支出、累计结余金额。

续表

一级指标	二级指标	三级指标	四级指标
社会保障	社会救助	城乡居民最低生活保障；临时救助（灾难救助、流浪乞讨人员社会救助）；社会互助	城市居民享受最低生活保障人数、农民享受最低生活保障人数、农村五保户供养人数；总支出金额、城市居民人均月最低生活保障金额、农村人均月最低生活保障金额；城市临时救济人员次数、农村临时救济人员次数、农村特困救济人员次数、农村传统救济人员次数；需要救助的人数、户数；城乡贫困户、农村孤寡病残人数、灾民人数；享受救助的人数、户数、享受社会救助的人数、接受扶贫户数；社会救助收入总额；社会救助支出总额；社会救助支出占国内生产总值的比重；人均年社会救助金额；社会救助率；参加社会互助的社会团体总数、参加社会互助的社会成员总人数；社会捐赠金额、成员自愿交费金额、政府税收优惠金额。
	社会福利	全体公民福利；弱势群体福利（老人、儿童、妇女、残疾人等）	城镇社区的各类服务设施数、社区服务单位个数、城镇便民、利民服务网点；支出福利费用总额、人均福利费用额、福利费用占总社会保险费用的比例、职工福利占职工工资总额的比重、平均每一街道社区服务设施数、福利费用占GDP的比重；社会福利机构总数和各类福利机构数、享受社会福利帮助或服务的总人数；社会福利事业费收入总额、社会福利事业费支出总额、社会福利费用支出总额及其分类指标的增长速度；社会福利费用支出总额占财政支出的比重，占社会保障费用总额的比重；人均社会福利费；各类社会福利费占社会福利费用总额的比重。
	社会优抚	服役、复员、退伍、伤残军人和军队离退休干部；军属；烈属	享受社会优抚人数(死亡优抚、伤残优抚、退伍安置、退休安置和社会优待)；社会优抚资金实收额、社会优抚基金支出额；社会优抚管理机构数量及其经费开支数；优抚面、社会优抚基金支出占国内生产总值的比重；平均人年社会优抚支出额及其增长率。

任务评估

　　任务采用"课堂＋拓展"相结合的评估方式，课堂评估对标课程标准，重点评估知识、能力、素养目标的达成情况；拓展评估对标《市场、民意和社会调查要求》等国家标准及行业规范，重点评估实操技能、劳动精神、工作态度表现。具体操作可参照下表。

评估环节		评估内容	评估方式	评估目的
课堂教学过程评估（60%）	课前（15%）	线上课程资源学习	教学平台自动考核	重点考查学生知识理解和掌握情况
		课前任务	教师评估	重点考查学生技能掌握和应用情况
	课中（30%）	出勤情况	教学平台签到考核	重点考查学生学习态度和学习习惯
		小组讨论及展示	教师评估、组间互评	重点考查学生合作意识和展示能力
		课中任务	教师评估、自评、组间互评	重点考查学生能力和素养掌握情况

续表

评估环节		评估内容	评估方式	评估目的
课堂教学过程评估（60%）	课后（15%）	社会服务	教师评估	重点考查学生劳动精神和服务意识
拓展训练过程评估（40%）	拓展训练中（30%）	拓展训练任务	教师、行业导师评估情况	重点考查学生工匠精神和实践能力
	拓展训练后（10%）	拓展训练报告	教师评估、组间互评	重点考查学生总结反思和改进能力

任务习题

1. 学生的年级，一年级、二年级、三年级、四年级，属于定类变量还是定序变量？

2. 对智商的测量，把变量设计为定序还是定比更适合？

3. 如何用定序和定距两种尺度测量年龄变量？

4. 在社会测量中，变量的绝对零点的意义何在？

5. 社会测量的信度与效度之间有内在的矛盾，如何理解这句话？

拓展训练

联系实际，运用相关知识，围绕对新生代农民工生活满意度调查研究，设计一份测量指标。

信息化教学资源

1. 社会测量的概述

2. 社会测量的指标及量表

3. 社会测量的信度与效度

任务 6

运用问卷法收集资料

任务描述

在社会调查中，信息资料获取的方法多种多样。当调查涉及面比较广、调查对象较多、资料收集任务较重、过程周期较短的时候，相对而言，问卷法是一种优势比较明显的资料收集方法。问卷法通常是调查者运用统一设计好的问卷，向被调查者了解情况的一种资料收集方法。比如说，我们需要围绕某地区灾后心理干预进行调查研究，假如涉及面比较广、具体研究对象比较多，收集相关资料过程采用问卷法则是比较省时省力的资料收集方法。当然，问卷法运用的首要前提在于，根据调查研究主题，结合调查对象的基本特点，精心设计科学、有效的调查问卷。

任务实施

一、任务目标

1. 在了解问卷的含义、特点、类型及基本结构的基础上，明确问卷法的基本概念、主要类型和适用范围；

2. 初步了解、明确、掌握问卷设计的方法，问题及答案的设计及其基本要求；

3. 重点掌握问卷法的一般程序及问卷设计的一般步骤，初步设计问卷，试用问卷，修改问卷；能灵活运用问卷法调查获取信息。

二、任务实施步骤

1. 教师通过结合具体案例分析，让学生初步了解问卷法的基本概念、特点及适用范围等；

2. 教师带领学生明确问卷的含义、类型及基本结构等；

3. 通过案例引入，让学生初步了解问卷设计的基本方法及其操作过程；

4. 布置任务，让学生在课下以小组为单位围绕选定的课题，设计问卷初稿；

5. 在课堂上，对各小组所涉及的问卷初稿、设计过程及其所遇到的困难与体会等进行分享、讨论，指出问卷初稿及其设计过程的不足，并指导其修改完善；

6. 引导学生进一步明确科学有效的问卷对于调查资料收集的重要意义，再次强调问卷设计的常见错误及其注意事项。

知识链接

问卷法是作为现代社会调查研究的一种重要的资料收集方法，不是靠调查者亲历现场直接通过耳闻目睹获取信息，也不是利用文献资料等间接媒介作为研究资料，而是靠调查研究者借助事先设计好的问卷作为工具从被调查者那里获取研究所需资料的方法。问卷法，最早运用于西方国家民意测验等研究领域，后来在社会调查的各个领域得到了广泛应用，特别是随着计算与统计技术的迅速发展，20世纪中期以来，问卷法得到了迅速发展，并与抽样推论等结合，成为定量研究发展的重要前提。改革开放以来，问卷法逐渐被引入、成为一种行之有效的调查研究信息收集的重要工具，被广泛运用于我国社会经济文化等研究领域。问卷作为问卷法的直接资料收集工具，其质量的好坏，在很大程度上直接影响到调查资料的真实性、适用性，影响到问卷的回收率，进而影响到整个调查的结果。另外，由于社会调查中的资料收集工作往往具有"一次性"的特点，一切问题都必须在正式调查前全面深入细致考虑并精心设计好，一旦问卷发出，就难以更改和补救。因此，事先精心设计问卷，是问卷法运用的重要前提。

任务 6-1　把握问卷法的基本概念

一、问卷法的含义

问卷法是调查研究者通过运用事先统一设计好的问卷，向调查对象了解情况和相关信息资料的一种资料收集方法。由于其通常采用的是事先设计好的、标准化程度较高的问卷进行资料收集，较之于其他资料收集方法，有其明显的特点。

(一)问卷法具有较强的超越"时空性"

问卷的发放与回收方式多种多样，可以广泛采用诸如现场发放、邮寄、电子邮件发送以及借助互联网平台挂出等多种形式将问卷媒介传达至调查对象，也就使得问卷法具有了较强的超越"时空性"，在一定程度上不仅可以突破地域空间限制，能在更为广阔的范围内对地域上相隔千里的众多的调查对象同时进行调查，而且可以在较短的时间内收集到大量的信息。问卷法的这一特点是任何调查方法所不可比拟的。如关于城乡贫困家庭及其社会政策支持系统状况的调查，往往涉及全国范围内10多个省(自治区、直辖市)、几十个甚至上百个市县，这样大规模大范围的调查，难以想象采用问卷法之外的资料收集方法会是什么情形；即便是灾区灾民心理状况及其干预方面的调查，虽然地域范围仅仅局限于某个灾情所在区域，但也涉及灾情发生后的较长周期，时间跨度也较大；特别如果需要进行不同阶段的比较研究，那么对于资料收集问卷法则更能体现其跨越时空阶段的优势。

(二)问卷法具有很好的匿名性

问卷法在超越"时空"范围的基础上，可以使调查过程在不直接与被调查者面对面接触的情况下完成。被调查者在完成问卷时可以不受他人干扰，在相对"安全"的心态之下单独进行，能够比较自由地表达态度与意见，而且填答的问卷通常采用不记名的形式，不要求回答者签署其姓名。因而，问卷法具有很好的匿名性，便于了解对被调查者的情况和回答的问题保密。这样，在访问时不便直接询问，或者问而不易得到真实、准确回答的问题，就可以通过使用问卷法获得可靠性较高的答案，增强了调查资料的信度。从这一方面看，问卷法的匿名性对于客观地反映社会调查对象及所涉研究内容的本来面貌，收集真实的信息资料具有十分重要的作用。

(三)问卷法收集的资料便于进行定量分析

问卷法是一种标准化程度较高的资料收集方法，特别是结构式问卷法，其问卷中设计的问题、备选答案以及填答方式都是事先按照统一要求设计的。因此，问卷法所得到的资料很容易转换成数字，也很容易输入电子计算机处理，进行较为精确的定量分析。这就使得问卷法成为一种切实可行的大容量、高效率的调查方法。

(四)问卷法具有较强的客观性

调查研究过程即研究者围绕研究主题带着研究目的而进行的一系列活动，虽然调查研究强调客观性，但整个研究过程不可能完全绝对客观，不可避免地会受到价值介入的影响，因而运用直接调查方法收集资料，往往受人为因素的影响较大。如访谈法，常会因为访谈员的性别、年龄、经历、知识、能力、态度的不同，以及访谈环境、访谈进展情况等方面的不同，产生出各种访谈偏见，形成误差。而问卷调查是间接的、书面的、标准化的调查，每个调查对象都是在大体相同的时间得到问卷，单独地以大体相同的方式回答问卷，而且问卷在问题的先后次序、问题的表达、答案的类型等方面都是完全相同的，因此，调查对象在被调查过程中的各方面受到的影响基本上是一样的。这就可以很好地避免由于人为的干扰所造成的各种偏差，减少调查者与调查对象等方面可能存在的各种主观因素对调查结果的真实性所产生的不利影响。

(五)问卷法具有较强的经济性

运用问卷法收集资料，可以节省人力、财力、物力，可以缩短调查过程。问卷法是由被调查者填写问卷，因而可以在很短的时间内同时调查很多人，而且可以通过邮寄、电子邮件及网络平台挂出问卷等方式进行，不需要调查者和调查对象面对面地直接互动，这样可以节约资料收集过程的大量人力、物力、财力和时间周期。同时，鉴于问卷调查未必需要进入调查对象所在的真实情境进行面对面的专访，大大降低了资料收集过程的复杂性和难度，这样，可以减少大量调查人员及其培训，进而降低资料收集的成本，能够用较少的投入获取更大的研究信息资料。这也是许多调查研究者乐于采用问卷法进行资料收集的主要原因之一。

二、问卷法的局限性

凡事需要一分为二地看待，在问卷法具有其优点的同时，也不乏局限性的存在，具体表现在以下方面。

(一)问卷的回收率有时难以保证

问卷法的有效使用直接受制于问卷的有效回收。问卷发放给被调查者后，调查对象是否配合调查，无法控制。在问卷调查过程中，特别是自填问卷，经常会出现调查对象收到问卷不接受调查或者不将问卷及时交回调查人员的情况。至于采用邮寄问卷的方式，其回收率更难以保证。而回收率不能达到一定要求，那么所收集到的资料就不能满足研究的要求。

(二)问卷的填答通常要求调查对象具有一定的文化水平

由于问卷调查使用的是书面问卷，这在客观上要求被调查者必须具备一定的文化知识水平，一定的阅读能力和表达能力，否则看不懂问卷，不理解问卷中所提问题的含义，不清楚填写问卷的方法，也就不能有效表达自己的态度与意见。尽管问卷会有当面发放的形式，但是文化水平的不足可能直接影响对问卷中的问题及所供答案的准确理解，将影响到其对答案选项的选择及回答，进而可能对研究结果带来负面影响。

(三)问卷调查的弹性较小，深度相对有限

由于问卷的设计是统一的、标准化的，其问题和问题的答案都是基于调查对象的普遍共性所置，没有弹性，得到的信息资料大多是表面的东西，资料的深度十分有限。同时，通过问卷中的答案选项所获得的基本信息，基本是相对较粗线条的类型化资料，不具体，缺乏生动性，不利于满足进一步深入分析研究的需要。

(四)问卷调查资料的信度难以保证

研究资料的信度直接影响整个研究过程及结论的可靠性。在问卷法的运用过程中，问卷所收集信息资料的可靠性直接影响到研究分析结论的信度。问卷调查过程中，调查者与被调查者不直接见面，填写问卷的地点可由被调查者自己选择，因而调查人员无法控制被调查者填答问卷的环境，被调查者既可能同别人商量着填写，也可能和其他人共同完成，甚至还可能完全交给别人代填。另外，当被调查者对问卷中的某些问题不清楚时，无法向调查者询问，容易产生误答、错答、缺答的情况。所有这些都使得问卷所得到的回答的可靠性往往无法得到及时检验，收集到的事实或意见难以分辨或核实，换言之，问卷调查的质量难以保证。

三、问卷法的适用范围

问卷法的上述特点和局限性，使得它有别于观察法、访问法及文献法等资料收集方法，其适用范围是：

(一)问卷法适宜于做较大规模的调查

由于问卷法是使用问卷收集资料，它不受地域空间的限制，不一定需要派遣调查人员分赴调查对象所在地，可以节约人力、物力、财力和时间，因而，问卷法比较适合在较短的时间内，做较大范围的调查。这是其他任何调查方法所不能比拟的。

(二)问卷法比较适宜于做定量调查

由于问卷设计的标准化程度较高，将调查对象的可能回答情况进行类型的划分，调查对象很少需要根据自己的情况及理解单独组织答案，只需要从问卷设计者事先设计提供的不同答案选项中去做出选择即可。这样，通过问卷所收集的资料便于定量处理和分析。另外，问卷调查的对象通常借助于抽样的方法进行，从样本代表性层面保障了其统计推论的可能性，进一步增强了定量分析的逻辑可能。因而其使用范围越来越广泛，日渐成为一种重要的调查研究方法。

(三)问卷法适宜于调查一般性的、深度性要求不高的现象或问题

问卷中所涉及的调查问题通常包括开放式问题和封闭式问题两种形式。开放式问题由于潜在的答案太多，回答资料的标准化程度低，不易进行统计分析，而封闭式问题事先列出可供选择的答案，容易作答，便于对资料进行定量分析，因而问卷多为封闭式问

题。但调查的深度便受到较大的限制，调查者一般只能设计一些一般性的、面上的、深度要求不高的问题，否则它的诸多优点便不复存在。

(四)问卷法适宜于调查被调查者不愿当面回答的问题

由于问卷具有较好的匿名性，所以问卷法比较适宜于调查那些涉及调查对象的个人隐私、伦理道德、政治态度、社会禁忌等调查者不宜当面询问的敏感性问题。

(五)问卷法适宜于调查有一定文化水平的群体

问卷法要求调查者具有一定的阅读和表达能力，因而，从被调查者所在的地域看，在城市比在农村适用，从被调查者的职业看，调查专业技术人员、公务员、学生比调查工人、农民适用。

(六)问卷法较适宜于调查总体构成比较单一的调查对象

问卷调查受调查对象总体构成情况的影响。若总体中调查对象的社会背景、价值观念、行为习惯、生活方式等方面的同质性较强，相同或相似的因素较多，设计和使用问卷可以减少很多困难和麻烦；倘若在一个成分比较复杂的群体中，调查对象的异质性较强的情况下，要设计一份适合所有调查对象群体的问卷，难度则较大。因而，问卷法调查成分单一的总体比调查成分复杂的总体更适用。例如，调查全部由务农村民构成的总体，或全部由外出务工的村民构成的总体，就比调查既有在乡务农，又有外出务工，还有亦工亦农人员构成的总体更为适用。

任务 6-2　了解问卷的主要类型和结构

问卷作为问卷法运用过程中直接依托的工具，不同类型的问卷各有其特点，充分把握不同类型的问卷，以利于更有效地针对研究需要选用合适的问卷，以增强问卷法的有效性。同时，在了解问卷的不同类型的基础上，还需要把握问卷的基本结构，以利于设计构成要素完备的问卷，增强资料收集的效用。

一、了解问卷的基本类型

确定类型的首要前提在于明确划分类型的标准或切入点。问卷，是问卷调查用来收集资料的一种工具，它在形式上是一份围绕某一研究主题精心设计准备的一系列问题及答案所组成的调查表格。按照不同的分类标准，问卷可以分为不同的类型。

(一)开放式问卷、封闭式问卷与混合型问卷

根据问卷中问题的形式不同，可以将问卷分为开放式问卷、封闭式问卷与混合式问卷。

1. 开放式问卷

开放式问卷或开放型问卷，又称非结构型问卷，它是由开放式问题组成的问卷。所谓开放式问题是问卷设计者，在设计问卷的过程中，只设计问题，而不对问题提供任何具体答案；答案需要调查对象根据自己的情况，发表意见，回答问题。因此，开放式问题具有较强的灵活性和适应性。这种类型的问题适合研究者需要深入了解被调查者的态

度、意愿、建议等方面；也可用于不想因为限定答案而出现诱导的错误的情况。但是，开放式问题所收集到的资料灵活性、深入性较高的同时，难以进行编码和统计分析，而且对回答者的知识水平和表达能力有较高要求，有时会因为填写费时费力而被调查者拒绝回答，甚至产生一些无用的资料。虽有一定的局限性，但开放式问卷还是比较适用于初步了解调查对象基本信息、调查者尚不能明确的相关内容等方面信息的收集，因此，开放式问卷常常在探索性研究中能够发挥重要作用。

2. 封闭式问卷

封闭式问卷或封闭型问卷，也称结构型问卷，它是由封闭性问题组成的问卷。所谓封闭式问题是将问题的可能的答案或者主要答案全部列出，供被调查者选择的一种提问方式。这种问题有利于调查者整理资料和统计分析，也有利于被调查者填答，省时省力。但是，封闭式问题的设计比较困难，可能出现被调查者对列出的答案都不满意的情况，这样就会影响调查结果的准确性。限定答案的同时，其实也限定了调查的深度和广度，使资料失去了自发性和表现力。此种问卷一般在大规模的正式调查中使用。

3. 混合式问卷

混合式问卷又称半封闭式问卷，它是对调查对象的回答做出部分限制，一部分问题让其自由回答，另一部分问题则对答案的选项数量做出限制；或者通常问卷中大多数问题是封闭式问题，另外部分则是开放式问题，由这两类问题混合而成的问卷。设计这种问卷时，设计者通常将调查对象可能比较清楚、比较容易选择回答、共性的问题作为封闭性问题提出，而将那些尚不十分明了、调查对象的回答差异性可能较大的问题通常则以开放性形式提出。或者在某些具体问题的设计上，采取两者结合的形式，设计一种既给出可能的答案，同时又运用调查对象可以根据自身情况进行补充回答的半封闭式问题，比如：在某些问题中，设计者难以穷尽回答者的各种回答可能，或者该项研究只需要将调查对象的主要回答类型列出即可，则通常笼统地用"其他"形式的选项列出，但如果该项研究有需要对那些个别化的回答情况进行了解，则往往以"其他（请说明_____）"的形式出现，这就需要回答者根据自己的情况填答。混合式问卷结合了开放式和封闭式问卷的优点，避免了其某些缺点，适合于对问题没有绝对把握的调查，可以避免一些重大的遗漏。大多数问卷调查所使用的问卷便是这种形式。

（二）自填问卷与访问问卷

根据社会调查中问卷的使用方法，问卷还可以分为自填问卷和访问问卷两种类型。

1. 自填问卷

自填问卷，顾名思义是由被调查者自己填答的问卷。具体来说，自填问卷可以分为邮寄问卷、直接送达现场问卷、电子邮件等新媒体发送问卷或将问卷直接挂在公共网络平台的问卷等几种形式。自填问卷有以下优点：一是节省时间、经费和人力，调查成本低；二是具有很好的匿名性，适合处理敏感问题；三是可以避免"旁人"因素的影响。其主要缺点是：其一，问卷的回收率难以保证；其二，调查资料的质量经常难以有效控制；其三，对调查对象的文化水平有较高要求。

2. 访问问卷

访问问卷则是由调查者以问卷为依托，严格按照问卷向被调查者提问，并根据被调查者的口头回答来填写的问卷。当面访问是一种以口头语言为中介，在调查者和调查对象面对面的交流互动过程中，实现问卷的填答和资料信息的收集。较之于自填问卷，访问问卷的优点主要表现在：一是调查的回答率较高；二是调查资料的质量能够得到较好控制；三是调查者若对调查对象的某些回答有疑惑时，可以及时与之验证；四是调查对象的适用范围广。当然，访问问卷也不乏局限性：一是调查人员与被调查者之间的互动状况会影响到调查的结果；二是访问调查的匿名性比较差；三是当面访问调查的人力、物力、财力及时间等方面成本高；四是对调查人员的综合素质及把控能力等方面的要求比较高。

二、明确问卷的基本结构

问卷作为问卷法的基本工具，问卷设计的好坏将直接影响问卷法运用效果的好坏，要想设计好一份问卷，必须要明确了解问卷的基本结构。在实际的调查活动中根据研究主题及内容等方面的需要不同，使用的问卷也各不相同，但不管什么类型的问卷、在什么情况下使用的问卷，基本上都由标题、封面信、指导语、问题、答案、编码等要素构成。

(一)标题

问卷的标题是对调查内容主题的概括和说明，标题的作用在于使被调查者对将要回答哪方面的题目有一个初步的大致了解。在拟定问卷标题的时候，既要点出问卷的主题，又要尽量做到简明扼要，不要太长，同时，最好要能够引起被调查者的回答兴趣。比如，"关于流浪儿童教育管理状况的调查问卷""关于大学生课外生活状况的调查问卷"等。必须强调一点，在问卷标题的表述中，通常采用"调查问卷"，而不能简单采用"问卷调查"，这是两个不同的范畴。

(二)封面信

封面信，顾名思义即位置处于问卷的封面或最前面的一封致被调查者的短信。其作用和功能是联系调查者与调查对象的纽带，在问卷调查初期促成调查者与被调查者之间的初步互动，具体而言，就是要通过这样的一封短信向调查对象介绍和说明调查的目的、调查的主办单位或者调查者的身份、调查的大概内容、调查对象的选取方法和对结果保密的措施等。封面信内容丰富，作用重大。在问卷调查过程中有着特殊的作用，用于拉近和被调查者的关系，赢得被调查方的信任与合作。研究者能否让被调查者接受调查并认真地填写问卷，在很大程度上取决于封面信的质量。特别是对于采用邮寄问卷的方法进行的社会调查来说，封面信的好坏影响就更大。因为对于调查的一切情况，都得靠封面信来说明和解释。但从语言层面上，则要求简明、中肯，篇幅宜小不宜大，短短二三百字即可。

在封面信中，应该说明哪些方面的内容呢？第一，要说明调查者的身份，即说明"我是谁"。第二，要说明调查的大致内容，即"我要做什么"或者"调查什么"。第三，要说明调查的主要目的、意义及原因，即"为什么要做这项调查"。第四，要说明对调查对象的选取方法及主要的操作流程，即回答"我将怎么做这项调查""您是怎么成为我们调查对象的"等问题。第五，要说明调查资料的使用和对调查结果保密的措施，即要向调查对象说明"资料的用途或使用""您可以放心地接受调查"等问题。第六，在信的结尾处一定要真诚地感谢被调查者的合作与帮助，并署上主办单位的名称及调查日期。

下面是一份拟定的调查问卷的封面信：

您好！

为了更好地了解流浪儿童教育服务的需求，积极推动该领域教育管理工作社会化的发展，不断加强对流浪儿童教育管理，我们专门组织了这次"关于流浪儿童教育管理服务状况的调查"。恳请您能将有关信息提供给我们，我们很重视您的这些看法。本次调查将作为科研之用，仅期望能为有关部门制定政策提供参考，答案无所谓对错；请您将您真实的看法、想法告诉我们，不必有任何顾虑。我们对您提供的资料绝对保密。

谢谢您的合作！

(三)指导语

指导语，是指问卷设计者用来指导被调查者如何填答问卷的一系列解释和说明，其作用是对填表的方法、要求、注意事项等作一个总的说明，以确保调查对象能够按照问卷设计者的要求去有效填答问卷，从而增强问卷所收集信息资料的可靠性和有效性。问卷中指导语的表现形式多种多样，通常有卷首指导语与卷中指导语。有些问卷的填答方法比较简单，指导语比较少，常常只是在封面信中用一两句话说明即可；有些比较复杂的指导语则集中在封面信之后，并标有"填答说明"或"指导语"等字样。下面是一份社会调查问卷的"填答说明"：

填答说明

(1)请在每一个问题后适合自己情况的答案号码上画"√"，或者在＿＿＿＿处填上适当的内容。

(2)问卷每页右边的数码及短横线是计算机处理用的，您不必填写。

(3)若无特殊说明，每一个问题只能选择一个答案。

(4)填写问卷时，请不要与他人商量。

另外，有些则直接附在某个比较复杂的具体的问题或问题所供答案选项之后，对填答要求、方式和方法进行说明，指导调查对象有效地回答问题。

(四)问题和答案

问题和答案，是问卷的核心构成要素。它包括了所有的调查问题、供选答案选项或回答方式等，这部分设计对于整个问卷设计而言特别重要，其质量好坏将决定调查的成败。

(五)编码和其他资料

在一些大型的统计调查中，调查研究者通常采用以封闭式问题为主的问卷。为了便于运用计算机及其相关工具进行处理和数量分析，往往需要对问卷中的问题及回答结果进行编码。所谓编码，就是将问卷中的文字信息转化为特定的数字代码，赋予每一个问题及其答案一个数字作为它的代码。通常有前编码和后编码之分，前编码也称预编码，是指在设计问卷的时候就设计好对应的数码。后编码则指在问卷填答完成后，在资料整理分析之前所进行的编码。在操作中，对那些问题比较灵活，开放式问题较多的问卷，一般采用后编码。而在以封闭式问题为主的问卷中，调查者大多采用预编码，因此，预编码也就成了问卷中的一部分。编码一般放在问卷每一页的最右边，有时还可以用一条竖线将它与问题和答案分开。下面就是预编码的一个例子。

（1）您的年龄：_____岁　　　　　　　　　　　1～2____

（2）您的性别：①男　　　　　　　　　　　　　　3____

　　　　　　　②女

（3）您的婚姻状况：①未婚　　　　　　　　　　　4____

　　　　　　　　　②已婚

　　　　　　　　　③离婚

　　　　　　　　　④丧偶

　　　　　　　　　⑤其他

（4）您去年年收入为：_____元　　　　　　　5～9____

编码的具体操作，往往需要根据问题及答案选项的可能的实际情况而定，通常对于第一个问题来说，因为年龄一般往往在 100 岁以内（若某人年龄大于 100 岁，常记为 99 岁），故编码给出两栏，序号为 1～2。第二、第三个问题，都只可能选择一个答案，答案数目小于 10，故分别只给一栏，序号分别为 3、4。而个人年收入一般在 100 000 之内，故给五栏，序号为 5～9。

除了编码之外，有的问卷还需要在封面印上问卷编号、调查人员编号、审核人员编号、调查日期、被调查者住地、被调查者合作情况等方面的内容。

任务 6-3　明确问卷设计原则、方法及步骤

问卷作为一种信息资料收集工具，在调查研究中有着十分重要的作用。问卷设计得科学、规范与否直接关系到所收集到的信息资料的可靠性和有效性，乃至影响整个调查研究的信度和效度。因此，必须明确问卷设计的原则、方法及步骤，从源头上规范保障问卷的质量。

一、问卷设计的基本原则

（一）目的性原则

目的性原则，是指问卷设计要服从调查目的的需要。无论什么样的问卷其最终目的都是围绕着调查研究课题及其研究内容展开相关信息资料的收集。换言之，调查研究的目的就是问卷设计的灵魂，直接决定着问卷的具体内容及其表现形式；而问卷设计的过程就是将问卷调查的总目的逐步分解为问卷中的一个个具体的问题、答案或回答方式的过程。在实践中，如果调查的目的只是为了了解被调查对象的一般状况，那么，问卷设计就应该主要围绕被调查对象各个方面的基本事实来进行；如果调查目的不仅是一般性的描述，而是要做出解释说明或者预测，那么，问卷设计就要紧紧围绕着研究假设及其关键变量来进行具体问题、答案或回答方式的精心安排。

（二）简明性原则

简明性原则，是指问卷设计要简明扼要。设计出来的问卷虽然最终目的是满足收集调查研究所需要信息资料的需要，问卷内容越丰富、越全面越可能满足研究需要，但是问卷同时需要被调查者来回答，甚至要填写的。如果问卷内容太多、问题太繁杂、回

答难度高，需要花费太多时间思考、记忆、理解、运算、填答，回答者则比较容易产生畏难情绪，这样不利于保证问卷调查过程的顺利进行，也可能增加问答者敷衍应付的可能，无法保证信息资料的质量。因此，在设计问卷时，必须坚持简明性这一重要原则，在满足调查目的需要基础上，尽量从易于回答的角度，为被调查者设计出一份简明扼要的问卷，使被调查者尽可能在较短的时间内一目了然地了解和理解问卷中所提出的问题，并较容易做出回答。

(三)适应性原则

适应性原则，是指问卷设计要适应被调查者的心理需要。问卷作为调查者用来收集调查研究信息资料的工具，设计时自然要考虑被调查者的需要，以利于被调查者的有效配合。通常，被调查者不仅是研究者选取的资料信息收集、分析研究的对象，更是一个个具体的、活生生的人，假如仅仅从研究者的研究需要来考虑，而不考虑被调查者的实际情况，那么所设计的问卷往往可能存在一些不妥的地方，甚至会引起被调查者的反感、抵触，进而影响问卷调查的顺利进行。因此，问卷设计过程需要充分考虑适应被调查者在心理上和思想上的要求，站在适应其角度的层面去设计。一般来说，当问卷中的问题涉及个人隐私等敏感的内容时，回答者就容易产生种种顾虑或抵触；当问卷的封面信对调查的目的、内容、意义及保密原则等方面解释不够时，回答者就可能对问卷调查不重视，缺乏积极合作的责任感，甚至拒绝；而当问卷内容脱离被调查者的生活实际，或者所用的语言与被调查者的文化背景不协调，或者问卷形式设计得呆板、杂乱时，被调查者就可能对问卷调查毫无兴趣，置之不理，或没有办法回答，最后直接将问卷弃如废纸。因此，在设计问卷时，必须认识到为回答者考虑是设计问卷的一个重要方面，问卷的陈述方式应契合被调查者的心理需要，应该使其看起来亲切、让被调查者感到自己受到尊重。

(四)针对性原则

针对性原则，是指要根据调查对象的特点，设计出符合不同对象的问卷。问卷需要尽可能满足调查研究需要，但不能片面地求大、求全。问卷调查需要被调查者的密切合作，而这种合作必须基于双方能力、条件等客观因素。例如，从被调查者方面，其对问卷的阅读理解能力可能带来限制。一个被调查者起码要能看得懂或者听得懂问卷才能做出其回答，如果问卷的格式较复杂、问题较抽象或者语言不通俗易懂，那么，有些文化程度较低的被调查者就很难看懂问卷的内容和要求。又如，记忆能力、计算能力带来的限制。在问卷中，研究者常常询问有关被调查者的过去的经历或生活的问题，也常常询问诸如每年的收入、每月的生活费用、每天用于某件事情的时间等问题，这些问题常常要求被调查者进行一定的(有时甚至是困难的)回忆、思考和计算。然而，并不是每个人对自己所经历过的各种事情都能够回忆得起来，也并不是每个人都能按调查者的要求进行计算。因此，设计问卷应针对调查对象的文化层次、年龄特征、职业特点等设计出符合不同对象的问卷。如果不设身处地为被调查者考虑，问卷设计缺乏针对性，那么一些回答者就会由于上述种种客观条件的限制而放弃答卷，从而降低调查问卷的回收率，影响到调查质量。当然，从调查者方面而言，问卷调查研究是个复杂而系统的过程，不仅对调查研究的设计、统筹、组织、协调及研究等方面能力、素质有着特定的要求，而且问卷调查研究过程的各个环节都可能产生成本，都需要有人力、物力、财力等方面的支持，因此，在设计问卷的过程中，需要考虑客观现实条件方案的因素及其影响。

二、问卷设计的主要步骤

一份符合问卷设计各项基本原则的问卷，常常需要经过从初步探索、设计问卷初稿及多次反复试用修改之后，方可正式定稿，投入使用。

(一)初步探索

所谓初步探索，是指在问卷设计之前，设计者首先需要先熟悉、了解一些调查对象的群体特征、背景状况等相关方面的基本情况，以便对问卷中各种问题的提法和可能的回答有一个初步的总体考虑。问卷设计的初步探索性工作的常见方式就是问卷设计者，围绕着所要调查的主题，深入将来可能的问卷调查情境，与各类调查对象进行交谈，从中了解他们的社会背景，对各类问题的主要看法，形成对所要调查的各种问题及其可能答案的一个初步印象，以增强设计出来的问题、答案选项及填答方式等更具有针对性。在此基础上，就有可能根据被调查者的社会背景、社会规范、习俗等设计问卷的有关问题，根据被调查者的文化程度和理解能力设计问卷的问题和措辞，根据实际情况恰当地设计出有关问题的各种答案，避免含混不清、不切实际问题的出现。

初步探索性工作是调查者在问卷设计之前必须进行的一项重要工作，它既是一份良好问卷设计的重要基础，又是整个社会调查从调查设计阶段走向资料收集阶段的必经环节。

(二)设计问卷初稿

问卷初稿设计是建立在问卷探索性工作的基础之上的。经过摸底探索，对有关问题有了初步印象，便可以动手进行问卷初稿设计。在实际工作中，具体设计方法通常有卡片法和框图法两种。

1. 卡片法

卡片法，是指将调研主题的核心概念、研究假设等进行操作化，使之具体化一个个问题，并制成一张张问题卡片，再利用问题卡片来排列组合，形成需要的问卷。具体操作步骤是：第一步，在操作化的基础上，结合初步探索性工作所得到的初步印象和认识，把每一个问题、答案或填答方式等写在一张张卡片上，一题一卡，制成问题卡片。需要注意，不要一题多卡，也不能一卡多题。第二步，根据卡片上问题的主题内容，将卡片分成若干类，同类性质问题的卡片放在一起，不同类问题的卡片分开，比如，有关行为方面的问题卡片、有关意向性方面的问题卡片和有关背景资料方面的问题卡片，分门别类，整理好。第三步，在每一类卡片中，按所提问题的逻辑顺序将卡片排序。第四步，根据问卷中各类问题的总体逻辑结构，排出所有各类卡片的前后顺序。第五步，反复检查各种卡片的前后顺序及连贯性，是否有利于被调查者的阅读理解，是否方便被调查者填写，是否会造成被调查者的心理压力，对不当之处逐一调整、补充、修改。第六步，把调整好的卡片上的问题和答案依次写在纸上，形成问卷初稿。

2. 框图法

如果说卡片法是由分到总，先设计好一个个问题之后再由具体的问题汇总成问卷初稿，那么框图法则是由总至分的逻辑思路，直接围绕调查主题一步一步分解，并做好关系框架图，然后将最底层的一项项指标转换成具体的问题。具体实施步骤是：第一步，根据研究假设、核心概念及所需资料的内容，在纸上画出整个问卷内容的框架、各个部分及其前后顺序的关系框图。第二步，写出每一部分所提问题及其答案，并依序排列。第三步，从被调查者阅读和填答问卷是否方便等角度考虑，对所有问题进行全面的检查、调整和补充。第四步，将调整好的各类问题及答案依次重新抄录在纸上，形成问卷初稿。

卡片法和框图法的区别在于：前者从具体问题着手，然后归纳同类性质的问题，最后形成问卷整体；后者先着眼整体结构，然后考虑各个部分，再形成每一个具体问题。两种设计方法各有其优缺点，设计者可将两种方法结合使用。

(三)试用修改

任何一份好的问卷，不可能一次设计成功，必须经过试用和多次修改，才能形成定稿，用于正式调查。问卷初稿试用修改的方法有以下两种。

1. 主观评价法

主观评价法，就是将设计好的问卷分别送给有关专家、研究人员、所涉领域经验比较丰富的研究者、有代表性的被调查者审阅、分析，并根据他们的主观评价、指出的问题和提出的改进意见，着手修改。主观评价法一般适用于小型调查。

2. 客观检验法

客观检验法，最常用的方式就是采用试调查，即在正式调查总体中随机或不随机抽取一个小样本，然后用问卷初稿向他们实施调查，对所获资料进行检查和分析。检查和分析的内容包括：回收率、有效回收率、填答内容和方式是否错误、填答是否完整及其原因。通过检查和分析，从中发现问卷设计存在的缺陷，据此进行修改。客观检验法大多用于大型调查。当前，在实践中，常常也根据实际需要，客观检验法和主观评价法两者兼而用之。

(四)正式定稿

问卷初稿经过试用及反复修改之后，可以定稿，形成了一份完整的定稿问卷，准备投入使用，这意味着问卷设计步骤的结束。

任务 6-4   设计问题与答案

问题和答案，是问卷的主体，设计问题与答案也是整个问卷设计过程的核心工作。问题与答案设计得科学与否，直接影响问卷的有效性和测量结果。

一、设计不同形式的问题

调查问题的题目从形式方面大体上可以分为开放式问题与封闭式问题两大类。开放式问题不需要提供给调查对象固定的答案类型，完全由被调查者根据自身情况自主构思、组织语言、回答问题，访问者或者被调查者自己详细记录答案，只有到了问卷资料整理处理阶段，才由研究者来将其整理成特定的类型。封闭式问题则不仅提出问题，而且需要尽可能地将全部有意义的答案列出，提供给被调查者，被调查者只需要从已有的现场答案中选择代表其目前状况的答案即可。两种不同问题形式的特点，决定了对其设计也有所不同。

(一)设计开放式问题

开放式问题，具体来说，又可以进一步分为两种形式。其中一种的答案通常较短，而且要求回答的内容也比较固定，往往只需要被调查者做出简单的数字、文字或符号的填答。例如，针对调查对象的年龄变量，可询问被调查者：

请问您今年_____周岁？

然后调查对象在横线标明的空格处填写相应的答案即可。此类题目常用于那些答案涉及可能性较宽泛，问卷设计者无法事先将其全部列入答案的情况。由于它能够形成定距测量数据，而且填答起来也比较简单容易，故在调查研究中常常能够起到较好的效果。

另外一种形式的开放式问题则是将要填答、书写的答案较长，而且答案内容不太固定，回答者可能是一句话，也可能是一段很长的叙述。例如：

请问您对当前的流浪儿童救助政策有什么看法？

答：_____

表面上看，开放式问题的形式设计较为简单，只需要在所提问题之下留出一块空白处即可，但设计的关键在于，这一空白到底应该留多大。空白留得太大，不仅影响整个问卷的篇幅，而且意味着回答要较为详细；留得太小，在客观上限制了回答者所填写内容的多少，由此可能造成资料的过分简单。因此，设计开放式问题时，要根据问题的内容是简单、面窄还是复杂、广泛，调查的目的是想一般地了解主要看法还是想详细地了解各种情况，被调查者的文化程度是低还是高，等等，据此确定所留空白的大小。

开放式问题的优点是：被调查者可以充分自由地按照自己的方式表达意见，不受限制。其缺点主要是：要求回答者具有较高的知识水平和文字表达能力；所花的时间和精力比较多；在调查中，许多被调查者可能会嫌麻烦而略去不答此类题目。况且，该类题目所收集到的资料大多只能进行定性分析，难于进行定量的处理和分析。

(二)设计封闭式问题

封闭式问题，就是在提出问题的同时，还给出若干个可供选择的答案选项，要求被调查者按照要求选择一个或规定个数作为回答。封闭式问题的表现形式很多，不同的教科书的归类方式也不尽相同，本书将针对那些比较常用的形式，尽可能地将其简化归类。大体上来说，封闭式问题可以分为"是/否选择式""复选式""评定尺度式""语义差异式""多项排序式"及"矩阵式""表格式""相倚问题"等主要形式。

1. 是/否选择式题目

是/否选择式，又称是否式，即问题的答案只有是和不是(或其他肯定或否定形式)两种，回答者根据自己的情况选择其一。这是一种适用于态度、意见进行测量的题目，由于只列举出"是"或"否"两个供被调查者选择的答案选项，因此从语言层面上可能带有一定的强迫性质。需要强调说明的是，是/否选择式题目，与复选式问题类型中的那种只有两种内容的题目不同。在填答复选式题目的时候，被调查者往往只需要根据自己的实际情况，将自己归为某一选项即可，不会产生"强迫选择感"。但是在回答"是/否选择式"两项选择题时，无论被调查者的真实感受如何，其必须尽可能地使自己的感觉贴近两个可供选择选项中的某一个，这时，也就有可能产生一定程度上的"强迫感"。

例：您是否爱好体育运动(请在合适答案后的横线上打"√")：

①是____ ；②否____

其实，是/否选择式在某种程度上是评定尺度的一种简化形式，不过评定尺度由于细分了答案选项，使被调查者能有较大的弹性空间，将自己的感受归入某个适当的选项，而不是将自己的感受"挤压"到答案选项的两极。对于单向式的排序题目，使用评定尺度比较合适，但对于比较复杂的题目而言，是/否选择式则比较容易得到满意的答案。

另外，是/否选择式的表达形式，还可以拓展为"真/伪""同意/不同意"等。

例：您是否同意进一步增加小孩的课外活动时间？（请在合适答案后的横线上打"√"）：

①同意____ ；②不同意____

2. 复选式题目

复选式题目是封闭式题目的一种重要形式，通常要求被调查者在研究者所提供的两个或多个可供选择的答案选项中，根据其自身情况选择一个或多个适合自己的答案。通常包括两项单选式、多项单选式、多项限选式等具体形式。

(1)两项单选式

即提供两个供选答案的、被调查对象择其一而选的题目，称之为两项单选式题目。

例：您的性别(请在适用的选项上打"√")：

①男　②女

两项选择式的特点是回答简单明了，但获得的信息较少，且需要适当注意与是/否式题目的区别。

(2)多项单选式

即给出的答案至少在两个以上，回答者根据自己的情况选其一作为回答。这是各种社会调查问卷中采用得最多的一种问题形式。

例：您的文化程度是(请在合适答案的选项上打"√")：

A. 小学及以下　B. 初中　C. 高中或中专　D. 大专　E. 本科及以上

(3)多项限选式

与多项单选式不同的是，回答者可以在所列举的多个答案中，根据自己的情况从中选择若干个或者按照问卷设计者所限定的个数选择，前者通常被称为多选题，后者则是限选题。如果限定被调查者选择几个答案，或让被调查者根据自己情况任意选择多个答案，通常需要在问题后面附上"限选几项""可选多项"等说明。

例：您认为处理开展流浪儿童教育业务的工作人员需要哪些主要的训练？（限选三项，请将符合您的意见的选项序号用"○"圈起来）

A. 个案研讨与管理　　B. 督导训练　C. 方案设计　D. 心理辅导技巧　E. 团体辅导技巧　F. 精神疾病初步诊断　　G. 学习困难辅导　　H. 家庭访问技巧
I. 其他(请注明：_____)

例：您认为针对流浪儿童，在救助中心应该优先用哪些方案协助他们(可多选，请将符合您的意见的选项序号用"○"圈起来)

A. 课程辅导　B. 儿童的心理发展　C. 师生关系　　D. 自我认识　　E. 开发潜能　　F. 亲子关系　G. 沟通技巧　H. EQ情绪管理　　I. 校园暴力处理

J. 如何认识毒品　　K. 如何保护自己　　L. 法律常识　　　M. 卫生保健　　　N. 其他（请注明_____）

这种形式的问题，最大的优点在于，在有些情况下它比多项选择式更能反映被调查者的实际情况。但是，我们无法从这种形式的问题回答中看出被调查者选择的顺序，无法区别和比较同时选择的答案之间实际存在的程度差异。

同时，为了保证答案的穷尽性，有时还可以将"其他"项列入答案选项中。不过，应该尽可能实现将各种答案选项考虑周全，尽量减少列入"其他"项的情况，特别是非现场访谈问卷中。因为被调查对象很可能怕麻烦而选择"其他"项，这将给资料分析带来麻烦或影响。尽管设计者常在"其他"选项后面加上"请注明"或"请详细说明"等附注，但是在调查实践中，被调查者是否会用心去详细填答，往往受制于调查主题是否能够激发起被调查者的填答意愿。

3. 评定尺度式

在问卷设计中，针对定序变量通常可以采用评定尺度式问题。这种形式通常是针对所测变量的某种属性，设计一种由最负面到最正面或者由最正面到最负面感觉的答案序列，然后让被调查者根据答案类别和自己的感觉、意见之间的关联，将自己的选择归入某个合适的答案类别中。

例：请问您对目前的居住环境：

A. 很满意　B. 比较满意　C. 满意　D. 不太满意　E. 不满意　F. 很不满意

G. 说不清楚

4. 语义差异式

语义差异式题目是评定尺度式的一种变形，通常是将评定尺度中的文字答案选项用数字 1～7 或 −3～3 替代（7 个数字是最常见的，但也可以根据需要设置少一些），然后被调查者针对特定的概念或客观环境对象，从 1～7 或 −3～3 选出一个最能代表自己的感受的数字来（如表 6-1 所示）。例如，向学生了解对自己辅导员老师的感受，可以让学生对下表中具有对立特征的形容词进行选择（数字 1～7 可以转换成 −3～3）。

表 6-1　语义差异量表

勤奋的	1	2	3	4	5	6	7	懒惰的
热情的	1	2	3	4	5	6	7	冷淡的
开朗的	1	2	3	4	5	6	7	沉闷的
强硬的	1	2	3	4	5	6	7	柔弱的

语义差异式问题比较适用于表示有关态度、情感方面的变量。由于用数字表示主观态度难度较大，因此收集反映主观状态的资料大多采用定类或定序尺度测量。例如，"您是否赞成增加孩子课外体育锻炼的时间"的答案可能会是：非常赞成、赞成、视情况而定、不赞成、非常不赞成。

5. 多项排序式

这种方式是列出多种答案，要求回答者填写答案时排列先后顺序或不同等级。

例：您认为您所居住的城市目前存在哪些问题（请按严重程度给下列问题排序，最严重的为1，其次为2，再次为3……请将数码填写在对应的_____上面。）

交通拥挤 _____ 　　空气污染 _____

治安太差 _____ 　　管理落后 _____

居住条件太差 _____ 　　服务设施缺乏 _____

多项排序式可以说是针对多项限选式的不足而出现的一种问题类型，可以看作多项单选式和多项限选式的一种结合。

6. 矩阵式

这是一种将同一类型的若干个问题集中在一起，构成一个系列问题的表达方式。

例：请问您对下面状况的态度是：

	很同意	比较同意	同意	不太同意	很不同意
能忍受工作或生活环境不便	□	□	□	□	□
面对困难与周围人相互充分协助	□	□	□	□	□
过一天算一天	□	□	□	□	□
社交圈有所扩大	□	□	□	□	□
生活没有意义，世事难料	□	□	□	□	□
树立起新的生活目标	□	□	□	□	□
已做好应对新生活的准备	□	□	□	□	□

矩阵式题目的优点是：节省问卷的篇幅，同时由于同类问题集中在一起，回答方式也相同，因此也节省了回答者阅读和填写的时间。但要注意的是，一定要对这样的问题给出专门的填写说明或填答指导，以免有的回答者不会填写。

7. 表格式

表格式题目其实是矩阵式的一种变体，其特点和形式都与矩阵式十分相似。

例：您认为您所在儿童救助机构在专业教育管理服务方面做得怎样？（请在对应的框内画"√"）

内容	很好	差不多	不好	尚未办理	未来加强重点是(请注明)
就学辅导					
生活辅导					
心理辅导					
追踪辅导					
其他服务					

表格式问题除了具有矩阵式的特点以外，还显得更为整齐、醒目。但应当注意的是，表格式与矩阵式形式虽然具有简单集中的优点，但也容易使人产生呆板、单调的感觉，在一份问卷中这两种形式的问题都不宜使用太多。

8. 相倚问题

相倚问题，也称为后续式问题，是指为了防止出现一个问题仅与一小部分回答有关，大部分都回答"不知道"或"不适于本人"的情况而设计的，且两个不同问题在逻辑顺序上有前后关系，在前面问题回答的基础上，再回答后续问题。

例：请问您家的生活水平在当地所处状况是：

A．好

B．中

C．差——请问您家生活水平较差的主要原因是：
  A．人口多
  B．疾病治疗费用压力大
  C．教育费用高
  D．其他（请注明＿＿＿＿＿＿）

还有一种情形，一连好几个问题都只适用于某一部分回答者，另一部分被调查者可以不回答，此时可采用跳答指示的方式来解决。

例：您是否在本届社区居民委员会选举中投了票？

①投了

②没投（请跳过问题12～18，直接从第19题接着回答）

之所以要设计相倚问题，是由于被调查者常常因年龄、性别、民族、婚姻状况、受教育程度等方面存在差异，而问卷设计要使所有问题均对回答者有针对性，为了保证这一点，就可将问卷中只与部分回答者有关的问题设计成相倚问题。

以上介绍的设计形式均属于封闭式问题。封闭型的回答方式有许多优点，它的答案是已设计好的、标准的，这不仅有利于被调查者正确理解问题和回答问题，节约回答时间，提高问卷的回复率和有效率，而且有利于对回答的结果进行统计分析和对比研究。此外，封闭型回答方式还有利于询问一些敏感性问题。因为对这类问题被调查者可能不愿写出自己的看法，但对已有的答案却可能进行真实的选择。但是，这种类型的回答方式也有许多缺点，这就是它的设计比较困难，特别是一些比较复杂的、回答类型很多或不太清楚的问题，很难把答案设计得周全，一旦设计有缺陷，被调查者就无法正确回答问题；它的回答方式比较机械，没有弹性，难以适应比较复杂的情况，难以发挥被调查者的主观能动性；它的填写比较容易，被调查者可能对自己并不懂，甚至根本不了解的问题任意填写，从而降低回答的真实性和可靠性。

(三)设计混合式问题

混合式问题，又称半封闭式、半开放式问题，主要是为了克服封闭型回答方式的缺点，吸取开放型回答方式的优点，而形成的一种兼有封闭式和开放式两种形式的调查问题。这类问题的表现形式，是在封闭式问题和答案的最后，加上一项"其他"，由被调查者在预留的空白处自由表达与该问题相关的未尽内容。这类问题的回答方式，综合了开放型回答和封闭型回答的优点，同时避免了两者的缺点，具有非常广泛的用途。

例：您是否参加即将举行的村民委员会海选？

A．参加　（　　　）

B．不参加（　　　）

为什么？＿＿＿＿＿＿＿＿＿＿＿＿＿＿＿＿＿＿＿＿＿

例：您对职工下岗有何看法？

A. 可以理解（　　　） B. 不能接受（　　　） C. 没什么看法（　　　）

其他（请说明）_____

二、设计出简明扼要的问题

问卷设计中的难点是问题的表述，被调查者大多需要根据事先设计好的书面问卷来理解问题和回答问题，因此，如何用文字表述好所要调查的问题，就成了一个至关重要的问题。要设计出含义清楚、简明易懂的问题，必须注意问题的语言。问题表达措辞的基本原则是简短、明确、通俗、易懂。在设计问题的过程中，对问题的语言表达和提问方式有下列常用的规则。

(一)问题的语言要简明

问题的表述要有明白、确切的意指，要求尽可能使用简单明了、通俗易懂的语言，而不要使用一些复杂的、抽象的概念以及专业术语，比如"核心家庭""政治体制"等，也不要使用含义模糊的词，否则，不仅会影响回答的质量，甚至会使被调查者无法回答。当然，主要还是要考虑到调查对象方面的因素，如果某项调查针对的调查对象是高学历的专业团队，对其专业领域进行的调查，专业术语出现的负面影响则不会大。

(二)问题的陈述要简短

问题的语言要简洁。问题的陈述越长，就越容易产生含糊不清的地方，回答者的理解就越有可能不一致；而问题越短小，产生这种含糊不清的可能性就越小。要使问题尽可能清晰、简短，使调查者能很快看完，很容易看懂。那种啰唆、繁杂的问题只会引起被调查者的反感，从而影响调查的顺利进行。

(三)问题的提出要具体

问题的内容要具体，不要提那些抽象的、笼统的问题。比如，"您认为青年人应该建立什么样的人生观？""您所在的企业经济效益好吗？"对于这些抽象、笼统的问题，人们的看法往往很不相同，被调查者是无法回答的，即使回答出来也是无法进行科学分析的。

(四)问题的表达要避免双重含义

坚持一事一问的原则，一个问题只表达一个单纯的意思，若一个问题同时询问了两件(或几件)事情，被调查者将无法回答。例如"请问您的时间和精力能够满足学习的需要吗？"就是一个带有双重含义的问题，实际上同时询问了"您的时间能够满足学习需要吗"和"您的精力能够满足学习需要吗"两个问题。由于一题两问，就使得那些只赞成其中一项的调查对象难以回答。

(五)问题的提法要不能带有倾向性或诱导性

在问卷设计中，问题的提法不能对回答者产生某种诱导性，使被调查者感到应该填什么，或者感到调查者希望他填写什么，所提问题应持中立的立场，态度要十分客观，尽量避免对回答者产生暗示和诱导作用。如："张三是值得我们学习的榜样，你觉得呢？"被调查者往往会在趋同心理的支配下，做出肯定的回答，但却不一定是他自己真实的看法。另外，在提问中要避免出现那些有权威的、享有盛誉的人或机构的名称，更不要直接引用他们的原话或意思。例如，"毛主席说要'毫不利己，专门利人'，您认为对吗？" "党中央号召'一对夫妇只生一个孩子'，您拥护吗？"需要注意，对于这类问题，在问题中引用权威的话，或者使用贬义或褒义的词语，都会使问题带有倾向性，被调查者一般是很难做出否定回答的。

(六)问题的提出不要用否定式提问

在社会生活中，人们提问常习惯于用肯定形式，而不是用否定形式。比如，一般习惯于"您是否赞成住房制度改革？"这样的提问方式，而不习惯于"您是否赞成住房制度不改革？"这样的表达。当以否定的形式提出问题时，由于不习惯，许多人往往忽略"不"字等否定字眼，在这种理解的基础上回答问题，其答案肯定与回答者的意愿相反。而这种误答的情形在问卷结果中常常又难以发现。因此，在问卷设计中要尽量使用肯定的叙述形式，避免使用否定形式和双重否定句提问。

(七)敏感问题需要间接提出

敏感性内容是与个人利害关系密切，或涉及私人生活领域的问题。当我们直接询问比较敏感的问题时，人们往往会有一种本能的自我防备心理。比如，"您家有多少存款？" "您赞成第三者插足吗？"，如此直接提问会导致较高的拒答率或较高的虚假回答。因而，对这些问题最好采用某种间接询问的形式，并且语言要特别委婉。

三、设计出数量合适的问题

问题数目的多少，决定着整个问卷的长短。一份问卷究竟应该有多少个问题才适宜，没有一定之规。问卷设计者要根据研究目的、调查内容、样本性质与容量、分析方法、拥有的人力、财力、时间等因素决定。但一般来说，问题不宜太多，问卷不宜太长。一般应限制在被调查者20分钟以内能够顺利完成为宜，最多不超过30分钟。问卷太长往往会引起回答者心理上的厌倦情绪或者畏难心理，影响填答的质量和回收率。当然，若是研究的经费和人员相当充足，能够采用结构式访问的方式进行，并付给每位被调查者一份报酬或赠送一份纪念品，问卷本身的质量又比较高，调查的内容又是被调查者熟悉、关心、感兴趣的事物，这时问卷长一点也关系不大，反之则尽量短一些。

四、合理编排问题的次序

问题的排列组合方式，即问题的结构，是问卷设计中的另一个重要问题。一份问卷往往有几十甚至近百个问题，怎样才能把它们编排好，形成一个合理的结构呢？一般来说，排列问题的基本要求是：第一，要便于被调查者顺利回答问题。第二，要便于调查后的资料整理和分析。为此，就必须使问题的排列具有严密的内在逻辑。一般而言，问题的次序应按照以下原则来安排。

1. 要按问题的性质或类别来排列

即把同类性质的问题尽量安排在一起，而不要让不同性质或类别的问题互相混杂。这样，就便于被调查者按照问题的顺序回答完一类问题后再去回答另一类问题，而不至于使他们回答问题的思路经常中断和来回跳动。

2. 要按问题的复杂程度和困难程度来排列

一般来说，应该先易后难，由浅入深；先事实、行为方面的问题，后观念、情感、态度方面的问题；先一般性质的问题，后特殊性质的问题。特别是那些敏感性强、威胁性大的问题，更应安排在各类问题的后面。这样，有利于增强被调查者的信心，有利于把他们的回答逐步引向深入，而不至于一开头就把他们难住了，不知如何下笔。

3. 要按问题的时间顺序来排列

一般来说，应根据历史的线索，由过去到现在、再到将来，这样就可使逻辑和历史统一起来。但是，也可以反过来，先问当前的问题，然后再去追溯过去的情况。这就是说，在时间顺序上，问题的排列要有连续性，而不能来回跳跃，打乱被调查者的思路。

总之，问题的排列要有严密的逻辑性。但是，在某些情况下，也不排除对若干问题作非逻辑的安排。例如，为了避免形成回答定式，就不妨对某些问题做些跳跃安排。许多人在谈到逐年的生产情况或收入情况时，往往有"不断增加"的回答定式。为了打破这种回答定式，就可考虑把有关问题的时间顺序颠倒一下，或分别安排在问卷的不同部分进行询问。另外，检验性问题也应打破问题的类别顺序，分别设计在问卷的不同部位，否则就难以起到检验的作用。此外，用以相互检验的问题应当分开，否则就起不到相互检验和印证的作用。总之，问卷中问题的次序不管如何安排，目的都在于保证问卷调查的顺利进行，保证问卷资料的准确性和问卷的回收率。

五、设计出表达准确的答案选项

有关问卷题目的答案选项设计要求，由于大多数问卷主要由封闭式问题构成，答案的设计就成为问卷设计中非常重要的一部分。其设计质量的好坏，关系到回答者是否能够回答，是否容易回答，是否准确地回答，因而直接影响到调查的成功与否。

(一)答案要具有切实性

所谓答案的切实性，指的是答案要符合实际情况。

如果研究主题是针对当前城市居民生活状况方面的，如果提问"您家都有哪些家庭耐用品"，而将答案的部分选项设置为自行车、缝纫机等，可能就不太切合当前我国城市居民的实际情况了。

(二)答案要具有穷尽性

所谓答案的穷尽性，指的是答案包括了所有可能的情况。例如：您的性别：①男，②女。这样的答案就是穷尽的。因为任何人不是男的必是女的。但是若有某个回答者的情况没有包括在某个问题所列的答案中，则此一问题的答案就不是穷尽的。例如，设计被调查者喜欢看哪一类电视节目的答案时，如果只列出新闻节目、体育节目、电视剧、综艺节目四个答案，就不具备穷尽性，因为还有其他电视节目如军事节目、科普节目等没有包含进去，解决的办法是可以再加上一个"其他"的答案。

(三)答案要具有互斥性

所谓答案的互斥性，指的是答案互相之间不能交叉重叠或相互包含。即对于每个回答者来说，最多只能有一个答案适合他的情况。如果一个回答者可以同时选择属于某一个问题的两个或更多的答案，那么这一问题的答案就一定不是互斥的。例如，设计职业问题的答案时，如果设计成教师、医生、教育工作者、公务员、职员、外科大夫、其他等几个答案，就不具有互斥性，因为，教师与教育工作者，医生与外科大夫都不是互斥的。

(四)答案要语言简练明确

答案冗长不简练，会影响回答者答题的情绪。例如，在业余时间里，您喜欢做什么？若答案设计成：A. 您喜欢参加体育活动吗？B. 您喜欢出城去旅游吗？C. 您喜欢工作之余散步吗？D. 您喜欢看电视吗？E. 您喜欢看书吗？F. 您喜欢其他活动吗？这些答案就不简练，应当简缩为"在业余时间里，您喜欢做什么？A. 体育活动　B. 旅游　C. 散步　D. 看电视　E. 看书　F. 其他"。

(五)答案要具有合题意性

答案要针对问题而设，要避免与问题的题干意思不符，不能答非所问。例如：
请问您迫切希望得到哪方面的社会保险？（请在每一行适当的格中打"√"）

保险类别	很迫切	比较迫切	不太迫切	不迫切	无所谓
养老保险					
医疗保险					
失业保险					
工伤保险					

上例问题问的是"迫切希望"，答案就不应出现"很迫切、比较迫切、不太迫切、不迫切、无所谓"这一类可供选择的答案。解决的办法是，将问题和答案设计成多项选择式："您迫切希望得到哪方面的社会保险？A. 养老保险　B. 医疗保险　C. 失业保险　D. 工伤保险"。

任务 6-5　运用问卷

问卷调查有其一般程序，在设计好问卷的基础上，就需要选择好问卷调查对象，分发问卷，回收问卷和审查核对问卷。只有完成了这些工作，才能转入对问卷调查的结果进行整理加工和分析研究。

一、选择问卷调查对象

问卷调查的对象，可用抽样方法选择，也可把有限范围内(如一个厂、一个村、一个班级、一个居委会)的全部成员当作调查对象。由于问卷调查的回复率和有效率一般都不可能达到100％，因此选择的调查对象应多于研究对象。问卷调查对象的具体选择参见前文有关抽样部分的内容。

二、分发问卷

问卷的分发有多种方式，按问卷的填答者不同，可以分为自填问卷和代填问卷。自填问卷，就是由被调查者自己填答的问卷。上述报刊问卷、邮政问卷和送发问卷，它们是自填问卷的主要形式。代填问卷，就是由调查者代替被调查者填答的问卷。访问问卷就是代填问卷，它实质上是访问法的一种类型——标准化访问。

按问卷的传递方式不同，可以分为报刊或网络媒介问卷、邮政或者电子邮件问卷、发送问卷和访问问卷。即可以随报刊投递，可以从邮局寄送，可以由调查人员或其他人中将问卷送到被调查者手中，也可以派访问人员登门访问。在实践中，往往需要根据调查课题内容、目的、成本、资源等因素，选择合适的问卷发放方式。

三、回收问卷

对于回收的问卷，还必须进行认真的审查。一般来说，回收的问卷中，特别是回收的报刊问卷和邮政问卷中，总会有一些回答不正确、不完整的无效问卷。如果对回收的问卷不经审查就直接进行整理、加工，往往会出现中途被迫返工或降低调查的可靠性和准确性的严重后果。因此，对于回收的每一份问卷进行严格审查，是问卷调查中不可缺少的环节。只有坚决淘汰一切回答不合格的无效问卷，把调查资料的整理、加工工作建立在有效问卷的基础之上，才能保证调查结论的科学性。

到此为止，问卷调查的收集资料工作才算告一段落，问卷调查的整理资料工作和分析研究工作，才有了一个良好的基础。

四、提高问卷的回收率

对回收的问卷，提高回收率是一个关键性的问题。这是因为，问卷回收率不仅是有效率的必要前提，而且是整个问卷调查成败的重要标志。一般来说，问卷回收率如果仅在30%左右，资料只能作为参考；50%以上，可以采纳建议；当回收率达到70%以上时，方可作为研究结论的依据。因此，问卷的回收率一般不应少于70%。

影响问卷回复率的因素很多，调查主办者的客观地位、调查对象的具体情况、调查课题的吸引力、问卷设计的质量和问卷调查的方式等，都对问卷的回复率产生一定的影响。因此，要提高问卷的回复率，就必须从下述几个方面努力。

（一）争取知名权威机构的支持

问卷调查主办者的权威性和知名度，往往会影响被调查者对问卷调查的信任程度和回答意愿。一般地说，党政机关主办的调查回复率较高，企事业单位主办的调查回复率较低；上级机关和高级机构主办的调查回复率较高，下级机关或低级机构主办的调查回复率较低；专业性机构主办的调查回复率较高，一般性机构主办的调查回复率较低，以集体或单位名义主办的调查回复率较高，以个人名义主办的调查回复率较低。因此，为了提高问卷的回复率，应尽可能争取权威性大、知名度高的机构来主办调查，或者是取得它们对问卷调查的公开支持。

（二）挑选恰当的调查对象

调查对象的合作态度、理解和回答书面问题的能力，对问卷的回复率往往会产生巨大的影响。一般地说，对问卷调查的内容比较熟悉的调查对象，有一定文字理解能力和表达能力的调查对象，初次或较少接受问卷调查的调查对象，回答问卷的积极性较高，反之，积极性就较低，甚至不予回答。因此，根据问卷内容的特点和难易程度，选择恰当的调查对象进行调查，对于提高问卷的回复率，具有十分重要的意义。

(三)选择具有吸引力的调查课题

调查课题是否具有吸引力，往往会影响被调查者的回答意愿和兴趣。一般地说，那些重大的社会问题，关系人们切身利益的问题，已经成为社会舆论中心的问题，以及那些具有新鲜感或特异性的问题，往往会引起被调查者的浓厚兴趣和回答的积极性，问卷的回复率就可能较高，反之，回复率就可能较低。因此，根据不同时期、不同地域、不同对象的实际情况，选择具有吸引力的调查课题，是提高问卷回复率的一个重要条件。

(四)提高问卷的设计质量

问卷的设计质量，对问卷的回复率和有效率，往往会产生巨大的、甚至决定性的影响。问卷的质量首先取决于问卷的内容，特别是问题的选择、排列和表述，以及回答的类型和方式；同时，它也取决于问卷的形式，特别是问卷的长度和版面。一般来说，比较简短、版面清晰的问卷回复率和有效率都可能较高，反之，回复率和有效率就可能较低。目前，许多问卷设计过于冗长和复杂，这是造成回复率不高、有效率更低的一个重要原因。

(五)采取回复率较高的问卷调查方式

调查方式对问卷的回复率也有重大影响，根据一般的经验，报刊问卷的最终回复率为 $10\%\sim20\%$，邮政问卷的最终回复率为 $30\%\sim60\%$，送发问卷的最终回复率为 $80\%\sim90\%$，访问问卷的最终回复率最高，甚至可达 100%。因此，在条件许可的情况下，应尽可能采取送发问卷和访问问卷的方式进行调查。

总之，影响问卷回复率的因素是多种多样的，归根结底取决于调查者的实际工作质量。只要调查者兢兢业业，认真做好调查课题的选择、调查问卷的设计和调查对象的挑选等工作，争取较高的回复率是完全有可能的。

五、初步分析无回答或无效回答等情况

问卷调查总会出现无回答和无效回答的情况，对这两种情况都不应轻易放过，而应该做一些必要的研究。这是因为：第一，它是正确评价调查结果的需要。只有弄清楚了无回答和无效回答的调查对象的具体情况，才能正确说明调查结论的代表性和有效范围，而不至于做出不切实际的评价。第二，它是总结和改进调查工作的需要。无回答和无效回答这两种情况，固然也有被调查者方面的原因，但主要原因却在调查者方面。因此，弄清楚造成无回答和无效回答的种种原因，就有利于总结经验教训，不断改进调查工作。

对于无回答的研究，不同的调查方式应采取不同的方法。访问问卷的无回答，应当弄清无回答的原因。如果是调查对象不在家或暂时没有时间回答，就可改期再作访问，如果是调查对象拒绝回答，就应当面或侧面了解不合作的原因。送发问卷一般是通过有关机构下发的，因此，回收问卷时，就应通过有关机构了解无回答者的情况和原因。报刊问卷和邮政问卷的无回答研究比较困难。因为回复的问卷是无记名的，很难弄清楚回答者和无回答者究竟是谁。但也不是毫无办法，例如，报刊问卷可根据回复问卷的邮戳，弄清哪些地区的回复率高，哪些地区的回复率低，然后派人到回复率低的地区去有重点

地访问某些报刊订户，当面询问他们的回复情况和原因。邮政问卷的无回答研究，除了用上述办法以外，还可以在寄发问卷的同时附上回寄问卷的信封（或将信封印在问卷上），并在信封上编号。这样，根据回寄信封的情况就能判明无回答的具体对象，然后再对他们进行无回答原因的研究。总之，无回答研究是困难的，但也是有办法的。只要想方设法去做，总是会弄清某些情况的。

对无效回答的研究，应该以审查被淘汰的无效问卷为主要依据。要研究无效回答的类型和频率，看看哪些是个别性的错误，哪些是带共性的问题。一般来说，凡属带共性的问题都与问卷的设计有关，或者是问题选择不当，或者是排列不够合理，或者是问题表述不准确，或者是回答方式的设计不符合实际，或者是对回答的指导和说明不清楚，或者是问题的接转不明晰。总之，应把设计中存在的问题作为研究的重点，并根据研究的结果来不断改进问卷的设计工作。

六、初步把握问卷资料的质量

问卷法作为重要的资料收集方法，具有多种不同的具体类型，类型的差异带来对资料质量的影响因素也不同。在自填问卷中，被调查者由于不认真、嫌麻烦、没弄懂问题的含义，或者不愿意回答某些问题，造成错答或漏答问题，是影响资料质量的最主要因素。而访谈问卷，访问员的年龄、性别、态度等使访谈过程可能在一定程度上偏离结构化的问卷本意，则是影响资料质量的最主要因素。相比之下，错答或漏答造成的质量问题更为严重，因为很多在理解不准确或疑惑状态下出现的填答错误，研究者一般是很难发现并纠正的；至于漏答则会造成数据残缺，虽然有各种处理缺失数据的方法，但也都是不得已而为之的办法，无法从根本上提升数据质量。至于访问人员层面的误差，虽然对资料质量也会造成负面影响，但通过加强对访问人员的培训和对问卷访谈过程的监督，在很大程度上还是能够得到控制的。

以上两种常见的造成误差的因素，在电话访谈问卷、电子邮件发放问卷等形式中也可能存在。但在电话访谈问卷的实施过程中，访问人员能比较及时地纠正被调查者的错答或漏答问题，而在专门的电话访谈机房集中访问，可以使督导员及时纠正访问人员的偏差行为。因此这两种因素的负面影响，在电话访问问卷调查过程中不那么显著。至于充分利用互联网将问卷挂在某些网络平台之上，网络的开放性、匿名性等使被调查对象的应答行为具有很强的隐蔽性，在保证质量相对不受干扰的同时，调查者很难了解被调查者主观态度及诚信程度，甚至难以避免一人多答、重复提交等违规行为，导致无效问卷增加，进而影响调查结果。

以上从不同的具体收集资料方式的不同侧重点出发，探讨如何有效选择资料收集方式，以有效把握所收集到资料的质量。不难看出，除了时间、经费等成本方面的限制之外，选择当面访谈问卷来收集的资料最为可靠，它也是进行难度较大的学术性调查的最佳选择。相比之下，对于大多数非学术性调查而言，电话调查问卷也不失为一种比较有效的选择。但是，如果确实经费、人力等方面很有限，对资料质量、调查周期也没有太高要求的话，便可采用自填问卷，特别是邮寄问卷、电子邮件问卷及网络平台问卷等方式来收集资料。

七、问卷法运用实施过程的几个注意事项

(一)初学者的误解

在实践中，经常有人将问卷调查混同于生活经验的总结，根本不知道调查问卷还需要设计，以为自己拍拍脑袋，想出来或者凑出来一些提问就可以了。结果，大众传媒一介绍某个调查，就喜欢说调查者千辛万苦、顶风冒雨、克服千难万险等，说的都是调查的具体实施过程，其实，"一个合格的问卷调查，至少有70%的时间精力是花费在研究设计和问卷设计上的，调查者所付出的是秉烛夜游的精力，是毕生积累的智慧"[①]。如果不是这样，而是大笔一挥就写出研究设计，脑袋一拍就凑出问卷，屁股一拍就去调查。特别是近年来，随着网络传播的快速发展，各种"调查研究"、五花八门的"问卷调查"越来越多，很多问卷调查根本没有经过设计环节，就在网络上复制。这样的问卷调查，其信度和效度可想而知。

(二)设计者的凑题

问卷设计必须围绕调查内容、研究假设及其操作化而进行，即使是最简单的问卷调查，也不允许凑题，更不能够凭空拼凑出一些提问或者答案选项，因为，那样凑出来的题目，一定缺乏元假设，甚至根本没有元假设。特别是从社会学领域展开的研究，如果那样凑出来的题，就不可能形成变量之间的相关假设。在问卷设计过程的任何一个环节，都可能出现凑题的现象，甚至有些专业的社会调查者也会这样做。有的是在选题环节就出现凑题现象，对将要调查的问题并不了解，更没有基础，而是套用热门概念，最后根本无法设计问卷；有的是提出了研究假设，但难以有效操作化，提不出一个个具体用以收集资料的问题及答案选项；有的则是能够基本设计出合格的问卷，但在设计过程中，难以覆盖所有可能，于是只好拼凑。无论是哪种形式的凑题，都对问卷调查研究有着直接的影响，因为，调查课题提出—假设—检验是一个完整的过程，不但问卷题目的内容、形式、数量及其排序不能胡乱拼凑，就连所提供的备选答案也必须是围绕研究内容和目的的，否则就会削弱对于假设的检验。当然，正如前文所言，可以通过科学的评价方法来保障问卷的质量，但本书认为，要慎用"专家评价法"。所谓"专家法"就是调查研究的负责人找一些专家来对自己的问卷设计进行评判。这本来是一种比较有效的质量控制办法，但是如果那些专家并不具有问卷设计的基本功，那么就难以提出有意义的建议了，因此，自己首先必须是专家，才能使用"专家法"来设计或修改问卷。

(三)开放式题目的弊端不能轻视

就形式而言，"开放式题目"和"封闭式题目"是问卷提问的两种主要题型，但两者的差异不仅仅体现在提问方式的层面。封闭式题目是问卷设计者拿出自己对某个问题的一套看法或者预判，然后被调查者理解后，使自己的情况符合其中的某一个，换言之，也就是设计者"预设答案"，调查对象是被动接受"强制选择"。而开放式题目则要求被调查者无拘无束地充分发挥自己的主观能动性，发表自己的看法，主动性在调查对象。这样，

---

① 潘绥铭，黄盈盈，王东. 论方法——社会学调查的本土实践和升华. 北京：中国人民大学出版社，2011.

在性质上，与定性访谈区别不大。

(四)慎用"其他"答案选项

在问卷设计中，设计者往往利用"其他"选项，以查漏补缺。其比较典型的形式就是在备选答案选项中设置一个"其他"选项，有的设计者还在"其他"后面加上"请注明"等字眼，这样做是为了涵盖所有可能的回答，保证问题答案设置穷尽性。当然，"其他"选项的设置在运用中，也有一定的局限性。首先，"其他"选项难以运用于评定式的各种提问中去，比如，从"很满意"到"很不满意"这样的提问方式，在其中则难以加入一个"其他"选项。其次，"其他"选项必须确保是在小概率情况下使用。"其他"选项是未来涵盖问卷设计的时候尚不知道的情况，但是"其他"选项的被选择概率稍大，整个提问则可能报废了。一般而言，如果回答"其他"的被调查者超过 10%，这个变量则很难进行相关分析及统计推论了。再次，"其他"选项所收集到的资料不便有效处理，从资料的编码、整理、分类等环节处理起来都有一定难度，对调查研究者的研究素质能力有较高的要求。最后，"其他"之后可能还需要有另一个"其他"。就方法论而言，所有的封闭式题目都是将各种可能回答归纳为已经列入供选答案选项的那几项，也就意味着问卷设计者人为地、硬性排除了被调查者可进行其他任何选择的可能，调查者只希望调查对象往已经提供的答案选项中的某一项或某几项上去靠近，并做出选择性填答。针对"其他"选项，要么是比较模糊地都归入"其他"项，要么需要将调查对象的所有回答都记录下来。调查者虽然可以很忠实、详细地做到这点，但所记录下来的具体情况很可能千差万别，不便于归类整理。因此，从方法论层面而言，只要存在一种情况没办法归类，那么就不得不再次设置一个"其他"。当然，如此说来，并非在问卷设计中不能使用"其他"选项，而是要尽可能降低其可能的负面影响，增强"其他"项的使用合理性。

任务范例

关于流浪儿童教育管理状况的调查问卷

您好！

为了更好地了解流浪儿童教育服务的需求，积极推动该领域教育管理工作社会化的发展，不断加强对流浪儿童教育管理，我们专门组织了这次"关于流浪儿童教育管理服务状况的调查"。恳请您能将有关信息提供给我们，我们很重视您的这些看法。本次调查将作为科研之用，仅期望能为有关部门制定政策提供参考，答案无所谓对错；请您将您真实的看法、想法告诉我们，不必有任何顾虑。我们对您提供的资料绝对保密。

谢谢您的合作！

××省关于流浪儿童教育管理模式课题调查组

2015 年 6 月 30 日

填答说明：

(1)本问卷所涉内容请根据您所在地区的实际情况填写。

(2)问卷中所涉流浪者专指城市流浪儿童。

(3)凡是选择性问题除了有特别说明的之外，只能选一项答案，请您在合适的选项的序号上打"√"。

(4)部分问题可以选择多项，请注意题中的特别说明。

一、受访单位的基本情况

1. 单位名称：_____

地　　址：_____

负责人：_____　职务：_____

联系人：_____　电话：_____

2. 填写者(受访者)姓名：_____　职务：_____

请问您在此单位工作有多久：_____年　_____月

3. 贵单位组织性质：A. 事业单位　B. 民间组织　C. 其他(请注明_____)

是否登记为财产法人：A. 是　B. 否　C. 公立

贵单位成立时间：_____年；贵单位的主管机构是_____

4. 贵单位办理的流浪儿童救助安置此项业务是：

A. 专办

B. 兼办　——→　┌─────────────────────────┐
　　　　　　　　　│ 如果是兼办性质：　　　　　　　　　　　　　　│
　　　　　　　　　│　　此业务所占业务比重大约为 ____ %；　│
　　　　　　　　　│　　贵机构其他业务主要有哪些？　　　　　│
　　　　　　　　　│　　_____　│
　　　　　　　　　│　　_____　│
　　　　　　　　　└─────────────────────────┘

C. 很少办理

5. 您认为救助中心应有哪些设备(除了办公室、厨房、寝室外，可以多选)

A. 医务室或保健室　　B. 活动室　　C. 咨询室　　D. 图书室　　E. 计算机室

F. 健身房　　G. 庭院　　H. 其他(请注明_____)

二、受访工作人员基本资料

6. 您的职务是：A. 行政领导　　B. 一般行政或后勤人员　　C. 社工督导员

D. 保育员　E. 心理咨询员或心理辅导员　F. 其他(请说明_____)

7. 您的总工作年限：_____年

处理少年儿童相关业务的年限：_____年_____月

处理流浪少年儿童业务服务年限：_____年_____月

8. 您的年龄是_____岁。

9. 您的文化程度是：

A. 小学及以下　B. 初中　C. 高中或中专　D. 大专　E. 本科及以上

10. 您的专业是：

A. 社会工作　　B. 心理学或心理辅导　　　　C. 社会福利或儿童福利

D. 社会学　　E. 其他相关专业(如教育)　　　F. 其他非相关专业科系

三、流浪儿童教育管理服务

11. 贵机构的各项设施您认为是否足够？满意度如何？（请您在对应的框内打"√"）

设施项目	是否足够		满意度		
	是	否	很满意	还可以	不满意
学习室					
寝室					
活动室					
办公室					
医务室					
个别咨询室					
群体辅导室					
户外空间					
其他(请注明____)					

12. 请问贵单位近年来年均救助教育流浪儿童大约_____人。

13. 请问贵单位开展救助教育的对象主要属于：

A. 6 岁以下　B. 6～12 岁　C. 12 岁以上

14. 目前在贵单位的流浪儿童的生活自理能力情况：

A. 完全没有自理能力　B. 有部分自理能力　C. 基本能够自理　D. 其他

15. 请问贵单位工作人员是否能满足开展工作的需要：

A. 基本能够　B. 基本不能够　　C. 视情况而定　　D. 说不清楚

16. 您认为处理开展流浪儿童教育业务的工作人员需要哪些在职训练？（可多选）

A. 个案研讨与管理　B. 督导训练　C. 方案设计　　D. 心理辅导技巧　　E. 团体辅导技巧　F. 精神疾病初步诊断　　G. 学习困难辅导　　H. 家庭访问技巧　I. 其他(请注明：_____)

17. 您认为针对流浪儿童，在救助中心应优先使用哪些方案协助他们？（可多选）

A. 课程辅导　B. 儿童的心理发展　C. 师生关系　D. 自我认识　E. 开发潜能 F. 亲子关系　G. 沟通技巧　H. EQ 情绪管理　I. 校园暴力处理　J. 如何认识毒品 K. 如何保护自己　L. 法律常识　M. 卫生保健　N. 其他(请注明_____)

18. 您认为贵机构在专业教育管理服务方面做得怎样？（请在对应的框内打"√"）

内容	很好	差不多	不好	尚未办理	未来加强重点是(请注明)
就学辅导					
生活辅导					
心理辅导					
追踪辅导					
其他服务					

19. 您在贵机构处理的流浪儿童当中，其反应（或语言或情绪反应）或行为的共同特征是什么？

_____

_____

20. 请问贵单位对已经开展的教育服务工作是否建立起了评价体系：

A. 已经建立 →

> 请问您认为该评价体系是否有效：
> A. 有效　B. 无效　C. 视情况而定

B. 正在酝酿

C. 近期不会考虑

21. 请问您对贵单位已经开展的教育服务的作用的评价是：

A. 有很大作用　B. 有一定作用　C. 作用不明显　D. 说不清楚

22. 请问您认为应该如何加强对流浪儿童教育的管理？

A. 加大相关法制的建设　B. 强调政府的角色　C. 引入非政府组织的作用　D. 说不清楚

23. 请问您认为当前开展流浪儿童教育服务的首要任务是什么？

A. 法律教育　　B. 健康教育　　C. 文化教育　　D. 心理辅导　　E. 其他（请注明_____）

24. 请问您认为当前的流浪儿童救助教育服务机构是否能满足需要？

A. 能　B. 不能　C. 视情况而定

25. 您认为发展流浪儿童教育的重要措施是（可多选）：

A. 开展社区教育服务　B. 继续发展传统的儿童福利院　C. 发展民营儿童服务机构　D. 其他（请注明_____）

26. 请问贵机构处理流浪儿童教育工作最大的困难是什么？

_____

_____

27. 除了救助中心之外，您认为流浪儿童救助教育职责的主要承担者（可多选）：

A. 政府成立的专门部门　B. 传统的儿童福利院　C. 社区服务机构　D. 公安部门　E. 民政部门　F. 就近的学校　G. 非政府组织　H. 其他（请注明_____）

28. 您认为流浪儿童教育资源的筹集途径主要有：

A. 立法推动　　B. 行政鼓励　　C. 允许非公企业将自己的赢利投入社会慈善性事业，这部分资金可以享受免税待遇　D. 鼓励各种慈善行为，包括企业或个人出资兴办机构、资助社区服务中心、帮助设立流浪儿童教育机构　E. 其他（请注明_____）

29. 请问本地是否已经出台了规范管理社会举办流浪儿童教育服务机构的法规或管理办法等有关的政策规定？

A. 是　B. 否

30. 请问本地是否已经具有社会力量举办的流浪儿童教育服务机构？

A. 是

B. 否 ——→ 请问您认为委托民间机构办理流浪儿童教育服务是否可能？

            A. 可能   B. 不可能   C. 说不清

31. 请您就本地流浪儿童救助教育的发展状况、规模及模式等，谈谈看法。

_____

_____

_____

_____

32. 请您谈谈在"人本主义"指导下，如何构建、完善流浪儿童救助教育模式。

_____

_____

_____

_____

_____

再次感谢您的合作！

任务评估

任务采用"课堂＋拓展"相结合的评估方式，课堂评估对标课程标准，重点评估知识、能力、素养目标的达成情况；拓展评估对标《市场、民意和社会调查要求》等国家标准及行业规范，重点评估实操技能、劳动精神、工作态度表现。具体操作可参照下表。

评估环节		评估内容	评估方式	评估目的
课堂教学过程评估（60%）	课前（15%）	线上课程资源学习	教学平台自动考核	重点考查学生知识理解和掌握情况
		课前任务	教师评估	重点考查学生技能掌握和应用情况
	课中（30%）	出勤情况	教学平台签到考核	重点考查学生学习态度和学习习惯
		小组讨论及展示	教师评估、组间互评	重点考查学生合作意识和展示能力
		课中任务	教师评估、自评、组间互评	重点考查学生能力和素养掌握情况
	课后（15%）	社会服务	教师评估	重点考查学生劳动精神和服务意识

续表

评估环节		评估内容	评估方式	评估目的
拓展训练 过程评估 （40%）	拓展 训练中 （30%）	拓展训 练任务	教师、行业导师 评估情况	重点考查学生工匠精神和实践能力
	拓展 训练后 （10%）	拓展训练报告	教师评估、 组间互评	重点考查学生总结反思和改进能力

任务习题

1. 联系实际，简述问卷法的主要特点。

2. 简要说明问卷的基本结构。

3. 问题和答案的设计各有哪些基本要求？

4. 如何提高问卷的回收率？

5. 联系实际，论述运用问卷法收集资料过程中的主要注意事项。

拓展训练

联系实际，运用相关知识，各小组围绕已经确定的选题，设计一份调查问卷。

信息化教学资源

1. 问卷法概述

2. 问卷的类型与结构

3. 问卷的设计（一）

4. 问卷的设计（二）

5. 问卷的发放和回收

任务 7
访问法

📖 任务描述

一位大学的教学干事就"新生入学后对学校教学的感受"这一课题访问一位大一学生。这位学生滔滔不绝地向他说了两小时，抱怨自己最近在一位老师那里受到的委屈。虽然，这些内容与她所希望了解的问题有所偏差，但是他无论如何"纠偏"，也无法把这位学生的思路拉到"正道"上来。这位教学干事的访问进行得顺利吗？为什么？在回答问题之前，我们先来了解一下什么叫访问？访问主要有哪些类型？然后知道我们在访问前需要做些什么准备工作？如何控制访问过程？最后了解访问法的优势和不足。

✓ 任务实施

一、任务目标

掌握访问法的基本类型和访问的步骤，能就某一话题与访问对象进行访问，并记录访问到的主要信息。

二、任务实施步骤

1. 教师带领学生确定 2～3 个访问主题；

2. 学生在课下以小组为单位，围绕选定的主题设计访问提纲和实施方案；

3. 各小组根据自己所设计的访问提纲和实施方案进行访问，并做好访问记录；

4. 各小组根据自己的访问记录进行归纳和整理，并在课堂上展示其访问报告，并对其加以分析，找出不足并加以修改完善；

5. 再次强调访问法的重要性、主要内容及其注意事项。

知识链接

任务 7-1　访问法及种类

一、什么是"访问"

顾名思义，访问就是一方就一个或一些问题向另一方寻访和提问，希望能够得到对方的一些相关信息，有助于自己对这些问题的深入了解。社会学辞典(2009)对访问的解释是：访问也叫访谈，是以交谈方式收集初级资料的一种方法，即调查者(也就是访问者)与被调查者(受访者)交谈，进行调查和收集资料的一种方法①。

(一)访问与日常谈话的区别

访问就是我们日常的谈话吗？答案是否定的。因为前者是一种有着特定目的和一定规则的研究性交谈，而后者则是一种目的性比较弱(或者说目的主要是感情交流)、形式比较松散的谈话方式。一般来说访问与日常谈话主要有以下几方面的不同。

1. 目的性的强弱不一样

日常谈话通常没有明显的目的性，或者说目的性不像访问那么强。在日常谈话中，虽然双方都有一些事情想谈，但不会直接对对方说："让我们来谈一谈某某事情吧。"而访问却有十分明确的目的性，交谈双方对这个目的都十分清楚。如一位辅导员对一位旷课的同学说："今天你怎么没来上课呀？有什么特别的情况吗？"这位辅导员就是通过访问来了解这位学生的旷课原因。

2. 重复次数不一样

在日常谈话中，交谈双方通常会有意避免重复，以免使对方感到自己没听清楚对方所说的话，或者使对方感到自己意思表达得不够清楚。比如，我们在日常谈话中很少会有人问："你刚才说的是什么事情呀？可不可以具体讲下？"但是，在访问中访问者却经常要求对方做这样的重复，以便了解事情的来龙去脉。

3. 详略程度不一样

在日常交谈时双方使用大量的简略语和参照物，彼此都认为对方对一些事情已经有所了解，不必详细介绍细节，对方自己会在脑子里对这些细节加以补充。如老板问一位下属："事情办好了吗？"这里的"事情"是双方都知道的事情，但对于旁听者而言就是云里雾里。而在访问时，访问者通常要求对方详细说明细节，举例说明自己的观点，通常是越具体、越明确越好。

4. 语言轮换不一样

在日常交谈中，双方的语言轮换是平等的，交谈双方以几乎同样的频率问对方问题，一方问(或者回答)了一个问题以后，往往等待对方回答(或者问)下一个问题。如我们熟人见面一般会问："今天你过得咋样？""还好吧，你呢？"而在访谈中，轮换规则是不平等的，通常访问者提的问题比较多，而且主要是由访问者挑起新的话题。

因此，访谈是一种与日常交谈明显不同的谈话方式。它具有一定的目的和形式，交谈双方的地位和权力也不一样。访问这一形式本身使访问者有权力控制双方的交谈方式，包括交谈的内容、谈话的风格以及信息的类型和容量等，而受访者则是访问信息的主要提供者。

(二)访问的要素

一次访问一般需要有访问者、受访者、访问的内容，以及访问的时空场景。访问者是这次访问的发起者和组织者；受访者是访问的对象，以及获取资料的主要来源；访问内容不仅包括访问者与受访者的语言交流信息，也包括非语言信息，如衣着神情等；不论什么样的访问形式，都需要在一定的时空场景下进行访问，这样的场景可以是直接

---

① 邓伟志．社会学辞典．上海：上海辞书出版社，2009．

的(面对面访问),也可以是间接的(电话访问),可以是封闭的,也可以是开放的。

(三)访问的功能

访问的功能很多,陈向明(2000)将其归纳为以下六个方面①。

1. 了解受访者的所思所想,包括他们的价值观念、情感感受和行为规范。

2. 了解受访者过去的生活经历以及他们耳闻目睹的有关事件,并且了解他们对这些事件的意义解释。

3. 对研究的现象获得一个比较广阔、整体性的视野,从多重角度对事件的过程进行比较深入、细致的描述。

4. 为研究提供指导,事先了解哪些问题可以进一步追问,哪些问题是敏感性问题,需要特别小心。

5. 帮助研究者与被研究者建立人际关系,使双方的关系由彼此陌生变成相互熟悉、相互信任。

6. 使受访者感到更加有力量,因为自己的声音被别人听到了,自己的故事被公开了,因此有可能影响到自身文化的解释和重构。

二、访问的类型

社会科学研究中的访问法可以分成很多种类型,依据分类的不同标准而有所不同。就研究者对访谈结构的控制程度而言,访问法可以分为三种类型:封闭型、开放型和半开放型。这三种类型也分别被称作"结构型""无结构型"和"半结构型",也就是我们所说的结构式访问、无结构式访问和半结构式访问,结构式访问按照研究者事先设计好了的、具有固定结构的调查问卷进行访问,无结构式访问则只是给出一个或几个主题,让受访者针对主题进行自由的谈论,访问者只是起到一个辅助的作用,而半结构式访问则是访谈者事先列出一个访谈提纲,受访者根据提纲积极参与到访谈中来。接下来将详细介绍结构式访问与无结构式访问。

(一)结构式访问与无结构式访问

1. 结构式访问②

结构式访问也叫标准化访问,它是由访问者以事先准备好的高度结构化或标准化的调查提纲或者问卷,按照既定的程序逐项向被访问者询问的访谈方式。这种访问的对象必须按照统一的标准和方法选取,一般采用概率抽样。访问的过程也是高度标准化,即对所有被访问者提出的问题,提问的次序和方式,以及对被访问者回答的记录方式等是完全统一的。为了使这种统一性得到保证,通常采用事先统一设计。访问中所有调查人员都必须严格按问卷上的问题发问,不能随意对问题作解释,当被调查者表示不明白时,只能重复一遍问题或按统一的口径进行解释。通常这种类型的访问都有一份访问指南,其中对问卷中有可能发生误解问题的地方都有说明,这些说明规定了访问者对这些问题解释的口径。结构式访问的结果便于量化,方便做统计分析,能最大限度地减少访问过

---

① 陈向明. 质的研究方法与社会科学研究. 北京: 教育科学出版社, 2000.

② 袁方. 社会研究方法教程. 北京: 北京大学出版社, 1997.

程中存在的人为误差，回收率和有效率高。但是它对于敏感性、尖锐性和个人隐私性问题，效度不高，也不利于访问人员主观能动性的发挥，访问容易流于形式，表面应付。

2. 无结构式访问

无结构式访问又称非标准化访问，访问者不使用或者只是用简单的访问提纲，就某些研究的问题和被访问者自由交谈。特点是交谈自然，被访问者可以随意提出自己的意见，有利于深入了解多方面情况。与结构式访问相比，无结构式访问弹性大，能充分发挥访问者和被访者的积极性，也能对问题进行全面、深入的了解。但是它比较费时费力，访问的规模受限，对访问员的要求比较高，同时访问的结果也难以定量分析。无结构式访问可以根据访问实施方式的不同，分为重点访问、深度访问、客观陈述法、座谈会等子类型。

(1)重点访问

重点访问又称作焦点团体访谈，即将一些具有同类社会身份的人聚集在一起，请他们就同一个主题进行交谈，通过观察不同参与者之间的言谈互动，获得所需要的研究资料(R. Merton & P. Kendall，1946)①。重点访谈起源于社会学的群体访谈和历史学中的口述史研究。口述史是一种用口头叙述记录历史的方法，主要用来了解参与者对事件的描述和解释。这种方法特别适合以下两种情况：一是参与研究的人属于没有书写能力的弱势群体，他们的声音很难被正统的历史文本记录下来；二是有关某研究课题的历史文献比较缺乏，需要研究者自己到实地去收集资料。

重点访问法的重点不是指对调查对象的重点挑选，而是访问所侧重的内容，它的具体做法如下：首先选择一定的情境，并把调查对象安排到这一预先设置好的情境中去，例如，让他们看一场战争题材的电影，听一段流行音乐，参加一次心理实验或者阅读一篇文章，或者选择那些曾经经历过这种情境的人作为访问对象。然后对他们进行访问，调查他们在情境当中的主观经验，即个人对情境的认识与解释，这种主观经验即是重点访问的重点所在。

著名的社会学家默顿(R. Merton)就是开始使用这种方法对政府发放战争宣传品的效果进行检验。他们首先将一些具有同类社会身份的人聚集在一起，请他们就某类战争宣传品对他们个人和家人的影响进行讨论并观察不同参与者对同一主题进行交谈，他获得了个别访谈所不能得到的看待问题的多种角度、参与者之间的相互纠正以及他们之间的互动信息。因此，默顿认为，一个成功的重点访问应该达到以下几个方面的效果：一是能够让所有参与者都积极参加讨论，就有关议题激发出最大范围的反应；二是参与者相互之间进行平等的对话，不频频向研究者(只是一个组织者、中介人和辅助协调者)寻求批准和支持；三是参与者的反应生动、具体，具有一定的深度，反映了他们自己对有关议题的感受、认知和评价，而不是停留在抽象、笼统的概念层面；四是参与者的谈话内容反映了他们个人生活经验以及他们亲身经历过的有关事件的情境脉络，参与者能够在自己过去的经历和现在自己的反应之间建立联系。

重点访问是无结构式访问的一种形式，它具有个人访问所没有的一些特点和作用。

---

① Merton, R. K. & Kendall, P. L. The Focused Interview[J]. *American Journal of Sociology*，1946(51)：541—557.

作为一种特殊的研究手段，它可以帮助研究者了解一个特定的人群在集体场合思维、表达、交流和建构知识的方式。群体成员聚集在一起进行交谈这一形式本身就为研究者提供了一个观察他们互动的绝好机会。因此可以和个人访问等其他访问形式结合使用。

（2）深度访问

深度访问又称临床式访问，即通过深层追寻探究受访者的内心世界。访问者可以事先确定访问的要点，然后在与受访者自由交谈中努力捕捉时机，把问题引向深入，以了解受访者内在的动机和情感，以及对具体事实的真实态度和看法。深度访问最初常用于个案工作的调查、囚犯或者精神病人的调查，其目的是做出临床诊断，挽救罪犯和治疗患有精神及心理疾病的人，后来广泛用于对一般的个人生活史及有关个人行为、动机、态度等的深入调查中。

生活史研究是深度访问的一种主要形式，它是一种对人们的生活经历进行详细了解和分析的研究方法。通过采用访问、观察或由被研究者自己写自传等方式，对某一社区或某一群体中的全部或部分个体的生活经历进行详细的了解，如实记录下研究对象生活经历中各方面的情况，然后将不同个体的生活史进行统一整理和归纳，找出共同点和不同点，并找出其中典型的个案作为描述和解释的例证，以此来反映这一群体的社会生活状况以及他们心理、思想、态度和观念等。我国老一辈社会学家严景耀在撰写其博士论文——《中国的犯罪问题与社会变迁的关系》时就使用了这一方法进行案例分析；陈达教授在 1946 年研究上海工人生活时，通过访问 200 多位工人而得到他们的生活史记录。美国社会学家 W. 托马斯和 F. 兹那尼茨基利用一些在美国的波兰青年的信件，完成了《欧洲和美国的波兰农民》巨著。

深度访问与重点访问相似，都是一种无结构式访问，它选取研究问题的某些方面向调查对象提出问题，深度访问是机动的或者是结构松散的，并且允许在访问中对一些意外的因素进行充分探索和深究，从而获得某种重大发现，取得研究上的突破。

（3）客观陈述法

客观陈述法又可以称作非引导式访问，它是指访问者鼓励受访者对他自己和周围的社会先做一番考察，再把自己的信仰、行为，以及他所生活的社会环境客观地陈述出来的一种访问方法。例如，我们在进行大学生就业影响因素分析时可以问道："根据您的观察和了解，您认为大学生就业时用人单位最看重哪些条件？为什么您会这样认为？"在这类访问中，访问者基本上是一个听众，他所有提问几乎完全依赖于尽可能中立的插问，如"为什么""是吗？"等。这类访问意在避免访问员的主观因素对受访者的影响，使回答者能够自由地谈出或者流露出其最深层的思想感情。

客观陈述法是一种能够让被访问者发表意见的方法，一种能够使研究者直接接触受访者的信念、价值观或动机一类抽象概念的方法。它常用于了解有关个人、组织、团体的客观事实及访问对象的主观态度。

（4）座谈会

座谈会就是我们通常讲的调查会，它是一种无结构式的集体访问，即将受访者集中起来就某个访谈主题共同进行讨论。座谈会的最大特点是访问过程不仅是访问者与受访者的社会互动过程，也是调查对象之间的社会互动过程。因此，访问者不仅要组织好访问者与受访者之间的互动，还要组织好受访者之间的互动，这就需要访问者有更熟练的访问技巧和组织会议的能力。

座谈会是一种圆桌会议，通常以 6～10 人为宜，参会人员应以研究目的的不同而做不同的选择，但要具有代表性，了解情况，敢于发言，并且最好是相互信任，有共同语言的人。座谈会可以采取两种方式进行：一种是所谓的"头脑风暴法"，即会议主持者不说明会议的明确目的，而只是就某一方面的总议题请到会人员自由发表意见，会议主持者不发表意见，更不对别人的意见内容提出评价；另一种是方式是"反向头脑风暴法"，即会议首先列出某方面的问题，参与者不仅自己发表意见，而且必须针对别人的意见展开批判与评价，以寻求解决问题的途径。

由于座谈会是同时访问若干人，因而能够节省人力和时间，资料获取广泛。但是也容易产生一种"团体压力"，使个人顺从多数人的意见，而不敢发表不同的看法。相对个别访谈而言，难以深入了解。

（5）无结构式访问与个案研究

无结构式访问弹性大，能充分发挥访问者与被访问者的积极性。访问者能够对问题作全面、深入地了解。

个案研究也是无结构访问的一种重要类型。"个案"一词来源于医学、心理学和法律研究，即个别病例或案例。社会学上的个案可以是个人、团体、组织、社区或者社会，通过详细调查与研究这些个案，了解个案所属整体的情况。对个案进行分析一般采用以下两种形式：一是描述和解释这个个案，提供有关当前的状况和它不断运行的动力的信息。这种分析可称作列举性分析。它利用一般规律或规则进行特殊个案分析，即用一个已知的概括做出一个特殊的分析。二是通过单个个案的分析，发展出经验的概括或理论，不是以个案去发现它作为一个系统的有关的一切，而是把它作为理论建构的经验基础，是用特殊个案发展一般的陈述。前者最著名的研究是马克斯·韦伯的《新教伦理与资本主义精神》，用新教的伦理价值观与其教徒的禁欲主义行为之间的关系来解释资本主义的起源。后者著名的例子就是罗伯特·米歇尔斯的《政治党派》，以德国社会主义政党为例，认为所有的政党都会走向寡头制度。

个案研究能够从个案的详细描述与分析中发现影响事物的主要因素（变量）及其作用，从而导致假设的形成，并找出群体或类型的详细资料。它的最大优点就是对于个案的社会背景可以有深入全面的把握。[①]

（二）其他的分类

除了按照结构分类外，还可以根据访问的正式程度、接触方式、受访者的访问人数及访问的次数来进行分类（Bernard，1988）[②]。

1. 按照正式程度，访问可以分为正式访问与非正式访问

前者是指访问者与受访者双方事先约好时间和地点，正式就一定的问题范围进行交谈；后者则是访问者根据受访者日常生活的安排，在与对方一起参加活动的时候根据当

---

① 袁方．社会研究方法教程．北京：北京大学出版社，1997．

② Bernard，H. R. Unstructured and Semistructured Interviewing. Research Methods in Cultural Anthropology. Newbury Park：Sage，1988．转引自 陈向明．质的研究方法与社会科学研究．北京：教育科学出版社，2000．

时的情形与对方交谈。

2. 根据访问者与受访者双方的接触方式，访问可以分为直接访问与间接访问

直接访问就是访问者与受访者一起坐下来，进行面对面的交谈；而间接访问则是访问者与受访者事先约好时间，通过电话等通信工具进行访谈。

3. 根据受访者的人数，访问还可以分为个别访问与集体访问

个别访问通常就是一名访问者与一名受访者一对一地交谈；集体访问则是 1～2 名访谈者同时对一群人进行访谈，通过群体成员相互之间的互动对研究的问题进行探讨。焦点团体访谈就是一种最常见的集体访谈形式。

4. 根据访谈的次数，访问也可以分为一次性访问与多次访问

一次性访问通常内容比较简单，主要以收集事实性信息为主；多次访问则通常用于追踪调查，或深入探讨某些意义类问题。美国学者塞德曼（Seidman，1991）认为，如果要就有关问题对受访者的经历和看法进行比较深入的了解，起码需要进行三次访问：第一次访问主要粗略地了解一下受访者过去的经历，访谈的形式应该绝对开放，以受访者自己讲故事的方式进行；第二次访问主要就研究的问题询问受访者目前有关的情况，着重了解事情的有关细节；第三次访谈主要请受访者对自己的行为意义进行反省和解释，重点在认知和情感层面对受访者的反应进行探讨，在受访者的行为、思想和情绪之间建立一定的联系①。为了不断延续对江苏吴县（现江苏省苏州市吴江区）开弦弓村（学名江村）的研究，我国当代的著名社会学家费孝通先生对江村进行了 26 次走访，足见多次访问对于社会研究的重要意义。

因此，访问的类型多种多样，而且各有各的特点，我们在选择访问类型时应该根据研究的问题、目的、对象、情景和研究阶段的不同而有所不同，在必要的时候还可以将不同的访问类型结合起来使用。

任务 7-2　访问的技术与程序

一、访问的技术

访问法是一种对技术要求比较高的研究方法，访问技术掌握得好坏，直接影响访问获取资料的优次，也反映出访问调查的成功与否。以下将介绍访问的提问、引导、追问、倾听、回应、拒答处置等技术。②

（一）访问提问技术

提问是访问调查的主要手段，提问成功与否是访问能否顺利进行的关键，访问的技术首先是提问的技术。

1. 灵活提问

要使访问顺利进行，灵活提问非常重要，访问所提的问题主要有两大类：一是实质

---

① Seidman, I. T. Interviewing as Qualitative Research: A Guide for Researchers in Education and the Social Science. New York: Teachers College, 1991. 转引自陈向明. 质的研究方法与社会科学研究. 北京：教育科学出版社，2000.

② 周德民. 社会调查方法教程（第 2 版）. 北京：中国劳动社会保障出版社，2013.

性问题，二是功能性问题。所谓实质性问题，就是根据访问调查所要了解的实际内容而提出的问题，包括访问对象的客观事实、行为和行为趋向、主观态度、建议性等问题。所谓功能性问题，则是指在访问过程中，有利于创造访问气氛、消除被访者拘束感，或者顺利实现从一个话题转向另一个话题的问题。这类问题包括：为了与被访者接触而提出的接触性问题，用于转换话题而提出的过渡性问题，用于验证有关问题的回答是否可靠而提出的检验性问题等。在访问过程中，灵活地运用各种功能性问题有利于促进访问的顺利进行。

2. 方式适合

提问的方式多种多样，诸如开门见山、投石问路、顺水推舟、顺藤摸瓜、借题发挥、竹笋剥皮、一竿到底、循循善诱等，究竟采取何种方式提出问题，应根据被访者的具体情况和双方之间的关系，以及问题本身的性质和特点，随机应变，其目的是使访问在平等友好的气氛中进行。对于一些比较简单，被访者容易回答的问题，可以开门见山，直接提出；对于比较复杂、敏感，被访者有所顾忌的问题，应该采取谨慎与委婉的方式提出；访问双方初次接触时，提问的方式要耐心谨慎，而对于比较熟悉的被访者，则可以直率地进行访谈；对于文化程度较低、理解能力较差的被访者，提问时要耐心解释，循循善诱，逐步深入。

3. 态度中立

访问提问时，不要给被访者任何暗示，访问者对所提的问题始终要保持客观、公正的立场。对于一切有争论、有不同看法的问题，访问者都应该持中立的态度，而不能有倾向性的表示，以免影响被访者的思路，造成对被访者回答的诱导，导致被访者迎合或者取悦访问者，使得访问资料失真。

4. 焦点集中

在正式提问过程中，访问人员应该尽可能减少题外话，提问要把握方向和主题焦点，通过提问将双方的注意力集中在访问主题上，以便在较短的时间内顺利完成访问任务，不至于因访问时间过长，使被访者对访问感到厌烦。

5. 语言通俗

访问提问时，应该使用被访者易于理解并乐于接受的语言。即要做到"一短三化"。"一短"指提问的语言尽量简短，一个成功的访问，应是用简短的提问换回充分的回答，"三化"是指提问的语言应该尽量口语化、通俗化和地方化。使被访者能够听懂、理解。

6. 语气恰当

访问者应针对不同的被访对象及不同的访谈场合，灵活使用不同的语气。比如，对老年人说话音量要放大，速度要放缓；对孩子应该使用浅显的语言、亲切的口气；对反应快的人应该单刀直入、尖锐地提问，要激起对方的热情，语调要抑扬顿挫，节奏明快；需要打消对方疑虑时，节奏要放慢，语调深沉、表情严肃、真诚。访问一般采取"闲谈"或者"拉家常"的方式，切忌以"审问式"的方式提问，不然就会让被访者反感，不利于访问的顺利进行。

(二)访问引导技术

引导与提问不同。前者不是提出新问题，而是帮助被访者正确地理解和回答已经提出的问题，目的是使被访者能够正确理解问题，并能准确、真实、全面地回答所提出的问题。访问者在访问过程中进行引导的时候，要掌握一定的时机。一般而言，可以采取以下几种引导技术。

1. 复述问题引导

当受访者没有听清楚访问者所提的问题时，此时访问者应该要用对方听得懂的语言将问题再次复述一遍。如"我想您可能没有听清楚我刚才提的问题，我再说一遍……"。

2. 解说问题引导

当被访者对所提出的问题不理解、答非所问、文不对题时，访问者应该用对方听懂、听得明白的语言进行解释或说明，排除干扰和障碍，使访问调查能够按计划顺利进行下去。

3. 消除顾虑引导

如果被访者因各种原因有思想顾虑，访问者就应该摸清其顾虑所在，然后对症下药，消除被访者的顾虑，使访问持续进行下去。如"关于这个问题，我们绝对保密，请您放心地谈"。

4. 回归问题引导

如果被访者的谈话内容远离主题，口若悬河，访问者就应该采取适当的方式，有礼貌地将话题引导到正题上来。如"您刚才谈了许多有关这方面的问题，很好，现在请您再谈谈另外一个问题"。

5. 帮助回忆引导

如果被访者遗漏了问题的某些具体情况，一时间想不起来，访问者就应该从不同角度、不同方面帮助对方回忆。如"当时除了你之外，还有谁和你在一起呀？"

6. 中断回忆引导

如果访谈过程被迫中断，重新开始，访问者应该简略回顾前面谈话的内容，复述尚未回答的问题，引导出接下来要谈的话题，使访问能够继续下去。

(三)访问追问技术

追问不同于提问和引导，它是为了促使被访者真实、具体、准确、完整地回答问题，而进行的更深入、更具体、更完整的提问。

1. 追问情形

一般来说，追问主要应用于以下情形：①回答不实，当被访者的回答明显不真实、没有吐露真情的时候要进行追问；②回答不一，当被访者的回答前后不一致、自相矛盾的时候要进行追问；③回答不准确，当被访者的回答过于笼统、不够准确的时候要进行追问；④回答不完整，当被访者的回答不够全面、不够完整和不够具体的时候也需要追问。总之，当被访者的回答没有达到预期的访问目的时，就需要进行适当的追问。

2. 追问方法

追问的方法有许多种：①正面追问，即直接指出回答不真实、不具体、不准确、不完整的地方，请被访者补充回答；②侧面追问，即换一个不同的角度、侧面或提法，来追问相同的问题；③系统追问，即系统地追问事件发生、发展的时间、地点、人物、原因、结果等；④补充追问，即只问那些没有搞清、需要补充回答的问题；⑤重复追问，即重提一句得到回答的问题，以检验前后回答的一致性；⑥反感追问，即"激将"追问，对于被访者说谎，只要不会激起被访者反感从而不能得到必需的资料时，访问者使用反感追问是允许的、适宜的，但反感追问不得滥用，访问者应尽量与被访者保持和谐友好的访问气氛。总之，不管采取哪种追问，只要能够促使被访者更真实、更具体、更准确、更完整地回答了问题，就算达到了追问的目的。

3. 追问要求

追问主要有两个要求：一是追问要适时，一般而言，追问应该放到访问的后期进行，这是因为追问是一种比较尖锐的访问形式，搞不好就会妨碍整个访问过程的顺利进行。因此，在访问过程中，应该先将一般性问题搞清楚，把需要追问的问题记录下来，留到访问后期去追问；二是追问要适度，一般来说，追问不应该伤害访问者与被访者之间的感情，如果访问气氛紧张，应该缓和一下气氛，再进行追问，这样就不会给以后的访问留下无法弥补的隐患。

（四）访问倾听技术

一位优秀的访问者不仅要善问，还要会听。所谓会听，就是有效率地听，是对被访者回答结果的直接而有效的接收。要做到有效率地听，必须尽量做到以下两点。

1. 消除无效的听

所谓无效的听，是指访问者听是听了，但大部分内容没有听进去，或听了很快就忘了，或不能正确理解内容的意义的情况。造成无效的听的原因有多种：一是不愿意认真地听，访问者由于不喜欢被访者的衣着打扮或态度，而不能或者不愿意认真地听；二是不客观地听，访问者由于对被访者或者对其回答已经做出了主观判断，而不能客观地听；三是不积极地听，访问者听取回答的需求不旺、兴趣不浓、情绪不好，因而不能积极地听；四是不专注地听，访问者由于过度疲劳，或者在想自己的事情，而不能集中精力地听；五是不耐烦地听，访问者由于谈话时的不良习惯，如习惯打断对方讲话，或给予发表意见，而不能够耐心地听；六是不正确地听，访问者与被访者之间由于对同一概念、同一说法的理解不同而不能正确地听。此外，由于访问者思想开小差，或者被访者的地方语言，或者周围环境干扰太大等因素，均会影响访问者听取访问信息，获得真实的访问结果。

2. 采取有效的听

所谓有效地听，是指访问者在听的过程中能够主动捕捉有用信息，正确理解和处理信息，并能够采取各种方法记忆有用信息，对存疑信息做出反应。有效地听需要做到以下几点。

一是有效地听，要有正确的态度。为此：一要认真。要聚精会神，要边问、边听、边记，不要一心两用，心不在焉。二要虚心。对被访者的回答，懂就是懂，不懂就是不懂，绝不能装懂，不懂应该及时提出来；被访者回答不全或不对时，应该采取适当的方式予以解释和引导。三要积极。访问者要将注意力放到被访者身上，目光、神情、姿态要倾注于被访者，给予被访者极大的真诚的关注。

二是有效地听，要积极地探询。访问者应该主动接收和捕捉被访者发出的信息，探询他们所说语言背后的含义，积极地与对方进行对话，与对方进行平等交流，共同建构新的"现实"。

三是有效地听，要有感情的投入。访问过程不仅是信息交流的过程，而且是感情交流的过程。因此，访问者应该很好地把握态度、情感在访问过程中的应用。访问时，如果访问者态度冷淡，被访者会不由自主地压抑自己的情感，若访问者对被访问者的情感流露无动于衷，被访者可能就会对访问者产生不满，甚至停止倾诉。因而，访问者对被访问者的谈话应该有情感流露，能够接纳被访者所有的情感反应，与被访者同欢喜、共悲伤。

(五)访问回应技术

回应是访谈者对被访谈者的回答做出恰当的反应。恰当的回应是保证访谈过程正常进行的必要条件，也是有效听的必要条件。回应方法有两类：一是无反射回应，包括聆听、等待；二是有反射的回应，包括认可、概述、坦诚等。

1. 聆听

聆听，即对被访谈者的回答不轻易插话、不干扰、不表态，不随便打断被访谈者的谈话，而是专心地听、静静地听，做到边听、边记。当被访谈者正努力回忆、积极思考时，或在几种可能性中做出选择时，或在谈兴正浓又与访谈主题一致时，最好静静地听。此时的静听，实际上是告诉被访谈者可以慢慢地回忆、思考、选择，让其继续讲下去。

2. 等待

等待，是指当被访谈者在谈到某一问题时突然沉默，这时访谈者应该耐心等待，不要为了打破沉默立刻插话，因为这时很可能是被谈访者需要一定的时间思考问题，搜寻所谈事情的某一线索，或正在考虑用什么方式将自己的想法说出来。

3. 认可

认可，是指访谈者听见了被谈访者所说，希望其继续讲下去。认可，可以采取言语行为，即不断地用"好""对""嗯"等语言信息表示；也可用非语言行为，即用点头、微笑、肯定的目光、手势等非语言信息鼓励对方继续谈下去。认可，会使被访谈者感到所谈内容已被访谈者接受，因而愿意继续讲下去。

4. 概述

概述，是访谈者将被访谈者所说的话，进行简略的归纳、概括。一般而言，当被访谈者回答过于零散时，概述可以检验访谈者的理解是否正确；当被访谈者回答过长时，概述可以帮助被访谈者厘清思路，使其继续谈下去。

5. 坦诚

坦诚，是指访谈者对被访谈者所谈内容就自己相同相似的有关经历，以适当的方式表露出来。如"我也有过类似的经历……"。访谈者适时适当地将自己的情况坦诚地表露出来，可以拉近自己与被访谈者之间的距离，使访谈关系变得比较轻松、融洽，访谈更具合作性和互动性。

(六)访问拒答处置技术

在进行访问时，可能会出现被访问者不配合、拒绝回答的情况。这时，需要认真分析和研究被访问者不合作的原因，然后有针对性地采取相应的处理方法，尽量争取对方的合作。

首先要了解不合作的原因，主要有以下几种：一是访问问题的原因，例如，被访问者对所访谈的问题不感兴趣，认为问题即使被访问调查清楚了，也解决不了问题；或者是访问的问题涉及自身或者他人利益，害怕访问结果对自己产生不利的影响，引起不良的后果等。二是访问人员的原因，比如，被访问者认为访问者人微言轻，不相信其具有调查和解决问题的能力；或者是访问者在某些方面引起了被访问者的反感，因此不愿意回答问题。三是被访问者自身的原因。如有些被访问者可能对访问内容不很了解，或者漠不关心，或者是对被调查的问题心中有鬼，不愿暴露，等等。

了解到了具体的原因之后，访问者就可以采取针对性的措施。对于访问调查存在的问题，访问者首先要耐心做好被访问者的各项思想工作，特别是要反复宣传和讲解访问调查的目的、意义，以及调查工作的保密原则和保密措施，消除被访问者的顾虑。其次，访问者要认真检查自己的言行举止，通过实际行动来取得被访问者的信任和支持，若发现被访问者对访问者个人有反感，可换一个访问者去。最后，如果实在不能在被访问者那里打开突破口，访问者可以通过其他一些熟悉情况的人来回答问题，或者通过当地干部或有关部门的协商，采取一定措施，使被访问者能够接受访问。

二、访问的程序

访问是一种社会交往过程，访问中访问者与受访者之间形成了一种社会互动关系，访问资料正是通过这种社会互动得到的。但是进行一项成功的访问研究也绝非易事，因为访问需要不同的访问程序和访问技巧。一般而言，一项访问研究的开展通常包括以下四个程序：一是访问准备，二是进入访问，三是访问控制，四是结束访问。每一个程序都会有相应的访问内容，访问技巧以及需要注意的事项。[①]

(一)访问准备

在准备访问前，我们需要做一些必要的准备工作，这通常包括确定访问的主题，抽取访问对象，设计访谈提纲、与受访者建立访问关系、协商访问时间和地点等。

1. 确定访问的主题

访问主题通常就是我们要研究的主题。假如我们要研究大学生的家庭背景对其就业的影响，那么访问的主题应该是大学生在找工作时，家庭背景对其就业的具体影响，如工作单位和工作地点的选择，找到工作的难易程度等。

2. 选择访问对象

选择访问对象，通常受两个方面因素的影响：一是访问的主题，如大学生就业的例子，必须要选择大学毕业生作为研究对象，而不是选择中学生，或者选择大一、大二的学生。二是访问的类型，研究所采取的不同访问类型，对访问对象的选择不太一样。如对大学毕业生采用结构式访问的话，我们就要严格按照抽样的原则来确定需要调查和访问的大学生人数，以及具体访问哪些大学毕业生。

3. 设计访谈提纲或问卷

访谈提纲一般是粗线条的，列出访问者认为在访问中应该了解的主要问题和应该覆盖的内容范围。访谈问题与研究问题不一样，后者是从研究的现象提炼出来的、研究者尚有疑问的问题，而前者是为了回答后者的问题。因此，提纲中的访谈问题应该明白易懂、简要具体、具有可操作性。一般一页纸，10个问题左右。

---

① 袁方．社会研究方法教程．北京：北京大学出版社，1997.

4. 确定访问的时间和地点

一般来说，访谈的时间和地点应该尽量以受访者的方便为主。这样的话，一是表示对受访者的尊重，二是为了使受访者在自己选择的地点和时间里感到轻松、安全，可以比较自如地表现自己。

研究者在与受访者初次接触时，还应该就访问的次数和时间的长短与对方进行磋商。一般而言，一个比较充分地收集访谈资料的过程应该包括一次以上的访谈；每次的访谈时间应该在 1~2 小时。访谈时间最好不要拖得太长，不然会让受访者产生不满情绪，不利于今后进一步与受访者合作。如果受访者确实有事，或者不愿意接受访问也需要尊重其本人的意愿。

(二) 进入访问

"进入访问"是访问的开始，需要接近受访者，并与受访者建立融洽的访谈关系。接近受访者需要事前与对方取得联系。可以向当地政府部门或单位开具介绍信，请求对方的支持与合作，再让对方联络受访者；也可以通过寻找当地的熟人，让其进行引荐自己到受访者那里；当然也可以直接与受访者接洽，但是这样的话会比较唐突，可能会使受访者拒绝或者搪塞。在见到受访者时，我们首先要进行自我介绍，然后说明来访的目的以及为什么要进行此次研究，请求他的支持与合作。访谈成功与否在很大程度上取决于访问者与受访者之间的关系，而访谈关系的建立与保持又在很大程度上取决于双方就有关事宜达成的共识。访谈者在访谈之前就应该向受访者介绍自己和访谈的目的，并就语言的使用、交谈的规则、自愿原则、保密原则和录音等问题与对方进行磋商。征得受访者的同意后才能进行访谈。

举一个进入访问的例子。2012 年寒假，我准备调查邻村独居老人的生活状况。在去调查之前，我爸给我提了一个很好的建议。他首先让我去找邻村的春木叔。春木叔是我爸的好友，又是邻村人，在村里也有些威望。让春木叔带着我既能熟悉邻村环境，找到老人的住所，又比较容易让老人接受我的访问。其次，要带上一两包烟。农村里，与人搭话，找人做事都需要拿烟去办才妥当。我带上两包好烟和自己准备的访问提纲就去邻村找春木叔了。来到春木叔家，我先说明了来意，然后让他推荐我到他家屋后的邻居家里去访问。有了春木叔的帮助，我很快访问完了他们村里所有的独居老人，获得了宝贵的第一手研究资料。

(三) 访问控制

在访问的过程，是访问者提问与受访者回答的互动过程，提问的恰当与否、反应的及时与否也是访谈能否顺利进行的一些关键因素。除此之外，对访谈产生影响的还有访问双方的非语言行为，如外貌、衣着、打扮、动作、面部表情、眼神、人际距离等。

1. 提问控制

(1) 题目转换

如果在访问中，访问者连续提出一系列与其工作活动有关的问题，随后又提出一些毫无明显联系的家庭关系和朋友关系问题，那么这种从一个题目突然转向另一个题目的做法会使受访者因为毫无准备而产生困惑。因此，为了防止出现类似的情况，访问者可以用一些过渡功能性问题来使谈话保持连贯与自然。例如，在从工作问题转向家庭关系问题时，就可以问"您的工作真忙，回到家里可以轻松一下了吧?"

如果受访者在访谈时跑题了，这时访问者需要进行引导性提问，使其回到原来的主题上来。第一种方法是归纳法，即将受访者谈得漫无边际的情况加以归纳。如"您刚才谈的是某某问题，很好，现在请您再谈谈××问题。"第二种是提要法，即从受访者所谈的不着边际的材料中，选取一两句跟正题有关的话进行提问，如"您刚才谈的××问题，是怎么一回事?"第三种方法是以动作转换话题，当对方把话题扯远了，可以给他送水递烟，中断谈话，当谈话重新开始后，可提出新的问题请他回答，不知不觉改变话题。

(2)对问题的追问

当受访者对问题的回答含糊不清、前后矛盾或者不够完整时就需要追问。追问就是指访问者就受访者前面所说的某一个观点、概念、语词、事件、行为进一步探询，将其挑选出来继续向对方发问。追问的一个最基本的原则就是使用受访者自己的语言和概念来询问受访者自己曾经的看法和行为。比如，访问者在倾听了一位教师对自己教学经验的介绍以后，发现对方提到了"发现型学习"这个概念很有意思，希望进一步了解，于是就可以追问被访者:"您刚才使用了'发现型学习'这个词，请问这个词是什么意思?"我们在追问时也要注意追问的时机和度，一般来说，追问不要在访问的开始阶段就频繁进行，不然将引起受访者的反感。并且在追问的同时还要考虑受访者的感情、访问者本人与受访者之间的关系以及访谈问题的敏感程度。

(3)合适的发问与插话

在访问过程中，如果受访者只讲他们的外在活动而不讲内在动机、当时的想法等，这时就需要访问者发问，如"您当时是怎么想的?"，有时为了鼓励受访者，特别是那些不善于讲话的人，访问者就要插几句鼓励或者是对刚才的谈话满意的话。当受访者对其过去的经验不能清楚地回忆时，可以提一些补充问题帮助他回想，有的插话与提问则完全是为了消除受访者的访问疲劳。

(4)提问的注意事项

访问者在提问时，需要注意以下几点:第一，始终保持中立态度，避免倾向性，不要对回答者进行诱导;第二，把握方向及主题焦点，尽量减少题外话，以便集中注意力讨论重要问题;第三，注意时间上的顺序，特别在研究变迁问题时，事件先后发生的顺序非常重要;第四，使用语言越简单越好，不要不着边际，也不要用带有感情的字眼，如先进、落后、自由、保守等;第五，根据受访者的特点，灵活掌握问题的提法与口气，例如，访问对象是孩子时，就应该用浅显的语言、亲切的口气，而如果是老人就要放慢语速。

2. 倾听原则

在访谈中，如果说"问"是访问者所做的最主要的有形工作，那么听则是其最主要的无形工作。因为只有在"听"的过程中才知道如何去"问"，它决定了"问"的方向和内容。不论是在行为层面、认知层面，还是在情感层面，都需要积极地去倾听受访者。同时还要把握两条重要原则:一是不要轻易打断受访者的谈话，等到告一段落再进行追问;二是容忍受访者的沉默，判断其沉默的原因，然后再根据具体情况做出相应的回应。

3. 回应准则

在访谈中，访问者不仅要主动提问题、认真倾听，而且还要适当地做出回应。回应的目的是使自己与受访者之间建立一种对话关系，及时将自己的态度、意向和想法传递给对方。回应包括言语反应和非言语反应。前者如"嗯""对""是的""是吗""很好"等言语，后者如点头、微笑、鼓励的目光等。当然，回应应该使受访者感到自然、及时，使访谈的进程如行云流水，顺畅地沿着受访者的思路往前流动。

(四)访问的结束

访问应该在什么时候结束这是访问者经常遇到的一个难题。一般建议是访谈应该在良好的气氛中进行，如果访谈已经超出了事先预定的时间、受访者已经面露倦容、访谈的节奏变得有点拖沓、访谈的环境正在往不利的方向转变（如受访者有客人来访）等，访谈应该立即结束。访问者要察言观色，在适当的时机结束访谈。

访问应该以什么方式结束这也是经常需要细心处理的一个问题。通常的建议是尽可能以一种轻松、自然的方式结束。访问者可以有意给受访者一些语言和行为上的暗示，表示访谈可以结束了，促使对方把自己特别想说的话说出来。比如，访问者可以问对方"您还有什么想说的吗？""您对今天的谈话有什么看法？"如果有必要的话，访问者还可以做出准备结束访问的姿态，如开始收拾录音机和笔记本。如果下次还需要对访问者进行访问，就可以在此时与对方约定下次见面的时间和地点。当然，对所有的受访者，我们都应该在访谈结束时表示自己真诚的感谢，如说出"谢谢您的配合"并和受访者握手，同受访者挥手告别等。

(五)访问记录

访问的目的就是要获得资料，在访问调查中，资料是由访问员记录而来的。记录的方式分为现场记录与事后记录两类。现场记录是一边访问一边记录，它需要征得受访者的允许。

现场笔录不仅可以记录谈话的内容，还可以记录受访者的衣着神情和举止态度等。陈向明（2000）将现场笔录分为四种方式：内容型记录、观察型记录、方法型记录和内省型记录。"内容型记录"记的是受访者在访谈中所说的内容，这种记录在无法录音的情况下尤其重要。"观察型记录"记下的是访问者看到的东西，如访谈的场地和周围环境、受访者的衣着和神情等。"方法型记录"记的是访问者自己使用的方法（如速记法）以及这些方法对受访者、访谈过程和结果产生的影响。"内省型记录"记下的是访问者个人因素对访谈的影响，如性别、年龄、职业、相貌、衣着、言谈举止、态度等。①

但是如果只是埋头记录，忽略与受访者互动，失去了受访者的表情、动作所表达出来的信息将得不偿失，同时也显得不尊重受访者。因此，在记录时，还要与被访者互动。如果被访者允许录音的话则更好，因为这样则既可以获得完整详细的信息，又可以使访问摆脱于记录而专注于谈话。或者也可以两个访问员访问一位受访者，一位访谈，一位记录也行。

事后记录是在访问结束以后靠回忆进行记录，它可以不破坏与受访者的互动，提高对访问的控制程度。但是，有时候访问者会因时间长短或者个人偏好而有意无意地丧失

① 陈向明．质的研究方法与社会科学研究．北京：教育科学出版社，2000.

一些访谈的信息。因此，最好是访谈结束之后立即进行记录，并且把所有的东西都记录下来，包括访问者听到的，看到的和想到的。访问记录下来的资料还要鉴别其正确性，包括通过分析其谈话的逻辑，与其他受访者进行比较等方法来进行判断与甄别。

任务 7-3　访问员的挑选与训练

访问员是访问中的中心人物，研究结果在很大程度上取决于访问者的个人品质、特征和能力。一个好的访问员，不但所得资料丰富、可信，而且还可以从访问中获得新思想、发现新问题，通过访问获得对问题更深的认识和了解。反之，就只能了解到一些表面现象，甚至是不真实的社会现象。所以，我们在利用访问法收集研究资料的时候，又需要挑选和训练符合该项研究要求的访问员。

一、访问员的挑选

一般而言，应该尽可能选择那些经过训练、有调查经验、对所调查的问题比较熟悉的人做访问员，比如，经过社会调查研究方法训练的社会学和人口学专业的大学生。实践经验表明，这样的访问员能够大大提高访问调查的质量，降低研究成本。访问员一般要具备两类条件，一类是由研究主题的性质、社区类型及调查对象的特点所规定的，另一类是任何研究的访问员都具备的，前者称特殊条件，后者称一般条件。[①]

（一）特殊条件

1. 性别

相对而言，男性访问员去访问领导人较好，对女性的访问则以女性访问者较适宜。在访问经济、政治等问题时，以男性访问员为宜，而婚姻家庭调查则以女访问员较合适。

2. 年龄

通常青年访问青年较好。对于身份较高或影响力较大的领袖，或年龄较大的访问对象，则让年龄大的访问员去访问调查。

3. 教育

教育水平高的访问员在问问题方面造成的差异最小，教育程度对访问的重要性还表现在访问技巧的运用和对于被访问者的反应程度。因此，在研究复杂问题的时候不但要相对提高对访问员的学历要求，而且要求具有一定的访问调查经验。

4. 地区

我国地域广大，民族众多，各地区的风俗习惯、语言差异极大，并且城乡也有较大的差异。因此在选择访问员时要充分考虑这点，尽量选择当地的、同民族的人作为访问员。如果访问者与被访问者之间的背景越相近（如职业、社会地位、地区、民族等），访问的效果越好，特别是对于那些民族、宗教等敏感性问题。为了减少回答的误差，最好的办法就是使用一个与被访问者特征大致相同的访问员。

---

① 袁方．社会研究方法教程．北京：北京大学出版社，1997.

(二)一般条件

1. 诚实与准确

这是访问调查者必备的基本品质。诚实认真一方面表现在准确地遵守工作细则，另一方面表现在忠于访问的事实，对于访问资料的记录必须十分精确，敷衍从事者不行。

2. 兴趣与能力

对访问工作没有兴趣，就不可能把工作做好，特别是经过几次访问后，调查工作会变得枯燥起来，若不是真对工作有兴趣，造成误差的机会就会增加。除了对访问工作感兴趣外，访问员必须具有一定的能力，主要包括观察力、辨别力、表达能力及交往能力。

3. 勤奋负责

实地访问调查是件很辛苦的工作，此外还有精神上的痛苦。例如，受访者的冷淡、拒绝等。若无责任心，不能吃苦耐劳，就会知难而退，完不成访问任务。这个条件是挑选访问者的重要条件。

4. 谦虚耐心

访问员抱着虚心求教，亲近对方的态度，被访问者才能知无不言，言无不尽。同时要耐心听完被访问者的话，并能耐心讲解问题，即使碰到无礼对待也要耐心，否则很容易造成关系紧张，甚至发生争吵，导致访问失败。

二、访问员的训练

优秀的访问员不仅要具备上述条件，更需要进行不断的训练指导和实践，特别是对那些从来没有访问调查经验的访问者而言更是如此。对于规模小的访问来说，访问者就是研究者本身；对于规模大的访问而言，访问员就是访问员，对其的训练不只是为了提高访问员的访问技巧和能力，更重要的是为了保证访问过程的标准化。因为大规模的访问需要的访问员数量一般都很多，他们对于问卷的理解，对访问中出现问题的处理，以及对答案的记录方法上难免存在差别，需要加以训练统一，以降低并消除误差对调查结果的严重影响。训练访问员的主要方法和一般步骤如下。

1. 介绍研究情况

研究者首先要向访问员作简要介绍，介绍该项研究的目的、意义，整个访问调查的范围、访问对象的数量及每个人的工作量，访问调查的步骤和每个阶段所需要的时间、付给多少报酬，需要工作多久，等等，让访问者心里有数。

2. 学习访问资料

阅读问卷、调查员手册或者访问指南及其他与该项研究有关的资料。先由访问员认真阅读，然后由访问指导者逐条对上述文件进行讲解和提示，使访问员明确每一项内容，回答类别及如何记录回答，明确访问中每一步工作及其对他们的要求。对于访问员提出的问题，访问指导者要一一给予回答，并与访问员一起对问卷的条款进行讨论。当学员所提的问题较多时，不要仓促回答访问员的提问，要他们懂得首先需要自己根据手册、指南或者一般逻辑来寻找解决的办法，然后才是寻求他人的帮助①。

---

① [美]艾尔·巴比. 社会研究方法(上). 北京：华夏出版社，2000.

3. 模拟访问

模拟访问可以让访问员之间一对一相互访问，也可以找个试验点，让每个访问员实际操作一遍。研究指导者应该从旁边予以协助和指导，并严格检查访问结果。模拟访问的目的是发现和解决在实际访问中可能出现的潜在问题，熟悉访问内容和磨炼访问技巧。

4. 集体讨论

研究指导者结合访问的目的以及模拟访问中出现的问题，再次和全体访问员一起商讨和复习，并将每一个疑问都加以解决，同时指出在接下来的访问中应该注意的一些问题。

5. 监督管理

在访问期间，研究指导者设立访问小组及小组负责人，通过对小组负责人的督导，建立监督管理机制。包括将访问范围和访问对象进行分配，建立相互联络和互助方式、制定每天工作进展、资料可靠度以及纪律要求，访问备要及工作日志的记录，为今后的资料整理和工作总结提供线索。

任务 7-4　访问法的优势及不足

在社会科学研究中，访问法是一种使用非常广泛的方法。不仅可以单独使用，还可以与问卷法、观察法等其他方法结合使用。访问法之所以在社会科学研究中占有如此重要的地位，是和其自身的特点分不开的。

一、访问的优势

与其他研究方法比较，访问法的优势主要体现在以下几个方面。

第一，访问法能够收集到其他研究方法收集不到的研究资料。这是因为访问是一个面对面的社会交往过程，访问者与被访者的相互作用、相互影响，并对调查结果产生影响。正是这种面对面的互动与影响，使得通过访问者与被访问者的相互刺激与互动可以获得深层次的研究资料，包括被访者的个人态度、文化观念等。

第二，不同的访问类型使得访问法适用的范围广泛。结构式访问和无结构式访问是访问法的两种主要类型。这两种类型使得访问法既能够用于定量研究，也可以用于定性研究；既可以进行大规模调查，也可以进行小规模研究；既可以了解主观动机、感情、价值方面，也可以了解客观问题；既可以了解现时资料，也可以了解历史资料；既可以用来验证某种假设或理论，也可以用于提出假设和理论；既可以获得语言信息，也可以获得非语言信息；既适用于文化水平高的研究对象，也可以用来调查文化水平低的受访者。

第三，访问法对访问环境可控。当受访者对问题不理解或者误解时，访问者可以及时引导和解释；当受访者的回答不完整或者不准确时，访问者可以当面追问；当受访者出现明显错误时，访问者可以当场纠正，并且确保访问过程尽量不受干扰，提高资料的准确性和可靠性。

第四，访问法可以提升研究者和访问员的各项能力，包括充分发挥访问者的主动性和创造性，训练和培养访问员的想象力、人际交往能力以及对事物的洞察力，激发他们对问题的新认识和解决问题的新思路。

二、访问法的不足

当然,访问法作为社会研究的一种方法,也存在一些不足:首先,由于访问员与受访者双方具有不同的价值观、社会经验、社会地位及思想方式,这些主观因素将会导致访问误差。因为双方都无法做得完全客观、不受影响。其次,对于一些敏感问题、尖锐问题和隐秘问题,被访者一般都不愿意当面回答,或者做不真实回答,这些将影响访问结果;再次,访问法不宜适用于调查研究对象的情感过程、心理感受等主观性资料。最后,访问研究的花费较大,费时较长,需要较多的人力物力,这就限制了它的规模,减少了访问法的适用范围。

任务范例

一份幼儿园小学模式教育现状调查的访问提纲①

访问主题:幼儿园小学模式教育现状调查及对策研究

访谈者:彭显崴,李如平

访谈员自我介绍:

您好,我们是某某学校某某专业的学生,我们正在进行幼儿园课堂教学现状调查。希望通过这次调查了解幼儿园的发展状况,为此我们需要您的帮助和参与,以共同完成对本课题的相关情况的调查,使研究具有现实和实践价值,为政府和学校的决策提供可靠依据。

我们向您承诺,今天访谈涉及的内容和您阐述的观点,只作为我们研究参考,您声明不宜公开的资料和观点,我们将严格为您保密,非常感谢您的帮助。

访谈对象:珠海金鼎和香州几所幼儿园,教师,学生家长

访谈提纲所包含的主要内容:

(一)学校部分:(所访谈幼儿园的园长和相关教务领导1~2人)

基本资料:职务,教龄,性别。

主要问题:

1. 了解幼儿园学生总人数是多少,教职工总共有多少名,师生比约为多少。

2. 了解幼儿园的专任教师的学历情况(如:A. 中专、高中毕业及以下   B. 专科毕业   C. 本科毕业   D. 硕士毕业)。

3. 了解幼儿园各年级的学杂费,以及询问是否有开设特色、特长班,这些班的收费情况。

4. 了解幼儿园的性质(如:A. 公立学校   B. 民办公助学校   C. 民办学校)。

5. 了解幼儿园目标,办学理念,品牌特色。

6. 了解幼儿园的班级设置,有没有分特长班。

---

① 转引自 http://zhidao.baidu.com/question/48127879.html。

7. 了解幼儿园的课程设置，以及是否需要课程改进，平时有什么课后作业。

8. 了解幼儿园的上课时间安排。

9. 了解幼儿园的教具，教学设备，游戏设施。

10. 了解幼儿园领导对其幼儿园学生的总体看法(学习能力，自律能力，动手能力，行为习惯，道德修养，创造能力等方面)。

11. 了解幼儿园对幼儿素质的培养目标以及评价指标，了解学校领导对所培养出来的学生的综合素质的总体看法，询问他们的现状与培养目标之间存在哪些差距。

12. 了解幼儿园对目前国内存在的幼儿超前教育现象的看法。

13. 了解该幼儿园对教师和学生的教育评价体系。

(二)教师部分

基本资料：所教年级，班级，所教科目，职务，教龄，性别。

主要问题：

1. 了解教师的教育价值观、儿童观。

2. 了解教师所认为的作为一名幼儿教师应具备的素质，认为自己在哪方面素质需要继续努力。

3. 了解教师最关心的是幼儿成长中的哪些方面，为什么？

4. 了解教师在具体的教育教学工作中是如何体现在以上提到所关心的事情上的。

5. 了解教师对课堂教学的认识。

6. 了解教师课堂教学的具体内容。

7. 了解教师如何把课堂教学与游戏结合在一起。

8. 了解教师对幼儿学习能力培养的方法。

9. 了解教师对学生的评价指标。

10. 了解教师的教学感受、经验和现在或曾经遇到的教学难题。

11. 了解教师对学校课程的看法和建议。

12. 了解教师与家长如何交流与沟通，并询问教师了解到的家长比较重视学校教学的哪些方面。

13. 了解教师对目前社会上存在的幼儿园超前教育的看法。

(三)家长部分

基本资料：子女所在年级，班级，自身学历水平，职业，性别。

主要问题：

1. 了解家长是什么时候送孩子上幼儿园的以及为什么送孩子上幼儿园。

2. 了解家长对培养孩子的看法以及对幼儿园教育的期望。

3. 了解家长给孩子选择当前幼儿园的原因。

4. 了解家长是否希望孩子在幼儿园时期就提前学习小学的知识。

5. 了解家长是否认为幼儿园提早用小学的教育模式来教育孩子有利于孩子将来的发展。

6. 了解家长对孩子就读的幼儿园的总体看法(包括满意的地方和不满意的地方)。

7. 了解家长对孩子所读幼儿园不足之处的看法，对此家长有什么要求，以及是否向幼儿园提过这些要求。

8. 了解家长的孩子在接受了幼儿园教育后的转变（包括学习能力、自理能力、个性品质等方面），以及了解家长对孩子这些转变的看法。

9. 了解家长对幼儿学习与游戏娱乐的看法。

10. 通过家长了解幼儿园是否给孩子留了课后作业，作业的形式和内容是怎样的；以及了解家长对幼儿园布置作业的看法。

11. 通过家长了解幼儿园是否开设了特长班和特色课程等现象，相关的课程和内容是怎样的，收费状况如何。

12. 了解家长对学校开设特长班或特色课程的必要性的看法与兴趣偏好。

13. 了解家长希望幼儿园如何管理自己的孩子（严格还是宽松），现在幼儿园的情况是怎样的。

任务评估

任务采用"课堂＋拓展"相结合的评估方式，课堂评估对标课程标准，重点评估知识、能力、素养目标的达成情况；拓展评估对标《市场、民意和社会调查要求》等国家标准及行业规范，重点评估实操技能、劳动精神、工作态度表现。具体操作可参照下表。

评估环节		评估内容	评估方式	评估目的
课堂教学过程评估（60%）	课前（15%）	线上课程资源学习	教学平台自动考核	重点考查学生知识理解和掌握情况
		课前任务	教师评估	重点考查学生技能掌握和应用情况
	课中（30%）	出勤情况	教学平台签到考核	重点考查学生学习态度和学习习惯
		小组讨论及展示	教师评估、组间互评	重点考查学生合作意识和展示能力
		课中任务	教师评估、自评、组间互评	重点考查学生能力和素养掌握情况
	课后（15%）	社会服务	教师评估	重点考查学生劳动精神和服务意识
拓展训练过程评估（40%）	拓展训练中（30%）	拓展训练任务	教师、行业导师评估情况	重点考查学生工匠精神和实践能力
	拓展训练后（10%）	拓展训练报告	教师评估、组间互评	重点考查学生总结反思和改进能力

任务习题

1. 简要论述访问与日常谈话的区别。

2. 访问法有哪几种类型？它们划分的依据是什么？

3. 什么是结构式访问，试论述结构式访问的特点和局限。

4. 在访问过程中我们需要掌握哪些访问技术？

5. 我们应该如何对访问员进行挑选和训练？

拓展训练

1. 请同学们就职业院校毕业生的就业现状设计一份访问提纲，必须包括以下几个方面：自我介绍、访问主题、访问对象及其基本情况，访问内容。

2. 请同学们依据自己设计的访问提纲对部分毕业班同学（至少 10 位）进行访问调查，然后将访问记录进行整理和分析。

信息化教学资源

1. 访谈法概述

2. 访谈技巧（一）

3. 访谈技巧（二）

任务 8
观察法

任务描述

台湾散文作家林清玄先生写了一首禅诗,诗的内容是"白鹭立雪,愚者看鹭,聪者观雪,智者见白"。一幅诗意的画景,为什么不同的人看到的是不同的事物?这就是我们本章要讲的观察法。观察法是一种重要且常用的社会科学研究方法。在这一章中,我们将首先明白什么叫观察?观察法有哪些类型?真正实施一项观察时我们应该开展哪些工作?在观察时如何保证观察到的内容的准确性和可靠性?

任务实施

一、任务目标

掌握观察法的基本类型和观察的步骤,能针对某一社会现象进行一次观察,并记录下尽可能多的观察内容。

二、任务实施步骤

1. 教师带领学生确定2~3观察主题;

2. 学生在课下以小组为单位,围绕选定的主题设计观察实施方案;

3. 各小组根据自己所设计的观察实施方案进行观察,做好观察记录;

4. 各小组根据自己的观察记录进行归纳和整理,并在课堂上展示其观察报告,并对其加以分析,找出不足并加以修改完善;

5. 再次强调观察法的重要性、主要内容及其注意事项。

知识链接

任务8-1 观察法及种类

一、什么叫观察

观察,顾名思义,就是用眼睛看,通过自己的感觉器官直接感知事物的一个过程,此外还包括观察者大脑的思维过程。观察是我们人类认识周围世界最基本的方法,也是从事科学研究的重要手段。

一般来说,观察分为日常观察和科学观察两大类型。日常生活中的观察是人的一种最基本的生存方式,它没有明确的目的性和计划性。就好像我们需要呼吸空气一样,我们也需要对周围的事物进行观察,以便更好地生存和发展。在科学研究中,观察是研究者有目的、有计划的一种活动。观察者运用自己的感觉器官或者借助科学仪器能动地对自然或社会现象进行感知和描述，从而获得有关的事实材料①。相对日常观察，科学观察应具备以下几个特征。

1. 有一定的研究目的或研究方向。
2. 预先有一定的理论准备和较系统的观察计划。
3. 有较系统的观察或测量记录。
4. 观察的结果可以被重复验证。
5. 观察者受过一定的专业训练。

因此，科学的观察作为一种有效的研究方法，被广泛应用于社会科学研究中。社会学辞典将观察法定义为通过直接感知和直接记录的方式，获得由研究目的和研究对象所决定的一切有关的社会现象和社会行为的资料②。

二、观察法的类型

观察法的种类很多，研究者依据不同的研究目的和分类原则，可以将观察法分为不同的类型，其中最主要的两种类型是参与观察与非参与观察。

(一)参与观察与非参与观察

1. 参与观察

参与观察是指观察者亲自投身到所观察的社会现象和社会生活中去，在自身成为社会生活中各种活动的一员的同时所进行的观察。这种观察的情境比较自然，观察者不仅能够对当地的社会文化现象有比较具体的感性认识，而且可以深入到被观察者文化的内部，了解他们对自己行为意义的解释。较早将参与观察法应用于田野工作的是著名的人类学家马林诺夫斯基，1915—1917年他在特罗比恩岛上对当地的土著人进行了为期两年之久的参与观察研究，最终写成了《西太平洋的航海者》《原始人的性生活》等人类学著作，建立了影响深远的功能主义学派。

2. 非参与观察

非参与观察又称局外观察，是指观察者置身于所观察的现象之外，"冷眼旁观"研究对象的活动和表现，如实验室观察就是非参与观察的一个典型。非参与观察的长处就是研究者可以有一定的距离对研究对象进行比较"客观"的观察，操作起来也比较容易。但是它也有三方面的不足：一是观察的情景容易被影响，被研究者如果知道自己在被观察，往往比参与观察受到更多的"研究效应"或"社会赞许"的影响；二是研究者较难对研究的现象进行比较深入的了解，不能像参与观察那样遇到疑问时立即向被研究者发问；三是容易受到一些具体条件的制约，比如，当观察距离较远时，研究者看不到或者听不清正在发生的事情。

高德(R. Gold，1958)认为，参与观察与非参与观察不一定是相互截然分开的类型，它们之间还有很多结合的形态。因此，他将参与观察细分为四种类型：一是完全的观察

---

① 水延凯．社会调查教程．北京：中国人民大学出版社，1996.
② 邓伟志．社会学辞典．上海．上海辞书出版社，2009.

者；二是作为参与者的观察者；三是作为观察者的参与者；四是完全的参与者①。艾尔·巴比(2000)将完全的参与者比喻为皈依者，把完全的观察者比作火星人。皈依者就是观察者自身完成融入观察对象的群体中，成了其中的一员，皈依到这一群体里。火星人则是像火星人从外太空来看我们地球人。不论怎么划分，参与观察与非参与观察只是参与的程度不同罢了。但是我们必须认可这样的事实，即研究者如果要理解被研究者，不能也不可能像火星人一样，只是站在外部观察对方；研究者只有作为被研究者文化群体中的一个"成员"，参与到他们的生活中去，才可能真正理解他们。这就是所谓的"自己人理解"②。但是这样也有被同化被皈依的危险。因此，巴比给研究者提出了一个好的建议，即在适当的时机接纳被研究者的仪式信念，不久，再抛开这些信念，采纳社会科学的观点。

(二)其他的分类

除了参与观察与非参与观察的分类外，社会科学还根据观察的场所、观察的程序、观察的接触方式以及观察时间的安排来进行划分。

1. 实验室观察与实地观察

从观察的场所来看，观察法可以分为实验室观察与实地观察③。实验室观察通常在具有单向透镜、摄像机、录影机等设备的实验室中进行。有时这种"实验室"也可以是某些自然场所，如教室、会议室、活动室、俱乐部等。但这些自然的场所事先必须经过一定程度的控制，比如，预先设置某些观察工具，规定好观察的程序和内容，使其尽可能地接近实验室的条件。实地观察则是在自然的环境中，或者实际社会生活中所进行的观察。这种观察不需要对观察的场所和对象进行控制，从而深入到现实生活中对实际所发生的现象进行观察。

2. 结构式观察与无结构式观察

从观察的程序来看，观察法又可以分为结构式观察与无结构式观察。结构式观察是一种比较程序化的观察活动，研究者事先设计了统一的观察对象和记录标准，对所有的观察对象都使用同样的观察方法和记录规格。这种观察的主要目的是获得可以量化的观察数据，对观察到的内容进行统计分析。无结构式观察是一种开放式的观察活动，它允许观察者根据当时当地的具体情境调整自己的观察视角和内容。观察者事先可能设计一个观察提纲，但这个提纲的形式比较开放，内容也比较灵活，也可以根据当时当地的情形进行修改。无结构式观察的目的是对社会现象进行探索性的、不断深化的研究④。

3. 直接观察与间接观察

根据观察者与观察现象是否直接接触，可以将观察分为直接观察与间接观察。直接观察就是对那些正在发生的社会现象进行观察，研究者身临其境亲眼看到和听到所发生的事情。间接观察则是通过对物化了的社会现象进行查看，以此来认识研究的对象，其手段包括物质痕迹观察(如通过查看哪些书刊磨损得比较严重来推测这些书刊的受欢迎程

① Gold, R. L. Roles in Sociological Field Observations[J]. *Social Forces*, 1958(36).
② [美]艾尔·巴比. 社会研究方法(上). 北京：华夏出版社，2000.
③ 袁方. 社会研究方法教程. 北京：北京大学出版社，1997.
④ 陈向明. 质的研究方法与社会科学研究. 北京：教育科学出版社，2000.

度)、累积物测量(如通过观察私人书架上的灰尘猜测主人对书籍的喜好程度)①。与直接观察相比，间接观察对被观察者的正常生活不会产生什么干扰，研究者有足够的时间和空间对观察的现象进行观察。但是，由于间接观察的内容与被观察者的活动不同步，研究者很难对观察的结果进行效度检验。比如，造成上述书刊磨损的原因也许不是因为受读者欢迎，而是因为图书馆本身的管理不善导致的。因此，研究者通常需要将直接观察、间接观察及其他法结合起来进行多方验证。

4. 长期观察、短期观察和定期观察

长期观察是一种连续不断地、在较长时间内对社会现象进行的观察活动，比如，台湾学者王明珂对川西的羌族村落进行了十几年的长期观察，写出了有名的《羌在汉藏之间》这一人类学著作。长期观察的优点是可以比较全面、细致地了解被研究的现象，但比较费时、费力，对被观察者的干扰也比较大。短期观察相对来说精力和时间都比较集中，可以较短时间内对研究对象获得一个即时的了解，但只能获得一个片刻的印象，很难获得比较全面、深入、整体性和过程性地了解。定期观察是在某个指定时间内对社会现象进行反复地观察，观察内容比较集中，而且可以通过重复观察对初步的研究结果进行验证，但是这种观察往往只能够了解到某个特定时段的情况，较难看到社会现象的连续性。

此外，还有隐蔽观察与公开观察，静态观察与动态观察，探索观察与验证观察等类型。不论哪种观察都有其优点和不足。因此，我们在选用观察的方法时一定要根据自己的研究主题和研究的实际情况来做出选择。

任务 8-2　观察法及实施

在了解了观察法的类型以后，我们再来看看如何实施一项观察。一般来说，观察包括这样几个程序或步骤：一是观察前的准备；二是开始进行观察；三是对观察进行记录；四是观察后的总结和反思②。接下来将对每个程序分别进行叙述。

一、观察前的准备

在开始观察之前，我们需要先确定观察的问题、制订观察计划、设计观察提纲等准备工作。

(一)确定观察的问题

在实施观察之前，研究者首先应该确定观察的问题。观察的问题与研究的问题不一样。"研究的问题"是研究者在所要探究的研究现象中提炼出来的、学术界或者实践尚有疑问的，研究者个人认为有必要回答的问题；而"观察的问题"是研究者在确定了研究的问题之后决定选择使用观察的方法，根据观察的需要而设计的、需要通过观察活动来回答的问题。提出观察的问题的目的是回答研究的问题，前者是完成后者使命的一个工具。例如，我们研究的是"灾害移民的生计脆弱性问题"，但是去调查灾害移民的生计状况时，

① 袁方. 社会研究方法教程. 北京：北京大学出版社，1997.
② 陈向明. 质的研究方法与社会科学研究. 北京：教育科学出版社，2000.

就只能够提出"灾害移民现在住的是什么房子？吃的是什么食物？"等观察的问题。由此可见，研究的问题比较抽象，而观察的问题则比较具体，具有可操作性。也正是根据这些具体可操作性的问题，研究者才能设计和制订出自己的观察计划和观察提纲。

(二)制订观察计划

观察的问题确定以后，我们就可以着手制订出一个初步的观察计划。一般而言，观察计划应该包括以下几个方面。

1. 观察的内容、对象、范围

我计划观察什么？我想对什么人进行观察？观察的具体内容是什么？内容的范围有多大？为什么这些人、内容值得观察？通过观察这些事情我可以回答什么问题？

2. 观察的地点

我打算在什么地方进行观察？观察的地理范围有多大？这些地方有什么特点？为什么这些地方对我的研究很重要？我自己将在什么地方观察？我与被观察者之间是否有(或者有多远的)距离？这个距离对观察的结果有什么影响？

3. 观察的时刻、时间长度、次数

我打算在什么时间进行观察？一次观察的时间有多长？我准备对每个人或群体进行多少次观察？我为什么选择这个时间、长度和次数？

4. 观察的方式、手段

我打算用什么方式进行观察？是隐蔽式还是公开式？是参与式还是非参与式？观察是否打算使用录像机、录音机等设备？使用或者不使用这些设备有何利弊？是否准备现场进行笔录？如果不能笔录准备怎么办？

5. 观察的效度

观察中可能出现哪些影响效度的问题？我打算如何处理这些问题？我计划采取什么措施获得比较准确的观察资料？

6. 观察的伦理道德问题

观察中可能会出现什么伦理道德问题？我打算如何处理这些问题？我如何使自己的研究尽量不影响被观察者的生活？如果需要的话，我将如何帮助他们解决生活中的困难？这么做对我的研究会有什么影响？

(三)设计观察提纲

拟订初步计划后，我们可以开始编制具体的观察提纲，以便将观察的内容进一步具体化和可操作化。观察提纲应该遵循可观察原则和相关性原则，针对那些可以观察得到的、对回答观察问题具有实质意义的事情进行观察。通常观察提纲至少应包括以下六个方面的问题[①]。

---

① Goetz, J. & LeCompte, M. Ethnography and Qualitative Design in Educational Research. Orlando: Academic Press, 1984. 转引自陈向明. 质的研究方法与社会科学研究. 北京：教育科学出版社，2000.

1. 谁

有谁在场？他们是什么人？他们的角色、地位和身份是什么？有多少人在场？这是什么样的群体？在场的这些人在群体中各自扮演的是什么角色？谁是群体的负责人？谁是追随者？

2. 什么

发生了什么事情？在场的人有什么行为表现？他们说/做了什么？他们说话和做事时使用了什么样的语调和形体动作？他们相互之间的互动是怎样开始的？哪些是日常生活中的常规？哪些是特殊表现？不同的参与者在行为上有什么差异？

3. 何时

有关的行为或事件是什么时候发生的？这些行为或事件持续了多久？事件或行为出现的频率是多少？

4. 何地

这个行为或事件是在哪里发生的？这个地点有什么特色？其他地方是否也发生过类似的行为或事件？这个行为或事件与其他地方发生的行为或事件有什么不同？

5. 如何

这件事情是如何发生的？事情的各个方面相互之间存在什么样的关系？有什么明显的规范或规则？这个事件是否与其他事件有所不同？

6. 为什么

为什么这些事情会发生？促使这些事情发生的原因是什么？对于发生的事情人们有什么不同的看法？人们行为的目的、动机和态度是什么？

上述的这些问题不仅需要通过观察获得，而且需要通过访问、分析、逻辑推理等方法才能得到答案。同时，研究者在观察时还应该根据当时当地的具体情况对提纲进行修改。

二、进行观察

我们在观察时一般是从开放到集中，从全方位的观察到逐步聚焦。不论是开放式的整体观察还是聚焦式的重点观察，我们都面临着如何与被观察者互动以及如何选择观察内容等问题。

1. 开放式观察

开放式观察就是研究者在观察时尽量打开自己所有的感觉器官，包括视觉、听觉、嗅觉、味觉和触觉以及所有这些感觉的综合运用，用自己身体的所有部分去体会现场所发生的一切。比如，我们要观察一家餐馆的受欢迎程度，不仅要去这家餐馆去吃去尝，还要观察餐馆所处的地理位置，内部的装修设施，工作人员的衣着言行等。

在对观察现场获得一个整体感受的同时，作为观察者我们还应该训练自己对周围事物的敏感性和反思能力。从跨入现场的那一刻起，我们就应该问自己这是一个什么样的地方？这个地方有什么特色？这个地方的空间是如何安排的？在这个空间里有什么具体设施？在场有多少人？他们是干什么的？他们的年龄、性别、衣着和行为举止有什么特点？是否可以从这些特点中看出他们的社会地位、经济状况、受教育程度、婚姻状况和职业？这些人聚在这里干什么？他们相互之间是一种什么关系？我们在询问这些问题时，不仅要了解自己目前所处的现场有哪些人和物，还要知道这些人和物所处的状态以及他们之间的相互关系。

在这个阶段，观察记录应该以全面描述为主，尽可能记录下所有看到的、听到的和体会到的东西。

2. 逐步聚焦

在对现场有了整体性的初步认识后，就可以开始聚焦了。聚焦的视野可以狭窄单一，也可以开阔多元。比如，我们可以只对某一个人或某物件的外在表现进行集中观察，也可以对几个人或一群人进行观察。

聚焦时，我们可以采取不同的步骤和方法，如主次程序法、方位程序法、动静结合法、时间抽样法、场面抽样法、追踪法等①。

主次程序法，就是研究者可以先观察研究现象中主要的观察对象和部分，然后再观察次要的对象和部分。比如，我们要观察公园里跳舞的互动行为，我们可以先对他们相互邀请跳舞的动作、目光注视的方式进行重点观察，然后再观察跳舞场地周围的环境（如音乐音量的高低、灯光的亮度、场地的大小等）对场内跳舞者的行为互动有什么影响。

方位程序法，就是按照观察对象所处的位置采取由近及远或由远及近、由左到右或由右到左，由上到下或由下到上的方法逐次进行观察。比如，我们对一对舞伴进行观察，可以先观察两个人的头部动作，然后逐渐往肩膀、上身、腰部、腿、脚等部位移动。

动静结合法，就是研究者选择从静态到动态或从动态到静态进行聚焦观察。比如，沿用上面的例子，在对公园舞蹈场地的观察中，可以先对舞场的静态环境进行观察，重点放在舞场内那些站在圈外观看，自己不跳舞的人；然后再把视线放到那些正在翩翩起舞的人身上。

时间抽样法就是研究者首先选择一个特定的时间段，然后对这个时间内发生的事情进行观察。比如，在上述的例子中，公园里在晚上八点到九点这段时间跳舞的人最多，人们之间的互动接触也最为频繁，所以我们可以抽取这段时间进行观察。

无论采取什么样的观察视野和观察方法，我们观察的焦点一定要放在研究的主要问题上。

3. 回应式互动

在观察的过程中，研究者应该尽量自然地将自己融入当地的文化中去。要做到这一点，研究者可以有意识地采取一些策略，如与当地人一起生活，一起做事，保持谦逊友好的态度，不公开表示自己与当地人不一致的意见，观察活动应该尽可能与当地人的日常生活相一致等。其中反应式互动是一种十分有效的观察策略，即研究者对当地人发出的行为做出相应的反应，而不是自己采取主动的行动。

比如，寇沙若②在对幼儿园儿童之间的人际交往行为进行观察时便有意使用了这种方式。当他看到两个四岁的女孩贝蒂和珍妮在一起玩的时候，他并没有走过去说"你们在玩儿什么啊?"而是站在一旁看她们玩儿，直到后来孩子们让他参加进来，一起玩耍。通

---

① 陈向明. 质的研究方法与社会科学研究. 北京：教育科学出版社，2000.

② Corsaro, M. Entering the Child's World. In J. Green & C. Wallat(Eds.). Ethnography and Language in Education Settings. New York: Ablex Press, 1985. 转引自 陈向明. 质的研究方法与社会科学研究. 北京：教育科学出版社，2000.

过回应式反应和其他适应性策略(而不是主动反应和干涉性策略)，他亲自体验了这些孩子的日常活动规范。

4. 选择观察内容

无论在观察的早期、中期还是晚期，研究者都需要对观察内容进行选择。研究者不得不经常问自己这样一些问题，我到底打算观察什么？什么内容对我比较重要？观察的内容应该宽泛到什么程度？应该具体、细致到什么程度？比如，当我们观察一所学校的大门口时，看到许多汽车来来往往，我们是否应该注意这些汽车？如果要注意，应该注意这些汽车的哪些方面呢？数量、颜色、车牌、司机、驾驶速度，无论我们如何努力，也不可能什么都注意到。因此，我们需要有意识地进行选择。选择那些与自己研究主题相关的内容。比如，上面的例子，如果我们观察学校大门的目的是了解那里的交通状况，当然就应该注意各种交通工具的流量和行驶情况。但如果我们的目的是了解过往的行人进入校门口的行为，我们便无须过分注意汽车的情况了。

观察内容的选择不仅取决于研究的问题，而且取决于观察者本人的习惯。比如，不同的人在对学校大门口进行观察时观察的内容却不一样。一位大学的行政管理者十分注意门卫的换岗时间和动作；一位科学工程的学生特别注意在一定时间内出入门口的人数；一位平时重视穿着打扮的女生对过往行人的衣服颜色特别注意；一位天文学爱好者对温煦的天气，蓝天白云以及周围的景色深有感触①。

因此，作为观察者，我们应该在进行观察时注意了解自己的观察习惯。如果我们对自己的习惯了解得比较透彻，便有可能知道自己是如何观察到所观察到的事情，自己是如何选择观察内容的，自己的观察结果是否可靠。通过对自己以及别人的观察行为进行反省，我们还可以有意识地培养自己从不同的角度，用不同的方式进行观察。

三、观察时的记录

我们在用感觉器官观察的同时，还要对观察到的信息进行记录。因此，记录是观察中一个必不可少的步骤。

1. 记录的重要性

我们为什么要记录呢？因为记录在观察中有以下十分重要的作用。

首先，我们每个人的记忆是有限的，不可能将我们自己的所见所闻全都记下来。所谓的"好记性不如烂笔头"就是这个道理。记录下来的内容可以为研究者事后进行资料的整理和分析提供一个基本的文本。

其次，记录可以使我们对自己所观察到的事情更加熟悉。通过一字一句地将自己的所见所闻记录下来，我们对这些信息进行编码加工，有利于我们在记忆中进行归纳和储存。

再次，在记录的过程当中，我们可以将观察到的现象在自己的脑子里过滤一遍，经过思考和筛选以后再记录下来。这既有利于资料的归类和整理，又能够反思自己在观察过程中存在的问题，何乐而不为。

---

①　陈向明. 质的研究方法与社会科学研究. 北京：教育科学出版社，2000.

最后，记录可以对我们的记忆力和专注力进行训练，使得我们在观察时注意力更加集中。

2. 记录的程序

我们应该如何记录呢？一般而言，我们在观察时可以按照观察事件的前后和时间的先后来进行记录。在事件上，我们所记的事件要有连续性，一个事件一个事件地记，不要对所有事情只做一个整体性的总结，要对每个事件都进行详细记录。这样做一方面可以保持事件发生时的时序和情境，有利于今后分析时的查找；另一方面保留了大量有关事件的细节，便于今后为建构理论或验证理论提供素材。在时间上，我们首先可以就观察的现场画一张现场图①。现场图不仅有利于我们快速定位研究的区域和对象，而且有利于我们对研究区域进行描述和分析。其次在记录过程中使用一些代号或缩写来记录当场的细节，如果条件允许，我们可以运用录像机将场景录下来，之后再一字一句地整理出来。最后，在观察的后期，观察的目标已经比较明朗、内容比较集中时，可以采用摘要记录的方式重点记录。

3. 记录的格式

记录的格式尽管不像问卷那样标准、统一和固定，但还是有它的要求。首先基本的原则是清楚、有条理，便于今后查找。通常要求是在记录的第一页上方写上观察者的姓名、观察内容的标题、地点、时间、本笔记的标号、此套笔记的名称，然后在笔记的每一页标上本笔记的标号和页码。笔记的段落不宜过长，每当一件新的事情发生、一个不同的人出现在现场，一个新的话题被提出，都应该重起一个段落。

实地观察笔记一般可以分为四个部分：一是实地记录，专门用来记录观察者看到和听到的事实性内容；二是个人笔记，用来记录观察者个人在实地观察时的感受和想法；三是方法笔记，记录观察者所使用的具体方法及其作用；四是理论笔记，用于记录观察者对观察资料进行的初步理论分析。陈向明以一位观察员于中午12：00—12：20在一所大学食堂进行观察为例，将其所见所闻分成了上述四类笔记分别进行记录。其表格内容如表8-1所示。

表 8-1　大学食堂的实地观察记录表②

实地笔记	个人笔记	方法笔记	理论笔记
12：00——食堂里大约有300人，10个窗口前队伍平均有4米长。	我感觉很拥挤。	这个数字是我估算的，不一定准确。	中午12点似乎是学生就餐的高潮。
12：05——在卖馅饼的窗口排了一个足有2米长的队伍，而且排队的大部分（大约四分之三）是男生。	我想是不是今天的馅饼特别好吃？是不是男生特别喜欢吃馅饼？	我站在离卖馅饼的窗口5米远的地方，看不清楚馅饼的质量，不知道这些人买馅饼是否是因为馅饼好吃。	也许买某一样食物的人数与该食物的质量有正相关关系。

① 陈向明. 质的研究方法与社会科学研究. 北京：教育科学出版社，2000.
② 陈向明. 质的研究方法与社会科学研究. 北京：教育科学出版社，2000.

续表

实地笔记	个人笔记	方法笔记	理论笔记
12：10——食堂里有5对成双的男女坐在一起吃饭，两个人坐得很靠近，都是男的坐在女的左手边。	也许他们是恋人。	我只是根据他们坐在一起的亲密样子判断他们是恋人。这个猜想需要进一步检验。	也许在食堂里就餐时，男生习惯于坐在女生的左手边。
12：20——一位女生将一勺菜送到旁边男生的嘴边，望着对方的眼睛说"想不想吃这个菜？"	为什么这些"恋人们"在公共食堂里如此"放肆"？我对此有反感。	我现在与他们坐在同一桌上，可以听到他们的对话。	似乎女孩主动向男生"献殷勤"这一点与我平时的印象不一样，需要进一步观察和检验。

4. 记录的语言

除了对记录的格式有要求以外，我们对记录的语言也有基本的要求。首先，记录的语言要尽可能具体、清楚。比如，当我们观察一个商店的经营情况时，如果我们写下"商店里十分萧条，营业员人浮于事，工作没有效率"这样的记录就显得过于抽象和概括，不具体，不清楚。我们应该将其改进为"在这个面积200平方米的商店里有10位顾客，20名营业员"，然后备注道"我感觉这个商店生意不好，职工的工作效率不高"。其次，记录的语言应该平实、中性、客观，避免使用过于文学化、书面化的言语。比如，一位同学在观察食堂就餐情况时写道"食堂里人山人海，熙熙攘攘；同学们一个个摩拳擦掌，准备一场吃饭的战斗。"就显得过于文学化、书面化了。改进后应该这样写："在一个100平方米左右的食堂里，有近300名学生在打饭菜的窗口前排了长长的队伍，准备吃午饭。"再次，记录时，对事物的命名应该准确易懂。一般而言，当我们看到一个在自己语言中有相应词语表达的事物时，我们可以直接使用这个词语为该事物命名。而当我们知道所看到的事物的用途和形状，但却不知道这个事物的名称时，可以采取迂回和具体描述的方式。比如，一位同学在食堂进行观察时写道"很多学生把碗放到一个有很多格子的类似屏风的木架子上"。这样的记录就比"木头碗柜"好得多。当我们为自己观察到的事物命名时，还要考虑"从谁的角度""使用谁的语言"来为事物命名的问题。这里起码应该考虑三个不同的人群：一是进行观察时的观察者本人及所代表的研究者群体；二是被观察者及所代表的文化群体；三是读者（包括观察后的观察者本人）。比如，我们在幼儿园对儿童进行观察时，看到一个小女孩将一块桌布盖在一个布娃娃身上，这时候，我们是应该把这块布称为"桌布"还是"被子"呢？显然，从这个小女孩的角度看，这是一床"被子"；但是，从我们观察者（大人）的角度来看，这应该是一块"桌布"。因此，在记录时，为了让读者了解观察者和被观察者在角度和语言上的不同，我们可以在实地笔记中写"一块桌布或者一块布"，然后在个人笔记中写下"我想她是把这当成一床被子了"①。

---

① 陈向明. 质的研究方法与社会科学研究. 北京：教育科学出版社，2000.

四、观察后的反思

在进行研究性观察时，我们除了对自己的所见所闻进行描述外，还应该反思自己是如何看到和听到这些事实的，自己在观察的过程中走了一条什么样的心路历程。波格丹(R. Bogdan)和比克兰(S. Biklen)认为(1982)，观察者在做实地笔记时应该对以下五个方面进行反思：①反省自己的思维方式，询问自己是如何进行观察的，如何注意到目前自己收集到的资料所反映的观察内容，自己为什么对这些内容加以注意；②了解自己使用的具体研究方法和过程，分析自己观察的角度、记录时使用的语言等；③对观察中出现的伦理道德问题进行反省、检查自己是否在某些地方违背了公认的伦理原则和研究规范；④反观观察者自己对研究问题的前设、个人生活经历、政治立场、宗教信仰、种族、性别、社会地位、受教育程度等；⑤对自己目前仍感困惑的问题加以澄清，对实地笔记中一些不清楚的地方加以说明，对错误的地方进行纠正[1]。陈向明根据自己与他人的观察经验，总结出观察者需要对以下三个方面进行反思：一是观察者进行推论的依据；二是观察者本人的心情对观察的影响；三是观察者的叙述角度[2]。

观察者在进行推论时，需要有意识地对自己的推论进行反思，尽量将自己所做的推论与自己观察到的事情分开。例如，一位同学在对课堂上学生就座的行为模式进行观察时写道："同学们一走进教室就开始选择座位，大部分人都选择坐在熟人旁边。"这个记录除了对同学们的行为进行描述外，还夹杂了观察者本人对同学们意图的推论。因为我们只看到学生的外在行为，很难知道他们选择的"邻居"就是"熟人"。因此，为了让缺乏此类常识的读者能够理解观察者是如何得出这个推论的，观察者可以在实地笔记部分写下"同学们一走进教室就左顾右盼，眼光从一个座位移向另一个座位；在50名学生中，有36人在坐下来以前或以后与他们旁边的人说话、微笑或握手"，然后在"个人笔记"部分写道"我想这些同学是在选择座位，而且大部分选择坐在自己的熟人旁边"。

总之，我们在观察时和观察后都需要对自己的观察活动和记录进行反思。反思不仅可以检验自己的观察内容是否属实，观察记录是否准确，而且可以对自己的研究方法、研究主题进行修正和提升，有利于自己更客观、更准确、更深入地进行观察研究。

任务8-3　观察的信度和效度

无论什么样的研究方法，都需要对其信度和效度进行检验，观察法也不例外。那么，该如何把握观察的信度和效度呢？

谢泉峰在其《社会学概论讲义》中举出了一个非常好的例子来说明信度和效度问题。假设有三个调查员，都在调查小明每天是否在喝牛奶。调查员甲听他妈妈说，小明根本不喝牛奶；调查员乙听小明自己说，他偶尔会喝一点牛奶；调查员丙通过每天自己的观察，发现小明每天都在喝牛奶。谁的信度高呢？丙的信度高，乙其次，甲最低，因为道

---

①　Bogdan, R. C. & Biklen, S. K. Qualitative Research for Education. Boston: Allyn and Bacon, 1982. 转引自陈向明. 质的研究方法与社会科学研究. 北京：教育科学出版社，2000.

②　陈向明. 质的研究方法与社会科学研究. 北京：教育科学出版社，2000.

听途说没有当事人自己的表白可靠，而调查员丙的客观观察的真实性是最高的。同样的例子，如果真实情况是小明每天都要喝一盒 250 毫升的×××品牌纯牛奶。调查员甲回来说，小明每天会喝掉 250 毫升的奶制品；调查员乙回来说，小明每天喝 250 毫升的纯牛奶；调查员丙回来说，小明每天喝 250 毫升的×××品牌纯牛奶——这三种陈述都是真实的，但是谁的效度高呢？丙的效度最高，乙其次，甲最低。

那么，我们该如何把握观察的信度和效度？

一、观察的信度

观察的信度包括三种类型：一是不同观察者的相关度；二是同一观察者在不同时间段观察的符合度；三是不同观察者在不同时间段观察的符合度。一般而言，不同的观察者或同一观察者在不同时间段对日常现象的观察很难完全一致。例如，国外研究者进行了下列实验。

在一次心理学会议上，突然从门外冲进两个人，后面的人拿着手枪追赶前面的人，他们在会议厅中央混战时响了一枪，两人又一起冲了出去。从进来到出去总共 20 秒。会议主席立刻请所有与会者写下他们的目击经过。结果在交上来的 40 篇报告中，只有 1 篇在主要事实上错误少于 20%，其中 14 篇有 20%～40% 的错误，其余 25 篇有 40% 以上的错误（W. I. 贝弗里奇，1984）[1]。

这个实验说明无结构观察的信度很难信赖，也很难检验。观察的可靠性取决于不同观察者都集中于某些事项，他们不仅要看到而且必须探寻每个细节，并用标准化语言记录下来。

提高信度的方式，一种是通过在不同时间段重复观察，另一种是增加观察者的人数，并且这些观察者要有经验，受过专业训练，同时对观察的类型有着明确的定义。

二、观察的效度

袁方（1997）在讨论观察的效度时，把它放到了整个观察的过程及主要步骤上。在观察的准备阶段，首先要选择适当的观察方法，然后根据这种方法，通过对研究者角色的规定来确定观察方案，从观察对象的选择和观察者角色的影响上来考虑它是否适合进行这一研究。如国外一位社会学者为了了解洗衣店工人的工间活动，他自己进店当了临时工。洗衣店大部分是 50 岁以上的女工，而他本人才 20 多岁，因此，当他在场时，女工们的工间交往活动都集中于和他交谈，并且以母亲对待儿子的方式同他交往，结果他获得的资料并不是研究目的所需要的[2]。

在观察的实施阶段，影响效度的因素较多，其中主要有以下几类：①被观察者的"反应"。当被观察者意识到有人对他们观察时，总会在不同程度上有意识或无意识地改变他们的习惯行为，这就是所谓的"实验者效应"。②观察者本人的价值观和期望的影响。观

---

①　W. I. 贝弗里奇. 科学研究的基础. 北京：科学出版社，1984. 转引自袁方. 社会研究方法教程. 北京：北京大学出版社，1997.

②　袁方. 社会研究方法教程. 北京：北京大学出版社，1997.

察者很难做到完全客观，不同的观察者可能会注意到不同的事物，正如我们前面提到的不同的人在校门口观察时，其注意的重点是不一样的。③观察者本人感官和记忆力的影响。观察者有时会出现错觉，特别是在紧张、疲劳的时候，可能会对经常出现的现象熟视无睹。

在观察资料的处理阶段，研究者可能会依据自己的偏好来决定资料的取舍，或者挑选有利数据来构造自己喜好的理论，这也会影响观察结论的有效性。

任务 8-4　观察法的优点与不足

观察是我们获取社会信息的一种重要手段，不仅可以为我们提供有关人类社会行为详细的、第一手资料，可以对社会情境有直接的感性认识，可以用来收集用其他方法很难获取的信息，而且也是提出理论假设的基础。因此，观察法在社会调查与研究中作用突出，优点明显。

一、观察法的优点

1. 观察法能够直接观察到现象或行为的发生，掌握第一手资料。人类学家和社会学家们正是根据这个优点，常常采取观察法进行实地调查与研究，并且写出了《西太平洋上的航海者》《街角社会》《江村经济》等学术著作。

2. 观察法一般是在自然环境中进行。因此，它对研究对象的扰动较小，尤其是在间接观察、局外观察和完全参与观察中，被观察的对象很难察觉到观察者的存在，因而可以得到自然条件下观察对象的真实行为资料。

3. 观察法特别适用于研究无法用语言文字进行沟通的调查对象，例如，对土著居民、少数民族、幼儿、聋哑人的研究。

4. 观察法能够弥补其他方法的缺陷。例如，当调查对象不配合或者故意提供错误信息时，我们可以通过观察法来及时发现，弥补其中的不足。优秀的判案人员会利用观察到的信息和自己的逻辑推理来发现事实的真相，比如，狄仁杰、宋慈等。

二、观察法的不足

观察法与其他资料收集方法一样，也有自身的不足，主要表现在以下几个方面。

1. 受时空条件的限制

任何社会现象的发生，都有一定的时间和空间条件。对于已经发生过的现象，观察者无法观察，对于某种尚未出现的现象、突发事件、偶发事件，观察者也很难预料，也很难做到有目的、有计划的调查。一种社会现象的产生，也是在一定的地域发生的。但如果超越了一定的地域范围，超越了观察者的感官器官及其延伸物所能够观察到的范围，观察者便无法观察。

2. 受观察者自身的限制

这种限制来自两个方面：一方面，人的感官，超过一定的限度，听见的、看到的就不清晰，观察的精度不高，即使借助先进的科学仪器观察，也可能因仪器不精确或者操作失误而导致观察结果失真。另一方面，观察者往往容易受个人情感色彩和"先入为主"成见的影响，并且对所获材料的结果和解释，也往往容易受观察水平的局限。由于观察法主要依靠观察者单方面的活动，因此，对社会现象的观察是否正确，在很大程度上取决于观察者个人的素质。

3. 观察的行为对被观察者影响的限制

有些观察者可能会在观察者面前表现得特别好，而另一些人在私下里口若悬河，妙语横生，可是一到公共场合，别人一看他时，他会脸憋得像关公，一个字也吐不出来。

4. 受所获资料观察过程的限制

基于上述局限，故观察者所观察到的都是事物表面现象或者外部联系。且都是在一定时间、地点、条件下的社会现象，不能直接深入事物的内部以分辨是偶然事实还是有规律性的事实，所获得的资料具有一定的表面性和偶然性。

综上所述，观察法有它的优势，也存在不足。我们需要根据研究的主题，以及研究的实际情况进行选择。如果条件允许，时间充足，人力物力俱备，我们就可以采取观察法进行调查研究。

任务范例

怀特这样研究街角社会

美国社会学家威廉·怀特（Willian Whyte）1936 年从斯洛思莫学院毕业时，获得哈佛大学的一笔奖学金。他可以用这一大笔钱在三年时间里进行任何一项他所感兴趣的研究。由于他当时对社会改革很感兴趣，所以他决定用这一笔钱去研究波士顿的一个贫民区。他选择了一个叫作科纳威里的意大利贫民区，因为他觉得这个地区同他头脑中对贫民区的印象最为相近。

怀特为了进入科纳威里贫民区观察穷街陋巷中的下层人，曾经经历过好几次失败的尝试。后来，他终于得到诺顿大街福利委员会一位社会工作者的帮助。这位社会工作者安排他同当地青年帮伙中的一个头目会了面。这个团伙共有 13 人，头目叫多克，29 岁，他有两个助手，各带几个人。多克以打架出名，参加过议会竞选。经过坦率的交流，多克同意怀特作为朋友进入这个社区，去参加和观察各种活动。怀特经常同团伙中的小伙子聚在一起玩滚木球的游戏、打棒球、玩纸牌，一起谈论赌博、赛马、性以及其他事情，一起在陋巷中徘徊，参加那个团伙周末在一家咖啡馆固定餐桌上的聚会，但团伙打架斗殴怀特从不参加。这个团伙的成员都知道怀特是个研究者，是来写一本关于社区的书的，对他不参加打架斗殴之类的不良活动也不介意。怀特与他们之间保持着相互沟通和谅解的关系。

关于他的观察，怀特写道："当我开始在科纳威里游逛时，我发现需要对我自己和我的研究做出解释。只要我和多克在一起，有他担保，就没有人问我是谁，或者我是干什么的。但是当我独自巡回于其他群体时，甚至在诺顿人中间时，他们对我十分好奇……我发现，我能否为这个社区所接受，取决于我所发展是私人关系，而远不是取决于我所能做的解释……"。尽管多克发现与我一起工作很有意思，也很快乐，可是这种关系也有缺点。他有一次批评我说："自从你来以后，我办事不那么雷厉风行了。现在，我要做什么事，不得不先想一想怀特对此想了解什么，我该如何解释，而此前我习惯于依靠本能工作。"

怀特在科纳威里生活了三年半，经过三年多的观察，怀特收集了大量生动丰富的资料，获得了有关青年团伙、社区政治以及欺诈活动等第一手资料，写出了著名的《街角社会》一书。

资料来源：袁方．社会研究方法教程．北京：北京大学出版社，1997；周德民．社会调查方法教程(第2版)．北京：中国劳动社会保障出版社，2013.

任务评估

任务采用"课堂＋拓展"相结合的评估方式，课堂评估对标课程标准，重点评估知识、能力、素养目标的达成情况；拓展评估对标《市场、民意和社会调查要求》等国家标准及行业规范，重点评估实操技能、劳动精神、工作态度表现。具体操作可参照下表。

评估环节		评估内容	评估方式	评估目的
课堂教学过程评估（60%）	课前（15%）	线上课程资源学习	教学平台自动考核	重点考查学生知识理解和掌握情况
		课前任务	教师评估	重点考查学生技能掌握和应用情况
	课中（30%）	出勤情况	教学平台签到考核	重点考查学生学习态度和学习习惯
		小组讨论及展示	教师评估、组间互评	重点考查学生合作意识和展示能力
		课中任务	教师评估、自评、组间互评	重点考查学生能力和素养掌握情况
	课后（15%）	社会服务	教师评估	重点考查学生劳动精神和服务意识
拓展训练过程评估（40%）	拓展训练中（30%）	拓展训练任务	教师、行业导师评估情况	重点考查学生工匠精神和实践能力
	拓展训练后（10%）	拓展训练报告	教师评估、组间互评	重点考查学生总结反思和改进能力

任务习题

1. 试简述日常观察与科学观察的区别与联系。
2. 观察法有哪些类型？它们划分的依据是什么？
3. 如何理解艾尔·巴比所说的"火星人"和"皈依者"？
4. 实施一项观察研究工作，我们应该怎样去准备？
5. 在观察过程中我们如何去把握观察的信度和效度？

拓展训练

1. 请同学们根据怀特研究街角社会的过程，谈谈实地观察的特点与不足。

2. 请同学们对照课文中《大学食堂的实地观察记录表》，以学校的教室为场所，进行一次半小时的观察，并将观察的主题和内容详细地记录下来。

信息化教学资源

1. 观察法（一）
2. 观察法（二）

任务 9

文献法

任务描述

前面介绍的社会测量、问卷法、访谈法、观察法，都不同程度地要和调查对象接触，观察法也因为研究者的存在或多或少地对研究对象产生影响，本次内容介绍的文献法却不需要研究者与研究对象接触，因而可以很好地避免对研究对象的干扰和影响。

任务实施

一、任务目标

1. 掌握文献法的特点及类型，熟悉文献法的作用及适用范围；
2. 掌握文献资料收集与摘取的方法，并运用该方法开展文献资料的收集与摘取。

二、任务实施步骤

1. 教师讲授文献法的基本知识；
2. 通过案例对比分析，学生理解文献法与其他方法之间的差异；
3. 教师讲授并演示文献资料收集与摘取的方法与技巧；
4. 学生在课后以小组为单位，围绕所选课题进行文献资料的收集与摘取；
5. 各小组收集文献资料的过程及成果在课堂上简单展示，并对其加以分析，找出不足并加以修改完善。

知识链接

任务 9-1　文献法的特点及应用

相对于其他的资料收集方法，文献法这一方法在社会调查的选题部分就已经凸显其重要性和必要性了。文献法通过"文献"中介进行调查，因而它属于间接的调查方法，这种方法会在各种研究中得到广泛的运用。

一、文献法的概念、特点

文献法是根据一定的调查目的来收集和分析文献，以此获得所需资料的方法。文献法的主要对象是文献。文献有广义和狭义之分。狭义的文献是指用文字和数字记载的资料，比如，书籍，统计图表等。在现代信息技术飞速发展的今天，文献被赋予了更广泛的含义和内容，人们把一切文字和非文字资料，包括文字、图像、符号、音频、视频等，统称为文献。任何文献都必须具备以下三个特性。第一，必须有知识内容的表现。没有知识内容的物体，如空白纸张、空白光碟等就不是文献；第二，必须有一定的客观物质载体。仅仅存在于人们头脑中或者口头相传的知识就不能称为文献；第三，必须有人类的记录行为。如果只是客观存在的事物，但没有被人们记录下来，也不能称为文献。

(一)文献法的特点

文献法通过"文献"这一中介来进行调查，收集资料，因而它是一种简洁的调查方法，20世纪以来，特别是第二次世界大战之后，在科学技术高速发展的推动下，世界各国的文献出现了许多新的特点。

1. 文献法可以超越时空限制，广泛了解社会情况

文献法适用于时间跨度大的纵贯剖析或趋势分析，跨时间、跨地域研究社会现象。可以跨越时空条件的限制，研究那些无法接近的调查对象，包括人类历史上几百年、几千年前的历史现象，比如，历史学家经常会探讨三国时期"三足鼎立"的具体朝代，形成的原因，以及"三足鼎立"这一局势对当时各国经济发展、互通往来等方面的影响，这就需要集中大量的历史资料；比如，运用"服务学习法"的教学准备过程中，教师需要研究中西方"服务学习法"的大量文献资料，通过文献获悉该方法应该如何组织教学，从而将之成功引入并运用到课程教学中。

文献法还是一种独特的和专门的研究方法，这是它与其他调查方法之间最显著的区别。诸如问卷法、测量法、访谈法、观察法、实验法等，一般都无法独立完成从选择课题到收集资料的全部工作，都要借助文献法等。文献法却不然，它可以独立完成某些调查研究从选择课题到收集资料到分析研究的全过程。那些旨在再现或分析历史现象的课题、如分析民国时期社会各阶层的生活状况等，或者是研究不可能重演的现实社会的某些事件，如战争、犯罪等，以及时间跨度大的纵贯性课题，如新中国成立以来社区自治的发展变化等，也只能是依靠文献法来完成。

文献法使人们极大地拓宽了视野，了解了古今中外的各种事物。因此，它是人们获取知识和认识世界的重要依据，但基于文献法获得的结论也总是落后于现实。

2. 文献法可以避免调查者对调查对象的影响

调查对象是记载了有关调查研究对象情况和资料的文献，不直接接触被调查者，因此，不会像问卷法、访谈法那样，在资料收集过程中，受到被调查者的情绪、心理、行为等方面的干扰，避免调查过程中人为因素的干扰。同时，文献是一种稳定的存在物，不会因为研究者或者主观倾向的不同而改变。但是由于文献所记载的情况与客观真实情况或多或少存在一定的差距，所以时效性比较差。

3. 文献法效率高、费用低

运用文献法，可以走不少捷径，一般存放图书馆、档案馆、研究所等地，因此查阅、摘录比较方便，与问卷法、访谈法培养调查人员，奔赴调查地点、比较庞大的经费支出相比，费用低，时间短，人力少，而且可以获得更多的信息。

(二)文献法的局限性

1. 文献法缺乏生动性和具体性

尽管通过文献调查法获得的资料很丰富、很真实，但由于是间接得来的材料，调查者既不在事情发生的现场，也没有验证内容是否真实可靠，缺乏具体性、直观性和生动性，"纸上得来终觉浅"，这是文献法最大的缺点。

2. 文献资料不能随意获得

有些文献资料很难获得，而且往往是越有价值的文献越难以获得。例如，图书馆所藏的孤本、善本和原始影音资料一般人无法接触；涉及个人隐私的日记、私人的信件，往往不愿公之于众；某些政府机构、社会组织的文件、决议、记录、统计数字等，也常常属于不允许公开的内部机密等。因此对某些特定的社会研究来说，往往会缺乏最有力的文献资料的足够支持。

3. 文献资料的非真实成分难以鉴别

文献资料是调查研究者之外的其他人编制而成，其形成过程无法根据调查研究的需要加以控制，所以无论是个人的日记、信件，还是大众传媒上的各种文献，乃至官方的统计资料，不可能因为作者的偏见以及形成文献过程中的客观限制，影响到文献资料的准确性、全面性和客观性。这不仅使文献的鉴别、选择和分析工作艰巨难行，而且很可能影响调查研究的信度和效度。

4. 文献资料落后于客观现实

文献获得的信息与客观真实情况之间，总会有一定的距离，任何文献都是对过去现象的记载。

因此，文献法通常与其他调查法结合起来，收集资料，从而弥补其局限性，以获得更好的调查效果。

二、文献及其种类

文献法的类型可以根据不同的标准划分，这里介绍四种常见的分类方法。

(一)按照编辑出版的不同形式分类

可分为图书、期刊、报纸、科研报告、会议文件、学位论文、政府出版物、档案、统计资料、内部资料等。

(二)按照文献资料的形式分类

可分为文字文献、数字文献、图像文像、有声文献。

1. 文字文献

文字文献指用文字记载的文字资料，它是最广泛的文献形式，包括出版物，报刊、书籍，档案，如会议记录、备忘录、人事档案、地方志；个人文献，如日记、信件、笔记、个人传记、回忆录等。

档案：指各机关、企事业单位和某些个人在进行日常事务时产生并具有考查使用价值，经过立卷归档集中保管起来的各种文件材料。包括收发电文、会议记录、电话记录、人事材料、技术文件、出版物原稿、财会簿册、照片、录音带以及具有保留价值的各种文书。档案数量巨大、种类繁多，有珍贵的史料价值，而且档案的材料一般都比较可靠，因为档案收存的资料以文件为多。对于大部分历史档案材料，可通过一定的手续，到有关机关的档案机构查询。

地方志：地方志介绍某一地区的自然、地理、历史、人物、政治、经济、文化等各方面的情况，是了解某一地区有价值的文献资料。

日记：无论是了解个人情况和一个单位的情况，日记要记得比较详细，可供研究的价值就大。但借阅日记时要征得本人的同意，因为日记涉及的私事较多。

个人自传、回忆录。这是研究个人活动和心理的最好材料。

2. 数字文献

以数据、表格等形式记载的资料，如统计报表、统计年鉴等。统计资料可以到有关部门查阅，也可以利用已经出版的《中国统计年鉴》《中国社会统计资料》。

3. 图像文献

图像文献指用图像反映社会现象的文献，包括电影、电视、录像、照片、图片。

比如，学者费希尔对美国家庭在 18 世纪部分年代的全家合影照片的内容进行了分析。他发现，在 1755 年前，所有的照片中除了一张以外，全都是父亲位于家庭其他成员之上（即在后排站着），母亲则坐着，旁边可能还坐着家庭中其他的成年女性，子女则在母亲之下。1775 年之后，这种暗示着父亲的家长角色和父母高于子女的等级角色的垂直安排，被一种水平安排所取代。在这种水平安排中，所有的家庭成员都处于同一层次（通过研究照片来思考家庭关系的变迁）。

4. 有声文献

用声音反映社会现象的文献，包括唱片、录音磁带等。

(三)按照对文献内容的加工程度分类，或者说根据文献作者与文献的相关程度的不同

零次文献：未经加工或者未公开发表付印的书信、日记、手稿、原始记录、回忆录、自传、会议记录等，以及在现场拍摄、录制的照片、胶卷、录像带等。

一次文献：是对知识的第一次加工，是信息的基础，也叫信息源，如期刊论文、研究报告、会议记录整理、专利说明书、学位论文、调查报告以及音像作品。

二次文献：指他人对零次和一次文献进行收集、分析、整理并进行再加工而成的文献，包括各种文字材料和经过剪辑后的录音带、纪录片及其目录、索引、文摘等。

三次文献：科技人员在二次文献的基础上，对文献阅读、分析、归纳、整理和推理，进行概括、论述，重新组织、加工提炼成文字，可供人们了解某一学科或专题的进展，了解其过去、现在和预测未来的发展趋势的文献。三次文献包括：综述、评论、述评、进展、动态、年鉴、专著、指南等。三次文献一般是由专家写成，水平较高，专业性强。

在此，零次文献和一次文献我们又简称第一手文献，是指由社会事件或行为的直接参与或者接触者撰写或录制的文献。

一般说来，第一手文献比二次、三次文献组成的第二手文献的信度高，因为后者是在多次加工的基础上，甚至掺杂了作者带有主观因素的分析和感受之后撰制而成的，信度自然受损。所以，研究者在使用文献之前，要注意资料的类别，要考察文献的信度和效度。

(四)根据文献载体形式和记录手段分类

文献可分为手工型文献、印刷型文献、浓缩型文献、机读型文献、声像型文献等。

手工型文献是指用手工刻、铸、写的文献，如甲骨文、铜器铭文、竹简、帛书以及手书的各种手稿、信札、日记、原始记录等。

印刷型文献是指印刷在一定物质载体(主要是纸张)之上的文献,包括木印、石印、铅印、油印、胶印、复印等,其中大量和主要的是报刊、书籍等。

浓缩型文献是指以感光材料为物质载体,利用光学技术作为记录手段的文献。

机读型文献是指以磁带、磁盘为载体,以磁性存储技术为记录手段的文献。

声像型文献是一种运用录音、录像和摄影技术直接记录声音、图像的文献形式。

此外,按学科领域划分,文献可以分为社会科学文献、自然科学文献(科学技术文献)、综合型文献;按密级划分,文献可以分为公开文献、内部文献和秘密文献等。

三、文献法的作用和适用范围

文献是人类知识的结晶。在社会调查研究中,文献法具有特殊的地位。它是最基础和用途最广泛的收集资料方法。

(一)文献法为选题提供依据、指明方向

文献法通过查阅同类课题的资料,了解前人的研究内容、研究方法、研究结论、研究已经解决了哪些问题,以及学者们还未曾研究的问题,或者未曾解决的问题等,而对文献的归纳分析、比较分析可以帮助研究者进一步确定并缩小自己的研究范围,明确研究思路,从而进一步为选题以及方案设计、方案实施提供依据、指明方向。

此外,可以了解有关的方针、政策、法律、法规,保障调研工作顺利进行。调查了解某农村社会救助的政策,制度等,落实方面存在的问题,包括制度问题,人为因素等,顺利推动后期调研成果的完成。

比如:华中科技大学博士研究生崔秉亮通过查阅,并分析归纳中西方学者关于城市贫困群体保障性住房策略研究的相关文献,明确了毕业论文的研究方向。

"综合国内外相关研究可以得到的一个重要的共同点就是:住房与社会分层、住房与就业存在着密切的对应关系。这反映了城市贫困人口和保障性住房之间的作用关系绝不仅仅是对居住功能的需求关系,保障性住房能在许多方面对城市贫困群体产生影响。

但是,总体上目前国内外对保障性住房的研究较少。国外的研究基本把保障性住房作为背景系统,主要研究的是如何改善贫困群体的居住区位。而我国的保障性住房研究则还处在探索阶段,缺乏一个系统的构架……因而,保障性住房体系的建立以及城市贫困人口的生存状况必须采用区域非均衡发展的思路,在一个更大的区域范围中予以考虑,才具有可实施性和可持续发展性。"[1]

(二)文献法常用于社会调查的准备阶段

选择课题,提出研究假设、确定社会指标,设计调查方案的必要前提都会运用文献法。例如,对中国妇女社会地位调查的指标体系[2]是依据我国社会经济发展状况,参照联合国及亚太地区监测妇女地位的指标而设置的。它包括 8 个方面的内容:法律权力、生育与健康、教育、劳动就业、社会参与与政治参与、婚姻家庭、自我认知与社会认同、

---

① 崔秉亮 . 城市贫困群体保障性住房策略研究 . 武汉:华中科技大学,2010.

② 陶春芳,蒋永萍 . 中国妇女社会地位概观 . 北京:中国妇女出版社,1993.

生活方式。每项内容又设有多项主要指标。

同时，在研究测量人们的态度、看法等主观性较强的内容时，我们可以借助国内外非常成熟的量表，比如，李克特量表，鲍格达斯社会距离量表等。

（三）文献法可以帮助调查者获得进行比较研究的资料

在社会调查发展史这一部分内容中，我们列举了马克思写《资本论》40 年内查阅了1 500 多种书刊，列宁写《帝国主义是资本主义的最高阶段》查阅了 156 本外文书和 232 篇国外文章。这属于专门的历史性研究课题成果。我国汉朝司马迁在写《史记》时，也是通过查阅当时存在的各种文献而成。通过文献法，调查者获得历史资料，将其与现实各种静态和动态进行比较，可以了解事物的结构及其发生、发展的变化情况，在调查研究的总结阶段，还可将有关文献的记载与调查研究成果进行比较，用以检验研究结果的可靠程度。

（四）文献法可以帮助调查者熟悉了解研究对象的一般情况

通过文献法，可以帮助调查者了解、研究那些难以或者不可能接触的研究对象和研究问题，比如，民政部门进行地名普查工作，需要多方面，多角度了解村庄、街道、山川、河流名称的历史沿革、含义、典故、变化等，这时，运用文献法，可以获得难得的地名资料，更好地进行地名管理工作。又如，民政部门开展县域区划调整工作，可通过查阅县志、该县的档案等文献资料来了解历史沿革和一些典故，避免盲目地进行区划调整工作，引发社会矛盾和冲突。

任务 9-2　文献资料的收集与摘取

在实际的社会调查研究中，我们经常不可避免地要与各种各样的文献资料打交道。通过对各种各样的文献资料进行收集与分析，可以探索历史发展过程中新的社会现象或事物所产生的规律性，取得认识某种社会现象或事物的必要知识。因此，在充分了解文献对于社会调查研究收集资料而言具有极其重要的作用的同时，我们还必须十分重视文献的收集这一关键的环节。接下来将对文献收集方法和步骤等内容进行介绍，以求对文献的收集有个基本的掌握。

一、文献资料收集的方法

文献收集的渠道多种多样，文献类别的不同，收集的渠道和方法也不同。文献收藏于图书馆、档案馆、博物馆、社会、教育等单位或机构、计算机互联网等，常见的收集方法有以下四种：检索法、追溯法、专家咨询法、上网查找法。

1. 检索法

检索法是利用已有的检索工具查找文献资料的方法，有机读检索和手工检索两大类。在我国，一般以手工检索为主，它是一种先利用检索工具书确定所需要文献的具体篇目，然后再使用具体查找的方法，这种方法适合收集存放在图书馆系统的文献。

检索工具是专门指明文献出处和内容线索的工具书，主要分书目、文摘、索引三大类。

（1）书目

书目是对图书或其他单独出版的资料名称的记载，通常以图书、期刊作为报道单元，依一定的次序编排，是将各种图书按内容或学科分门别类，一一加以著录，解题或评价，使读者得以认识图书的内容和价值的一种工具书。比如，按照作者名字排列起来的目录，如同一位作者的著作都排列在一起，便于了解作者著作的全貌；比如，按照书名排列起来的目录，如果知道书名，就可以在最短时间内查到所需要的文献；比如，主题目录，也叫标题目录，即按照图书的主题或者标题排列的目录。如果不知道所需文献的分类，也不知道书名或者著者，而又想查找关于某学科、某专题的文献资料时，就可以去查阅主题目录。主题目录把各种著作、文章中关于某一主题的文献集中在同一主题词下，可以帮助调查者迅速找到某专题比较全面的文献。

《全国总书目》是一本图书年鉴性质的全国综合性图书目录，自新中国成立以来，逐年编印，它比较全面、系统地记录了当年出版的各种图书，反映了每一年我国图书出版的概貌，该书目由中国版本图书馆编，中华书局出版。

（2）文摘

根据国际标准 ISO214—1979(E)的规定，文摘是"一份文献内容的缩短的精确表达，而无须补充解释或评论"。

我们定义文摘是以摘要的形式将文献的内容浓缩、提炼、编辑而成的工具书，可较短时间内帮助了解文献的概貌。比如，《社会学文摘》涉及社会学、社会工作、人口学、民族学等方面有价值的研究成果和发展动态；关注社会学体系内各个学科的重大理论问题和现实问题；浓缩社会学领域最新研究成果精华；凸显新观点，开拓新视野。查阅社会学文摘可以方便、快捷地了解当前社会学、社会工作等领域的研究成果和研究动态，同时，围绕课题快速查阅可以参考、借鉴的文献信息。

（3）索引

将书籍或报刊中的内容或项目摘记下来，编成简括的条目，注明书籍报刊的出处、时间、期数、页码等，按次序排列供人查检，借以指示寻找文献途径或线索的工具书。

索引分为图书索引和报刊索引，如：《人大复印资料索引》《全国报刊索引》。例如，《人大复印资料索引》查询"李林启"，显示该学者的作品《肖像权商业利用法律问题研究》，我们可以通过索引了解李林启这篇文章发表在《湖南社会科学》，2012年第1期，95～97页，索引也可以让资料收集者快捷地检索与课题相关的文章。

在上述3种检索工具的指引下，我们可以很快查找到所需要文献的有关信息，并可以顺藤摸瓜，到图书馆等地进一步找到具体文献，从中获得所需内容。

利用检索法查找文献，可以采取顺查法，也可以采取逆查法。顺查法由远及近，逐年逐月按顺序查找。具体做法是根据调查课题选好检索工具，然后从较早的年代按时间顺序查找。它有利于了解与调查课题有关的各类问题发展过程的全貌，信息遗漏少，所得资料系统全面，但是费时费力，效率不高。

逆查法是由近及远逆时序查找。由于查找近期文献可以反映当前课题的研究水平，获得最新资料，以及今人对前面的文献的概述和评价，所以可以更节省时间和精力，但也有可能所查到的文献不系统不全面。

2. 追溯法

也称参考文献查找法，即运用某一文章、专著末尾开列的参考文献目录，或者文章、专著中提到的文献目录，追踪查找文献。具体做法是从已经掌握的文献资料开始，根据文献中开列的参考文献和所提到的文献名目，直接去查找较早一些的文献，利用较早文献中列出来的文献和提到的文献名目，去查找更早的文献，一步步追溯，直到查出比较完整的文献资料为止。对于没有检索工具书的情况，这种方法是可取的，而且十分管用。

以《我国农村留守儿童状况研究》为例，在文章最后参考文献这一栏，罗列了本文所参考的 7 篇与留守儿童相关的文献。选择以留守儿童作为研究对象的课题组就可以顺藤摸瓜，把这 7 篇文献找出来。其中，《留守儿童研究综述》则是收集了我国近 20 年有关留守儿童的研究，我们从文章后面的参考文献中可以更有选择性地去查阅文献，丰富我们的文献资料。

3. 专家咨询法

向熟悉有关文献或文献检索工具书的人说明自己所需文献的类别范围，请他们指点门径进行查找的方法。适用于收集藏于图书馆以外的其他机构，比如，档案馆。

4. 上网查找法

随着科技的发展，社会的进步，现在很多调查者将上网查找文献资料作为自己的首选。上网查询资料方便、快捷，只要调查者在搜索引擎中输入自己想要查找的内容，马上就能查到相应的资料。运用网络查阅文献，一是可以登录专门的网站检索，比如，湖南省图书馆，或者各地政府网站、大众传媒机构网站、中国统计网等，二是运用大型门户网站的搜索引擎查找，例如，百度和谷歌。但是网上收集到的资料难以系统、全面，质量也难以保证，真实性、可信度不高，所以，通过上网查找到的文献资料还需要认真核实查对以后才能使用。

二、文献的摘取

当文献收集到手以后，我们就要从中摘取所需要的内容和信息。文献的摘取一般要经历以下几个阶段。

1. 浏览

浏览主要要求我们把手头的文献资料粗略地阅读一遍，使自己对所收集的文献有一个初步的认识。浏览要有目的，抓住文献的筋骨脉络，大致了解文献的主要内容，判断文献中所提供的信息的价值，为下一步的筛选打下基础。

浏览要善于抓要点，了解概况。如果是书籍文献，就要对该书的著者、提要、目录、前言（或序）、后记（或跋），以及注释、参考文献、索引等做一概略的了解，使自己对全书的框架和内容有一个概略印象。如果是浏览论文或其他文献，就要大致看看它的长度、层次、大小标题、主要观点和论据等。只要抓住这些要点，就能了解文献的概况，并对文献的价值做出初步的估计。

浏览速度要快。其方法有两种，一种是"扫瞄式"，另一种是"跳跃式"，把文献中无关紧要的引文、推理过程等整页翻过去，搁在一边，重点掌握文献的观点和有关数据。

2. 筛选

筛选就是在广泛浏览的基础上，根据调查研究的目的，通过认真的选择，获取最珍贵以及高质量的文献。与此同时，研究者还需要鉴别资料的真实程度。只有考察好文献资料的实际意义和正确评价资料的真实程度，才能正确使用文献资料，确保调查的效果。

筛选的依据是，文献中有用信息数量的多少和质量的优劣。筛选的关键是，善于比较。在时间上，要选用那些不同时期的代表作，特别是要注意选用那些最先论述某一问题的祖本和最近论述这一问题的新本；在内容上，要选择那些引用不同事实、阐述不同观点的代表作。此外，还应注意选择那些比较有权威的编辑出版单位、比较有权威的作者的著作。总之，要选取那些有代表性的、有质量的文献，而不必在二三流文献上打"消耗战"。

3. 记录资料的方法主要有标记、眉批、抄录、提纲与札记等

标记最简单，在书页中做上具有特定含义的记号即可，如感叹号、曲线、单线、双线等；眉批是社会调查者直接在书眉上写上简短的心得、体会、评语或疑问等；抄录就是全文照抄，现在一般采用复印的办法；摘录是指社会调查者将有价值的，自己需要的部分资料抄录下来。

摘录有两种形式：一种是摘录原文，也就是整段整句地将原文摘录下来；另一种是摘录原意，即根据社会调查者自己的需要，用自己的语言复述原文的基本观点、主要事实和基本数据，并简要地记录下来，这种摘录往往是原文的缩写，要注意不得随意发挥。提纲是指社会调查者在通晓原文的基础上，经过归纳、整理，把整本书或整篇文章的内容要点，用简略的语句和条目的形式依次记录下来，其优点是便于把握全书或全篇文章的概貌和中心思想，加深对其思想脉络的认识。札记是指社会调查者把阅读文献后所产生的心得、感想、体会、批评、疑点、意见等记录下来，是对原文的理解和发挥，具备初步研究的性质。

现代社会，科学技术的发展使文献的外延不断扩大，在印刷文献之外，先后出现了音像、光盘、磁盘、网络文献等。与此相适应，传统的记录信息的方法也随之发生了一些重大的变化。除了标记、批注和札记仍然常用之外，手工地抄录、制作卡片和编制纲要等已经逐渐退出历史舞台，取而代之的是高效的计算机操作和简便易行的复印、扫描、网上下载等方法。人们可以利用种种现代技术，将所收集的文献先存入计算机，再任意进行摘录、各种编排和其他处理。这些现代方法使人们节省了大量的时间和精力，极大地促进了当代社会调查研究的发展。

三、文献收集的要求

为了提高收集文献的效率，收集文献有以下几个方面的要求。

1. 要根据研究课题收集资料

在研究大方向初步确定之后，可以请教学术权威，也可通过文献研究，确定自己的研究课题。之后，要围绕确定了的研究课题收集资料。这样，收集的资料有效性成分就大。否则，收集的文献研究价值就大打折扣，往往还会浪费一些时间、精力和财力。

2. 收集的文献在内容上尽量丰富和全面

在收集的文献内容上，不要单一化，应当尽量做到内容的丰富和全面。既要收集正面的资料，也要收集反面的资料；既要收集过去的资料，也要收集现在的资料，最好在时间上能有连续性。

3. 收集文献的形式要多样

凡是与课题相关的资料，不管是图书、报纸杂志、档案，还是音像资料都要收集，要做到形式多种多样，这样，收集的资料才能广泛丰富。

4. 收集的文献资料要力求准确

对于收集到的资料要认真分析，确认资料的可信度，防止以假乱真，把研究引入歧途。

任务范例

重视他人调查成果，批判继承，为我所用①

按照马克思主义的认识论观点，对任何一个人来讲，不可能对自己所要掌握的知识都通过亲身的实践取得，而只能在亲身实践和间接经验的学习的相互补充中来认识世界。所以，马克思和恩格斯在他们分析研究社会的过程中，一方面注重亲身的社会调查，另一方面，也相当重视当时现有的一些资产阶级政府和社会学家调查所得的各种资料。马克思和恩格斯用这种调查资料所写成的文章和著作是大量的。比如，马克思的《资本论》《人口、犯罪率和赤贫现象》《不列颠工厂工业的状况》《面包的制作》《铁路统计资料》，恩格斯写的《家庭、私有制和国家的起源》《欧洲战争》等。

在如何对待这些现有的社会调查资料的问题上，马克思和恩格斯始终是持着分析、批判的态度，并且坚持以现实生活本身为依据。即使许多材料由于资产阶级官方政府为了统治的需要，在数字统计中玩弄手法，他们也能从材料和事实的对比中，以及材料本身的矛盾中得出科学的结论。1859 年马克思写的《人口、犯罪率和赤贫现象》一文，引用了《联合王国从 1844 年至 1858 年最近十五年历年简要统计一览》的蓝皮书。尽管马克思对此赞扬为"这些数字事实上对英国的总的发展历史提供了比充满了漂亮废话和政治胡说的几部巨著都更珍贵的材料"，（《马克思恩格斯全集》第十三卷，第 549 页）但是，它毕竟是资产阶级官方的统计，特别对于犯罪和赤贫现象，得出了许多与事实不符的结论。因此，马克思通过分析、对比，指出"如果我们把 1855 年同以前各年加以比较，那就会看出，表面上 1855 年到 1858 年间犯罪率有相当的减少。1854 年被控告的人总数为 29 359 人，而 1858 年则减少到 17 855 人，被判罪的人的数目，也有很大减少，虽然不是以同样的比例减少。但是，1854 年以后犯罪率的这种表面上的减少，其实应该完全看作是由于不列颠诉讼程序的某些技术性的改变所造成的。"（同上书，第 551～552 页）因此，马克思深刻地揭露了："这种一方面扩大自己财富，但贫困现象又不见减少，而且犯罪率甚至增加得比人口数目还快的社会制度内部，一定有某种腐朽的东西。"（同上书，第 551 页）

运用和借鉴前人所进行的社会调查研究的成果，是仅仅单纯地引用呢，还是有所补正，有所发展？显然，马克思和恩格斯采取的是后者的方法。人们知道，人类学家摩尔根在美国，以他自己的方式，重新发现了马克思所发现的唯物主义历史观，并且以此为指导，在把野蛮时代和文明时代加以对比的时候，在主要点上得出了与马克思相同的结果。恩格斯正是采用了他的历经四十年调查研究成果《古代社会》一书的材料，写下了著名的《家庭、私有制和国家的起源》一书。恩格斯并没有拘泥于摩尔根的材料。他自己在此书第一版序言中说道："在关于希腊和罗马历史的章节中，我没有局限于摩尔根的例证，而是补充了我所掌握的材料"，在"经济方面的论证，对摩尔根的目的来说已经很充

---

① 肖原 . 马克思恩格斯与社会调查——读书笔记 . 社会，1982(2)：36—40.

分了，对我的目的来说就完全不够，所以我把它全部重新改写过了"。(《马克思恩格斯选集》第四卷，第3页)

马克思和恩格斯注重现有社会调查统计资料，并不局限于有声望的学者的专著，或者被人广泛采用的时新资料，即使是无人问津或被人遗弃的资料，他们也不忽视。像马克思的《资本论》中采用的材料，许多是被那些贵族用来当射击靶子用的蓝皮书，这些蓝皮书都是英国调查委员会和工厂视察员写的调查报告。由于马克思对这些材料做了科学的分析，正像恩格斯对《资本论》所热烈赞颂的那样"自地球上有资本家和工人以来，没有一书本像我们面前这本书那样，对于工人具有如此重要的意义"。(《马克思恩格斯选集》第二卷，第269页)

任务评估

任务采用"课堂＋拓展"相结合的评估方式，课堂评估对标课程标准，重点评估知识、能力、素养目标的达成情况；拓展评估对标《市场、民意和社会调查要求》等国家标准及行业规范，重点评估实操技能、劳动精神、工作态度表现。具体操作可参照下表。

评估环节		评估内容	评估方式	评估目的
课堂教学过程评估（60％）	课前（15％）	线上课程资源学习	教学平台自动考核	重点考查学生知识理解和掌握情况
		课前任务	教师评估	重点考查学生技能掌握和应用情况
	课中（30％）	出勤情况	教学平台签到考核	重点考查学生学习态度和学习习惯
		小组讨论及展示	教师评估、组间互评	重点考查学生合作意识和展示能力
		课中任务	教师评估、自评、组间互评	重点考查学生能力和素养掌握情况
	课后（15％）	社会服务	教师评估	重点考查学生劳动精神和服务意识
拓展训练过程评估（40％）	拓展训练中（30％）	拓展训练任务	教师、行业导师评估情况	重点考查学生工匠精神和实践能力
	拓展训练后（10％）	拓展训练报告	教师评估、组间互评	重点考查学生总结反思和改进能力

任务习题

1. 什么是文献法？文献法的特点和局限性有哪些？

2. 文献法可以从哪些方面进行分类？

3. 文献法有哪些重要意义？

4. 收集文献有哪些方法？如何摘取文献？

5. 文献资料摘取应该注意哪些问题？

拓展训练

1. 学生查阅图书馆馆藏文献，列举并介绍 3 种不同类型的文献。

2. 结合小组所选的课题，运用万方、中国知网、校园图书馆藏图书资源查阅相关文献，记录文献的来源、文献的主题，并将文献按照现状、原因分析、对策进行分类摘录。

3. 请根据某一个调查研究主体，广泛收集文献资料，并做出比较系统的文献综述。

信息化教学资源

1. 文献法的特点及应用

2. 文献资料的收集与摘取

项目五　发现问题看本质：
社会调查资料的统计

➡ 项目简介

在调查实施阶段收集到的有关原始资料通常是粗糙的、杂乱的、零碎的，虽然它们具有社会实在性，但是无法显现宏观研究现象的总体特征。为了资料分析的需要，必须对其进行加工处理。对资料的加工处理涉及了调查资料整理的程序与方法、资料整理的结果与展示、使用统计软件进行资料整理、单变量统计分析、双变量统计分析及多变量统计分析。对资料的整理与分析必须坚持实事求是、求真务实，一切从实际出发，作出符合实际的正确回答，得出符合客观规律的科学认识。因此，调查资料的整理与分析是从调查阶段过渡到分析研究阶段的一个必经的中间环节。

📖 项目分析

知识目标

1. 掌握调查资料审核、分组、汇总的基本方法和技巧；
2. 掌握调查资料整理与展示的基本方法和技巧；
3. 掌握单变量统计分析、双变量统计分析及多变量统计分析的计算技巧。

能力目标

1. 能对调查资料进行汇总和分类；
2. 能制作统计图和统计表；
3. 能进行单变量统计分析、双变量统计分析及多变量统计分析的计算。

素养目标

1. 具有务实的工作作风，尊重客观实际；
2. 尊重客观规律，能坚持以数据讲话，求真务实。

任务 10

整理调查资料

📖 任务描述

由于获取到的资料是没有经过加工的，为了显现宏观研究现象的总体特征，需要进行相应的资料整理。因此，明确调查资料整理的含义与内容，掌握调查资料整理的程序与方法，对资料整理的结果进行合理的展示，并能够用统计软件进行基本的统计是本任务的核心技能。

✅ 任务实施

一、任务目标

掌握调查资料整理的程序与方法，对资料整理的结果进行合理的展示，并能用相应的统计软件进行基本的统计工作。

二、任务实施步骤

1. 教师带领学生一起学习有关调查资料整理的程序与方法、资料整理结果的展示技巧及统计软件的基本操作；

2. 教师布置任务，学生在课下以小组为单位，将前阶段所收集到的资料进行整理并制作成相应的图或表；

3. 在课堂上对各小组的调查资料整理情况加以分析，找出其不足，并提出解决的对策；

4. 教师再次强调资料整理在整个调查研究过程中的重要性及其操作技巧的运用。

🔺 知识链接

任务 10-1　资料整理的程序与方法

一、资料整理的含义与内容

资料整理是指根据调查目的，运用科学方法，对收集的原始资料进行审核、汇总与初步加工，使之系统化、条理化，从而得到体现调查对象总体特征的综合资料的工作过程。

资料汇总前的审核是一次全面、系统、集中的审核。重点检查原始资料的真实性、准确性和完整性。资料整理的审核包括检查出文件资料中的问题和重新向被调查者核实两个方面的内容。

对调查资料真实性审核是指通过对资料进行逻辑检验以判明调查所得的资料是否符

合实际情况，资料中有无相互矛盾的地方。对资料本身的真实性审核，一般采用以下几种方法：①根据已有的经验和常识进行判断。例如，某份调查问卷中的年龄一栏内填写的是 25 岁，而婚龄栏内填写的是 15 年，这显然是不符合常识的。②根据资料的内在逻辑进行核查。例如，某一问卷中的出生年月日栏填写的是 1969 年，而填答问卷时间是 2015 年，年龄栏又填写 35 岁，前后数据显然是不符合逻辑的。为此，需要查明是属于调查人员的误填，还是被调查者的错报现象，并予以及时校正。③利用资料间的比较进行审核。如果资料是用多种方法获得的(例如，对某个问题，既有访谈资料，又有文献资料及观察资料)，就可以将这些资料进行比较，看有无出入，以判断真伪。④根据资料的来源进行判断。一般来说，当事人反映的情况比传说的情况更可靠些，引用率高的文献比引用率低的文献更可靠些。

准确性审核主要是检查原始资料是否真实可靠，数据计算是否正确。审核方法主要有逻辑审核与技术审核两种。逻辑审核主要是检查调查资料的内容是否合乎逻辑和常识，调查项目之间有无自相矛盾的地方，或不符合实际的地方。例如，人口调查，某人年龄填报"9 岁"，婚姻状况却为"已婚"，职业为"大学教师"，明显矛盾。技术审核主要是检查调查表中各项调查数据在计算方法、计算单位、技术结果上有无差错等。例如，部分数字之和是否与总体数字相符，各部分与总体之百分比相加是否等于 1，各份问卷上填写的数字单位是否一致等。

完整性审核主要包括检查应该调查的单位、项目是否都调查到了，问卷的回收率以及有效问卷是否达到要求，问卷或调查表上的所有问题是否都按照要求填写了等。如果资料残缺不全，就会降低甚至失去社会调查的价值。

二、资料整理的程序

1. 制订整理方案

制订整理方案时，一方面必须与社会调查方案相适应，使整理方案有完全实现的可能；另一方面必须与统计分析任务相适应，使资料整理结果能够满足统计分析的要求。资料整理方案的主要内容包括：根据研究目的，确定对调查中所收集资料的哪些内容进行整理；确定如何进行资料分组；选择整理组织形式与方法；采用哪些汇总指标以及统计资料如何表现等。

2. 进行资料分组

资料分组是资料整理的关键。它是根据社会调查的目的和任务，按照整理方案中所选择的分组标志，对原始资料进行统计分组，为资料的统计分析做准备。

3. 实施资料汇总

资料汇总是资料整理工作的中心环节。它是按照一定的组织形式和方法，在资料分组的基础上实施的。资料汇总的组织形式有逐级汇总，集中汇总和综合汇总。逐级汇总是自下而上一级一级地汇总。其优点是能够满足各地区、各部门、各单位对统计资料的需要，便于就地审核和订正原始资料；其缺点是逐级汇总费时较多，发生登记性误差的可能性较大。集中汇总就是把调查资料集中起来进行一次性汇总。集中汇总可以缩短汇总时间，减少汇总差错，且有利于采用计算机汇总；但原始资料如有差错不能就地更正，汇总结果常常不能及时满足各地、各部门的需要。综合汇总是将逐级汇总和集中汇总结合起来的一种组织形式，即将各级都需要的基本资料实行逐级汇总，对需要在全国范围内进行加工的资料或者本系统的全面资料实行集中汇总。综合汇总具有逐级汇总和集中汇总的优点，同时又克服了两者的缺点，但是它开支大。究竟使用哪种汇总的组织形式，要视具体条件而定。

4. 编制统计图表

资料汇总的结果需要以统计表或者统计图的形式表现出来，简明扼要、形象直观地表达现象的总体特征。统计表和统计图既是资料整理的表现形式，也是进行统计分析的重要工具。

三、资料整理的统计分组法

(一)资料统计分组的类型

1. 品质标志分组和数量标志分组

按品质标志分组，就是按反映事物属性或质的特征进行的分组。如老年人按婚姻状况、户居方式、受教育水平分组；流浪儿童按外流原因、外流生活来源、流出地分组等。

按数量标志分组，就是按事物的数量特征进行分组。如分析贫困问题将贫困户按家庭人口分组，了解职工生活按经济收入分组，研究地区的社会保险按参保企业个数分组，等等。按数量标志分组，必须以分组结果能够反映被研究现象的不同类型和性质差异为前提。

2. 简单分组和复合分组

简单分组就是对研究对象只按一个标志进行的分组。如农村居民按家庭人均收入分组，妇女按初婚年龄分组，职工按性别分组等。它们分别只能从一个角度说明现象的分布状况和内部构成。对于同一总体采用两个或两个以上的标志进行简单分组，形成平行分组体系。在平行分组体系中，各简单分组的分组标志是平等的关系，无主次之分。

复合分组就是对所研究对象选择两个或两个以上的标志进行层叠分组。即先按一个标志分组，然后，再对每一个组别按另一个标志做进一步分组。复合分组在分组时，应根据分析的要求，确定分组标志的主次顺序，主要标志在先，次要标志在后。另外，分组标志不宜过多，以防组数太多而显得内容繁杂，不利于说明问题。

(二)统计资料分组的方法

第一步，选择分组标志。

分组标志是资料分组的依据。分组标志选择得恰当与否，直接影响到资料分组的效果。因此，选择分组标志应遵循：第一，根据社会调查目的选择分组标志。第二，选择能够反映现象本质特征的标志。第三，考虑现象所处的具体时空条件。

第二步，确定各组排序。

选择分组标志后，便确定具体分组情况，并依一定的顺序排列好各组。按品质标志分组，各组名称及顺序排列比较简单，而按数量标志分组确定各组则比较复杂。

第三步，进行资料汇总。

资料汇总有手工汇总和计算机汇总两种。手工汇总有划记法、过录法、折叠法和卡片法。其中卡片法运用较多。计算机汇总是资料汇总技术的新发展，是资料整理现代化的重要标志。计算机汇总优点显著，速度快，精度高，汇总量大，具有逻辑运算、自动工作和储存资料的功能。

四、资料整理形成分配数列

分配数列是指将资料按分组标志统计分组后,将各组依照一定顺序排列,各调查单位按类入组,并计算出各组分配次数所形成的数列。数列中分配在各组的调查单位数称为次数,又叫频数。各组次数占总体单位总数的比重为频率。分配数列根据分组标志性质的不同,可以分为品质分配数列和数量分配数列。

1. 品质分配数列

品质分配数列就是按品质标志分组所形成的数列,品质分配数列由两部分构成:组的名称和各组次数。品质分配数列的编制比较简单。只需按照所选择的分组标志分好组,依一定的顺序将各组名称依次排列好之后,最后汇总出各组分配次数即可,如表 10-1 秘不善。

表 10-1　某班级性别构成

性别	人数(人)	百分比
男	22	44.0%
女	28	56.0%
合计	50	100.0%

需要注意的是,若资料为定序测量尺度,各组排列应按高低顺序确定;若资料为定类尺度,各类别间尽管是并列的,也应从时间、空间、习惯等因素考虑各组的排列顺序。

2. 数量分配数列

数量分配数列就是按数量标志分组所形成的分配数列。数量分配数列按各组标志值表示方法的不同,可以分为单项式数量分配数列和组距式数量分配数列。

(1)单项式数量分配数列

单项式数量分配数列是指数列中的每个组只用一个标志值表示的数列。适用于标志值的变动范围较小的资料。其编制与品质分配数列的编制方法基本相同,如表 10-2 所示。

表 10-2　某小区家庭人口统计

家庭人口	户数(户)	百分比
1	12	5.36%
2	42	18.75%
3	89	39.73%
4	50	22.32%
5	21	9.38%
6	10	4.46%
合计	224	100.00%

(2)组距式数量分配数列

组距式数量分配数列是指数列中的每个组用两个标志值组成的一个区间表示的数列。组距式数量分配数列适用于标志值的变动范围较大且一般调查单位数较多的资料,如表

10-3 所示。

表 10-3　某班级某科目考试成绩统计

成绩	人数（人）	百分比
60 以下	4	8％
60～70	12	24％
70～80	16	32％
80～90	10	20％
90 以上	8	16％
合计	50	100％

3. 编制组距式数列应考虑的问题

（1）组数与组距

组距是每组变量的最大值与最小值之差。组距与组数是相互关联的，它等于全距除以组数。编制组距式数量分配数列的一个重要问题是如何确定组数和组距。

（2）等距分组与异距分组

等距分组即数列中各组组距相等。异距分组是数列中各组组距不相等。采用等距分组还是异距分组，主要取决于研究现象特点的差异变动是否均衡。

（3）组限及其表示方法

组限是各组的数量界限，即每组两端的数值。其中较大的标志值为上限，较小的标志值为下限。组限的表示方法有两种：一是上下限重叠式；二是上下限不重叠式。连续变量常用上下限重叠式，离散变量一般采用上下限不重叠式。采用上下限重叠式时，通常把某组的下限值划在该组内，把上限值归于较大一组，遵循"上限不在内"的原则。同时，组限值最好采取整数，且以 5 或 10 的倍数形式表示为好。

（4）开口组与闭口组

开口组常出现在第一组和最后一组，用"以下""以上"的形式表示，如表 10-3 所示的第一组和最后一组就属于开口组。闭口组是组内既有上限也有下限。一般情况下，最好采用闭口组的形式。但数据资料中若出现极端值，则应采取开口组的形式。

4. 编制组距式变量数列的步骤

下面以表 10-4 为例来说明组距式变量分配数列的编制步骤。

表 10-4　某省 70 个街道残疾人情况资料　　　　　　单位：人

461	403	414	377	367	333	327	373	495	484
632	370	284	278	400	396	390	393	381	413
571	564	580	425	409	398	342	382	353	361
161	263	423	247	307	383	227	173	395	294
532	324	354	178	404	196	320	297	481	313
474	364	280	225	309	398	372	282	353	461
376	294	182	127	200	401	298	300	350	360

因所列举的 70 个街道残疾人资料标志值的变动范围较大，故应编制组距式数量分配数列。编制步骤如下：

(1)计算全距。全距是总体内最大标志值与最小标志值之差。本例中，全距＝632－127＝505。全距作为划分组数和组距的参考。

(2)确定组数和组距。由于本例中残疾人的变动比较均衡，故选择等距分组，根据对实际情况的了解及经验判断，确定组距为 100，则组数＝全距/组距＝505/100＝5.05，即设 6 组较为适合。

(3)确定组限和组限表示法。根据残疾人的变动情况，采用上下限重叠式的组限表示法。组限值取整百的数值，如表 10-5 所示左栏。

(4)计算各组单位数及比重。由于本例中采用的是重叠式的组限表示法，故需运用"上限不在内"的原则计算各组单位数。根据需要再计算各组的比重。结果如表 10-5 所示第 1～3 列。

表 10-5　某省 70 个街道残疾人情况统计

残疾人（人）	人数（人）	频率	向上累计↑		向下累计↓	
			人数（人）	频率	人数（人）	频率
100～200	6	8.6%	6	8.6%	70	100.0%
200～300	13	18.6%	19	27.2%	64	91.4%
300～400	31	44.3%	50	71.5%	51	72.8%
400～500	15	21.4%	65	92.9%	20	28.5%
500～600	4	5.7%	69	98.6%	5	7.1%
600～700	1	1.4%	70	100.0%	1	1.4%
合计	70	100.0%	—	—	—	—

5. 累计次数分布

为了资料分析的需要，资料整理工作中有时还需计算累计次数和累计频率。其计算方式有两种：向上累计和向下累计。向上累计是将各组次数或频率由标志值小的组向标志值大的组逐组累加；向下累计是将各组次数或频率由标志值大的组向标志值小的组逐组累加，如表 10-5 所示第 4～5 列。

任务 10-2　资料整理的结果与展示

一、统计表的结构

统计表的结构有形式结构和内容结构之分。统计表的形式结构一般由总标题、横行标题、纵栏标题、指标数值四部分组成。统计表的内容结构由主词、宾词组成（如表 10-6 所示）。

表 10-6　某班级性别比例统计资料 ←总标题

性别	人数（人）	比重
男	38	67.86%
女	18	32.16%
合计	56	100.00%

纵栏标题

指标数值

横行标题

主词栏　　　宾词栏

1. 统计表的形式结构

（1）总标题

总标题是表的名称，用以概括说明全表内容，放在表的上端正中位置。

（2）横行标题

横行标题是横行的名称，通常用来表述表内各组的内容，一般写在表的左边。

（3）纵栏标题

纵栏标题是纵栏的名称，通常用来表述总体各组的统计指标名称，一般写在表的右上方。

（4）指标数值

指标数值是用来说明总体特征的各种综合指标值，填写在横行标题和纵栏标题相对应的空白处。

2. 统计表的内容结构

（1）主词

主词是统计表所要说明的总体或总体的各个组，通常写在表的左边。

（2）宾词

宾词是用来说明主词的一系列统计指标的名称和数值，通常写在表的右边。

根据实际需要，有些表还要增列补充材料、注解、附记、资料来源、填表单位、填表人及填表日期。

二、统计表的设计

统计表可以根据需要设计为简单表和复合表。

1. 简单表

简单表可以根据需要设计为主词简单表和宾词简单表（如表 10-7、表 10-8 所示）。

表 10-7　2012—2018 年中国农村基层组织建设情况

指标	2018 年	2017 年	2016 年	2015 年	2014 年	2013 年	2012 年
乡镇数(个)	31 550	31 645	31 755	31 830	32 683	32 929	33 162
村民委员会数(个)	542 019	554 218	559 186	580 575	585 451	589 067	588 407

资料来源：https：//data. stats. gov. cn/easyquery. htm？cn＝C01.

表 10-8　中国人口变化情况统计表

指标	2021 年	2020 年	2019 年	2018 年	2017 年
年末总人口（万人）	141 260	141 212	141 008	140 541	140 011
城镇人口（万人）	91 425	90 220	88 426	86 433	84 343
乡村人口（万人）	49 835	50 992	52 582	54 108	55 668

资料来源：https：//data. stats. gov. cn/easyquery. htm？cn＝C01.

2. 复合分组表

复合分组表是将主词或宾词有关指标进行复合分组设计所形成的一种统计表（如表 10-9 所示）。

表 10-9　2021 年社区服务机构和设施情况

指标	单位	合计	城市	农村
社区综合服务机构和设施	**万个**	**56.7**	**16.3**	**40.4**
社区服务中心	万个	2.9	1.6	1.3
社区服务站	万个	48.6	10.9	37.6
社区专项服务机构和设施	万个	5.2	3.7	1.5
社区养老服务机构和设施	**万个**	**31.8**	**9.9**	**21.9**

资料来源：https：//images3. mca. gov. cn/www2017/file/202208/2021mzsyfztjgb. pdf.

三、统计表制作原则

1. 统计表的上、下两端应以粗线绘制，左、右两端习惯上不画线，采用开口式。

2. 表中主词各行和宾词各栏的次序排列应当合理有序。

3. 统计表的标题应简明确切，能概括表的基本内容以及资料所属的空间和时间。

4. 统计表中的数值应注明计量单位。当表中指标数值都以同一单位计量时，应将计量单位标写在统计表的右上角，当同栏指标数值以同一单位计量，而各栏的计量单位不同时，则应将计量单位标写在各纵栏标题的右侧或下方。

5. 需要添加说明和注解的一般写在表的下端。

四、统计图的制作

统计图是表现数字资料的一种重要形式。它一般是根据统计表的资料，用点、线、面或立体图像鲜明地表达其数量或变化动态。统计图具有形象、生动、直观、活泼、醒目，易于理解和接受等特点。社会调查常用的统计图有条形图、圆形图、折线图、曲线图等。条形图适用于定类、定序测度的变量。圆形图适用于定类测度的变量。

统计图绘制的基本要求是：①根据资料性质和分析目的正确选用图形；②图示的内容要简明，数据计算要准确，图示表示要真实；③图形设计要科学、美观、大方、生动、鲜明、醒目；④图示的标题和编号要确切，其位置通常在统计图的下方。

1. 折线图

折线图是用连续的折线表示频数或频率分布状况的图形。绘制折线图时，用横轴表示变量或时间，用纵轴表示频数或频率，如图 10-1 所示。

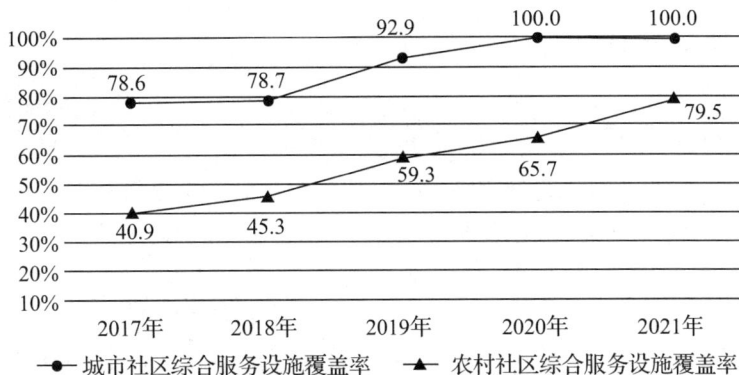

图 10-1　2017—2021 年城乡社区综合服务设施覆盖率

资料来源：https：//images3. mca. gov. cn/www2017/file/202208/2021mzsyfztjgb. pdf.

2. 条形图

条形图是以宽度相同的条形的高度或长度来表示数据变动情况的图形。条形图用以表示定类数据的分布，其宽度是固定的，高度或长度表示各类别数据的频数或频率，如图 10-2 所示。

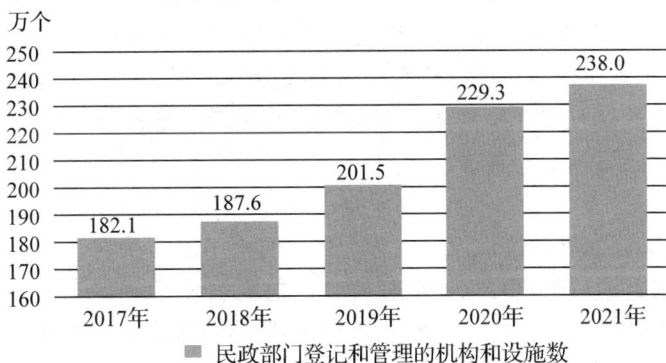

图 10-2　2017—2021 年民政部门登记和管理的机构和设施情况

资料来源：https：//images3. mca. gov. cn/www2017/file/202208/2021mzsyfztjgb. pdf.

3. 圆形图

圆形图又称饼图，它是用圆形及圆内扇形面积表示数值大小的图形。绘制圆形图时，圆形代表分析总体，圆内根据资料类别及其构成比例分成几个扇形，各扇形面积反映各类别在总体中所占比例的多少。圆形图适合于描述结构性问题，如图 10-3 所示。

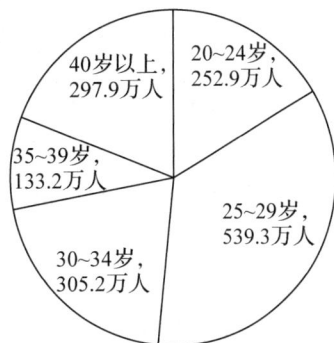

图 10-3　2021 年结婚登记人口年龄分布情况

资料来源：https：//images3. mca. gov. cn/www2017/file/202208/2021mzsyfztjgb. pdf.

任务 10-3　使用统计软件进行资料的整理

一、统计软件介绍

使用计算机对数据资料进行资料整理与统计分析一般需要运用专门的统计软件或软件包。伴随着计算机科学的发展，各种统计软件应运而生，其中常用的有 SPSS、Stata、SAS 等。

1. SPSS 软件

社会调查统计分析常用的软件是 SPSS。SPSS 是 Statistical Package for the Social Sciences 软件英文名称的首字母缩写，最初软件全称为"社会科学统计软件包"（Solutions Statistical Package for the Social Sciences），但是随着 SPSS 产品服务领域的扩大和服务深度的增加，SPSS 公司已于 2000 年正式将英文全称更改为"统计产品与服务解决方案"。SPSS 是世界上最早的统计分析软件，由美国斯坦福大学的三位研究生 Norman H. Nie、C. Hadlai（Tex）Hull 和 Dale H. Bent 于 1968 年研究开发成功，同时成立了 SPSS 公司。SPSS 是世界上最早采用图形菜单驱动界面的统计软件，它最突出的特点就是操作界面极为友好，输出结果美观漂亮。它几乎将所有的功能都以统一、规范的界面展现出来，使用 Windows 的窗口方式展示各种管理和分析数据方法的功能，对话框展示出各种功能选择项。SPSS 由于其操作简单，已经在我国的社会科学、自然科学的各个领域发挥了巨大作用。该软件还可以应用于经济学、生物学、心理学、地理学、医疗卫生、体育、农业、林业、商业、金融等各个领域。

2. Stata 软件

Stata 是一个统计分析软件，但它也具有很强的程序语言功能，这给用户提供了一个广阔的开发应用的天地，用户可以充分发挥自己的聪明才智，熟练应用各种技巧，真正做到随心所欲。事实上，Stata 的 ado 文件（高级统计部分）都是用 Stata 自己的语言编写的。

Stata 其统计分析能力远远超过了 SPSS，在许多方面也超过了 SAS。由于 Stata 在分析时是将数据全部读入内存，在计算全部完成后才和磁盘交换数据，因此计算速度极快。Stata 是采用命令行方式来操作，但使用上远比 SAS 简单。其生存数据分析、纵向数据（重复测量数据）分析等模块的功能甚至超过了 SAS。用 Stata 绘制的统计图形相当精美，很有特色。

目前，国内已有多个专门讨论 Stata 应用的论坛，包括人大经济论坛 Stata 专区，公卫人 EpiMan 等。这些论坛集中了国内外数十万的 Stata 用户，为交流和解决 Stata 应用过程中遇到的各种问题和经验提供了很好的平台。

二、SPSS 统计软件的应用

利用 SPSS 统计软件首先需要对资料进行编码，编码是为了将问卷调查的结果顺利地录入计算机中去。一般来讲，利用 SPSS 统计软件可以不预先进行资料审核工作，这是由于数据输入完毕后，可以利用统计分析发现问卷调查存在的问题，然后再进行相应的审核工作。

使用 SPSS 统计软件操作步骤如下：

第一步，打开 SPSS 统计软件，进行定义变量，单击左下角的"Variable View"，如图 10-4 所示。

每一行是对一个变量的设定，其中：

Name：变量名。

Type：变量类型。

Width：变量宽度。

Decimals：小数点后的位数。

Label：标签。

Values：设定几个可以用来选择的值。

Missing：缺失值。

Columns：列宽度。

Align：对齐方式。

Measure：测量尺度。

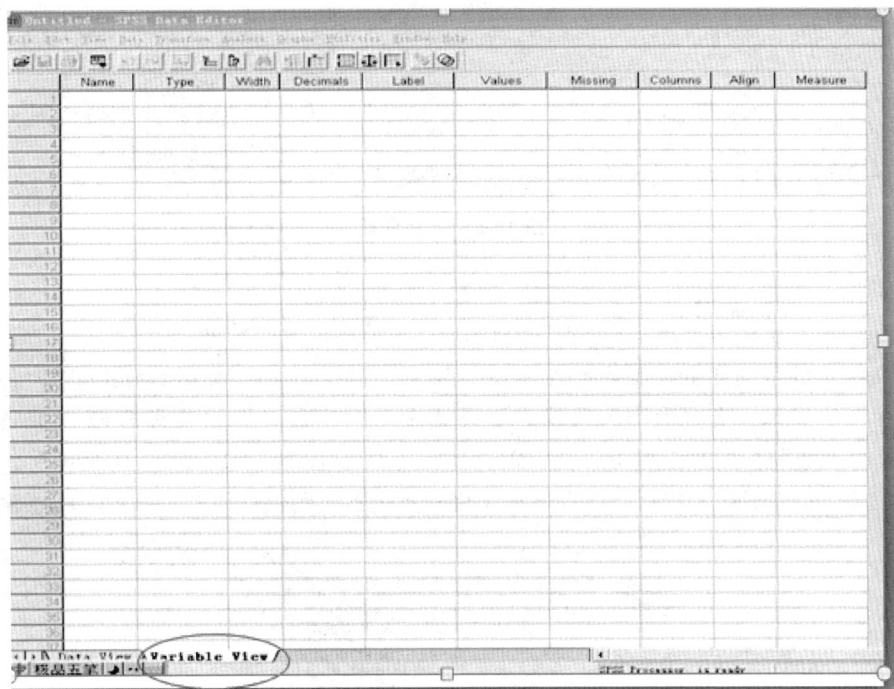

图 10-4　打开统计软件

定义后如图 10-5 所示。

	Name	Type	Width	Decimals	Label	Values	Missing	Columns	Align	Measure
1	a1	Numeric	11	0		None	None	8	Right	Nominal
2	a2	Numeric	11	0		None	None	8	Right	Scale
3	a3	Numeric	11	0		None	None	8	Right	Nominal
4	a401	Numeric	11	0		None	None	8	Right	Nominal
5	a402	Numeric	11	0		None	None	8	Right	Nominal
6	a5	Numeric	11	0		None	None	8	Right	Nominal
7	a6	Numeric	11	0		None	None	8	Right	Nominal
8	a7	Numeric	11	0		None	None	8	Right	Scale
9	a8	Numeric	11	0		None	None	8	Right	Nominal
10	b1	Numeric	11	0		None	None	8	Right	Nominal
11	b2	Numeric	11	0		None	None	8	Right	Nominal
12	b3	Numeric	11	0		None	None	8	Right	Nominal
13	b4	Numeric	11	0		None	None	8	Right	Nominal
14	b5	Numeric	11	0		None	None	8	Right	Nominal
15	b6	Numeric	11	0		None	None	8	Right	Nominal
16	b7	Numeric	11	0		None	None	8	Right	Nominal
17	b8	Numeric	11	0		None	None	8	Right	Nominal
18	b9	Numeric	11	0		None	None	8	Right	Nominal
19	b10	Numeric	11	0		None	None	8	Right	Nominal
20	b11	Numeric	11	0		None	None	8	Right	Nominal
21	b12	Numeric	11	0		None	None	8	Right	Nominal
22	b13	Numeric	11	0		None	None	8	Right	Nominal
23	b14	Numeric	11	0		None	None	8	Right	Nominal
24	b15	Numeric	11	0		None	None	8	Right	Nominal
25	b1601	Numeric	11	0		None	None	8	Right	Nominal
26	b1602	Numeric	11	0		None	None	8	Right	Nominal
27	b1603	Numeric	11	0		None	None	8	Right	Nominal
28	b1604	Numeric	11	0		None	None	8	Right	Nominal
29	b1605	Numeric	11	0		None	None	8	Right	Nominal
30	b1606	Numeric	11	0		None	None	8	Right	Nominal
31	c1a	Numeric	11	0		None	None	8	Right	Nominal
32	c1b	Numeric	11	0		None	None	8	Right	Nominal
33	c2	Numeric	11	0		None	None	8	Right	Nominal
34	c3	Numeric	11	0		None	None	8	Right	Nominal
35	c4	Numeric	11	0		None	None	8	Right	Nominal
36	c5	Numeric	11	0		None	None	8	Right	Nominal
37	c6	Numeric	11	0		None	None	8	Right	Nominal

图 10-5　定义变量

注意：

①字符串变量，需要把 Type 改为 String，同时适当改变宽度；

②直接填数字的变量，需要把 Measure 改为 Scale，选择题都用 Nominal 即可；

③多项选择题，有多少个选项就需要设置多少个变量。假如某班 B 部分 16 题是有 6 个选项的多选题，则要设置 B1601、B1602、B1603、B1604、B1605、B1606 六个变量。

第二步，变量设定好以后，保存数据文件，点击左上角保存图标，如图 10-6、图 10-7、图 10-8 所示。

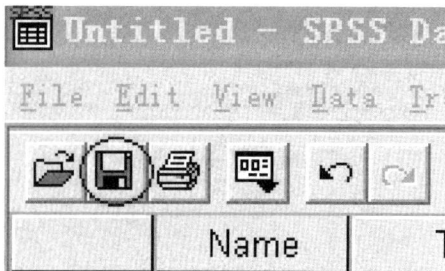

图 10-6　保存定义变量

在桌面上保存一个名叫"大学生.sav"的数据文件。

图 10-7 保存数据文件

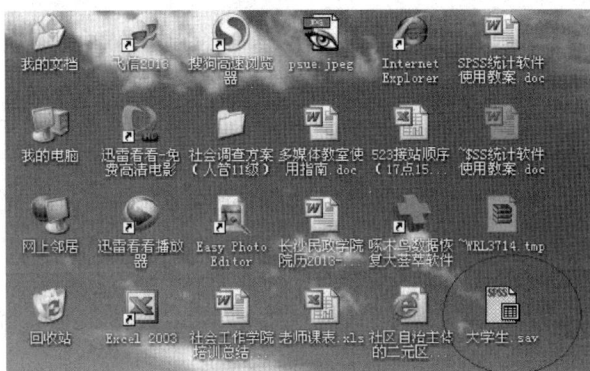

图 10-8 保存数据文件

第三步，单击左下角"Data View"，开始录入数据（一份问卷录入一行），如图 10-9
所示。

图 10-9 录入数据

注意：

①填空题，直接录入数字或文字；

②单选题，直接录入答案的数字序号。如选 B 则录入 2；

③多项选择题，选了哪个选项就录入 1，没选就录入 0。如选了 ACD，则 B1601 录 1、B1602 录 0、B1603 录 1、B1604 录 1、B1605 录 0、B1606 录 0。

第四步，查找录入错误。

首先，做频数表，如图 10-10 至图 10-13 所示。

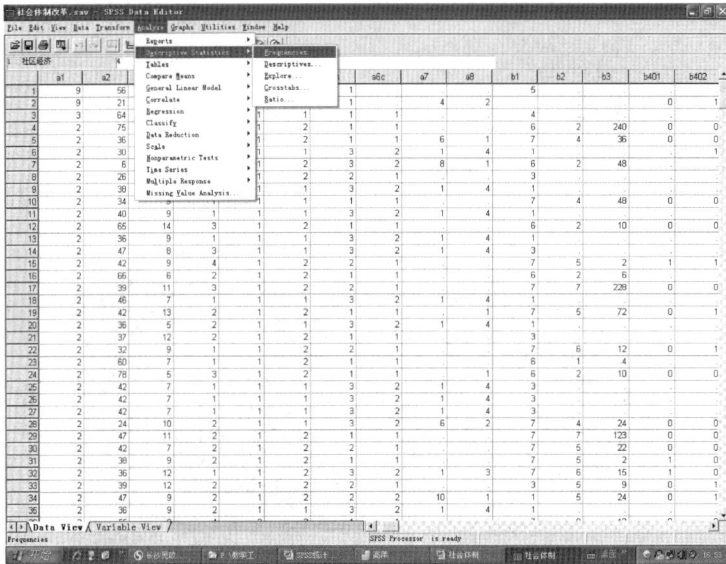

图 10-10　统计分析

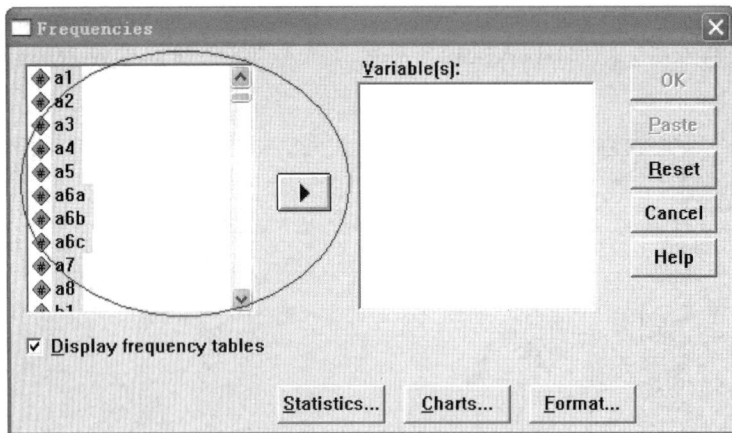

图 10-11　统计分析

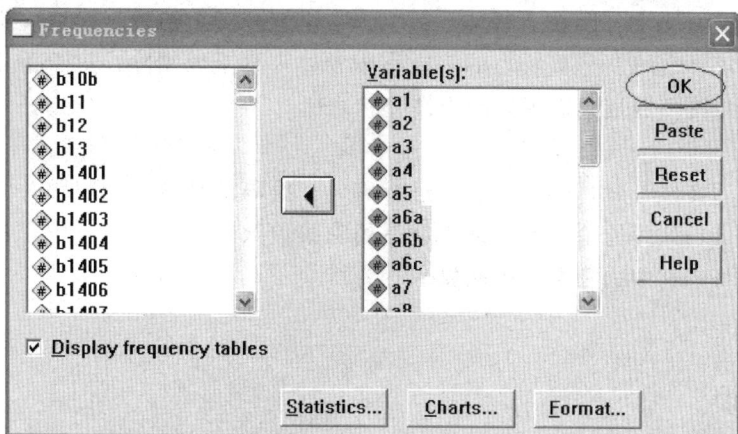

图 10-12　统计分析

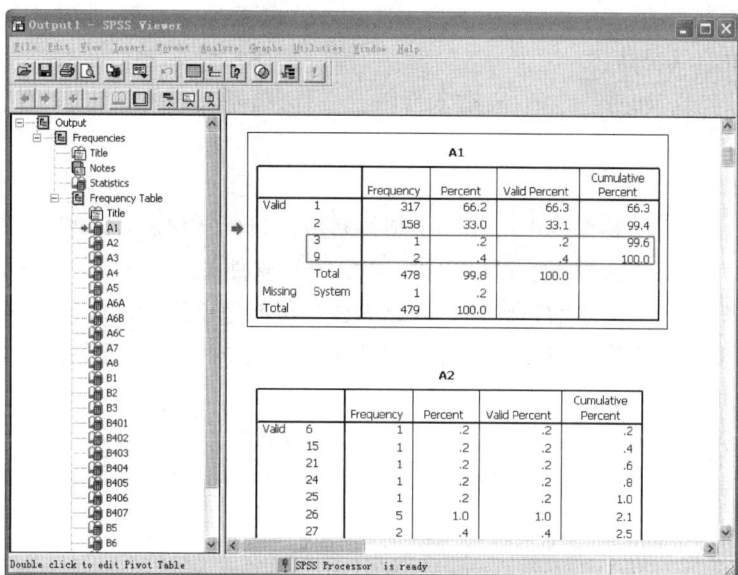

图 10-13　统计分析结果

然后，根据输出的频数表，逐个变量检查错误数据，例如：

问卷：A1　性别　　　　1. 男　　　2. 女

如图 10-13 所示，A1（性别）有 1 个"3"，2 个"9"，这明显是错误数据。需要进行数据修订。修订可以根据问卷编码查找是问卷本身的错误还是输入的错误。可以把这 3 个数据直接删除，作"缺失值"处理，也可以按"就近原则"，把这 3 个数据改为 2。

第五步，根据研究的需要进行统计分析。当然，SPSS 统计软件也可以进行制图。

三、计算机整理问卷资料一般步骤

1. 资料审核

资料审核是资料处理的第一步工作，其目的是使得原始资料具有较好的准确性、完整性和真实性，从而为后续资料整理录入与统计分析工作打下较好的基础。审核的内容主要是检查是否有错填、误填、漏填、乱填、空填等。对于错填、误填应根据情况进行矫正；对于乱填、空填、严重缺答的，应作废卷处理，予以剔除；对于漏填答项，可作缺失值计，如果漏填数量大，则只能当作废卷处理。

2. 资料编码

计算机整理文件资料，必须对资料进行编码。编码就是给每个问题及答案一个数字作为代码。从资料处理的角度看，编码就是用阿拉伯数字来代替问卷中每一个问题的回答，或者说是将问卷中的答案转化成数字的过程。

		编码
A1 性别 　　　　1. 男　　2. 女		1
A2 你的年龄＿＿＿＿＿岁。		23
A3 从上小学开始算起，您一共受过多少年的学校教育？＿＿＿＿＿年		12

A4 您的身体健康状况：

A. 非常健康　　B. 比较健康　C. 一般　　　D. 不健康　　E. 非常不健康　　　　2

A5 您的婚姻状况是：

A. 未婚　　B. 初婚　　C. 离婚未再婚　　D. 离婚后再婚　　E. 丧偶未再婚

F. 丧偶后再婚　　　　　　　　　　　　　　　　　　　　　　　　　　　　2

3. 数据录入

数据录入就是将问卷编码中的每一个项目对应的代码转化成计算机能够识别的形式。对问卷进行录入计算机的操作，可以通过 SPSS 统计软件或 Stata 软件等来进行。数据录入还需要注意保证数据输入的正确性，为此需要尽可能地使用专门性的数据库管理软件。专门性的数据库管理软件不但能减少输入数据时所产生的差错，且更便于转化为统计分析软件适用的数据格式。

为了保证数据录入的准确性，录入数据后进行统计分析前，还应借助计算机进行数据清理。数据清理通常用有效范围清理、逻辑一致性清理、数据质量抽查三种方法。

4. 统计分析

调查问卷进行了以上几步处理后，统计分析人员便可通过统计软件执行统计整理指令，展示统计整理结果，获得所需要的统计图表。

任务范例

二姨家的年收支明细账①

李强

1月28日下午，我坐上了赴山西省沁源县的汽车，3个半小时之后，抵达交口乡尚义村，二姨家就在这个村子。村前的沁河依旧，不过，终于架起一条通向村里的石桥。

---

① 本文发表于 2005 年 4 月 3 日的人民日报 5 版。"编者的话"特别说明，"这篇文章的作者是清华大学新闻与传播学院二年级的学生。他利用春节假期，回家乡调查，形成了长篇调查报告，我们节选了其中最平实、精彩的一部分。拿到厚厚一摞文稿，我们受感动的不只是这些文字，更难得的是学子对土地、对父老乡亲那份厚重的情义。"

不用再走那条摇摇晃晃、令人惊心动魄的钢索吊桥了。

姨夫、二姨生有两男一女，加上婆婆共6口人。家里6间房，4间住人，两间存放粮食以及一些器物。屋内陈设很简单：外间靠墙摆着一个平柜，电视机放在上面，由于没有装卫星信号接收器，只能收看一个频道——山西台，电视机旁边是电话（二姨做些小买卖，必不可少），洗衣机摆在一角。来人一律坐在里间的炕上或是坐板凳，火炕旁边是灶台。姨父补充说，这两年家里还在盖房，也花去几千元，现在根本就攒不下钱，所以房子盖了一半就先不盖了。

二姨近日忙于跑买卖，家里没准备什么，晚饭就是平常吃的：南瓜面片汤，玉米面窝头。面片汤做得很多。二姨说："还有看门狗的，现在太忙，顾不上给它弄别的，人吃啥狗吃啥，狗吃的顶一个人哩！"

晚饭后，二姨开始计算这几天买卖的账目。何不将二姨家一年收支做一计算？这将是一份宝贵的资料。

二姨家共有耕地13亩，其中承包地10亩，自垦地（不需缴税）3亩，主要种玉米和黄豆，共9.5亩，另有0.5亩种植万寿菊，剩余3亩地种植谷子、黍子和蔬菜，主要用于自食。家有农用车一辆，平时跑跑运输，做些买卖，这是家庭非农收入的主要来源。

收入

农业收入

一、玉米收入

1. 一亩玉米的物资投入

机械耕地18元、机械翻地12元、种子3元1斤，一亩需6斤共18元、化肥硝酸磷（底肥）30元、尿素（追肥）12元，农药8元。土地为旱地，不需浇水。

一亩玉米合计投资98元。6.5亩的总投入为637元。

2. 产量、价格与毛收入

平均亩产1 000斤（此地耕地有坡地和平地之分，亩产从700斤至1 300斤不等），当年收购价平均每斤0.5元。

6.5亩玉米总产量6 500斤。总价值3 250元

每亩毛收入＝500元－98元＝402元

6.5亩毛收入＝3 250元－637元＝2 613元

二、黄豆收入

1. 一亩黄豆的物资投入

机械耕地18元、机械翻地12元、种子3元1斤，一亩需10斤共30元，化肥硝酸磷25元，农药15元。无须浇水。

一亩黄豆合计投资100元，3亩共计300元。

2. 产量、价格与总收入

平均亩产250斤（平地300多斤/亩，坡地不到200斤/亩），当年收购价平均每斤1.5元。

3亩黄豆总产量750斤。总价值1 125元。

每亩毛收入＝375元－100元＝275元。

3亩的毛收入＝1 125元－200元＝825元。

三、万寿菊收入

万寿菊是 2004 年村里响应乡政府的号召种植的,村民种植,公司收购,用于制造色素。村民与县里的一家生物制品公司签订合同,该公司先垫支种子、肥料、地膜、农药等开销,垫支费用在结算花款时扣回。

种植万寿菊所需的种子、肥料、地膜、农药等投入金额为 108 元/亩。

万寿菊平均亩产 3 350 斤,公司收购价为 0.3 元/斤,二姨家种植 0.5 亩,总价值为 502.5 元。

万寿菊毛收入＝502.5 元－108 元×0.5＝448.5 元。

【万寿菊经济效益较好,倘若大规模种植,增收潜力是很大的。然而,尚义村种得最多的一户,也只有 3 亩,一般种植户只种 1 亩左右。问及原因,姨父说,万寿菊种植、管理需要投入大量精力,太麻烦,3 天就得摘一次花,还不能早摘,需等露水退了才行。姨父种了半亩,两个人摘一次花需要 4 小时,而那户种了 3 亩的,在采花时,不得不雇人……

种植户为何不组织起来,采用合作的方式,集中管理,集中采摘销售,既能提高效率,又有规模效益？姨父说,都是各顾各的,没人出来张罗这事,而且一旦分配不公,这种组织极易解体。农民缺乏平等协商的意识,很难通过合作组织来实现他们的共同利益。】

四、养殖业收入

大多数村民家里都养些鸡、牛、猪之类,但规模较小。养鸡可得些鸡蛋,一般用作改善伙食,并不增加收入。因为规模小,养猪也不挣钱,但可积肥,逢年过节还可改善生活。养牛主要用于耕地,此地平地可机耕,但坡地不行,只能靠牛。

二姨家养牛一头,去年生下一只牛崽,卖出得 1 000 元。

综上所述,全家农业年收入为 4 886.5 元。

工商业收入

二姨家有农用三轮车一辆,平时利用沁源县和沁县两地的黄豆和玉米市场差价,在两地之间来回贩运,收入要看两地的差价高低,高则多挣,低则少挣。据姨父说,一般年份可挣 5 000～6 000 元,今年两地差价出奇地高,再加上跑得勤快,挣了一万元,不过这并不常见。

综上所述,全年全家的总收入＝农业收入＋工商业收入＝4 886.5 元＋10 000 元＝14 886.5 元。人均年收入 2 481 元。

支出

税费支出

2003 年开始实行税费改革,取消了以往所需交纳的村提留,乡统筹以及其他各种费用,而统一只缴农业税一种。

按照政策规定,应缴农业税＝计税面积×计税常年产量×计税价格×7%；附加总额＝正税总额×20%；计税主粮(玉米)的价格为 0.8 元/千克。农业税核实后,保持长期稳定。

根据核实的结果,姨父家需交纳的农业税为 89.38 元,农业税附加为 17.88 元,共计 107.26 元。占家庭农业毛收入的 2%,占全年总收入的 1%。

【由此可以看出，农民的负担大幅度减轻，这的确是党中央切实减轻农民负担的重大举措。】

家庭吃用支出

1. 粮食。主粮为小麦（此地人不种小麦，种植玉米卖出后买白面吃），白面一个月两袋，一袋50元，全年1 200元。大米1.8元一斤，一月20斤，全年432元。小米自种，花销极少故不计，一月10斤，（若按市场价1.8元/斤）计，全年216元。

2. 菜（包括肉类）。所食蔬菜主要为自种的土豆、白菜、萝卜、西红柿、西葫芦等，很少买菜，种植成本大约180元。

猪肉7元一斤，一年食40斤左右，共计280元。

3. 油、盐、酱、醋等调味品394元/年。

4. 烟酒无人消费。

5. 燃料692元/年。

6. 衣物。人均120元，共600元。

7. 电费150元/年。

8. 电话费600元。

9. 礼费。婚丧娶嫁，传统习俗，一年500元左右。

10. 节日消费。此地三大重要节日：春节、端午节、中秋节。需额外花费400元左右。

上述十项支出，共计5 428元。

【粮食一项占30%，若将前五项概括为"食物"一项，则食物占此十项支出的59%。】

教育医疗费用支出

大女儿在读高一，住校。学费及日常开销共4 400元/年。

二儿子在读七年级，住校。学费较少，但住校日常开销不小，2 000元/年。

三儿子在读小学，原先在村小学就读，但后来花钱转至县城，寄住亲戚家，全年花销1 800元（含转校费用）。

教育投入共计8 200元。

家里无人有大病，平时小毛病也并不求医，只是买一些常用药品，故医疗消费一年50元左右。

农机支出

家有农用三轮一辆，全年油料、修理、养路费用共2 000元。

综上所述，全家全年总支出＝税费支出＋家庭吃用支出＋教育医疗支出＋农机支出＝107.26元＋5 428元＋8 200元＋50元＋2 000元＝15 785.26元。

2004年收支情况为：

14 886.5元－15 785.26元＝－898.76元。

结果令我大吃一惊，二姨家辛劳一年，竟然入不敷出！这固然有其特殊原因，同时供养3人上学，对于一户农家显然压力过大。但是，据姨父讲，他们家的收入情况在村子里算比较好的，原因很明了：姨父家的工商业收入已经占到全年总收入的2/3（一般年份为一半多），姨父说，村里大部分人家是以农业为主。二姨家的情况也反映出，相当多的农民家庭的收支状况很不乐观。尤其是教育成本之高已使一部分农家子弟望而却步，使大部分农家不堪重负。的确，办教育要花很多钱，但是，我们也要充分考虑农民的承受能力，毕竟，教育是一项有没有钱都要办的事业。

整理完资料，已是午夜时分。山村的夜异常寒冷，身子在被窝里紧缩着，不敢伸展，只能温暖身边一小块地方。

任务评估

任务采用"课堂＋拓展"相结合的评估方式，课堂评估对标课程标准，重点评估知识、能力、素养目标的达成情况；拓展评估对标《市场、民意和社会调查要求》等国家标准及行业规范，重点评估实操技能、劳动精神、工作态度表现。具体操作可参照下表。

评估环节		评估内容	评估方式	评估目的
课堂教学过程评估（60%）	课前（15%）	线上课程资源学习	教学平台自动考核	重点考查学生知识理解和掌握情况
		课前任务	教师评估	重点考查学生技能掌握和应用情况
	课中（30%）	出勤情况	教学平台签到考核	重点考查学生学习态度和学习习惯
		小组讨论及展示	教师评估、组间互评	重点考查学生合作意识和展示能力
		课中任务	教师评估、自评、组间互评	重点考查学生能力和素养掌握情况
	课后（15%）	社会服务	教师评估	重点考查学生劳动精神和服务意识
拓展训练过程评估（40%）	拓展训练中（30%）	拓展训练任务	教师、行业导师评估情况	重点考查学生工匠精神和实践能力
	拓展训练后（10%）	拓展训练报告	教师评估、组间互评	重点考查学生总结反思和改进能力

任务习题

1. 资料整理的程序是什么？

2. 确定组数和组距应该注意什么问题？

3. 什么是等距分组和异距分组？它们各自适用于何种情况？

4. 编制一个主词简单分组、宾词指标复合设计的统计表，此表主要是依据本班同学的性别、籍贯、年龄等资料；再编制一个主词复合分组、宾词指标简单设计的统计表。

5. 20名老年人住院次数资料如下：4、4、2、3、4、5、1、2、1、1、6、7、1、2、1、4、3、2、1、6。试根据资料编制数量分配数列。

拓展训练

联系实际，运用相关知识，根据所收集到的资料，进行资料的初步整理，并制作统计表及统计图。

信息化教学资源

1. 资料的整理与分组
2. 统计表与统计图
3. SPSS 软件基本操作

任务 11
统计分析调查资料

📖 任务描述

调查所得的原始资料经过审核、整理、汇总以后，还需要进行系统的统计分析，才能揭示出调查资料所包含的众多信息，得出调查的结论，因而统计分析是现代社会调查方法中十分重要的一部分。对调查资料的统计分析涉及了单变量统计分析、双变量统计分析、多变量统计分析及推论统计的计算。

✓ 任务实施

一、任务目标

掌握单变量统计分析、双变量统计分析、多变量统计分析及推论统计的计算。

二、任务实施步骤

1. 教师结合设计的项目讲解单变量统计分析、双变量统计分析、多变量统计分析及推论统计的基本知识；

2. 教师布置任务，学生在课下以小组为单位，对小组调查获得的数据进行分析；

3. 在课堂上教师就学生分析中存在的问题进行总结；

4. 教师再次强调统计分析的计算方法。

📑 知识链接

任务 11-1　统计分析

社会调查的基本过程就是收集资料与分析资料的过程。当我们通过各种调查方法实地收集了大量资料之后，必须借助于统计学的方法进行整理和分析，通过事物数量特征的研究进而认识事物发展的性质、内在联系及其规律性。所以，统计分析不仅是调查研究的重要手段，而且是调查研究过程中必不可少的关键环节。

一、统计分析的含义及基本特点

所谓统计分析就是运用建立在数学科学基础之上的各种方法去收集整理和分析事物资料的工作过程。统计作为一种认识方法，它以掌握事物总体数量特征为目标，在社会现象质和量的辩证统一中着重研究数量方面，注重从整体出发，研究大量社会现象的总体数量特征。

在一个完整的社会调查活动中，统计工作互相关联、前后衔接在一个完整的社会调查活动中。统计工作包括四个阶段——统计准备、统计调查、统计整理和统计分析。统计工作的各个阶段都有一些专门的方法。它们根据社会调查的目的、方法、步骤和各个调查阶段的不同要求而被应用于调查的各个阶段。统计分析作为其最后环节是在前三个阶段的工作之后进行的。在调查的前几个阶段，调查人员耗费了大量的时间、人力、物力和财力获得大量的数据资料。这些数据资料中蕴含着丰富的有用信息，但尚未清楚呈现出来，它们隐藏在各种杂乱无章的数字之中，我们只有通过统计分析才能了解其数量特征、相互关系和可能发展的趋势。因此，能否充分利用调查获得的宝贵资料主要取决于能否正确地进行统计分析。统计分析所能达到的深度、广度和水平，在相当大的程度上决定了整个调查研究所能达到的水平。

资料的统计分析具有以下几个基本特点。

1. 数量性

统计分析的首要特点是对事物的数量方面进行研究。它的分析对象就是调查过程中所获得的大量数据资料。统计分析的过程和结果都是通过数字、符号、公式和图表等数学语言表达的。统计分析的目的就是要反映这些数量的现状和发展变化过程。

2. 工具性

统计分析只是调查研究的一种方法和工具，它本身既不是调查研究的目的，也不能代替调查研究本身。它要受调查研究的对象、目的和任务的严格制约。调查研究的具体课题决定了统计分析的具体目的和任务，决定了它所要采用的具体方法、程序和指向。

3. 客观性

统计分析只能如实地反映纷繁复杂的数量资料中的信息，它既不能按研究者的喜好创造或增加某种信息，也不能按研究者的厌恶消除或减少某种信息。统计分析的客观性可以使调查研究避免很多错误。

4. 综合性

统计分析的对象是事物现象的总体数量特征。影响事物现象变化和发展的因素很多，而且它们之间又相互联系、相互影响、相互制约。统计分析可以综合地全面地系统考察所获数据资料的所有变量、所有因素，并能分清主次。

5. 科学性

统计分析是建立在科学基础之上的，它所采用的方法、程序都有科学依据。统计分析的运算结果、推论估计都是相当精确的。

二、统计分析的内容和步骤

按照统计学的主要功能来划分，统计分析有两个方面的内容，即描述统计和推断统计。描述统计是通过图表或数学方法，对数据资料进行整理、分析，并对数据的分布状态、数学特征和随机变量之间关系进行估计和描述的方法。描述统计分为集中趋势分析、离散趋势分析和相关分析三大部分。在调查过程中，往往要接触大量的数据资料，我们很难直观地去感受或看出其价值及规律性。因此，研究者想认识资料究竟反映了什么就必须通过描述统计，使之从不同方面反映出大量资料所包含的数量特征和数量关系，这就要通过次数和比率、平均数、标准差、相关系数等计算方法对原始数据进行整理分析，制作图表，计算集中趋势和离散趋势，测定两个或两个以上的现象变量之间的关系等。

推断统计也叫统计推论，它是研究如何利用样本数据来推断总体特征的统计方法。在社会调查中，我们很难进行全面调查，只能在调查总体中选取部分样本进行研究，然后再把样本的结论推断到总体中去，所以推论统计是抽样调查中必不可少的一环。推论统计主要包括两个部分：一是用样本的统计值去推断总体的相关参数；二是进行统计假设检验。

一个完整的统计分析流程包括以下几个基本环节。

1. 确定统计分析的目的和任务

统计分析说到底是为调查研究服务的，它是一种工具，必须根据调查研究的目的和任务来决定统计分析的对象、提纲和各阶段统计方法的选择，使整个统计分析围绕调查研究的课题而进行。

2. 统计资料整理

在具体进行统计分析之前，必须对原始资料进行整理加工，使之系统化和条理化，这是统计分析必要的准备工作，包括资料的审核、汇总、分组及制作统计图表等。

3. 确定变量类型，选用统计方法

调查中所得到的数据有不同的类型，针对这些不同的类型必须选用不同的统计方法，否则统计出来的结果便毫无意义。例如，对定类变量就不能选用平均数的方法。因此，统计分析中必须首先要弄清资料的变量类型，选用恰当的方法。

4. 计算统计值

计算统计值是统计分析中的基本任务，它是根据资料所设的变量类型选用恰当的统计方法，按照调查研究的目的和任务，来具体计算变量资料的集中趋势、离散程度、相关系数、回归系数等。

三、统计分析的作用

近现代以来，描述统计与推论统计相继产生，使得社会调查有了数学工具，从而增强了定量研究。正确恰当的统计分析已经成为现代社会调查不可缺少的一个环节，它的作用主要表现在以下四个方面。

1. 统计分析能使人们对社会的认识建立在科学的基础上

社会现象错综复杂，要在生活中找出个别事例来说明问题都有可能。因为任何一种社会现象都会受到多种因素交错的作用，事物发生变异毫不足怪。但是在事物的偶然性中潜藏着必然性，如果通过对同类现象的大量观察和统计，就会理出寓于大量社会现象偶然中的必然性联系，不至于用个别来代替一般，同时还会发现社会现象中确实存在着某种客观规律性。所以，有了统计分析，了解了事物一定的量，事物的性质就不会被歪曲了。可见，统计分析能使人们对社会的认识建立在科学的基础之上。

2. 统计分析能为人们提供一种清晰而精确的形式化语言

由于数学日益向社会科学领域渗透，使得一些社会科学的理论有可能用数学方法来表达。虽然现在还难以用简单的公式去表达社会现象发展的许多规律性的东西，但是，人们已经能够运用数学方法来描述社会现象之间的关系。现代社会调查采用统计分析既可以使问题变得简明、清晰，也可以使对问题的分析变得十分精确和深刻。

3. 统计分析有助于人们科学地预测社会现象的发展趋势

统计分析方法不仅是对客观现象数量关系描述的工具，还是进行科学抽象的思维方法。它通过对社会现象的综合分析，找出它们之间的各种联系，使用一定的数学模型，根据已知的条件，科学地预测事物发展的前景。这样的例子在经济学和人口学中比比皆是。例如，经济学家预测经济危机的周期；人口学家预测未来的人口出生率、人口寿命等。统计分析的这一功能够使人们防患于未然，面对未来的挑战做好各种准备。

4. 统计分析使人们运用抽样调查成为可能

抽样调查能够节约调查所需的人力、物力、财力和时间，增强调查资料的时效性，收到事半功倍的效果。正是因为这样，抽样调查是现代社会调查经常采用的一种方法。然而在利用样本资料对总体进行推论时，必须运用统计分析方法。正是由于有了统计方法和技术的保证，抽样调查才得以进行。

四、统计应用的问题

1. 统计分析应与定性分析结合运用

统计分析在社会调查中具有十分重要的作用，但是统计分析应当和定性分析相结合，如此，才能获得对社会现象的全面、深刻、本质的认识。按照认识的一般顺序来讲，只有在定性分析的基础之上，才能够进行定量的分析和判断。因此，进行统计分析之前，应该先弄清楚所要研究的社会现象的性质。就是在测出了决定该现象的发生质变的数量界限时，还要以对社会的定性分析为指导，才能从其量变中寻找引起质变的因素。

2. 统计分析应根据研究目的制订具体的计划

统计分析虽然是在统计整理阶段之后进行，但是统计分析任务却是在调查设计阶段就确定了，并要求与资料收集计划相配合，一并考虑，为整个调查研究目的服务。这样，既可以避免一些不必要的资料分析所造成的人、财、物的浪费，又可以使整个统计分析有条不紊地进行。统计分析计划包括根据调查目的、任务及理论构架，确定具体的统计分析对象，涉及的变项以及选用哪些统计方法等。

3. 统计分析应根据不同的测量尺度选用恰当的方法

不同的测量尺度具有不同的数学性质，所以，统计分析所运用的统计分析方法也就不同。不过，适用于较低测量尺度的统计方法，同样也可以适用于较高尺度，这是由于后者具有前者的数学特质；反之，适用于较高测量尺度的统计方法，并不能用于较低的尺度，因为后者的数学性质不符合该统计方法的要求。尽管这样，每种统计方法均有其各自的特点，仍然应注意选用。

任务 11-2　单变量统计分析

一、集中趋势分析

集中趋势分析，就是用一个代表值来反映一组数据在具体条件下的一般水平。常见的描述集中趋势的统计指标有算术平均数、中位数和众数。

(一)算术平均数

算术平均数在社会统计工作和社会管理中应用非常广泛，它是用总体标志总量与总体单位总数之比而求得的。

公式为：算术平均数 $= \dfrac{\text{总体标志总量}}{\text{总体单位总数}}$

1. 简单算术平均数

若资料未分组，计算算术平均数可以把各单位标志值直接相加，再除以总体单位数，所得的平均数称为简单算术平均数。其计算公式为：

$$\bar{x} = \frac{x_1 + x_2 + \cdots + x_n}{n} = \frac{\sum\limits_{i=1}^{n} x_i}{n}$$

例如，某学生 A 各学科期末考试分布为 87 分、78 分、83 分、89 分、77 分、96 分、81 分、81 分，求这名学生的期末考试平均分。

$$\bar{x} = \frac{\sum\limits_{i=1}^{n} x_i}{n} = \frac{87 + 78 + 83 + 89 + 77 + 96 + 81 + 81}{8} = 84(\text{分})$$

2. 加权算术平均数

若资料是经过分组的数量分配数列，应采用加权算术平均的方法计算其算术平均数，其计算公式是：

$$\bar{x} = \frac{x_1 f_1 + x_2 f_2 + \cdots + x_n f_n}{f_1 + f_2 + \cdots + f_n} = \frac{\sum\limits_{i=1}^{n} x_i f_i}{\sum\limits_{i=1}^{n} f_i}$$

式中：x 为各组标志值；f 为代表各组变量数（权数），$\sum$ 为加总符号。

表 11-1　某地区退休老人退休费用分组情况

按月退休费分组（元）	组中值 x（元）	退休人数 f（人）	各组退休费用额 xf（元）
800 以下	700	120	84 000
800～1 000	900	250	225 000
1 000～1 200	1 100	360	396 000
1 200～1 400	1 300	80	104 000
1 400 以上	1 500	52	78 000
合计	—	862	88 700

$$\bar{x} = \frac{\sum\limits_{i=1}^{n} x_i f_i}{\sum\limits_{i=1}^{n} f_i} = \frac{88\ 700}{862} = 1\ 029(\text{元 / 人})$$

组中值是各组变量范围内的一个中间数值，一般由各组的上限和下限进行简单平均计算，即：组中值＝(上限＋下限)÷2。

(二)中位数

中位数是将总体单位的某一数量标志的各个数值，按顺序排列，居于中间位置的变量值。常用 M_e 表示。中位数是一组数据的中心值，即在这组数据中有一半的数据比它大，有一半的数据比它小。因而，中位数能够反映社会现象的一般水平和集中趋势。

1. 未分组资料确定中位数

先将各单位的数量值按大小顺序排列，然后根据 $(n+1)/2$ 计算中位数的位置，所求得的位置上的变量值即为中位数。如果总体单位数 n 为偶数，则取中间位置上的两个变量值的简单算术平均数为中位数。

例如，某同学期末考试成绩按由小到大顺序排列分别为 72 分、76 分、81 分、83 分、90 分。计算中位数的位置为 $(n+1)/2=(5+1)/2=3$，则这位同学成绩的中位数为81 分。若这位同学还有一门成绩为 91 分，中位数的位置为 $(6+1)/2=3.5$，表明中位数处在排列顺序的第三和第四之间，则这位同学期末成绩的中位数为 $(81+83)/2=82$ 分。

2. 品质数列确定中位数

根据品质数列确定中位数，第一步需根据 $\sum f/2$ 确定中位数的位置(实际工作中，若数据量较大，可以用 $\sum f/2$ 来计算中位数所在的位置)，第二步计算累计次数，向上向下累计均可，第三步根据中位数的位置，结合累计次数，判断中位数所在组，改组标志值即为中位数。

表 11-2　70 名小学生父亲的文化程度分组资料

文化程度	人数(人)	向上累计	向下累计
识字	4	4	70
小学	14	18	66
初中	35	53	52
高中	16	69	17
大专	1	70	1
合计	70	—	—

根据表 11-2 中资料求得中位数位置：$\sum f/2=70/2=35$。本例，第 35 名小学生父亲的位置可从累计次数判断，因此可以确定 70 名小学生父亲具有代表性的文化程度是初中。

3. 变量数列确定中位数

变量数列又有单项数列与组距数列之分。单项数列确定中位数的方法与品质数列的确定方法基本一致。组距数列求中位数，前三步与品质数列、单项数列的计算方法完全一致。当中位数所在组的位置确定以后，再用公式计算中位数的值。

中位数的计算公式为：

$$M_e = L + \frac{\frac{\sum f}{2} - S_{m-1}}{f_m} \cdot d \text{（下限公式）}$$

$$M_e = U - \frac{\frac{\sum f}{2} - S_{m+1}}{f_m} \cdot d \text{（上限公式）}$$

式中：M_e——中位数；

L——中位数所在组的下限；

$\sum f$——总体单位数；

U——中位数所在组的上限；

f_m——中位数所在组的次数；

d——中位数所在组的组距；

S_{m-1}——中位数所在组下限以下各组累计次数；

S_{m+1}——中位数所在组上限以上各组累计次数。

如表 11-3 所示先计算中位数的位置：$\sum f / 2 = 180/2 = 90$，再根据累计次数可以确定中位数处在 24～25 组。最后将表中资料分别代入公式，便可求得中位数。

表 11-3　某社区 180 名妇女初婚年龄资料

初婚年龄 x（岁）	人数 f（人）	向上累计人数 ↑ $\sum f$	向下累计人数 ↓ $\sum f$
18～19	2	2	180
20～21	24	26	178
22～23	35	61	154
24～25	68	129	119
26～27	26	155	51
28～29	17	172	25
30 以上	8	180	8
合计	180	—	—

下限公式：$M_e = L + \dfrac{\frac{\sum f}{2} - S_{m-1}}{f_m} \cdot d = 24 + \dfrac{90 - 61}{68} \times 1 \approx 24.43 \text{（岁）}$

上限公式：$M_e = U - \dfrac{\frac{\sum f}{2} - S_{m+1}}{f_m} \cdot d = 25 - \dfrac{90 - 51}{68} \times 1 \approx 24.43 \text{（岁）}$

（三）众数

众数是一组数据中出现次数最多的数值。用 M_O 表示。众数只与数值出现的次数有关，因此，它可以用于定距、定比资料，也能用于定序、定类测度的资料。

1. 非组距数列确定众数

非组距数列资料确定众数非常简单。如果是未分组资料，只需要观察某些变量值出现的次数多少即可。

例如，某同学小组的年龄依次是 18 岁、19 岁、18 岁、20 岁、18 岁、21 岁，其中 18 岁出现的次数最多，故这个同学小组年龄的众数为 18 岁。

如果是品质数列或是单项数列，众数确定方法同未分组情况一致，只是更直观，只要观察次数分布便可以确定。例如，求表 11-2 文化程度的众数，从表中人数栏观察，初中文化程度出现的人数最多，为 35 人，所以该 70 名小学生父亲文化程度的众数为初中。

2. 组距数列确定众数

组距数列确定众数，在经过观察确定了众数所在组之后，还需运用公式计算众数的近似值。计算公式为：

$$M_o = L + \frac{\Delta_1}{\Delta_1 + \Delta_2} \cdot d \ (\text{下限公式})$$

$$M_o = U - \frac{\Delta_2}{\Delta_1 + \Delta_2} \cdot d \ (\text{上限公式})$$

式中：M_o——众数；

L——众数所在组的下限；

d——众数所在组组距；

U——众数所在组的上限；

Δ_1——众数组次数与其下限相邻一组次数之差；

Δ_2——众数组次数与其上限相邻一组次数之差。

例如，如表 11-3 所示计算 180 名妇女初婚年龄的众数。从表中人数一栏可看出，次数出现最多的是 68，因而"24～25"这一组就是众数所在组。该组次数 68 与该组下限相邻一组次数 35 之差为 33，即 $\Delta_1 = 68 - 35 = 33$；该组次数 68 与该组上限相邻一组次数 26 之差为 42，即 $\Delta_2 = 68 - 26 = 42$。众数组的组距为 1。将数据代入公式计算，得：

$$M_O = L + \frac{\Delta_1}{\Delta_1 + \Delta_2} \cdot d = 24 + \frac{33}{33 + 42} \times 1 = 24.44 (\text{岁})$$

$$M_O = U - \frac{\Delta_2}{\Delta_1 + \Delta_2} \cdot d = 25 - \frac{42}{33 + 42} \times 1 = 24.44 (\text{岁})$$

(四)算术平均数、中位数、众数三者的特点

1. 算术平均数的特点

优点：算术平均数适用于定距、定比计量尺度的资料。算数平均数是由全部数据计算，包含了全部数据的信息，具有良好的数学性质。当数据接近对称分布时，具有较好的代表性，但对于偏态分布，其代表性较差。

缺点：当数据中存在特别大或特别小的异常数据（极端变量值）时，算术平均数的代表性就会受到影响。为了弥补这一缺陷，可先剔除数据中的极端值，然后再计算剩余数据的算术平均数。

2. 中位数的特点

优点：中位数在数列中间位置的标志数值，因此不受数据中极端值的影响，能清晰地表达划分总体各单位标志数目各半的数值界限，在频数分布有明显的偏斜度时，中位数作为集中趋势的代表值比算术平均数更为优越；在收集某些现象的全部数据比较困难，或费用较高，或根本不可能的情况下，可以使用中位数作为这种数据的代表值，而且能在算术平均数无法计算的定序计量尺度中应用。

缺点：虽然不受极端标志数值的影响，但它损失资料较多，数学敏感性差，不便于作进一步的代数运算。

3. 众数的特点

优点：众数概念简洁明了，通俗易懂；与中位数相似，不受极端变量值的影响，在偏态分布的情况下最能体现现象的总体水平；实际工作中经常用于调查费用较高而又没有必要计算准确平均数的现象，且能在算术平均数和中位数都无法计算的定类计量尺度中运用。

缺点：众数虽然简捷明了，但稳定性差，容易受分组等条件影响；若频数分布中没有明显的次数最多的变量值，则众数便不存在；在数据分布的偏斜程度较大时，众数的代表性在一定程度上还会受偏斜度的影响；另外，在反映数据的集中程度时，没有一个与之相配套的指标同时来反映数据的离散程度，这也是众数不如算术平均数和中位数的地方；与中位数一样，众数无法进行代数计算。

二、离散趋势分析

离散趋势是指现象的某一数量标志的各项数值距离它的代表值的差异程度。它是反映总体标志数值分布特征的又一个重要特征。集中趋势统计量将总体各单位标志数值的差异抽象化了，从而反映总体各单位某一数量标志的一般水平。但是，同质总体中各单位标志数值之间的差异还是客观存在的，而且这种差异在有些问题的研究中非常重要。因此，统计分析在运用集中趋势法分析某一问题时，还必须进一步对抽象化的各单位标志值的差异程度进行测定。这样，集中趋势和离散趋势统计量分别反映同一总体在数量上的共性(集中范围和程度)与差异性(波动范围和差异程度)，两者结合运用，有助于人们更全面地认识总体的分布特征。

在实际应用中，可以根据离散趋势统计量的大小，判断集中趋势统计量的代表性，两者关系成反比：数据的离散趋势值越大，集中趋势值的代表性越小；反之，数据离散趋势值越小，集中趋势值的代表性越大。由此可知，离散趋势值是衡量集中趋势值代表性的尺度，也是反映社会活动过程均衡性的重要指标。

常用的离散趋势统计指标有全距、四分位差、标准差等。

(一)全距

全距是总体各单位标志值中最大值与最小值之差。由于它是数列中两个极端值之差，故全距又称极差，通常用 R 表示。计算公式为：

未分组资料：$R =$ 最大标志值－最小标志值

例：某班 7 名学生的身高分别是 120 cm，145 cm，165 cm，175 cm，170 cm，155 cm，160 cm，试计算其身高的全距。

全距 $R = 175 - 120 = 55$(cm)

所以，这 7 名同学身高的全距是 55 cm。

分组资料：$R＝$最高组上限－最低组下限

表 11-3 初婚年龄的全距 $R＝30+(29-28)/2-18＝12.5$

数据若为开口组，可先求出组中值，再利用组中值求得全距。组距资料求出的全距，只是全距的近似值。全距越大，说明变量变异的范围越大，平均数的代表性越小；反之，全距越小，说明变量变异的范围越小，平均数的代表性越大。

(二)四分位差

四分位差是四分位数间距的半值。四分位数是将一组按大小顺序排列的数据平均分成四个部分的三个分界点上的数值。常以 Q_1、Q_2、Q_3 分布代表第一、第二、第三个四分位数。四分位数间距指的是第一与第三个四分位数之间的距离。四分位差的计算公式为：

$$Q=\frac{Q_3-Q_1}{2}$$

1. 未分组资料

未分组资料计算四分位差，首先要计算出四分位数的位置。四分位数所在位置的计算公式为：

$$Q_1 \text{的位置：} (N+1)/4$$
$$Q_2 \text{的位置：} 2(N+1)/4$$
$$Q_3 \text{的位置：} 3(N+1)/4$$

注意：若四分位数位置的计算结果是整数，则各个位置上的数值就是相应的三个四分位数；若计算结果为小数，则有关的四分位数就用插值的方法来确定。

例：某班同学 7 位同学社会统计学的成绩依序为：52 分、61 分、70 分、82 分、85 分、90 分、93 分，试计算四分位差。

解：先计算第一、第三个四分位数的位置：

Q_1 的位置：$(n+1)÷4＝(7+1)÷4＝2$

Q_3 的位置：$3(n+1)÷4＝3(7+1)÷4＝6$

再根据第一、第三个四分位数的位置，可以从上述 7 位同学考试成绩的排序中确定 Q_1 位置上的数值为 61，Q_3 位置上的数值为 90。

最后运用四分位差公式，求其值：

$$Q=\frac{Q_3-Q_1}{2}=\frac{90-61}{2}=14.5\text{（分）}$$

2. 单项数列

单项数列求四分位数，第一步需根据 $\sum f/4$ 和 $3\sum f/4$ 分别确定 Q_1、Q_3 两个四分位数的位置(当 $\sum f$ 很大时，可以用 $\sum f/4$ 和 $3\sum f/4$ 来计算 Q_1、Q_3 所在的位置)；第二步计算累计次数，四分位数的位置在哪一个累计次数组内，则该组变量值就是四分位数；第三步将 Q_1、Q_3 值代入四分位差的计算公式中求其值。

以表 10-2 为例，计算四分位差。

先计算 Q_1、Q_3 的位置：

Q_1 的位置：$\sum f/4 = 224/4 = 56$

Q_3 的位置：$3\sum f/4 = 3 \times 224/4 = 168$

计算表中累计次数，可以判断 Q_1、Q_3 两个四分位差分别位于第三组和第四组，则 $Q_1 = 3$（人）、$Q_3 = 4$（人）

$$四分位差 \ Q = \frac{Q_3 - Q_1}{2} = \frac{4-3}{2} = 0.5（人）$$

3. 组距数列

组距数列第一步求四分位数的位置；第二步计算累计次数；第三步确定四分位数所在组。只是这时因四分位数所在组是一个组距，故还需运用插值公式计算四分位数的近似值。下限公式：

$$Q_1 = L_{Q_1} + \frac{\dfrac{\sum f}{4} - S_{Q_1 - 1}}{f_{Q_1}} \cdot d_{Q_1}$$

$$Q_3 = L_{Q_3} + \frac{\dfrac{3\sum f}{4} - S_{Q_3 - 1}}{f_{Q_3}} \cdot d_{Q_3}$$

式中：L_{Q_1}——Q_1 所在组下限；

L_{Q_3}——Q_3 所在组下限；

$S_{Q_1 - 1}$——Q_1 所在组下限以下各组的累计次数；

$S_{Q_3 - 1}$——Q_3 所在组下限以下各组的累计次数；

f_{Q_1}——Q_1 所在组次数；

f_{Q_3}——Q_3 所在组次数；

d_{Q_1}——Q_1 所在组组距；

d_{Q_3}——Q_3 所在组组距。

上限公式：

$$Q_1 = U_{Q_1} - \frac{\dfrac{\sum f}{4} - S_{Q_1 + 1}}{f_{Q_1}} \cdot d_{Q_1}$$

$$Q_3 = U_{Q_3} - \frac{\dfrac{3\sum f}{4} - S_{Q_3 + 1}}{f_{Q_3}} \cdot d_{Q_3}$$

U_{Q_1}——Q_1 所在组上限；

U_{Q_3}——Q_3 所在组上限；

$S_{Q_1 + 1}$——Q_1 所在组上限以上各组的累计次数；

$S_{Q_3 + 1}$——Q_3 所在组上限以上各组的累计次数；

f_{Q_1}——Q_1 所在组次数；

f_{Q_3}——Q_3 所在组次数；

d_{Q_1}——Q_1 所在组组距；

d_{Q_3}——Q_3 所在组组距。

以表 11-3 为例，求四分位差。

解：先求 Q_1、Q_3 两个四分位数的位置。

Q_1 的位置：$\sum f / 4 = 180/4 = 45$

Q_3 的位置：$3 \sum f / 4 = 3 \times 180/4 = 135$

根据表中累计次数资料(采用下限公式必须计算向上累计次数，采用上限公式必须计算向下累计次数)可知，Q_1、Q_3 分别在第三组和第五组。再根据公式可分别计算得到 Q_1、Q_3 的值(本题采用下限公式)。

$$Q_1 = L_{Q_1} + \frac{\dfrac{\sum f}{4} - S_{Q_1 - 1}}{f_{Q_1}} \cdot d_{Q_1} = 22 + \frac{\dfrac{180}{4} - 26}{35} \times 1 = 22.54$$

$$Q_3 = L_{Q_3} + \frac{\dfrac{3 \sum f}{4} - S_{Q_3 - 1}}{f_{Q_3}} \cdot d_{Q_3} = 26 + \frac{\dfrac{3 \times 180}{4} - 129}{26} \times 1 = 26.23$$

四分位差 $Q = \dfrac{Q_3 - Q_1}{2} = \dfrac{26.23 - 22.54}{2} = 1.845$（岁）

四分位差虽然克服了全距的缺点，不受极端值的影响，但它仅以两数之差为基础，损失资料太多，所以也是一个比较粗略的变异指标，不可能十分准确地反映总体单位标志数值的差异程度。

(三)标准差

标准差是总体各单位标志值与其算术平均数离差平方的算术平均数的平方根，又称均方差。标准差由于具备其他离散程度统计量不具备的诸多优点，因此，在统计分析中得到广泛应用。根据所掌握的资料不同，标准差的计算有简单标准差和加权标准差。

1. 简单标准差

在资料未分组时，计算简单标准差的公式为：

$$\sigma = \sqrt{\frac{\sum_{i=1}^{N} (X_i - \overline{X})^2}{N}}$$

例：某同学期末考试 5 门功课的成绩分别是 72 分、78 分、80 分、81 分、89 分，试求标准差。

解：先求算术平均数：

$$\overline{x} = \frac{\sum x}{n} = \frac{72 + 78 + 80 + 81 + 89}{5} = 80（分）$$

再将算术平均数代入公式求标准差：

$$\sigma = \sqrt{\frac{\sum_{i=1}^{N} (X_i - \overline{X})^2}{N}}$$

$$= \sqrt{\frac{(72-80)^2 + (78-80)^2 + (80-80)^2 + (81-80)^2 + (89-80)^2}{5}}$$

$$= 5.48(分)$$

2. 加权标准差

若资料是分组的，则需要运用加权的方法计算标准差。其计算公式为：

$$\sigma = \sqrt{\frac{\sum_{i=1}^{N}(X_i - \overline{X})^2 f_i}{\sum_{i=1}^{N} f_i}}$$

例，某社区 70 户家庭生育意愿资料如表 11-4 所示，求加权标准差。

表 11-4　某社区 70 户家庭生育意愿资料

生育意愿数 x(个)	人数 f	xf	$(x-\bar{x})$	$(x-\bar{x})^2$	$(x-\bar{x})^2 f$
1	20	20	−1	1	20
2	35	70	0	0	0
3	10	30	1	1	10
4	5	20	2	4	20
合计	70	140	—	—	50

$$\bar{x} = \frac{\sum_{i=1}^{N} x_i f_i}{\sum_{i=1}^{N} f_i} = \frac{140}{70} = 2(人)$$

$$\sigma = \sqrt{\frac{\sum_{i=1}^{N}(X_i - X)^2 f_i}{\sum_{i=1}^{N} f_i}} = \sqrt{\frac{50}{70}} = 0.845(人)$$

组距数列计算加权标准差，则应先计算各组组中值，然后按照单项数列计算方法进行计算。

三、离散系数

离散系数是反映标志变异程度的相对指标。它是以绝对数形式表现的离散程度指标与相对应的平均指标，从相对数的角度来反映数据的离散程度。离散系数小，说明数据的离散程度小，集中趋势值的代表性大；离散系数大，说明数据离散程度大，集中趋势值的代表性小。

(一)标准差系数

标准差系数是一组数据的标准差与其相应的算术平均数之比。用 V 表示。具体计算公式为：$V = \frac{\sigma}{X} \times 100\%$

式中，V 为标准差系数，它既可以用系数表示，也可用百分数表示。

例：甲、乙两福利院老人的年龄资料如表 11-5 所示，试计算标准差系数。

表 11-5　甲、乙两福利院老人年龄情况分析表

福利院	人数（人）	平均年龄（岁）$\bar{x}$	年龄标准差（岁）σ	标准差系数 V
甲院	22	73.2	11.8	16.12%
乙院	26	76.8	12.1	15.76%

从表 11-5 中数字看出，甲院老人年龄标准差小于乙院，但不能由此断言，甲院老人平均年龄的代表性要比乙院老人的平均年龄的代表性大。因为两院老人平均年龄不一样，人数也不一样，此种情况下，需要用标准差系数进行比较。结果表明，甲院老人年龄的标准差系数大于乙院老人年龄的标准差系数，所以说，甲院老人平均年龄的代表性小于乙院。

（二）异众比率

异众比率是总体中非众数次数与总体全部次数之比。它虽也是一个相对指标，但与标准差系数不同，它不是由以绝对数形式表现的离散程度指标与其对应的评价指标众数所做的对比，事实上也没有与众数相配套的绝对数形式表现的标志变异指标。异众比率的计算公式为：

$$V_R = \frac{n - f_{m_o}}{n}$$

式中：V_R——异众比率；

f_{m_o}——众数次数。

例，某班级 48 名学生中，男性 32 人，女性 16 人，试求异众比率

$$V_R = \frac{n - f_{m_o}}{n} = \frac{48 - 32}{48} \approx 0.33$$

异众比率指出了众数所不能代表的那一部分调查单位数在总体中的比例。异众比率越小，说明众数的次数越接近总体次数，标志变异的程度越小，众数的代表性越大；异众比率越大，说明众数的次数越小，标志变异的程度越大，众数的代表性越小。

异众比率能用于其他离散程度统计指标均无法测定的定类尺度的测量。

任务 11-3　双变量统计分析

描述统计既有总体（或样本）分布特征的单变量描述统计，也有双变量相互关系的描述统计。在社会调查中，经常可以发现许多事物或现象之间客观上存在某种联系，它们之间都以一定的形式相互影响、相互作用和相互制约。这就要求统计分析不能只停留在对某一变量全貌的描述上，还必须进一步分析两个或两个以上变量之间的关系，由此就要运用相关分析法。

一、相关分析

(一)相关关系的概念

任何一种客观事物的存在和发展，都要受到它周围各种有关事物的影响和制约，它们之间关系的表现形式是各不相同的。可以将这许多不同的表现形式大致分为两类，即函数关系和相关关系。函数关系是指现象之间的一种完全确定性的关系。其中一个变量叫自变量 X，另一个变量叫因变量 Y。当自变量的各个测定值发生变化时，则因变量的各个数值也发生相应的变化，且必定有完全确定的数值与之相对应。函数关系可以用公式确切地反映出来，一般记为 $Y=f(x)$。例如，正方形的周长与边长的关系就是函数关系。

相关关系是指现象之间的一种不完全确定性的关系。即一个变量的数值不能由另一个变量唯一确定。当自变量发生数量上的变化时，因变量也会发生相应的变化，但这是一种不完全确定性的变化。变量之间的相关关系，有的表现为因果关系，有的表现为互为因果关系。

相关关系与函数关系的区别在于，前者反映的是事物之间的一种不完全确定的关系，即当一事物的数量确定之后，另一种事物在数量上也会按一定趋势发生变化，但具体取什么值却表现出不确定性。例如，工资收入与工龄就具有不完全确定的性质，工龄长工资高，工龄短工资低。但工龄相同的职工其工资收入并不完全相同，也有可能工龄长的职工比工龄短的职工工资低，究其原因，影响工资高低的因素还有职务、职称、行业等。这种非确定的关系在社会现象中广泛存在着。例如，学生的学习成绩与教师的教学水平的关系、家庭消费支出与家庭收入之间的关系等，都是相关关系。

(二)相关关系的种类

1. 按相关关系涉及的变量的多少，可分为单相关和复相关

单相关是指只涉及两个变量的相关关系，也称一元相关，即研究一个因变量对一个自变量的依存关系。复相关是指涉及三个以上变量的相关关系，又称多元相关，即研究一个因变量对两个以上自变量的依存关系。

2. 按相关关系表现的形式不同，可分为直线相关和曲线相关

直线相关是指当一个变量发生增减变化时，另一个变量也随之发生大体均等的相应变化，二者在图形对应点的分布近似地表现为一条直线。曲线相关是指当一个变量发生增减变化时，另一变量也随之发生变化，却是一种不均等的变化，表现在图形上，二者对应点的分布近似地表现为各种曲线。

3. 按相关关系变动的方向不同，可分为正相关和负相关

正相关是指现象之间存在着同一方向变动的相关关系，即当一个现象的变量数值增加或减少时，另一现象的变量数值也同向增加或减少，两现象的变量值基本表现为同增同减的关系。负相关是指现象之间存在着不同方向变动的相关关系，即当一个现象的变量数值增加时，另一现象的变量数值却相应地减少，两现象的变量值表现为一增一减的关系。

4. 按相关关系的程度不同，可分为完全相关、完全不相关和不完全相关

完全相关是指一个变量的变动完全取决于另一变量的变动。完全相关实际上就是函数关系，也可以说函数关系是相关关系的特例。完全不相关是指两个现象的量变各自独立，互不影响。不完全相关关系是指两变量间的关系处于完全相关和完全不相关之间。相关分析的对象就是这种不完全相关关系。

进行相关分析，需要计算一个统计值来说明两变量是否有相关，以及相关的密切程度。描述两变量间相关程度的数值是相关统计量。相关统计量有多种不同的测算方法。测量尺度不同，相关统计量的测定方法也就有所不同。但不论何种测定方法，相关统计量的取值范围均在 $-1 \sim +1$ 之间。相关统计量的绝对值越接近 1，则表示现象间的相关程度越密切，当相关统计量的绝对值等于 1 时，现象间的相关程度为完全相关；反之，当相关统计量的绝对值越接近 0 时，表示现象间的相关程度越小，当相关统计量等于 0 时，表示现象间不存在相关关系。相关统计量为正值，表示现象间为正相关；相关统计量为负值，表示现象间为负相关。

(三)定类变量间的相关测定：λ 系数(Lambda)

λ 测定法适用于两个定类变量的相关测定，具有消减误差比例的意义，取值范围在 $0 \sim 1$ 之间。λ 值越大，表明 X 和 Y 两变量间的相关程度越大；反之，则越小。λ 测定法的计算公式为：

$$\lambda = \frac{\sum f_{im} - F_{ym}}{N - F_{ym}}$$

式中：f_{im}——X 每一类别中 Y 分布的众数次数；

　　　F_{ym}——Y 边缘分布中的众数次数；

　　　N——总体单位数。

下面以表 11-6 的资料为例，来说明 λ 的计算方法。

表 11-6　性别与对吸烟态度的交互分类（人）

态度(Y)	性别(X)		合计
	男	女	
赞同	96	18	114
反对	24	62	86
合计	120	80	200

从表 11-6 中可知，Y 的众数为"赞同"，众数次数为 114，即 $F_{ym} = 114$。从 X 的分类中看，男性中 Y 分布的众数是"赞同"，众数次数是 96，女性中 Y 分布的众数是"反对"，众数次数是 62。将表中数据代入计算公式：

$$\lambda = \frac{\sum f_{im} - F_{ym}}{N - F_{ym}} = \frac{(96 + 62) - 114}{200 - 114} = 0.51$$

由此，我们可以说，性别与对吸烟态度之间存在中等程度的相关。也可以说，用性别去预测对吸烟的态度，比仅用对吸烟态度自身的资料（即边际分布的众值 114）去预测对吸烟的态度，可以减少 51% 的误差。

(四)定序变量间的相关测定：G 系数(Gamma)

G 系数适用于两个定序变量的相关测定，取值范围在 $-1 \sim +1$ 之间，具有消减误差比例意义。这种测定方法主要是从两变量的变化顺序是否一致去思考问题的。其计算公式为：

$$G = \frac{N_s - N_d}{N_s + N_d}$$

式中：N_s——X 和 Y 两变量变化顺序一致的数目，即同序对数目。

　　　N_d——X 和 Y 两变量变化顺序相反的数目，即异序对数目。

下面以表 11-7 的资料为例，来说明 G 的计算方法。

表 11-7　父辈文化与子辈文化交互分类表

子辈文化	父辈文化			合计
	大学	中学	小学	
大学	118	37	15	170
中学	18	130	32	180
小学	9	43	98	150
合计	145	210	145	500

由于表 11-7 中的两个变量的排列已经有了次序高低的特征，从左往右是由高到低，而从右往左是由低到高，故计算 N_s 和 N_d，可采用如下方法：

N_s 等于交互分类表中所有左上角与其对应的右下角和之积的总和；

N_d 等于交互分类表中所有右上角与其对应的左下角和之积的总和。

根据上面的方法计算表中 N_s 和 N_d 为：

$N_s = 118(130+32+43+98)+37(32+98)+18(43+98)+130\times98 = 55\ 842($对$)$

$N_d = 15(18+130+9+43)+37(18+9)+32(9+43)+130\times9 = 6\ 833($对$)$

$$G = \frac{N_s - N_d}{N_s + N_d} = \frac{55\ 842 - 6\ 833}{55\ 842 + 6\ 833} = 0.78$$

计算结果表明，父辈文化与其子辈文化之间存在正相关关系，相关程度为 0.78。

(五)定距变量间的相关测定：r 系数

两个定距或定比变量之间的相关测定，最常用的是所谓积差系数。它是由英国统计学家皮尔逊(Pearson)用积差方法推导出来的，所以也被称为皮尔逊相关系数，用符号 r 表示。相关系数 r 本身不具有消减误差意义，但 r^2 具有这一意义，r 的取值范围在 $-1 \sim +1$ 之间。

1. 未分组资料求 r 系数

$$r = \frac{\sum (x - \bar{x})(y - \bar{y})}{\sqrt{\sum (x - \bar{x})^2 \cdot \sum (y - \bar{y})^2}}$$

例如：在某地调查了 10 户低收入家庭，其家庭月人均收入与月消费支出资料见表 11-8 前两列，试计算相关系数 r。

表 11-8　月人均收入与月消费支出相关系数计算表

家庭编号	月收入 x （元）	月支出 y （元）	$(x-\bar{x})$ $\bar{x}=800$	$(x-\bar{x})^2$	$(y-\bar{y})$ $\bar{y}=500$	$(y-\bar{y})^2$	$(x-\bar{x})(y-\bar{y})$
1	300	240	-500	250 000	-260	67 600	130 000
2	460	260	-340	115 600	-240	57 600	81 600
3	500	300	-300	90 000	-200	40 000	60 000
4	540	300	-260	67 600	-200	40 000	52 000
5	600	350	-200	40 000	-150	22 500	30 000
6	800	400	0	0	-100	10 000	0
7	1 000	600	200	40 000	100	10 000	20 000
8	1 100	700	300	90 000	200	40 000	60 000
9	1 200	800	400	160 000	300	90 000	120 000
10	1 500	1050	700	490 000	550	302 500	385 000
合计	8 000	5 000	—	1343 200	—	680 200	938 600

　　先求：$\bar{x}=8\,000/10=800$，$\bar{y}=5\,000/10=500$，再列表计算有关数据，计算过程见表 11-8。将表中有关数字代入公式，相关系数为：

$$r=\frac{\sum(x-\bar{x})(y-\bar{y})}{\sqrt{\sum(x-\bar{x})^2\cdot\sum(y-\bar{y})^2}}=\frac{93\,800}{\sqrt{1\,343\,200\times680\,200}}=\frac{938\,600}{955\,847.6}\approx0.982$$

计算结果表明，低收入家庭月人均收入与月消费支出之间存在高度正相关关系。

2. 分组资料求 r 系数

在资料分组的条件下，相关系数的计算需要采用加权的方法，计算公式为：

$$r=\frac{\sum(x-\bar{x})(y-\bar{y})f}{\sqrt{\sum(x-\bar{x})^2f\cdot\sum(y-\bar{y})^2f}}$$

　　例：根据表 11-9 的资料，计算妇女受教育年限与其生育子女数之间的相关系数。

表 11-9　30 名女性受教育年限与生育子女数相关计算表

教育年限 x （年）	子女数 y （个）	人数 f	xf	yf	$x-\bar{x}$ $\bar{x}=7$	$f(x-\bar{x})^2$	$y-\bar{y}$ $\bar{y}=3$	$f(y-\bar{y})^2$	$f(x-\bar{x})(y-\bar{y})$
2	7	3	6	21	-5	75	4	48	-60
2	4	4	8	16	-5	100	1	4	-20
3	4	2	6	8	-4	32	1	2	-8
4	3	1	4	3	-3	9	0	0	0
6	3	3	18	9	-1	3	0	0	0
8	2	5	40	10	1	5	-1	5	-5
9	3	4	36	12	2	16	0	0	0

右上角：续表

教育年限 x（年）	子女数 y（个）	人数 f	xf	yf	$x-\bar{x}$ $\bar{x}=7$	$f(x-\bar{x})^2$	$y-\bar{y}$ $\bar{y}=3$	$f(y-\bar{y})^2$	$f(x-\bar{x})$ $(y-\bar{y})$
10	1	2	20	2	3	18	-2	8	-12
10	2	4	40	8	3	36	-1	4	-12
16	1	2	32	2	9	162	-2	8	-36
合计		30	210	91	—	456	—	79	-153

解：$\bar{x}=\dfrac{\sum xf}{\sum f}=\dfrac{210}{30}=7$（年）

$\bar{y}=\dfrac{\sum yf}{\sum f}=\dfrac{91}{30}\approx 3$（个）

再将表 11-9 中有关数字代入计算公式：

$$r=\frac{\sum(x-\bar{x})(y-\bar{y})f}{\sqrt{\sum(x-\bar{x})^2f\cdot\sum(y-\bar{y})^2f}}=\frac{-153}{\sqrt{456\times 79}}\approx-0.81$$

计算结果表明，妇女受教育年限与生育子女数之间存在高度负相关关系，相关程度为 -0.81。

由于上式计算较烦琐，因而也可采用如下简捷公式：

$$r=\frac{\left(\sum f\right)\left(\sum xyf\right)-\left(\sum xf\right)\left(\sum yf\right)}{\sqrt{\left(\sum f\right)\left(\sum x^2f\right)-\left(\sum xf\right)^2}\cdot\sqrt{\left(\sum f\right)\left(\sum y^2f\right)-\left(\sum yf\right)^2}}$$

二、回归分析

回归分析，是对具有相关关系的变量之间的数量变化规律进行测定，并确定一个与之相应的数学表达式，以此对因变量进行估计和预测的统计分析方法。这种数学表达式称为回归方程或回归模型。回归分析的对象是定距层次的变量，它的中心问题是建立回归方程，而建立回归方程的基础是最小二乘法。

(一)回归分析与相关分析的联系

回归分析与相关分析之间有着密切的联系。它们的研究对象都是具有相关关系的现象。在具体应用上，回归分析需要借助相关分析，以测定相关现象之间相关程度的紧密程度，进而决定是否需要进行回归分析；相关分析则需要借助回归分析，拟合相应的回归方程，来表明现象之间的数量关系，以便进行推算和预测。因而可以说，相关分析是进行回归分析的基础，回归分析是把变量的相关关系转变为函数关系的手段，二者相辅相成。从广义上说，相关分析包括回归分析。

(二)回归分析与相关分析的区别

1. 分析的侧重点不同

相关分析的重点在于确定事物之间相关的方向及其密切程度，但不能从一个变量的变化来估计和预测另一个变量的变化；回归分析着重确定社会现象之间量变的一般关系值，建立变量间的关系式，从而根据自变量的已知数值估计和预测因变量的数值。

2. 研究变量间的关系不同

相关分析研究的是变量之间的相互依存关系，变量间的关系是并列的、对等的，因而不确定哪个是自变量，哪个是因变量；回归分析研究的是一个变量随其他变量变化的形式，变量间的关系不是并列、对等的，因而必须根据研究目的确定自变量和因变量，否则分析的目的不明。

3. 研究结果形式的多少不同

相关分析的结果只有一个相关统计量（针对相关系数 r 而言），因为分析的各个变量间的关系是并列、对等的，不存在区别自变量和因变量的问题。

在回归分析中，存在着两个回归方程（完全相关情况除外）：一个是以 X 为自变量，Y 为因变量的 Y 倚 X 的回归方程；一个是以 Y 为自变量，X 为因变量的 X 倚 Y 的回归方程。两个回归方程所表明的社会经济意义是完全不同的。值得说明的是，只有当两个变量互为因果关系或不存在明显的因果关系时，二者才可以互相换位，求得两个不同的方程，具有各自不同的社会经济意义；而如果两个变量之间存在明显的因果关系，就只能求出一个以表示原因的现象为自变量的回归方程，另一个以表结果的现象为自变量的回归方程，在社会统计中求出来是没有任何实际意义的。

4. 资料的要求不同

回归分析对资料的要求不同于相关分析。它要求因变量是随机的，其取值事先不能确定；自变量不是随机的，而是可以准确测量或控制的非随机变量。相关分析所涉及的变量可以都是随机变量，各自接受随机因素的影响。

值得注意的是，由于回归分析只能在定距（比）变量之间才能进行，因而对于定类、定序变量的相关分析而言，谈其与回归分析的联系与区别毫无意义。

（三）一元线性回归分析

一元线性回归分析的关键是建立回归方程。若以 x 表示自变量，y 表示因变量，则一元线性回归方程的基本形式为：

$$y_c = a + bx + \varepsilon$$

式中：y_c——y 的估计值或预测值。

a——回归直线截距，表示 x 为 0 时 y 的估计值。

b——回归直线斜率，表示 x 每变动一个单位，y 的平均变化量，在回归分析中，b 又称为回归系数。

ε——称为随机误差，它反映了除 x 和 y 之间的线性关系之外的随机因素对 y 的影响。

a、b 都是待定参数，即根据不同的实际资料经过估算后，才能最终确定。一旦求出 a、b 参数值，能够表明变量之间数量关系的一元回归直线也就被确定下来了。

求算一元回归直线采用最小平方法。方程式为：

$$\sum y = na + b \sum x$$
$$\sum xy = a \sum x + b \sum x^2$$

解上述标准方程得：

$$b = \frac{n\sum xy - \sum x\sum y}{n\sum x^2 - (\sum x)^2} \quad \text{或} \quad b = \frac{\sum(x-\bar{x})(y-\bar{y})}{\sqrt{\sum(x-\bar{x})^2}}$$

$$a = \frac{\sum y}{n} - b\frac{\sum x}{n} = \bar{y} - b\bar{x}$$

以表 11-10 为例，建立一元线性回归方程。

表 11-10　10 名工人年龄与收入资料统计表

年龄 x（岁）	收入 y（元）	$x-\bar{x}$	$(x-\bar{x})^2$	$y-\bar{y}$	$(y-\bar{y})^2$	$(x-\bar{x})(y-\bar{y})$
25	280	−12	144	−50	2 500	600
32	300	−5	25	−30	900	150
41	350	4	16	20	400	80
28	300	−9	81	−30	900	270
37	380	0	0	50	2 500	0
50	360	13	169	30	900	390
44	400	7	49	70	4 900	490
54	420	17	289	90	8 100	1 530
33	260	−4	16	−70	4 900	280
26	250	−11	21	−80	6 400	880

首先，根据研究的需要确定年龄为自变量 x，收入为因变量 y。

其次，将表 11-10 中有关数字代入公式计算，可得：

$$b = \frac{\sum(x-\bar{x})(y-\bar{y})}{\sum(x-\bar{x})^2} = \frac{600+150+\cdots+880}{144+25+\cdots+21} = \frac{4\,670}{910} = 5.13$$

$$a = 330 - 5.13 \times 37 = 141.3$$

故得到回归直线方程为 $y = 5.13x + 141.3$。

有了这个回归直线方程，我们就可以对不同年龄的工人的收入进行预测。比如：

年龄为 35 岁，则收入 $y = 5.13 \times 35 + 141.3 = 320.8$（元）

一元线性回归分析的目的是实际工作的应用预测。根据回归方程，当自变量取一定数值时，就可以推算出相应的因变量的预测值。当然，预测所得到的数值与实际数值之间肯定会有误差。这些误差是由其他变量对因变量产生影响所造成的。在运用回归分析进行预测时，应注意两点：一是要注意时间条件，即回归方程往往反映的是一定时期内变量间的相互关系，当时期不同时，这种关系常常会发生变化；二是要注意预测不能超出资料所适合的范围，即回归方程的预测在变量取值上有一定的临界条件，忽视了这一点，有时会做出不合理的预测来。

任务 11-4 多变量统计分析

各种社会现象之间的关系是错综复杂的，相互联系的两种现象之间的关系常常受到其他一些因素的影响。因此，在社会研究中，研究者除了进行双变量分析外，还常常需要进行多变量分析。多变量统计分析的方法种类较多，比如，复相关分析、多元线性回归分析、路径分析、因子分析、聚类分析等，其内容十分复杂，需要在专门的统计课程中深入学习。本书中仅简介少数几种多变量分析方法。

一、复相关分析

复相关分析是一种以一个统计值来简化多个自变量与一个自变量之间关系的统计分析方法。它要求所有的变量都是定距以上层次的变量。它的统计值 R 表示多个自变量与一个因变量之间相关的程度，它的计算是以两变量相关中的积矩相关系数 r 为基础的。其大小在 0 与 1 之间，越是接近 1，表示这些自变量与这一因变量之间的关系越强；反之，R 的值越接近于 0，则表示这些自变量与这一因变量之间的关系越弱。复相关系数 R 的平方 R^2 称为决定系数。

在实际研究中，研究者通常采用下面的公式来计算复相关系数和决定系数：

$$R_{y,\,12} = \sqrt{\frac{(r_{y1})^2 + (r_{y2})^2 - 2(r_{y1}r_{y2}r_{12})}{1 - (r_{12})^2}}$$

$$R_{y,\,12}^2 = \frac{(r_{y1})^2 + (r_{y2})^2 - 2(r_{y1}r_{y2}r_{12})}{1 - (r_{12})^2}$$

式中，$R_{y,12}$ 表示 x_1 与 x_2 这两个自变量与因变量 y 之间的复相关系数；$R_{y,12}^1$ 则表示决定系数；r_{y1}、r_{y2}、r_{12} 分别表示 x_1 与 y、x_2 与 y、x_1 与 x_2 之间的积矩相关系数；r_{y1}^2、r_{y2}^2、r_{12}^2 则分别表示上述三个积矩相关系数的平方，即决定系数。

只要计算出上述各变量之间的积矩相关系数，就可以求出 R 和 R^2。例如，假如研究者希望研究农村耕地人口比例 (x_1) 和离城远近 (x_2) 对农村工业化 (y) 的共同影响。且通过调查数据计算得到这三者之间的相关系数分别为：

$r_{y1} = -0.64$

$r_{y2} = -0.51$

$r_{12} = +0.67$

那么，代入上面的计算公式可得到：

$$R_{y,12}^2 = \frac{(-0.64)^2 + (-0.51)^2 - 2(-0.64)(-0.51)(0.67)}{1 - (0.67)^2} = 0.42$$

$$R_{y,12} = \sqrt{R_{y,12}^2} = \sqrt{0.42} = 0.65$$

由此可以得出结论，农村耕地人口比例和离城远近对农村工业化的影响是比较强的 $(R = 0.65)$。当然，所研究的自变量为三个或者更多时，我们也可以计算出它们对因变量的共同影响。但是，由于计算的复杂性，这种计算通常都是由计算机来完成的。

二、多元回归分析

复相关只能帮助我们了解若干个自变量对一个因变量的共同影响，即多个自变量与一个因变量的相关程度。而无法帮助我们用多个自变量来估计或预测一个因变量的数值，特别是无法了解这些自变量中哪一个自变量对因变量的影响力最大。虽然我们可能会想到直接用各个自变量与因变量之间的积矩相关系数来进行比较，即比较 r_{y1}，r_{y2}，…，r_{yn} 等的大小，但实际上这种做法是有问题的。因为两个变量之间的积矩相关系数是在不考虑其他因素影响的前提下发挥作用的，而在多个自变量对一个因变量的影响中，每一自变量对因变量的影响都可能受到其他自变量的影响，即它们实际的影响力可能与其积矩相关系数有所不同。因此，要解决用多个自变量来估计或预测一个因变量的数值，以及弄清不同的自变量与因变量所实际具有的影响力大小这两个方面的问题，需要采用多元回归分析的方法。

与一元回归分析中的情况相似，多元回归方程的表达式为：

$$y = b_1 x_1 + b_2 x_2 + \cdots + b_k x_k + a$$

方程式中的 b 值称为净回归系数，它表示的是在控制了其他自变量以后，某一自变量对因变量的单独效果。比如，b_2 表示的是在控制了自变量 x_1，x_3，x_4，…，x_k 以后，自变量 x_2 对因变量的单独影响力。由于多元回归分析中不同自变量值的衡量单位不同（比如教育年限、人均收入、家庭人口数等），因而其 b 值的大小不能相互比较。为了解决这一问题，常常需要将这些 b 值化为标准值，相应地多元回归方程也转化为标准化回归方程。

$$Y = B_1 X_1 + B_2 X_2 + \cdots + B_k X_k$$

此方程式中的 B 值称为标准化净回归系数，也称为 B 系数，它表示各个具体的自变量对因变量影响的大小和方向。通过比较 B 系数，我们就可以了解每一具体的自变量对于因变量的相对效果。并且，在复相关系数与 B 系数之间、每一自变量的分布决定系数与总的决定系数之间，存在着下列关系：

$$R_{y,1,2,\cdots,k} = \sqrt{B_1(r_{y1}) + B_2(r_{y2}) + \cdots + B_K(r_{yk})}$$
$$R^2_{y,1,2,\cdots,k} = B_1(r_{y1}) + B_2(r_{y2}) + \cdots + B_K(r_{yk})$$

式中 $B_1(r_{y1})$，$B_2(r_{y2})$，…，$B_K(r_{yk})$ 称为分别决定系数，它们表示在全部已解释的方差中，有多少分别是由自变量 x_1，x_2，…，或 x_k 所贡献的，其总和就是总的决定系数。多元回归方程中各种系数的计算都比较复杂，通常是用计算机来进行计算。在 SPSS 等统计分析软件中，都有计算这些系数的工具，我们只需熟悉和掌握使用这些软件的方法。

假定我们研究耕地人口比例（X_1）与离城远近（X_2）对农村工业化（Y）的影响，发现复相关系数 $R^2 = 0.42$，表明这两个自变量可以共同解释 42% 的误差，根据 SPSS 统计软件的计算，可以得到标准化回归方程：

$$Y = (-0.54)X_1 + (-0.15)X_2$$

通过这个方程我们可以发现，在相互控制后，耕地人口比例（X_1）对农村工业化的影响最强，而离城远近（X_2）对农村工业化的影响相对较弱。同时，我们还可以看出，耕地人口比例与离城远近对农村工业化的影响效果是负向的，即农民耕地人口比例越低或离城越近的地区，所对应的农村工业化程度越高。

在多元回归分析中，需要注意统计累赘的问题。即如果某些自变量相互之间的关系特别强，则在相互控制后它们每一个效果会变得很弱，而其他自变量的效果会变得较大。在这种情况下来分析各自变量的相对效果就会犯错误。因此，应该十分注意引进多元方程的自变量，特别是不要引进相互之间关系很强的自变量。另外，与一元回归分析一样，多元回归分析也要求所有的自变量都是定距以上层次的变量。那么，当变量为定序层次时，研究者往往将其近似地看作定距变量；而当变量为定类层次时，则只能采用虚拟变量的方法。

任务 11-5　推论统计

社会调查的目的是要认识社会现象总体，然而，很多情况下人们没有必要或根本不可能对现象总体的全部单位进行观察。这时便需要在对抽取的一部分单位情况了解的基础上，对总体进行统计推断，以达到认识总体的目的。统计推论包括两个方面内容：参数估计和假设检验。与描述统计一样，推论统计也有单变量推论统计与双变量推论统计之分。

一、参数估计

参数估计是根据随机样本的统计值估计总体参数值。它包括点估计和区间估计两种方法。

点估计又叫定值估计，它是在不考虑抽样误差的条件下，直接用样本指标作为总体指标的估计值。其推断形式用符号表示为：$\bar{x} \rightarrow X$；$p \rightarrow P$。例如，对某地 98 名吸烟者进行抽样调查，描述统计表明，这 98 名吸烟者初次吸烟时平均年龄为 18.4 岁，戒烟后复吸率为 89.4%。由此我们便认为，该地所有吸烟者初次吸烟的平均年龄为 18.4 岁，复吸率为 89.4%。这就是点估计。

显然，点估计的优点是简便易行、原理直观，但这种估计只用一个数值来推断总体指标，未能表明估计的误差大小以及抽样判断的准确程度和把握程度。要解决这些问题，必须采用总体参数的区间估计方法。

（一）区间估计的含义与程序

区间估计是以数值的区间形式来确定总体参数的可能范围。它根据概率抽样理论，以一定的概率即可信程度来保证真正的总体指标落在某一区间内。社会调查推论统计中，区间估计主要用于两种情况：用样本平均数 $\bar{x}$ 估计总体平均数 X，用样本比例 p 估计总体比例 P。

区间估计的一般程序是：

第一步，规定概率，查表求 t 值。

t 是概率度。由于概率是概率度 t 的函数，故给出了 t 值，概率也就确定了，同样规定了概率，也就能查表求 t 值。一般来说，社会调查推断统计实际工作中，常取 90%、

95％或99％的概率保证程度。可信度的取值范围在0～1之间，它与错判情形的概率（显著水平）α 之和为1。

第二步，计算抽样极限误差。

极限误差 Δ 是根据概率论原理，用一定的概率保证抽样误差不超过某一给定的范围。它与抽样平均误差 μ（平均误差是所有可能出现的样本指标与总体指标的离差，它是一个定值）的关系是 $\Delta = t \cdot \mu$。

第三步，用样本指标结合极限误差推算出总体参数的可能范围。

$$X = \bar{x} \pm t \cdot \mu_p$$
$$P = p \pm t \cdot \mu_p$$

从上面公式可知，进行区间估计的关键是计算抽样极限误差 Δ。而抽样极限误差等于 $t \cdot \mu$，当抽样平均误差 μ 一定时，概率度 t 越大，概率保证程度越大，抽样极限误差越大，推论的区间越大，抽样推断的精确性越低；反之，概率度 t 越小，概率保证程度越小，抽样极限误差越小，推论的区间越小，抽样推断的精确性越高。由此说明，在样本容量一定的条件下，抽样推断的精确性与可靠性是一对矛盾。也就是说，提高区间估计的精确性，估计的概率保证程度就会随之降低；而要提高区间估计的概率保证程度，估计的精确性又必然会随之降低。因此，在进行统计推断时，要将估计的可靠性与精确性结合起来，权衡得失，全面考虑，以满足调查研究的目的和要求为原则。

（二）总体均值的区间估计

1. 大样本

在社会调查中，常视 $n \geqslant 30$ 为大样本，$n < 30$ 为小样本。大样本分布近似正态分布。此种情况下，区间估计公式的抽样平均误差可用如下公式：

$$\mu_{\bar{x}} = \frac{\sigma}{\sqrt{n}}$$

式中：σ——总体标准差，若其未知，可用样本标准差 S 代替。

例如：对某社区居民的家庭年人均收入进行抽样调查，随机抽取196户，测得其年人均收入为76 620元，标准差为560元，现以95％的概率保证程度估计该社区居民年人均收入区间范围。

根据题中资料已知：$n = 196$，$\bar{x} = 76\ 620$，$\sigma = 560$，$F(t) = 95\%$，查正态分布概率表得 $t = 1.96$。

$$\mu_{\bar{x}} = \frac{\sigma}{\sqrt{n}} = \frac{560}{\sqrt{196}} = 40$$
$$X = \bar{x} \pm t \cdot \mu_{\bar{x}} = 76\ 620 \pm 1.96 \times 40 = 76\ 620 \pm 78.4$$

即 $76\ 541.6 \leqslant X \leqslant 76\ 698.4$

计算结果表明，该社区居民家庭年人均收入在 76 541.6～76 698.4 元，做出这个估计的可信程度为95％。

2. 小样本

小样本（$n < 30$）服从 t 分布原理，此时应依不同的自由度（df）查出 t 值。且区间估计公式中的抽样平均误差的计算应使用修正公式，即：

$$\mu_{\bar{x}} = \frac{\sigma}{\sqrt{n-1}}$$

式中：$n-1$——为自由度 df，自由度是当变量的平均数确定之后，变量可以自由变动的数值。

例：某单位随机抽取 26 名员工，调查得到其月平均收入为 8 765 元，标准差为 250 元，试以 95% 的置信度估计总体中平均收入的可信区间。

根据题意可知：$n=26$，$\bar{x}=8\,765$，$\sigma=250$，$F(t)=95\%$

当 $F(t)=95\%$，$\alpha=5\%$，$df=n-1=26-1=25$，查 t 值表，得 $t=2.06$

$$\mu_{\bar{x}} = \frac{\sigma}{\sqrt{n-1}} = \frac{250}{\sqrt{26-1}} = 50$$

$$X = \bar{x} \pm t \cdot \mu_{\bar{x}} = 8\,765 \pm 2.06 \times 50 = 8\,765 \pm 103$$

即：$8\,662 \leqslant X \leqslant 8\,868$

计算结果表明，在 95% 的把握程度下，该单位员工的月平均工资在 8 662～8 868 元，错判概率为 5%。

(三)总体比例的区间估计

总体比例的区间估计，其抽样平均误差公式为：

$$\mu_p = \sqrt{\frac{p(1-p)}{n}}$$

例：为了解某学校大学英语四级考试通过情况，随机抽取该校 160 人为样本，发现有 136 人通过了考试，试以 95% 的概率估计该校大学生英语四级的通过率。

根据题意可知：$n=160$，$p=136/160=0.85$，$F(t)=95\%$，$t=1.96$

$$\mu_p = \sqrt{\frac{p(1-p)}{n}} = \sqrt{\frac{0.85(1-0.85)}{160}} \approx 0.028$$

$$P = p \pm t \cdot \mu_{\bar{x}} = 0.85 \pm 1.96 \times 0.028 = 0.85 \pm 0.055$$

即 $0.795 \leqslant P \leqslant 0.905$

计算结果表明，该校大学生英语四级的通过率在 79.5%～90.5% 之间，做出这种推断的把握程度为 95%。

(四)总体相关系数的区间估计

总体相关系数 r 的区间估计，一般采用 Z 转换法。这种方法是把 r 转换为 Zr 函数估计，再把 Zr 还原为 r 的推论方法。运用这种方法只需做两次转换，而不必考虑样本的大小以及总体的相关程度如何。Zr 和 r 的转换，有"Z 和 r 转换表"可供查用。在两变量直线相关时，Zr 的抽样平均误差公式为：

$$\mu_{Zr} = \frac{1}{\sqrt{n-3}}$$

表 11-11　Z 和 r 转换表(部分)

r	0.000	0.001	0.002	0.003	0.004	0.005	0.006	0.007	0.008	0.009
0.950	1.831 8	1.842 1	1.852 7	1.863 5	1.874 5	1.885 7	1.897 2	1.909 0	1.921 0	1.933 3
0.960	1.945 9	1.958 8	1.972 1	1.985 7	1.999 6	2.014 0	2.028 7	2.043 9	2.059 5	2.075 6
0.970	2.092 3	2.109 5	2.127 3	2.145 7	2.164 9	2.184 7	2.205 4	2.226 9	2.249 4	2.272 9
0.980	2.297 6	2.322 3	2.350 7	2.379 6	2.410 1	2.442 6	2.477 4	2.514 7	2.555 0	2.598 8
0.990	2.646 7	2.699 6	2.758 7	2.825 7	2.903 1	2.994 5	3.106 3	3.250 4	3.453 4	3.802 0

例：调查某单位员工工作时间与工资收入之间的相关关系，随机抽取 23 人组成的样本，测得 $r=0.98$，现规定可信度为 95%，求该单位全体员工工作时间与工资收入之间相关系数 r 的可信区间。

根据题意可得：$n=23$，$r=0.98$，$F(t)=95\%$，$t=1.96$。然后可按照如下步骤进行区间估计：

1. 将 r 转换为 Zr 函数。已知 $r=0.98$，查转换表，得 $Zr=2.297\ 6$

2. 计算 μ_{Zr}

$$\mu_{Zr}=\frac{1}{\sqrt{n-3}}=\frac{1}{\sqrt{23-3}}\approx0.22$$

3. 建立置信区间

$$Zr\pm t\mu_{Zr}=2.297\ 6\pm1.96\times0.22=2.297\ 6\pm0.431\ 2$$

即：$1.866\ 4\leqslant Zr\leqslant2.728\ 8$

4. 将估计的区间值再还原成 r 的可信区间

$$0.953\leqslant r\leqslant0.991$$

计算结果表明，该单位员工工作时间与工资收入的相关系数在 95.3%～99.1%，可信度为 95%。

二、假设检验

(一)假设检验的基本概念与一般步骤

假设检验是对总体的某一参数做出某种假设，然后根据随机样本提供的信息来验证这一假设的可信性的一种数理统计分析方法。

在社会调查中，人们常需要了解社会现象总体的某个特征。例如，某地人们出国旅游的平均花费为 32 983 元，为了证实这一假设是否可靠，需随机抽出一个样本调查。若调查结果显示，样本均值为 35 872 元，这能否说明假设正确呢？还不能。因为样本值与假设值之间的差异，有可能是由抽样误差引起的，也有可能是由于总体的假设错误引起的，到底问题出在哪里了呢？这就需要对假设进行检验。

1. 原假设与备择假设

原假设 H_0 是被检验的假设，一般指检验者需要着重考察但没有充分根据不能轻易推翻的假设；备择假设 H_1 是与原假设相对立，在原假设被推翻时所接受的假设，也是研究者的兴趣所在。原假设与备择假设相互对立，二者必居其一。

假设检验的依据是样本，它通过计算和分析样本统计量与参数假设值的差距，来判断假设的可信性。差距越小，假设值真实性的可能性就越大；反之，差距越大，假设值真实性的可能性就越小。因此，只要分析结果显示它们之间的差距是显著的，就可以否定原假设，故假设检验又称显著性假设。值得注意的是，如果不能否定原假设，仅仅意味着没有足够的证据否定它，才接受了原假设，并不意味着它完全正确。

2. 小概率原理与显著性水平

小概率原理是指发生概率很小的随机事件在一次实验中几乎不可能发生。显著性水平是指根据小概率原理所规定的小概率事件的概率界限值。前面已经讲到，假设检验的目的是判断样本统计量与假设总体参数的差距是否显著。若显著，则说明原假设真实性的可能性很小，应拒绝原假设；若不显著，则应接受原假设。而判断两者差距是否显著，其标准是由显著水平 α 决定。α 为判断发生错误的小概率。显著性检验是建立在原假设为真的基础上，而规定的 α 概率很小，在一次试验或观察中几乎不可能发生。但是经过抽样观察，概率很小的事件居然发生了，这就要怀疑原假设的真实性，由此否定原假设。在社会统计研究中，显著性水平 α 常取 0.05、0.01 和 0.001。

3. 否定域与检验临界值

否定域是指在抽样分布中分属两端的能够否定原假设 H_0 的小区域，否定域的大小由显著水平 α 决定。检验临界值是对原假设做出判断的临界值，简称临界值。将根据样本资料而计算出来的检验统计值的数值与临界值加以比较，对原假设做出肯定与否定的判断。

4. 双侧检验和单侧检验

检验原假设 H_0 时，否定域在抽样分布的双侧，称为双侧检验；若在一侧，称为单侧检验。采用双侧检验还是单侧检验，取决于研究假设有无方向。原假设的提出常采用 $H_0 =$，或 $<$，或 $>$ 参数假设值；而备择假设则使用 $H_1 \neq$，或 $>$，或 $<$ 参数假设值。若 H_1 采用" $>$ "或" $<$ "的符号表示，用单侧检验；若 H_1 采用" $\neq$ "表示，用双侧检验。

5. 两种错误

假设检验中，对原假设不论做出何种判断都有可能犯错误，区别在于发生错误的概率大小。当原假设 H_0 实际上是正确的，却被否定了，此时犯的错误称为甲种错误；若原假设 H_0 实际上是错的，却没有否定，此时犯的错误称为乙种错误。发生甲种错误的概率就是显著性水平 α，而发生乙种错误的概率为 β。两种错误不可能同时发生，其发生概率也不可能同时为 0。在一定的样本容量下，若减小一类错误的概率将会引起另一类错误的概率增大，这是一对矛盾。只要以样本为依据进行统计推断，就存在发生两类错误的风险。

6. 假设检验的一般步骤

第一步，建立原假设和备择假设；

第二步，规定显著性水平 α，查表得到否定域的临界值；

第三步，根据样本数据计算出检验用的统计值；

第四步，将实际计算的统计量与临界值比较，决定原假设的取舍。

如果样本结果落在否定域内，否定原假设，此时有可能犯甲种错误，其概率为显著

性水平 α；如果样本落在否定域外，则不能否定原假设，此时则有可能犯乙种错误，其概率为 β。

(二)总体均值的假设检验

1. 大样本

总体均值的假设检验，在大样本的情况下，使用 Z 检验法。应用 Z 检验法时常用的显著性水平和否定域，如表 11-12 所示。

表 11-12 Z 检验常用显著性水平及其否定域

显著性水平 α	否定域 $|Z| \geqslant$	
	单侧检验	双侧检验
0.05	1.65	1.96
0.01	2.33	2.58
0.001	3.09	3.30

在总体为正态总体，总体方差已知，或总体为非正态总体，但总体方差已知且 $n>30$ 的大样本条件下，总体单均值的检验可选择 Z 为检验统计量。计算公式为：

$$Z = \frac{\bar{x} - \mu_0}{\sigma/\sqrt{n}}$$

式中：μ_0——假设的总体均值；

σ——总体标准差，可用样本标准差代替。

例：某公司随机抽取 100 名员工进行调查，测得人均月收入为 8 680 元，标准差为 380 元，这是否说明该公司员工人均月收入在 8 500 元以上，试以 0.05 的显著性水平加以检验。

根据题意可得：$n=100$，$\bar{x}=8\ 680$，$\sigma=380$，$\alpha=0.05$

然后根据题意建设假设为：

$$H_0: \mu_0 \leqslant 8\ 500 \qquad H_1: \mu > 8\ 500$$

$\alpha=0.05$，单侧检验，根据表 11-12 可知 Z 的临界值 $Z_\alpha=1.65$

$$Z = \frac{\bar{x} - \mu_0}{\sigma/\sqrt{n}} = \frac{8\ 680 - 8\ 500}{380/\sqrt{100}} \approx 4.74$$

由于 $|Z|=4.74 > Z_\alpha=1.65$

所以，否定原假设 H_0，接受备择假设 H_1，即该公司员工人均月收入在 8 500 元以上。

2. 小样本

总体均值的假设检验，在小样本的情况下，使用 t 检验法。检验统计量的计算公式为：

$$t = \frac{\bar{x} - \mu_0}{\sigma/\sqrt{n-1}}$$

例：某专业课往年的平均考试时间为 72 分钟，为了解现在考试难度及考试时间与以往相比是否发生显著变化，在某班级随机抽取 26 人进行调查，经计算，平均考试时间为

75 分钟，样本标准差为 10 分钟，试以 0.05 的显著性水平检验该专业课考试难度及考试时间与以往相比是否发生了显著变化。

已知：$n=26$，$\bar{x}=75$，$\sigma=10$，$\alpha=0.05$

根据题意建立假设为：

$$H_0: \mu_0=72 \qquad H_1: \mu \neq 72$$

根据 $\alpha=0.05$，$df=n-1=26-1=25$，双侧检验，查 t 分布表可知，t 的临界值 $t_{\alpha/2(n-1)}=2.06$

$$t=\frac{\bar{x}-\mu_0}{\sigma/\sqrt{n-1}}=\frac{75-72}{10/\sqrt{26-1}}=1.5$$

由于 $|t|=1.5 < t_{\alpha/2(n-1)}=2.06$

所以，接受原假设 H_0，即在 0.05 的显著性水平上，该专业课考试难度及考试时间相比以往没有显著变化。

（三）总体比例的假设检验

在大样本条件下，一般 $np > 5$，$n(1-p) > 5$，根据中心极限定理所选择的检验统计量为：

$$Z=\frac{p-P_0}{\sqrt{\dfrac{P_0(1-P_0)}{n}}}$$

式中：p——样本比例；

P_0——假设的总体比例；

n——样本容量。

例：某地区 2015 年进行低保制度调查，随机抽取低保对象 100 人，测得其中 58 人为丧失劳动能力。以往情况表明，丧失劳动能力的比例为 35%，试以 0.05 的显著性水平检验 2015 年低保对象中丧失劳动能力的比例与往年相比是否有所提高。

已知：$n=100$，$p=58/100=58\%$，$\alpha=0.05$

根据题意建立假设为：

$$H_0: P_0 \leqslant 35\% \qquad H_1: P > 35\%$$

根据 $\alpha=0.05$，单侧检验，查表得 Z 的临界值 $Z_\alpha=1.65$

$$Z=\frac{p-p_0}{\sqrt{\dfrac{P_0(1-P_0)}{n}}}=\frac{0.58-0.35}{\sqrt{\dfrac{0.35(1-0.35)}{100}}} \approx 4.82$$

由于 $|Z|=4.82 > Z_\alpha=1.65$

所以，否定原假设 H_0，接受备择假设 H_1，即在 0.05 的显著性水平上，该地区低保对象 2015 年丧失劳动能力比例与往年相比有所提高。

（四）相关关系的假设检验

1. 定类变量间的相关检验

如果要检验两个定类变量间是否存在相关，需采用 χ^2 检验法，计算 χ^2 值的公式一般可表示为：

$$\chi^2 = \frac{\sum (f_0 - f_e)^2}{f_e}$$

式中：f_0——实际观察所得的次数；

f_e——根据原假设而定的理论次数。

相关关系的 χ^2 检验中，理论次数是某一实际交互分配次数所对应的自变量和因变量的边缘分布次数的乘积除以 n 所得的商。

例：研究青年男女性别与其对吸烟态度的相互关系。在某地随机抽取 80 名青年男女，资料如表 11-13 所示，经相关分析，相关系数 $\lambda = 0.32$，表明两变量间存在相关关系，现以 0.01 的显著性水平检验，问这 80 人所在总体的性别与其吸烟态度之间是否也存在相关关系？

表 11-13　青年男女性别与吸烟态度交互分配的实际次数与理论次数

态度 y	性别 x		合计
	男	女	
支持	34	12	46
反对	11	23	34
合计	45	35	80

根据题意建立假设为：

H_0：总体中青年性别与吸烟态度之间不存在相关。

H_1：总体中青年性别与吸烟态度之间存在相关。

根据表 11-13 中有关资料计算理论次数，得：

$$f_{e11} = \frac{F_{X1} \cdot F_{Y1}}{n} = \frac{45 \times 46}{80} = 25.875$$

$$f_{e12} = \frac{F_{X1} \cdot F_{Y2}}{n} = \frac{45 \times 34}{80} = 19.125$$

$$f_{e21} = \frac{F_{X2} \cdot F_{Y1}}{n} = \frac{35 \times 46}{80} = 20.125$$

$$f_{e22} = \frac{F_{X2} \cdot F_{Y2}}{n} = \frac{35 \times 40}{80} = 14.875$$

将实际次数与理论次数代入求 χ^2 的公式中，得：

$$\chi^2 = \frac{\sum (f_0 - f_e)^2}{f_e} = \frac{(34 - 25.875)^2}{25.875} + \frac{(11 - 19.125)^2}{19.125}$$
$$+ \frac{(12 - 20.125)^2}{20.125} + \frac{(23 - 14.875)^2}{14.875} \approx 13.72$$

当 $\alpha = 0.01$，$df = (c-1)(r-1) = (2-1)(2-1) = 1$，查 χ^2 分布表可知，χ^2 的临界值 $\chi^2_{0.01(1)} = 6.635$

由于 $\chi^2 = 13.72 > \chi^2_{0.01(1)} = 6.635$

所以，否定原假设 H_0，接受备择假设 H_1，即在 0.01 的显著性水平上，总体青年性别与其吸烟态度之间存在相关关系。

2. 定距变量间的相关检验

如果要检验两个定距变量间是否存在相关，应采用相关系数的 F 检验法。其计算公式为：

$$F = \frac{r^2/df_1}{(1-r^2)/df_2}$$

式中：df_1——分子的自由度，$df_1 = 1$

　　　df_2——分母的自由度，$df_2 = n-2$

例：研究城市家庭经济收入与其孩子培训消费支出之间的关系，随机抽取 26 户家庭为样本，经测定 $r=0.8$，$r^2=0.64$，试以 0.01 的显著水平检验总体两变量之间是否存在相关关系。

根据题意建立假设为：

H_0：总体内两变量无相关关系。

H_1：总体内两变量有相关关系。

已知：$n=26$，$r^2=0.64$，$df_1=1$，$df_2=n-2=26-2=24$，$\alpha=0.01$，则

$$F = \frac{r^2/df_1}{(1-r^2)/df_2} = \frac{0.64/1}{(1-0.64)/24} \approx 42.67$$

当 $\alpha=0.01$，$df_1=1$，$df_2=n-2=26-2=24$ 时，查 F 表，得 $F_{0.01(1,24)} = 7.82$

由于 $F=42.67 > F_{0.01(1,24)} = 7.82$

所以，否定原假设 H_0，接受备择假设 H_1，即在 0.01 的显著性水平上，总体内城市家庭经济收入与其孩子培训的消费支出之间存在相关关系。

任务范例

调查问卷中的统计分析方法

一个完整的调研包括四个方面：调研设计，即做出怎样达到调研目标或怎样得到信息的计划，数据资料的收集；现场作业主要包括访问所选样本中的每一个人或组织、并填写问卷；对问卷进行量化并进行统计分析；问卷的统计与分析是调查的重点，也是调研工作的难点。同样的统计数据，由于分析方法的不同以及对数据的理解不同，可能会得到完全相反的结果。

在对问卷进行初步的定性分析后，可再对问卷进行更深层次的研究——定量分析。问卷定量分析首先要对问卷数量化，然后利用量化的数据资料进行分析。问卷的定量分析根据分析方法的难易程度可分为简单定量分析和复杂定量分析。

一、简单的定量分析

简单的定量分析是对问卷结果做出一些简单的分析，诸如利用百分比、平均数、频数来进行分析。在此，我们可将问卷中的问题分为以下几类进行分析。

1. 对封闭问题的定量分析。封闭问题是设计者已经将问题的答案全部给出，被调查者只能从中选取答案。

例：针对"您认为出入正式场合时，穿着重要吗"这一问题，对于全部 45 次访问的回答，我们可以简单地统计每种回答的数目：一点也不重要＝2，不重要＝5，无所谓＝10，

重要＝15，可把结果整理成如表 11-14 所示。

表 11-14　出入正式场合穿着重要性

变量类型	变量取值	频数	百分比	累计百分比
一点也不重要	1	2	0.044 44％	0.044 44％
不重要	2	5	0.111 11％	0.155 55％
无所谓	3	10	0.222 22％	0.377 77％
重要	4	13	0.288 89％	0.666 66％
非常重要	5	15	0.333 39％	1.000 00％

从表 11-14 中可以一目了然地看出分析结果——几乎三分之一的被调查者认为在正式场合穿着很重要，仅有 15.6％的人认为在正式场合穿着不重要。

表 11-14 是对全部样本总体的分析。然而，几乎所有的问卷分析都要求不同的被访群之间的比较。这就需要用较为复杂的方法——交叉分析来实现。交叉分析是分析三个变量之间的关系。例如，美国的一位调研人员怀疑美国人"海外旅游的欲望"可能与"年龄"有关，但通过分析发现，没有发现两者之间存在任何联系，当将"性别"作为第三个变量引进之后，发现在男性中 45 岁以下的人中有 60％有"海外旅游的欲望"，而 45 岁以上者只有 40％有这种愿望。但是在女性中结果正好相反，因此，将全部数据混合在一起分析时，"年龄"与"海外旅游的欲望"之间的关系就掩盖了，而按不同性别分类后，这种隐含的相关关系就被揭露出来，如表 11-15 所示。

表 11-15　按"年龄"和"性别"分类的"海外旅游的欲望"

	男性年龄		女性年龄	
	45 岁以下	45 岁及以上	45 岁以下	45 岁及以上
有	60％	40％	35％	65％
无	40％	60％	65％	35％
列总数	100％	100％	100％	100％
个案数	300％	300％	200	200％

从表 11-15 中可以看出交叉分析的强大作用。它还可以同时研究多个变量之间的关系。例如：可再加上收入、职业等各方面来进行比较分析。

2. 对开放问题的定量分析。开放性问题是指问卷设计者不给出确切答案，而由被调查者自由回答，如表 11-16 所示。

表 11-16　您为什么不想海外旅游

被访问者	回答
1	没有时间，等以后再说
2	根本不喜欢旅游，没什么意思
3	浪费金钱、时间，还不如在家看电视
4	不安全
5	负担太重，没有钱

如果所有回收的问卷只有这 5 种答案，那么就很容易做出分析概括。可是，一般回收的问卷都有几百份，所以对于开放性问题就可能有几十种甚或几百种答案。对于这几百种答案，就很难进行分析。因此对于这种问题，必须进行分类处理，例如，可把不旅游的理由大概分为四类，如表 11-17 所示。

表 11-17　不想旅游的理由

理由	百分数
时间原因	30％
金钱原因	48％
安全原因	10％
纯粹不喜欢	12％

利用上表中的四种原因，我们就可以进行分析处理，并且从表中便很容易看出被调查者的观点。

二、复杂定量分析

简单分析常用于单变量和双变量的分析，但是社会经济现象是复杂多变的，仅用两个变量难以满足需要。这时就需要用到复杂定量分析，在问卷设计中，常用的复杂定量分析有两种——多元分析和正交设计分析。

1. 多元分析就是通过对观测数据的分析，由表及里来研究多个变量之间相互依赖的规律性，或者根据实际问题的需要对研究对象做出某种评价、分类、判别，或者从中发现各个指标都起作用的更一般(从而也更抽象)的公共因素。在问卷分析中常用的多元分析，主要是有聚类分析、主成分分析、因子分析三类。

1)聚类分析。聚类分析的主要目的在于将被调查者对某问题的态度根据一定的法则聚类成相对类似的群组，利用群组进一步的分析。例如：在调查大学生性格和品质时，您认为自己应该具有哪些品质和性格？

(1)勇敢；(2)幽默；(3)守纪律；(4)富有同情心；(5)乐于请教人；(6)机智；(7)认真；(8)有礼貌；(9)听话；(10)勤奋；(11)虚心；(12)坚韧；(13)敏捷；(14)独立；(15)稳健。

对 15 个变量 P1 到 P15 进行聚类分析，它们都是 0～1 变量(选取该项时取为 1，否则为 0)。可利用 SPSS 软件分析，最终聚类分析结果为：(以五类为例)

(1)P1、P2、P6、P12、P13、P14、P15；(2)P3、P8、P9；(3)P5；(4)P4；(5)P7、P10、P11。

通过聚类分析，我们可以知道哪几种问题属于哪一类，这样在分析问卷里，就可以将被访问者分类，例如，我们可将(1)归类为(智慧型)，(2)归类为"传统型"，借此来了解被访问者的性格倾向。

聚类分析最大的优点是简单易操作，它的缺点是没有形成一个完整的理论体系，因此解释起来比较困难。

2)因子分析。在问卷中常有一些不可直接观测的基本特征，例如"态度""认识""爱好""能力""智力"等实际不可观测的潜在变量。因子分析正是利用这些潜在变量解释可观测变量的一种工具。

研究者在设计问卷时实际上是假设有某种结构存在的，通过因子分析可以验证研究者假设是否成立。因子分析的主要功能是从量表所度量的一系列变量中分离或提取出一些公共因子，这些因子与其他变量之间的联系则是可以进行研究的，通常是利用复杂的数学方法把量表中高度关联性的观测量按某种规则分成几群，每一群的变量共享一个公共因子，也就是说该群变量与这个公共因子有高度关联，表现为在该因子上的"负荷量"明显的大(指绝对值)。例如，大学生对服装品牌和价格态度量表的因子分析，利用 SPSS 分析，结果如表 11-18 所示。

表 11-18　大学生对服装品牌和价格态度量表的因子分析

	第一公共因子	第二公共因子
服装的品牌很重要	-0.814	0.778
现在衣服价格太高	0.83	0.244
买衣服一定要买名牌	0.355	-0.666
买衣服价格最重要	0.71	0.254
只要穿着合适，价钱无所谓	-0.792	0.383
单个公共因子的有效程度	$0.392\,8$	0.285
累积的有效程度	$0.392\,8$	$0.677\,8$
因子命名	价格意识	品牌效应

从因子分析的结果中可以看到，在第一个公共因子 F1 上有较高负荷量的几个问题与大学生对价格的关心程度有关，因此我们将 F1 命名为"价格意识"因子，它的贡献率即有效程度为 39.28%。在第二公共因子 F2 上有较高负荷量的二项量表全部涉及品牌方面，我们将其命名为"品牌效应"因子，它的有效程度为 28.50%，与第一个因子的累积有效程度为 67.78%。也就是说，这两个因子对这几个变量的累积贡献率约等于 70%。一般来说，这种累积程度已足够解释大学生对服装的态度。

从这个例子中可以看出因子分析的优点在于用一个或少数几个综合指标概括原始尽量多的信息，它能够实现对问题的高度概括，并揭示现象更一般的特征和规律。

2. 正交设计分析

除多元分析外，还有另外一种复杂的问卷分析方法——正交设计分析。正交设计分析的步骤是：

(1)首先对问卷进行正交分析，尽可能使问卷结构合理；

(2)进行问卷调查，并收集数据；

(3)整理数据，对调查结果进行分析(可采用正交试验中的方差分析)；

(4)得出分析结果。

实际上，除了这两种复杂分析方法外，问卷的复杂定量分析还有很多种。

资料来源：刘菊红. 调查问卷中的统计分析方法[J]. 上海统计，2002(2)：35—42. 限于篇幅及其他原因，本书在引用时做了某些删改和结构调整。

任务评估

任务采用"课堂＋拓展"相结合的评估方式，课堂评估对标课程标准，重点评估知识、能力、素养目标的达成情况；拓展评估对标《市场、民意和社会调查要求》等国家标准及行业规范，重点评估实操技能、劳动精神、工作态度表现。具体操作可参照下表。

评估环节		评估内容	评估方式	评估目的
课堂教学过程评估（60%）	课前（15%）	线上课程资源学习	教学平台自动考核	重点考查学生知识理解和掌握情况
		课前任务	教师评估	重点考查学生技能掌握和应用情况
	课中（30%）	出勤情况	教学平台签到考核	重点考查学生学习态度和学习习惯
		小组讨论及展示	教师评估、组间互评	重点考查学生合作意识和展示能力
		课中任务	教师评估、自评、组间互评	重点考查学生能力和素养掌握情况
	课后（15%）	社会服务	教师评估	重点考查学生劳动精神和服务意识
拓展训练过程评估（40%）	拓展训练中（30%）	拓展训练任务	教师、行业导师评估情况	重点考查学生工匠精神和实践能力
	拓展训练后（10%）	拓展训练报告	教师评估、组间互评	重点考查学生总结反思和改进能力

任务习题

1. 某班级社会统计学成绩统计如下，试计算本班的平均数、中位数、众数、四分位差和标准差。

分组	人数（人）	频率	向上累计
60 以下	3	6%	3
60～70	7	14%	10
70～80	19	38%	29
80～90	16	32%	45
90 以上	5	10%	50
合计	50	100%	

2. 试根据下表资料进行相关分析。

生活态度	文化程度			合计
	高	中	低	
积极	10	15	22	47
一般	15	20	18	53
消极	35	12	3	50
合计	60	47	43	150

3. 五位同学《社会统计学》的学习时间与成绩分数如下表所示。

学习时数（小时）	学习成绩（分）
4	40
6	60
7	50
10	70
13	90

试计算：（1）学习时数与学习成绩之间的相关系数；

（2）建立学习成绩（y）依学习时间（x）的直线回归方程。

4. 对一批成品按重复抽样方法抽取 100 件，其中废品 4 件，当概率为 95.45% 时，可否认为这批产品的废品率不超过 6%？

5. 某企业第一季度产品产量与单位成本资料如下：

月份	产量（千件）	单位成本（元）
1	3	73
2	4	69
3	5	68

要求：

（1）建立以产量为自变量的直线回归方程，指出产量每增加 1 000 件时单位成本的平均变动是多少？

（2）当产量为 20 000 件时，预测单位成本为多少元？

6. 设某地区根据人口统计资料，在过去一年内的死亡人口中，随机抽取 100 名死亡者为样本，经测定平均寿命为 71.8 岁，标准差为 8.9 岁，这是否说明现在人口的平均寿命仍能超过 70 岁，试以 0.05 的显著性水平加以检验。并解释原假设被接受的含义，或原假设被拒绝的含义。

拓展训练

联系实际，运用相关知识，围绕主题对审核整理后的调查资料进行推论统计分析。

信息化教学资源

1. 单变量统计分析(一)
2. 单变量统计分析(二)
3. 双变量统计分析

项目六　提出对策见实效：
社会调查结果的呈现

▶ 项目简介

　　社会调查在完成了资料的收集和分析工作之后，需要我们把研究的结果以某种恰当的形式传达给他人，同其他人进行交流。这就涉及了本项目的任务，那就是撰写调查报告。调查报告作为社会调查研究的书面报告，既是整个社会调查过程的全面总结，又是社会调查成果的最主要形式。调查报告撰写得好坏，将直接影响到社会研究成果的交流和对社会的价值。调查报告的撰写要形成与时俱进的理论成果，更好指导中国实践，要形成为人民所喜爱、所认同、所拥有的理论，使之成为指导人民认识世界和改造世界的强大思想武器。因此，研究者必须高度重视调查报告的撰写，要根据不同的目标和要求，将研究结果以合适的形式表达出来，这就要求我们掌握调查报告的文体特点、结构、类型及写作要求。

📖 项目分析

知识目标
1. 了解社会调查报告的种类及写作的基本要求；
2. 掌握社会调查报告的结构、内容、构成要素和写作程序等问题；
3. 掌握社会调查报告撰写过程中应注意的问题。

能力目标
能根据已有的材料撰写出一篇有一定质量、内容充实的调查报告。

素养目标
1. 具有务实的工作作风，关注社会问题，客观提出解决社会问题的对策；
2. 不唯上、不唯书，只唯实，尊重调查数据，尊重调查结果。

任务 12

撰写调查报告

任务描述

社会调查在完成资料的收集与分析工作之后，进入了撰写调查报告的工作。在撰写调查报告之前，首先，要明确什么是调查报告，调查报告的类型有哪些，以便作者根据受众的不同撰写出不同的调查报告。其次，要了解和掌握调查报告的结构和基本要求，一般来说，调查报告的结构通常是由标题、前言、主体、结尾、附录和参考文献六个部分组成的。再次，掌握调查报告撰写的程序和方法。最后，撰写调查报告要注意行文规则及引用与注释的问题。

任务实施

一、任务目标

掌握调查报告的含义与不同类型、调查报告的一般结构、撰写步骤及撰写过程中应该注意的问题，在此基础上撰写出高质量的调查报告。

二、任务实施步骤

1. 教师带领学生完成课程的讲授，掌握社会调查报告的含义与类型、结构、撰写步骤及撰写过程中应该注意的问题；

2. 学生在课下以小组为单位，围绕已有的调查资料撰写调查报告；

3. 各小组所撰写的调查报告在课堂上简单展示，找出不足并加以修改完善；

4. 教师再次强调调查报告撰写过程中应该注意的问题。

知识链接

任务 12-1　调查报告的概念与类型

一、调查报告的含义

调查报告（survey report）是反映社会调查成果的一种书面报告，它以文字、图表等形式将调查研究的过程、方法和结果表现出来。调查报告是反映社会研究成果的一种书面报告，它是社会调查研究成果的集中体现。它以文字、图表等形式将研究的过程、方法和结果表现出来。其目的是告诉有关读者对于所研究的问题是如何进行研究的，取得了哪些结果，这些结果对于认识和解决这一问题有哪些理论意义和实际意义等。

二、调查报告的类型

调查报告属于应用性问题，它的分类较为复杂。由于对象、目的、标准和侧重点不同，分类也就不同。按照不同的标准，调查报告可以分成许多不同的类型，同时每一种分类又有交叉。如有的将调查报告分为普通调查报告与学术性调查报告，描述性调查报告与解释性调查报告，综合性调查报告与专题性调查报告六大类；有的将调查报告分为学术性调查报告和应用性调查报告，综合性调查报告和专题性调查报告四大类。为了更好地掌握调查报告的类型，我们将各种调查报告进行了详细介绍。

1. 应用性报告与学术性报告

根据报告读者对象的不同，我们可将研究报告分为学术性调查报告与应用性调查报告两类。这两类报告在撰写要求及风格上也有所不同。应用性调查报告以满足实际工作需要，解决社会问题为出发点。这类报告是党政机关，有关决策部门，企、事业单位了解情况、分析问题、制定政策、采取某种措施解决问题的重要手段。

学术性调查报告是以学术或学科研究为出发点，主要以专业研究人员为读者对象，着重于对社会现象的理论探讨。绝大多数学术性调查报告重在调查、分析各种社会现象之间的相互关系和因果关系。目的是通过对实地调查资料的分析，或归纳、提出、证明学术、学科的某一理论观点，或就某一学术观点提出质疑或补充，或揭示某一事物、某一社会现象的本质和发展规律。这类调查报告学术性、理论性都很强，需要运用各个学科的有关理论和概念，运用学科理论去分析、理解，从理论的高度揭示所调查了解的事物或社会现象中的矛盾、规律。

2. 描述性报告与解释性报告

描述性报告和解释性报告主要是根据调查报告在性质和主要功能上的不同进行分类的。描述性报告着重于对所研究现象进行系统、全面的描述，这种描述既可以是定量的，也可以是定性的。其主要目标是通过对研究资料和结果的详细描述，向读者展示某一现象的基本状况、发展过程和主要特点。对于那些以弄清现状、找出特点为目的的描述性研究来说，这种报告是其表达结果的最适当的形式。

解释性报告的主要目标是要用研究所得资料来解释和说明某类现象产生的原因，或说明不同现象相互之间的关系。这类报告中对现象的描述不像描述性报告中的那样全面、详细，仅仅是作为合理解释和说明现象的原因、解释和说明现象间相互关系的基础或前提而存在。

描述性报告和解释性报告的这种区分并无十分严格的界限，通常一份调查报告同时具有描述和解释这两方面的功能，只是不同的报告对其中某一方面侧重的程度有所不同而已。

3. 综合性报告和专题性报告

当一项调查涉及某一现象方方面面的内容、状况时，其报告往往采取综合性调查报告的形式，多用于反映某一总体各方面的情况。

当一项调查涉及研究对象某一方面的情况时，往往采取专题性调查报告的形式，多用于针对某一专门问题或某一特定现象所进行的分析和研究。

任务 12-2 调查报告的一般结构

一、标题

标题能起到画龙点睛的作用，"题好一半文"。好的题目，既能反映报告的主旨，又能吸引读者的目光，打动读者。撰写报告时，题目必须醒目、观点鲜明、生动活泼，使读者见题明义。

1. 从形式上撰写标题

（1）单行标题

这类标题直接写明调查报告的主题，即由"调查对象＋调查内容＋文种"组成。这类标题能使读者尽快了解调查对象和调查报告的目的，但过于平淡，不利于诱发读者的阅读欲望。如《2013 年全国农民工监测调查报告》。

（2）双行（正副）标题

用正标题概括调查报告的主要内容，用副标题补充说明调查的范围和对象等，如《独生子女都是小皇帝吗——对武汉市 1 000 名小学生的调查》。

2. 从内容上撰写标题

（1）用调查对象和主要问题作标题

比如，《大学生恋爱观调查》《当代大学生身体素质调查》《北京市青少年犯罪情况调查》等。这种标题的特点是能让人一目了然地看到调查报告的主题，但缺乏新意，千篇一律，缺乏吸引力。

（2）用一定的判断或评价作标题

比如，《家庭养老面临重大挑战》《大学生择业为何倾向于沿海和京津地区》等。这种标题一针见血地指出了调查报告的结论或研究的主要问题，表明了作者的观点，但形式不够灵活。

（3）用提问作标题

比如，《他们为什么选择离婚》《天之骄子为何弃学经商》等。这类标题比较尖锐、鲜明，容易吸引人们的注意力，有利于调动人们进一步阅读的欲望，多用于揭露某些问题或分析某些社会现象的调查报告。

二、前言

前言又称为导言或绪论，是调查报告的开头部分，是调查报告的有机组成部分。前言向读者揭示报告的主旨、目的和总纲，起到使读者了解全文的作用。前言写得如何，对激发读者的兴趣具有非常重要的意义。一般来说，前言有以下几种写法。

1. 直述式

直述式前言开门见山，平铺直叙，直接把调查的目的、内容、对象、范围等一一写出。

2. 悬念式

悬念式前言先描述某种社会现象和社会问题，然后对这种社会现象和问题产生的原因、影响等提出一系列的疑问，最后介绍调查的基本情况。

3. 结论式

结论式前言在描述、提出问题的同时，直接写出结论。如《青少年犯罪情况调查》的前言：

青少年犯罪是全社会普遍关注的社会问题之一。据统计，我市去年一年中，因各种犯罪而被劳教的青少年达 600 多人。这么多的青少年是怎样误入歧途，走上犯罪道路的呢？导致青少年走上犯罪道路的主要原因是什么？笔者于今年 5 月对两个劳教所 400 名犯罪青少年的调查表明：家庭破裂、择友不当及黄色文化的影响，是导致青少年走上犯罪道路的主要原因。

不管调查报告的前言采用哪种形式，前言的文字都应力求简明、精练，具有吸引力。

三、主体

调查报告的主体也叫正文，是调查报告的展开部分。调查报告主体写得好坏直接决定调查报告质量的高低和作用的大小。一篇质量较高的调查报告需要有深刻的主题、丰富的材料和完美的结构。调查报告主体部分的写法不是固定不变、千篇一律的，要根据调查报告的不同类型和写作目的来精心设计。一般来讲主体部分的结构安排必须根据调查报告的内容来确定，同时这里面存在着一个选择材料的过程。

根据组织材料表达方式的不同，调查报告主体部分的结构可以分为三种类型。

1. 纵向结构式

纵向结构式是按照事件发展过程的先后次序或调查过程的先后顺序组织材料。这种结构的优点是事实完整、条理清楚、脉络清晰、结构畅通，非常有利于读者从动态上把握事件的来龙去脉及前因后果。比如，一项反映新中国成立以来我国的扶贫工作发展状况的调查报告，就可以按照纵向结构式来安排，即可以将主体分为救济式扶贫（1949—1979 年）、以工代赈式扶贫（1979—1985 年）、以县为中心区域式扶贫（1986—1993 年）、八七扶贫攻坚（1993—2000 年）、整村推进式扶贫（2001—2010 年）、集中连片特困区式扶贫（2011—2013 年）、精准扶贫（2013—2017 年）、深度扶贫（2017—2021）等八个阶段[①]。

2. 横向结构式

横向结构式是把调查得到的材料分成几个部分来写，每一部分从不同的方面围绕全文中心叙述说明。这种结构的优点是论述集中，说理透彻，观点突出，说服力强，便于阅读和理解。比如，丁阳的《当代大学生学习动机的调查与教育引导研究——基于安徽省高校问卷调查的思考》，其主体部分是从个体因素、学校因素、家庭因素、社会因素等四个方面来探讨当代大学生的学习动机现状。

3. 纵横结合式

纵横结合式是将纵向结构式和横向结构式结合起来，兼有二者的特点，这种方式通常用于大型的或反映比较复杂的社会问题的调查报告的写作。比如，在写我国扶贫工作发展状况的调查报告时，需要按前文写的八个阶段进行展开，又要在八个不同阶段，再

---

① 资料来源：破解千年难题　凸显治理优势 http://www.cssn.cn/zzx/202005/t20200525_5133492.shtml.

分为政策取向、资金投入、绩效评估、扶贫对象认定等。

四、结尾

结尾又称结语，是正文的总结。结尾部分的中心内容是小结调查的过程和主要结果，陈述调查研究的结论。此外，有的调查报告还可以在结尾部分阐明所调查现象产生或形成的原因、所具有的影响，并提出解决的办法或建议等。

结尾部分在写作上的具体要求是：语言要精练，陈述要明确，可以简明扼要地列出几点，清晰地表明调查研究的主要结果，以及研究者的看法和观点。结尾的写法有以下几种。

一是概括式。结尾综合说明调查报告的主要观点，或针对某些问题表明意见，提出看法。

二是总结式。对于推广某些成熟的典型经验的调查报告，结尾部分往往是概括某些经验，形成调查的基本结论，便于推广。

三是建议式。针对调查的材料内容通过分析，形成对事物的看法，在此基础上，结尾提出建议或可行性方案。

四是预测式。根据调查报告正文中关于调查研究对象的研究分析，做出合乎逻辑的科学推论，预测对象未来的发展趋势及意义。

五是补充式。有些情况和问题与调查报告的中心内容和主旨关系不大，在正文部分没有提及，但又要讲清楚的，可以在结尾处附带加以补充说明。

五、附录

附录是调查报告的附加部分，是对正文报告的补充或更详尽的说明。由于主题、篇幅、表述等原因的限制，调查者对于在调查过程中获得的一些有价值的资料或遇到的一些基本情况，未能将其收入报告中去，可以在报告正文之后以附录的形式写出来，以便参考。附录的内容一般包括有关材料的出处、参考资料和书籍、调查统计图表的注释和说明、调查中使用的测量表和其他工具、旁证材料以及作者对调查的评价或提出需要继续研究的问题等。

六、参考文献

在调查报告的结尾中，通常要列出与调查报告相关的参考文献，或者叫作参考书目。这些文献是研究者在从事这项研究过程中所阅读、评论、引证过的文献。一般是以"参考文献"作为标题，将它们集中成一个单独的部分。

1. 中文版著作的写作方法

（1）费孝通．社会调查自白［M］．北京：知识出版社，1985．

（2）［美］艾尔·巴比．社会研究方法［M］．北京：华夏出版社，2013．

2. 英文著作的写作方法

（1）Luhmann，Niklas．The Differentiation of Society．New York：Columbia University Press，1982．

（2）W. F. Whyte：Street Corner Society. Chicago，University of Chicago Press，1943.

3.中文文章的写作方法

(1)王铭铭.幸福、自我权力和社会本体论：一个中国村落中"福"的概念[J].社会学研究，1998(1)：23—26.

(2)李培林，田丰.中国农民工社会融入的代际比较[J].社会，2012(2)：1—24.

4.英文文章的写作方法

(1)Gans，H. "Symbolic Ethnicity：The Future of Ethnic Groups and Cultures in America"，*Ethnic and Racial Studies*，1979(1).

(2)Fang R. K. "The Geographical inequalities of Mortality in China"，*Social Science & Medicine*，1993(30).

任务 12-3　调查报告的撰写步骤

一、确定主题

主题是整个报告的中心思想和灵魂。明确而适当的主题的确立，是整个报告撰写过程顺利开展的前提。调查报告能否打动人心，引起社会和决策者、决策机构的重视，整个调查研究工作成败的关键都有赖于提炼和确定一个明确的、有社会意义的主题。

调查报告的主题需要从材料中提炼和确定。材料是否全面、丰富、准确，直接决定着主题是否正确、深刻。因此可以说主题的提炼要基于深入的实践和丰富的材料。

主题的提炼要做到正确、集中、鲜明、新颖。主题正确是要主题如实反映客观现实，反映客观事物的本质和规律，能对社会实践起到指导作用，对社会发展起到促进作用。主题集中是指一篇报告只能有一个主题，不能同时存在多个主题。主题鲜明是指主题的倾向性，报告中展示的基本立场、态度、观点必须明确、清晰，不朦胧、含糊。主题新颖是指主题要有时代眼光，表现作者独到的见解，准确把握住事物的本质和意义，给人以启迪。

二、拟定提纲

确定了主题后应先构思好报告的整体框架，并将整体框架转变为一个周密、合理的提纲，而不是急于动手去写调查报告。提纲是调查报告的骨架。拟定提纲主要是厘清思路，明确报告内容，使作者的构思系统化、完善化、定型化，为调查报告的撰写打下基础。拟定提纲主要是对研究结果进行分解，并将分解后的每一部分进一步具体化。比如，就一项当代大学生消费问题的调查，拟写报告提纲时，可先将主题分解为"当代大学生消费的特点""当代大学生消费的趋势""当代大学生消费中存在的主要问题""对当代大学生消费行为的理论解释""正确引导大学生消费的建议"等几个大的部分，然后将每一部分的内容具体化。比如，将第一部分的内容具体化为：①当代大学生消费的数量；②当代大学生消费的内容和形式；③当代大学生消费的资金来源；④当代大学生父母的职业、大学生的户籍所在地等背景因素与消费形式间的关系；等等。

三、选择材料

研究所得材料与调查报告所用材料并不一致。研究资料一般与研究主题有关，但与调查报告主题并不一定紧密相连。研究材料是反映调查主题的，作者必须要通过材料来展开思路，表现主题。调查者在前期的调研过程中已经获得了比较丰富的信息材料，但写调查报告的时候，不是简单地把材料堆砌起来，而是要经过分析、比较后，选择能反映事物本质、最能表现主题的材料，要剔除与主题无关的材料。因此为了使调查报告具有最大的价值，必须认真审读和选择材料。

1. 典型材料

典型材料是调查者在众多材料中通过比较、筛选最有代表性的材料。典型材料能够反映事物的本质，具有极大的代表性、深刻的含义和巨大的说服力，而且对读者具有极大的吸引力。

2. 综合材料

相对典型材料反映事物的"点"，综合材料反映事物的"面"。综合材料说明事物总体的概貌，是在原始材料的基础上加工整理而成。写作时，既需要反映事物深度的典型材料，也需要反映事物广度的综合材料，需要处理好两种材料的关系，将这两者有机结合起来才能说明事物的总体情况。

3. 对比材料

对比材料是一组具有可比性的材料，是从不同角度、不同侧面进行比较，说明事物的不同与变化，展示调查者的观点。如历史与现实对比、成功与失败对比、好坏对比、新旧对比、先进落后对比等。对比性材料可以使得认识深刻、观点清楚、主题集中。如，毛泽东就是通过对比中国和俄国的国情，中国革命的实际情况及对中国社会整体的分析，提出"农村包围城市"的理论。

4. 统计材料

统计材料有绝对数、相对数、离散系数、平均数、回归系数等统计数字材料。统计数字具有很强的概括力和表现力，恰当地运用统计数字材料，可以增强报告的科学性、准确性和说服力。

选出的材料除了要围绕主题外，还要运用得法。采用的材料一定要真实，符合主题的需要。在撰写调查报告的过程中，一定要用材料说明观点，用论点论证主题，还要注意详略得当、主次分明。

四、撰写报告

前三步完成后，我们便可以着手起草调查报告。在撰写调查报告的过程中，我们要紧紧围绕着所确定的主题展开，按照拟定的提纲成文。撰写过程中通常是一气呵成，避免在小的环节上来回推敲修改，使得报告在整体思想、体系结构、内容形式、行文风格等前后一致。注意科学地使用材料，做到综合材料和典型材料、文献资料和现实资料、文字资料和统计资料的有机结合，材料与观点保持一致。由于调查报告属于实用性文体，撰写过程中要特别注意语言的使用，做到语言严谨、简明、朴实、生动。

一般来讲，调查报告不能一蹴而就，一次成文，也需要不断地修改。只有精心修改，才能使调查报告获得成功。修改是调查报告的内容和形式尽善尽美的保证。调查报告的修改一般是围绕着主题、材料、结构和语言四个方面来进行。

费孝通的小城镇研究①

小城镇研究是费孝通教授学术生涯中最辉煌的一页。费孝通教授的成名作是"江村经济"，对中国农村有深入的调查与细致的记载。自20世纪80年代开始，中国农村的城镇化步伐加快。费孝通教授坚持实地调查的传统，走遍了全国各地，对小城镇的穿梭访问考察从未间断。他的小城镇调查，"在一定意义上可以说是江村调查的延伸、扩大。小城镇调查研究，是农村调查的新开拓、新高度"。他"跑一趟，写一篇"，笔耕不辍，著述丰硕。他思维敏捷，善于小中见大、由此及彼，注重应用与服务社会，提出了一系列极有价值的政策性建议。

从1984年开始，费孝通教授的研究从江苏省走向了全国，分两路穿梭进行：一路是走边区，一路是走沿海各省。边区这一路从内蒙古西走宁夏和甘肃，1991年又走进大西南的山区。沿海的一路从浙江、福建、广州到香港，可以说是从江苏向南延伸。从小城镇研究而言，费孝通教授从两个方向推进：一是横向扩展，即江苏省本身的深入研究进一步发展到全国性的比较研究；二是纵深发展，即从农村——小城镇——中等城市——大城市，以至整个城乡关系的综合研究。作为一个学者，他不畏辛苦"行万里路"，是为了获得更接近真实的认识。作为全国政协副主席、全国人大常委会副委员长，他踏遍祖国山山水水，是为了寻求治国之道。

1. 小城镇道路

"小城镇"应当归在城、乡的哪一边？费孝通教授主张，把农村的中心归到乡的一边，可以考虑称"集镇"。群众语言中有传统的分层模式，那就是"城里人""街上人""乡下人"。有人看到现在所谓"小城镇"里还存在着和群众语言相适应的层次，所以主张用"城镇""乡镇""村镇"来区别。费孝通教授把小城镇界定为农村经济与社会的中心，那么他倡导小城镇建设就意味着强调农村城镇化。

中国城市化是走大城市模式，还是走小城镇模式？费孝通教授主张后者。他指出，他当时提出小城镇问题，主要是从人口分布的角度去想的。在西方发达国家，随着城市化进程的加快，是人口向大城市集中。集中程度超出城市负荷后，带来了一系列难以解决的问题，人称"大城市病"。事实证明大城市模式不利于广大民众安居乐业，况且这种模式与我国国情也很难接得拢。能不能改变这种模式，在人口分布上走分散的路子呢？当时苏南一带的乡镇企业已经起来了，办工业不同于搞农业，工业生产需要能源、运输、市场、仓储等条件，要寻求农村里交通便利、易于集散的中心地带，很自然地就向小城镇集中，人流、物流增加，带动了小城镇的发展。这样的事实给费孝通教授很大启发。历史上，集镇是农村的流通和行政中心，现在加上生产，加上为生产服务的其他行业，是有条件吸纳相当一批人口的。

小城镇为主、大中城市为辅，是费孝通教授主张的中国城市化道路。对此，学术界有些不同意见。费孝通教授认为，中国是一个农业国家，目前已有12亿人口，大部分居

---

① 宋林飞. 费孝通小城镇研究的方法与理论[J]. 南京大学学报. 2000(5). 引用时略有修改.

住在农村。这十几亿人吃、住、工作的确是个大问题。多年来，由于我们严格控制城乡人口流动迁移，用行政手段划清城乡户口，农民进不了城，于是农村中"隐藏"着大量的剩余劳动力，这十来亿人如果都住进大中城市，需要花多少钱建设多少个大中城市？这根本没有现实可能性。解决农村剩余劳动力问题要以小城镇为主，大中城市为辅。小城镇小则三五万人，大则也不超过十万余人。当然，大中城市也是需要的，但不宜多，布局要合理。目前我国城乡还存在二元分割结构和城乡"三大差别"，费孝通教授主张把"三大差别"和农民一起"消灭"在小城镇里。在小城镇的建设过程中，资源浪费、污染环境、不讲规划等各种问题初期也是难免的，只要加强引导、合理布局、科学规划，会逐步好转。我国小城镇建设的思路与模式不断调整与优化，各地小城镇纷纷崛起，发展速度不断加快。

农村小城镇如何从衰落走向繁荣？这是费孝通教授十分关注的问题。费孝通教授指出，过去没有设置行政机构的小城镇大多数被吞掉了，"化消费城为生产城"这一政策对于我国的城市建设固然有其积极作用，但由于当时对消费和生产这两个概念的含义没有搞清楚，以致我们对小城镇性质的认识发生了偏差。在我国旧的传统思想中，消费不是一件好事情，它是指不事生产，靠着人家吃吃花花，实际就是指剥削享受。而在小农经济的眼光里，生产是指有实物收获的劳动，不包括商品的流通。这样我们一方面把小城镇的商品流通职能排除在生产范围之外，归入消费中去，表现出来的是逐步限制、打击小城镇的个体和集体商业，这就大大削弱了小城镇作为农村地区商品集散中心的地位。无以为业的人口是留蓄不住的，不能不向大城市和农村两面泄放，小城镇本身日见萧条冷落。小城镇衰落与农村经济社会发展的要求是背道而驰的，必须迅速扭转这种局面。为此，费孝通教授提出"小城镇大问题"，呼吁发展小城镇，表现了高度的社会责任感。

2. 小城镇发展动力论

小城镇发展的直接推动力是农村工业化，是乡镇企业的发展。一部分村、乡（镇）企业建到了小城镇，从而给小城镇带来了人气与活力。费孝通教授曾经写道："在吴江县可以看到，凡是公社集镇都是社队工厂最集中的地方。""小城镇的复苏和繁荣，是小型工业，特别是社队工业带动的结果。"

农村剩余劳动力寻找出路，是乡镇工业兴起和发展的内在因素。党的十一届三中全会确立了生产承包责任制以后，农民发现从有限的责任田上大可腾出手来另找生财之道，于是乡镇企业就遍地开花，在农村里生长了起来。费孝通教授指出，中国农民找到发展乡镇工业的道路是"逼上梁山"。乡镇工业是农村剩余劳动力以新的劳动手段与新的劳动对象相结合的产物。

发展乡镇工业是中国工业化的特殊道路。费孝通教授1957年在《重访江村》一文中建议恢复发展副业和乡土工业，主张在村子里办小型工厂，希望促使农民尽快富起来。但是这种主张与当时的政策相抵触，没有发挥应有的作用。费孝通教授认为，多种多样的工业不宜集中在少数城市，而应当设法尽可能分散到广大农村里边去，称之为"工业下乡"。工业下乡的意图，是在国家经济结构中增加工业比重时人口不至于过分集中，甚至可以不产生大量脱离农村的劳动者，而在农工相辅、共同繁荣的基础上实现农村工业化、城乡一体化。这可能是中国的工业化进程不同于西方工业国家发展模式的一个基本区别，也是适合中国国情的可行道路。我国农民在农业繁荣的基础上，以巨大热情兴办集体所有制的乡镇工业。这种工业化的道路是农民群众在实际生活中自己的创造。

　　费孝通教授主张发展农村特色工业。他认为，在基本上属于市场调节的情况下发展社队工业，必须根据农村地区的特点去确定能够发挥自己优势的工业方向，才能保持稳定性。社队工业应当有原料和市场的主动权才能稳步发展。农村工业的原料与农副产品衔接起来进行劳动密集型的工业生产，以地方特色拓宽国内与国际市场，这些无疑是社队工业选择发展方向应该遵循的普遍原则。苏南地区相对集中地发展了一些有特色的乡镇工业，从而以这些特色工业为依托形成了一些专业市场。其他地区也有类似现象。

　　费孝通教授提出了农村工业化发展系统的思想。他指出，苏南农村经济与上海市联系较多，与常州、苏州、无锡、南通等市的联系次之。这就是说，上海市的经济发展对苏南地区乡镇工业乃至整个地区的经济产生了重大的影响，起着中心的作用。城市工业、乡镇工业和农副业这三种不同层次的生产力浑然一体，构成了一个区域经济的大系统。这是一个在社会主义制度下农村实现工业化的发展系统，展现了"大鱼帮小鱼，小鱼帮虾米"的中国工业化的新模式。

　　费孝通教授把社会系统思想引入了乡镇企业研究。他指出，成熟的乡镇企业应当是一个开放性的社会系统，一方面，它要从城市输入大量的人才、信息；另一方面，它又要输出产品，投入市场，在交换中实现产品的价值。企业能否在市场经济中取胜，不仅要看人才、信息等外来资源条件，关键的一环还在于企业内部，取决于乡镇企业这一社会系统的结构合理性，即有效的、灵活的、科学的管理。不论在实践中观察还是在理论上分析，都可以得到如下结论：一个高效率的社会系统总是开放性的，总是需要不断通过物流、人流和信息流的交换来保持其稳定发展，从而使其高度适应外界环境的变化，并有目的和有效率地去影响周围的环境系统。一个封闭的系统是不可能对外界发生影响的，而只有通过信息的不断反馈与传递，才能逐步使系统从封闭走向开放，信息是农村社会和乡镇企业发展的一个重要因素。

　　3. 人口流动论

　　改革开放前，城乡之间人口流动的总量较小与速率较低，同时存在着两种相反方向的人口流动：一种是涌向大中城市的自然流动；另一种是将城镇人口下放到农村的政策流动。这两种流向，导致大中城市人口膨胀而小城镇衰落、农村劳动力的严重过剩。从而形成了人口的两头粗、中间细的葫芦状分布，人口级差增大。20 世纪 80 年代以来，我国出现了两种人口流向：一部分劳动人口从农村向小城镇聚居，被称为"离土不离乡"；一部分劳动人口进城工作而家庭仍留在农村，被称为"离乡不背井"。费孝通教授指出，"离土不离乡"和"离乡不背井"这两种方式，应该作为解决我国人口问题的两条具体途径来进行研究。

　　费孝通教授主张"做活人口这盘棋"，具体需要做两个棋眼：一是发展内地的小城镇这种人口蓄水库，一是疏散人口到地广人稀的边区开发资源。他还指出，当前的边区，一方面是知识分子外流，另一方面却是手艺人滚滚而来。应当欢迎这些为当地居民服务的手艺人进来，设法使他们赚的钱留下来，投资扩大再生产。也就是说，得对他们采取开放政策，让他们落户。

　　费孝通教授的小城镇研究及主张是符合当时中国社会发展实际的，为解决当时农村劳动力过剩，推动农村经济发展作出了重大贡献。费孝通教授在小城镇与经济区域等方面的研究，始终坚持从实际出发，通过实地调查提出发展思路。这种不尚空谈的优良学风，这种为国为民的赤子之心，值得我们学习与发扬。

任务 12-4　撰写调查报告应注意的问题

一、行文规则

调查报告在写作时，需要注意准确、严密、简洁，因此在撰写过程中需要注意以下几点。

1. 语言要简单平实，用案例进行解释说明

调查报告不需要像文学作品那样强调和注重文学性、可读性与使用华丽的辞藻，它比较强调报告的客观性、准确性、严密性、简洁性。因此，在撰写过程中考虑到能够让非专业的读者进行阅读，需要尽可能使用简单平实的语言，少用专业术语，清楚明确地表达研究的结果。对于一些必须用的专业术语和抽象概念，则应使用具体的例子来进行解释。

2. 客观陈述事实，避免使用主观或感情色彩较浓的语句

在写作过程中尽量使用第三人称或非人称代词，不用第一人称。比如，用"作者发现……""笔者认为……""这一结果表明……""这些数据说明……"等，而不用"我认为……""我们发现……"等。

3. 行文时，应以一种向读者报告的口气撰写，不要把自己的观点强加于人和表现出力图说服读者同意某种观点或看法

因为读者在阅读调查报告时，关注的重点在于你研究得到的客观事实、研究结果和发现，而不是你个人的主观看法。

二、引用与注释

在研究报告的撰写过程中，有时候需要援引别人的论述、结果、资料或数据，来支持、佐证或说明自己的某种观点或结论。报告中凡是引用别人的资料，一定要注明来源，而不能将别人的工作和成果不加注明地在自己的报告中使用。引用的具体方式主要有两种：一是引用别人的原话、原文时，要用引号引起来，再用注释注明；二是只援引别人的观点、结论但并非别人的原话、原文时，则不用引号，只需在其后用注释注明即可。

对于报告中引用的别人的资料，以及某些不易理解的内容或概念，常常通过注释进行说明。注释的作用主要有：指出所引用资料的来源，供读者参考查证；表示作者遵守学术道德，不把别人的成果占为己有；既可以帮助读者解释报告中的疑难，又不使报告中断和过于冗长。

注释的形式主要有三种，即夹注、脚注和尾注。夹注即直接在所引资料之后，用括号将其来源或有关说明括起来，对引文进行注释或提示。比如：

"经验的、在观察和实验基础上获得的知识构成整个知识的根基，它们是任何概括、类型化及随后的各种理论分析阶段的基础。"（斯托贝格，1983）

"长江经济带，覆盖 11 个省市、横跨东中西三大板块，2021 年对全国经济增长的贡

献率超过 50％"(参见《人民日报》，2022－09－03)

前一个夹注形式往往与报告最后的"参考文献"相呼应。在参考文献中，一定要列出一条与此夹注相配合的文献，即应有下列文献：

[德]斯托贝格．马克思列宁主义社会学原理[M]．哈尔滨：黑龙江人民出版社，1983.

脚注即在所引的资料处只注明一注释号，比如，在该资料后的右上角用①、②、③等来标明，然后在该页的最下端，用小一号的字体分别说明引文的出处、时间等情况，或者做出有关的解释。

尾注则是将所有脚注都移到文章的结尾处一并排出，并冠以"注释"的标题，而不是分别排在各页之下。在目前学术刊物上所发表的研究报告中，三种注释形式都在使用中，不过，不同的刊物要求的往往不大一致。

任务范例

现代传媒对当代大学生成长影响调查报告

陈尚荣　叶海　苏红竟

摘要：现代传媒对当代大学生究竟产生了哪些影响？本文通过对在宁几所高校所做的一次抽样调查发现网络对大学生的成长影响很大，报纸、电视、杂志次之，而广播的影响相对较小。大学生接触媒介存在着年级和性别差异，高年级学生和男生更倾向于使用网络；而低年级学生在报纸、杂志、网络三方面所占比例均等，女生更喜欢接触电视、广播。通过调查我们发现高校媒介的利用上还存在着电视的覆盖率相当低、广播的利用度太差、校报达不到预期的目标、在校上网受限、高校间缺乏交流等问题。

关键词：现代传媒　大学生　成长影响

一、引言

从传播学者的观点而言，现代传媒是指特定的社会集团通过文字(报纸、杂志、书籍)，电波(广播、电视)，网络，电影等大众传播媒介，以图像、符号等形式，向不特定的多数人表达和传递信息的过程。现代传媒有多种类型，可以为大学生提供丰富多彩的学习机会，并已经对当代大学生的生活的各个方面都产生了影响。因此，了解并分析现代传媒对大学生的影响，并针对其中存在的某些偏差进行指导就显得相当重要了。我们于 2006 年 9 月 22 日 10 月 6 日，在南京理工大学、南京农业大学、南京航空航天大学三所高校进行了一项有关现代传媒对当代大学生影响的抽样调查。

二、调查方案介绍

1. 调查目的

本次调查希望通过大学生对现代传媒的认知、态度和期望，和现代传媒对大学生的影响方式、频率和结果，以及在此过程中，他们的积极性和主动性的发挥情况的了解，发现并分析现代传媒对大学生进行影响的过程中存在的问题，以便进一步探讨现代传媒在我们大学生知识形成中发挥的作用，进而提出一些具体的，具有一定可操作性的改进措施。

2. 调查对象及调查方法

本次调查对象包含了三所南京的大学：南京理工大学、南京农业大学、南京航空航天大学。此次调查以大二、大三、大四的学生(注：大一学生尚未适应大学生活，还没有经验)为总样本，采取随机抽样的方法选取调查对象。发放问卷800份，收回660份，有效问卷600份。

三、结果与分析

1. 各种媒体对大学生影响的结果分析

从总体上看，在600份有效问卷中，认为现代传媒对当代大学生影响比较大的有330人(其中男生150人，女生180人)，认为影响很大的有240人，只有30位同学认为影响"一般"。由此可见，现代传媒在当代大学生中的影响非同小可。

(1)电视

从调查结果看，40％的人认为电视对当代大学生的影响比较大，15％的人认为影响很大，30％的人认为"一般"。在这其中，男生看电视主要是了解时事、获取信息，关注节目也主要是新闻和体育类，而女生则主要为了娱乐和消遣，基本上是综艺节目和影视剧。85％以上的同学认为大学生宿舍应该配备电视，少数四年级的同学"反对"或者"无所谓"，这也许和大四宿舍配有电视有关，在主观意向中大学生是希望宿舍配备电视的，尤其是低年级的同学。

(2)广播

从调查结果看，70％的同学认为广播对大学生的成长影响"一般"或者"不大"甚至"没有"。有相当大一部分(大概占90％)同学很少听广播，同时，大部分听广播的同学都是收听音乐节目，并且仅限于娱乐和消遣，其中又以女生居多。

(3)报纸

调查结果显示，40％的人认为报纸对当代大学生的影响"比较大"(其中男生占90％)，50％的人认为影响"一般"。大部分同学看报纸都是为了了解时事和获取信息，但是女生一般看晚报的居多，而男生则晚报和综合性报纸都看。

(4)杂志

20％的同学认为杂志对大学生的影响"比较大"，70％的同学认为"一般"，大部分同学每月都能看"一本以上"或是"三本以上"的杂志。

(5)网络

调查结果显示，45％的同学认为网络对当代大学生的影响"很大"，50％的人认为影响"比较大"，只有5％认为影响"一般"。具体的男女生分布和年级分布情况如表12-1所示。

表 12-1

性别　　年级　影响	男生			女生	
	大二	大三	大四	大三	大四
很大	20％	10％	5％	10％	—
比较大	10％	5％	10％	5％	20％
一般	—	—	—	5％	

在上网时间上，不同性别不同年级表现的差异性也比较大。由表12-2可以看出，四年级的上网时间要多于低年级学生，男生上网的时间多于女生，三年级同学的上网时间最少。在"上网的主要目的"一题中，基本所有的同学都选择了获取"消息"和"娱乐消遣"，有的甚至五个选项都有选择，可以看出，网络对当代大学生的影响是多方面的，并不像有些外界所想象的那么多负面效应，当然沉迷游戏的同学也是有的。

表 12-2

性别	男生			女生	
年级 / 上网时间	大二	大三	大四	大三	大四
每天上网	5%	—	10%	—	5%
三小时以上	15%	—	—	—	20%
一小时以上	15%	15%	15%	10%	—
一小时以内	—	—	—	0%	—

在对待网络游戏的态度上，70%的同学持"反对"意见，其中男生占到了85%。30%的同学认为"可以偶尔玩一玩"，这当中男女比例相当，40%的男生认为能够控制自己不沉湎于网络游戏之中，50%男生认为"很难说"；女生则绝大多数选择了"能控制"。

2. 大学生接触到的几大媒介之间的差异

大学生在校接触最多的媒介间有相当大的差别，各种媒介的影响的深度和广度各不相同。具体来讲，网络对大学生的成长的影响很大，报纸、电视、杂志次之，而广播的影响相对较小。

以主要目的为例，接近50%的学生收看电视，收听广播或阅读杂志，是为了娱乐或消遣；而对于报纸，绝大多数人是为了了解时事或者获取信息；同样地，对于网络，半数的学生觉得自己上网是为了获取信息。但是，其中存在一个不容忽视的问题，几乎没有学生认为自己利用这些媒介的主要目的会包括学习知识。这是一个不能不令人担忧的问题。

3. 大学生接触媒介的年级差异

据资料显示，在对待各种现代传媒的程度上，总体而言，高年级学生（大三、大四学生）更倾向于使用网络；而低年级学生在报纸、杂志、网络三方面所占比例均等，而基本不接触电视、广播。相对而言，唯有大四的学生经常接触电视，可能因为与他们的寝室配有电视有关。

在网络对大学生的影响深度上也存在很大差异，大二的学生认为网络的作用相当大，其中，75%的认为网络对大学生成长的影响很大，剩余的25%也认为网络的作用比较大；大三的学生，33.3%的认为网络的影响很大，而认为网络的影响比较大的占了50%，剩余的16.7%认为网络的影响一般；而大四的学生呢，有66.7%的学生认为网络对大学生的成长影响很大，剩余的33.3%的认为比较大。

4. 大学生接触媒介的性别差异

根据收集的资料，笔者得出几乎所有学生对多媒体教学持比较积极的态度的结论，有80％的学生认为学校利用现代传媒进行宣传教育的效果一般，仅5％的学生认为其效果很差。从性别的角度分析，女生似乎更能接受现有的状况，男生则显得挑剔一些。在男生中，没有人认为学校利用现代传媒的效果是很好的，而且30％的男生认为其效果不好；但90％女生认为学校利用现代传媒进行宣传教育的效果在一般以上。

资料来源：陈尚荣，叶海，苏红竟．现代传媒对当代大学生成长影响调查报告[J]．新闻界，2007(3)：91—93。作者单位：南京理工大学人文学院。限于篇幅及其他原因，本书在引用时做了某些删改和结构调整。

任务评估

任务采用"课堂＋拓展"相结合的评估方式，课堂评估对标课程标准，重点评估知识、能力、素养目标的达成情况；拓展评估对标《市场、民意和社会调查要求》等国家标准及行业规范，重点评估实操技能、劳动精神、工作态度表现。具体操作可参照下表。

评估环节		评估内容	评估方式	评估目的
课堂教学过程评估（60％）	课前（15％）	线上课程资源学习	教学平台自动考核	重点考查学生知识理解和掌握情况
		课前任务	教师评估	重点考查学生技能掌握和应用情况
	课中（30％）	出勤情况	教学平台签到考核	重点考查学生学习态度和学习习惯
		小组讨论及展示	教师评估、组间互评	重点考查学生合作意识和展示能力
		课中任务	教师评估、自评、组间互评	重点考查学生能力和素养掌握情况
	课后（15％）	社会服务	教师评估	重点考查学生劳动精神和服务意识
拓展训练过程评估（40％）	拓展训练中（30％）	拓展训练任务	教师、行业导师评估情况	重点考查学生工匠精神和实践能力
	拓展训练后（10％）	拓展训练报告	教师评估、组间互评	重点考查学生总结反思和改进能力

任务习题

1. 从《社会学研究》上选择五篇调查报告，逐一概括其构成部分及结构，并进行比较。

2. 利用教师提供的调查数据，撰写一篇调查报告(类型、结构自定)。

3. 结合所学专业及工作实际，利用业余时间在家乡做一次社会调查，并写出调查报告。

4. 如何正确展示下列参考文献？

(1)一本翻译的著作。

(2)两位作者合著的一本著作。

(3)在一本合编的著作中的一篇论文。

拓展训练

联系实际，运用相关知识，根据撰写调查报告的行文规则及引用与注释的要求，修改调查报告。

信息化教学资源

1. 调查报告的含义、作用、类型及撰写步骤

2. 调查报告的结构与写作

3. 社会调查小结

附　录

附录 1　随机数字表

	1	2	3	4	5	6	7	8	9	10	11	12	13	14	15	16	17	18	19	20	21	22	23	24	25	26	27	28	29	30	31	32	33	34	35
1	7	3	4	5	3	3	9	6	5	3	1	8	6	8	9	3	9	1	2	8	6	8	4	7	7	4	2	2	6	6	9	7	4	4	2
2	9	4	0	5	8	2	0	7	1	8	8	7	1	3	0	9	1	9	8	0	0	5	1	3	7	3	9	6	1	8	1	0	3	8	1
3	7	8	3	7	4	4	4	6	8	6	4	7	0	1	1	1	9	8	1	3	8	9	8	1	6	7	5	3	6	3	7	2	0	3	5
4	1	2	6	6	9	2	5	4	9	9	0	7	0	7	7	3	0	2	7	1	2	5	0	4	1	9	7	3	9	9	4	2	1	3	0
5	2	3	8	7	1	7	3	0	7	8	8	0	6	3	8	0	7	9	6	9	3	7	1	8	3	8	5	3	0	6	0	7	6	1	3
6	7	3	3	8	0	6	9	1	7	0	9	9	6	0	4	6	3	1	5	7	6	2	8	8	9	8	1	2	3	8	1	4	0	8	5
7	6	3	7	6	2	1	1	0	3	9	0	2	4	1	5	7	3	4	6	7	9	9	8	6	4	9	5	1	8	7	4	5	0	2	9
8	4	8	5	9	0	0	4	4	6	6	5	1	7	8	0	6	7	0	9	9	8	9	9	2	2	6	0	3	7	5	3	6	5	3	4
9	1	1	2	0	6	8	0	9	0	8	8	8	8	1	3	4	0	2	5	6	3	6	0	9	7	0	2	6	6	8	7	4	8	2	3
10	9	9	5	3	1	5	3	4	6	4	8	2	8	2	1	8	5	2	4	5	5	0	4	4	3	1	8	0	2	7	8	3	9	4	4
11	5	5	7	0	5	4	0	0	4	7	8	2	8	4	4	1	6	9	3	0	2	3	2	1	4	9	2	1	5	7	1	2	9	5	6
12	9	4	8	0	9	9	3	5	7	4	1	4	2	0	3	8	0	6	3	3	0	9	5	3	9	8	5	5	5	4	2	3	2	6	5
13	8	7	2	4	7	7	0	2	1	3	3	7	6	1	0	3	6	5	7	8	5	0	6	6	2	4	0	4	5	1	8	7	5	3	0
14	1	8	4	5	1	9	4	7	5	6	2	1	8	2	2	8	4	0	7	1	8	9	0	0	1	3	9	5	5	3	1	8	3	3	1
15	8	6	1	4	4	7	1	2	5	0	4	0	0	6	5	6	1	4	2	4	9	4	6	4	0	0	3	2	7	1	3	9	3	2	0
16	2	2	8	6	3	9	5	1	7	7	1	4	6	0	8	1	4	5	3	4	1	4	6	3	1	1	7	3	5	9	6	2	8	0	9
17	6	6	3	1	4	3	5	3	8	7	3	3	0	0	0	5	0	3	6	8	5	8	5	0	5	0	5	2	7	4	5	8	9	1	6
18	5	3	3	4	9	2	2	4	4	1	9	9	7	2	8	5	3	6	1	5	6	2	5	5	5	4	6	1	7	3	9	5	9	6	3
19	8	5	4	2	0	3	3	0	9	7	1	6	9	7	9	3	8	1	3	3	1	1	0	7	5	6	0	5	3	6	1	3	5	6	8
20	0	1	5	1	7	5	1	4	4	2	5	2	7	5	3	8	8	5	5	1	2	3	6	9	7	5	0	2	8	3	2	2	3	4	6

续表

行	1	2	3	4	5	6	7	8	9	10	11	12	13	14	15	16	17	18	19	20	21	22	23	24	25	26	27	28	29	30	31	32	33	34	35
21	8	4	4	6	4	2	6	9	0	0	8	9	2	7	8	0	6	3	4	8	1	7	6	7	9	9	4	6	6	3	4	6	6	3	6
22	7	7	9	6	0	6	6	5	3	6	3	3	9	8	9	7	0	5	2	4	0	6	9	4	6	4	1	0	3	9	6	8	8	0	2
23	1	3	6	0	8	5	8	7	9	9	1	7	9	2	0	9	0	1	8	4	0	0	1	1	6	5	7	1	1	5	7	3	8	8	9
24	4	0	3	1	1	1	3	2	2	9	4	4	6	0	4	7	7	8	5	5	3	9	2	6	9	0	2	4	2	5	5	2	1	4	6
25	5	8	3	0	5	1	6	5	5	4	0	1	3	3	2	2	2	0	9	6	5	1	0	9	9	8	0	4	2	3	4	3	3	6	7
26	7	8	7	7	2	5	7	3	1	9	8	8	6	6	0	0	8	1	7	3	0	3	9	7	0	4	1	3	9	0	1	3	0	2	8
27	3	9	5	7	3	2	9	4	6	7	2	3	6	7	1	4	5	9	5	3	6	1	7	3	8	1	0	5	8	1	8	4	2	1	2
28	4	7	5	6	4	4	0	1	4	4	7	8	8	6	4	1	7	7	9	5	5	9	4	7	1	3	4	2	0	0	0	6	7	7	0
29	1	7	0	4	5	6	9	4	5	4	3	7	7	7	0	3	9	1	2	5	3	6	8	4	8	6	5	8	9	0	9	9	1	7	1
30	0	3	0	3	6	1	8	2	9	4	6	5	8	3	4	2	7	9	2	8	6	2	5	1	4	4	0	6	5	0	6	8	5	5	6
31	5	5	7	9	1	1	9	3	3	1	3	6	8	7	6	9	6	2	7	3	6	9	3	5	1	8	3	9	1	4	2	8	4	3	8
32	4	4	6	6	4	4	9	1	8	0	7	5	9	2	4	9	1	8	1	2	9	7	2	8	1	3	4	9	3	5	1	5	3	0	4
33	7	3	6	5	2	5	3	2	9	7	7	4	8	5	4	9	0	2	1	3	7	9	6	8	2	7	1	9	8	0	7	5	3	0	6
34	9	4	9	1	9	2	0	2	5	6	0	4	1	2	8	1	4	3	5	1	8	2	6	3	9	3	5	9	7	3	6	7	4	0	1
35	6	3	0	7	0	1	3	6	3	1	0	0	2	4	0	7	1	8	4	9	8	5	6	8	9	2	2	0	4	9	6	6	1	1	3
36	8	4	8	8	0	4	7	8	2	4	7	5	6	1	5	1	7	7	9	4	2	3	0	6	0	8	9	9	0	3	7	9	8	7	6
37	0	7	9	7	0	7	7	2	0	3	6	7	7	3	0	4	2	7	9	3	7	0	4	8	2	8	5	8	0	7	3	4	5	7	3
38	5	2	2	2	6	5	6	7	0	1	6	9	6	9	9	9	3	8	9	6	6	8	1	1	9	0	7	2	0	7	9	2	4	1	3
39	2	9	5	5	9	1	0	1	8	5	5	3	5	7	6	3	0	0	4	2	4	8	1	8	9	0	5	0	0	8	3	3	7	7	8
40	0	8	8	7	2	1	2	5	3	8	7	5	2	8	1	8	8	7	4	4	9	4	2	2	3	6	5	2	5	8	9	2	3	9	2

续表

	1	2	3	4	5	6	7	8	9	10	11	12	13	14	15	16	17	18	19	20	21	22	23	24	25	26	27	28	29	30	31	32	33	34	35
41	6	3	3	5	1	9	4	1	6	4	3	2	7	7	5	3	7	7	5	4	3	6	7	9	8	6	9	6	3	6	7	9	0	8	7
42	9	5	6	7	6	0	1	6	3	3	2	5	1	0	2	1	3	3	3	6	5	4	2	6	0	8	8	2	7	7	8	9	3	6	1
43	2	2	6	6	4	9	3	4	4	4	4	9	3	8	2	2	3	1	4	9	9	3	8	8	2	6	3	5	4	8	4	8	1	1	4
44	6	8	1	4	3	5	6	1	0	6	1	3	3	8	4	6	1	4	7	1	7	7	5	8	9	5	7	5	7	2	0	4	1	4	1
45	3	6	7	7	7	2	0	9	9	6	5	7	5	2	5	1	9	9	4	9	8	2	7	4	4	9	6	2	7	5	6	8	5	2	1
46	7	9	2	4	5	6	5	6	8	6	1	3	1	4	9	9	8	1	7	3	0	9	3	7	1	3	1	1	0	5	5	3	4	3	9
47	3	5	0	4	7	8	0	9	3	7	8	4	5	7	6	5	0	1	7	6	2	6	2	7	2	9	8	0	1	9	4	2	2	1	2
48	5	6	4	7	5	4	2	8	7	3	2	0	9	8	7	2	8	4	5	0	2	3	8	2	1	5	0	4	6	2	5	9	7	1	3
49	8	9	6	6	2	0	7	1	0	4	7	0	4	3	1	7	3	6	4	8	7	5	1	6	2	1	3	9	4	8	7	6	1	1	3
50	0	4	1	6	9	8	1	3	8	6	9	6	9	8	3	2	1	1	6	5	5	6	1	2	9	3	7	9	2	2	8	7	5	4	3
51	7	2	9	6	1	0	4	0	7	8	4	6	1	5	3	7	4	7	9	7	6	4	2	0	2	7	5	7	4	1	9	4	8	9	2
52	9	4	1	4	7	8	2	5	2	3	8	6	5	1	7	0	2	0	1	8	8	5	8	2	6	1	5	8	1	0	5	6	9	6	7
53	1	8	0	4	9	8	3	0	6	6	6	3	3	8	1	8	6	6	0	3	0	0	4	1	6	5	5	8	9	2	4	0	2	4	6
54	3	6	1	5	0	0	5	9	0	6	6	7	8	7	0	3	3	6	1	1	8	5	0	1	9	7	7	1	4	5	5	4	2	0	4
55	4	3	3	1	1	6	3	1	5	7	3	0	4	6	7	5	9	7	3	1	5	2	9	6	9	6	6	8	7	3	7	3	6	9	8
56	1	5	7	1	7	3	3	3	3	1	1	2	9	0	6	4	4	2	9	7	4	4	6	7	9	9	3	8	7	9	9	7	6	3	2
57	9	7	3	2	0	9	5	5	4	9	0	9	9	5	3	0	0	9	1	8	5	9	3	6	5	8	9	8	6	6	9	7	9	6	3
58	0	3	2	7	4	0	2	8	7	5	2	6	0	4	3	5	0	2	6	7	1	0	4	3	9	7	5	1	5	2	7	3	7	7	2
59	8	2	1	5	5	7	1	5	7	3	7	0	6	9	4	6	8	2	2	1	1	6	1	0	1	4	1	9	7	9	7	7	9	6	1
60	1	8	2	5	3	0	9	8	9	5	0	8	6	0	4	4	0	7	0	1	1	3	7	1	8	0	8	4	0	8	8	9	3	1	2

续表

	1	2	3	4	5	6	7	8	9	10	11	12	13	14	15	16	17	18	19	20	21	22	23	24	25	26	27	28	29	30	31	32	33	34	35
61	2	8	3	1	4	4	9	2	7	6	5	9	8	5	0	3	8	9	5	3	4	7	8	3	1	7	6	0	6	0	2	7	5	1	3
62	8	4	3	8	4	9	9	9	2	5	0	5	9	5	3	0	4	7	0	4	0	2	3	8	0	4	6	4	6	5	7	8	1	2	2
63	4	1	3	1	1	6	1	4	2	5	8	6	8	7	3	3	6	2	8	0	4	2	8	7	7	4	8	9	0	2	8	0	0	5	7
64	3	1	8	1	4	7	9	4	8	1	5	7	3	2	9	1	7	5	0	3	8	7	6	8	0	5	8	6	1	0	2	1	6	4	7
65	7	8	4	2	8	4	0	1	3	0	7	7	3	8	7	1	1	7	9	7	3	8	8	9	1	4	6	5	0	9	1	2	1	7	9
66	0	1	2	5	8	5	8	4	8	0	9	0	9	4	2	7	1	8	4	8	2	5	2	3	8	1	1	7	6	9	2	6	6	2	6
67	4	8	6	3	1	3	4	8	7	8	4	8	7	7	5	6	9	4	2	2	2	8	2	1	3	1	8	5	2	5	6	7	4	6	8
68	0	6	8	8	9	9	7	6	3	1	8	0	6	5	4	1	4	0	6	3	1	5	0	3	0	5	6	2	3	8	0	2	9	8	4
69	3	1	4	2	8	9	1	7	7	3	8	3	4	6	6	7	9	6	8	6	0	9	9	2	1	0	9	6	4	0	3	5	8	0	3
70	4	9	9	0	0	8	8	3	0	0	0	2	4	5	4	0	9	2	0	4	0	1	4	1	9	8	5	9	4	8	7	1	1	1	6
71	3	0	5	9	8	7	8	6	4	5	8	0	5	6	2	1	4	5	9	4	1	2	3	7	0	3	2	8	9	8	4	7	1	4	1
72	5	9	4	0	6	3	8	2	8	1	0	4	7	7	2	2	4	3	1	3	2	3	4	1	7	4	2	7	2	2	2	0	8	2	2
73	6	4	7	1	9	9	8	8	6	3	2	0	2	2	1	4	1	4	8	3	4	9	4	1	9	9	0	6	3	9	8	2	3	5	1
74	3	4	7	9	1	9	0	0	6	8	3	4	0	5	9	3	5	3	7	9	5	5	7	3	2	9	7	8	2	9	0	4	8	7	7
75	0	9	8	2	8	0	8	8	3	5	0	0	4	3	2	8	7	7	9	1	1	9	3	2	0	3	6	0	3	7	3	5	8	0	5
76	8	7	5	3	7	9	1	3	0	6	0	0	1	9	1	3	5	5	9	5	5	3	8	9	9	2	0	6	7	5	7	8	0	3	3
77	4	8	6	3	1	0	5	1	0	5	2	0	1	2	0	5	8	9	9	6	9	3	0	6	1	6	3	4	9	8	2	0	0	6	5
78	9	6	5	3	7	7	9	5	2	8	7	9	5	4	6	4	9	3	6	6	4	8	7	4	3	6	2	2	0	1	0	8	5	6	7
79	2	0	5	1	4	2	2	4	0	2	1	1	3	5	5	6	9	5	2	4	6	4	7	1	7	5	2	6	9	3	5	4	4	1	9
80	0	8	1	8	4	4	5	5	9	9	2	3	7	9	3	2	1	0	2	6	9	1	9	0	0	7	4	0	5	0	4	0	6	2	9

续表

	1	2	3	4	5	6	7	8	9	10	11	12	13	14	15	16	17	18	19	20	21	22	23	24	25	26	27	28	29	30	31	32	33	34	35
81	4	7	1	4	0	4	0	4	1	8	0	5	1	6	4	2	9	8	3	7	5	5	6	2	9	0	0	7	4	8	0	0	9	9	0
82	7	3	2	2	9	6	3	9	0	9	0	9	8	1	5	2	3	9	0	9	4	8	3	8	8	3	9	9	7	0	4	6	4	3	3
83	4	5	2	5	0	2	2	6	3	6	3	7	8	4	2	0	6	2	3	9	9	4	8	8	8	6	5	2	9	6	5	8	0	7	1
84	7	5	4	0	1	2	1	2	9	0	3	0	1	7	8	3	7	9	1	0	9	4	9	6	2	1	4	8	1	5	2	5	5	8	6
85	7	6	7	6	7	0	4	9	4	4	2	2	6	5	1	3	4	6	7	0	0	5	0	4	0	4	7	3	1	8	3	0	1	5	4
86	2	0	3	0	7	5	7	6	2	5	6	0	1	2	1	0	8	6	3	0	3	0	3	0	6	7	0	0	3	6	7	2	8	1	2
87	9	5	3	8	7	5	0	4	2	6	1	2	1	0	6	0	8	1	0	2	1	5	5	3	6	7	3	7	9	7	5	1	0	4	4
88	0	2	7	6	0	9	0	9	6	6	3	6	9	1	8	9	6	4	6	3	1	7	5	9	4	8	2	1	5	5	2	1	9	9	7
89	7	1	9	1	8	5	7	2	6	5	0	3	1	4	6	6	8	9	8	8	4	1	5	7	8	1	1	8	4	4	9	8	3	5	6
90	7	6	4	4	8	2	8	5	2	0	4	0	8	0	0	9	6	7	0	8	4	5	3	8	4	9	4	6	3	7	6	7	8	6	2
91	9	7	2	7	3	0	0	8	5	8	0	6	0	6	2	3	8	9	6	4	7	9	7	6	8	6	6	7	7	3	3	2	0	4	1
92	4	9	2	4	7	9	5	7	5	3	8	9	0	8	5	1	8	2	4	4	0	5	6	4	4	7	6	5	8	5	6	7	5	9	4
93	7	9	4	4	1	3	0	7	2	8	3	8	3	2	2	8	8	6	7	3	5	1	6	2	7	2	0	8	2	8	0	0	3	1	0
94	1	3	2	2	2	1	8	3	8	5	9	0	7	9	0	5	1	2	8	3	3	8	1	1	4	1	3	4	1	0	1	9	8	0	9
95	1	3	7	3	4	0	1	7	0	8	9	8	3	6	3	0	8	5	6	4	2	6	5	5	6	3	2	4	0	4	0	6	1	2	7
96	6	1	4	6	9	8	2	4	2	5	2	9	0	2	9	3	3	0	1	3	9	9	4	8	7	2	6	7	6	9	5	1	9	7	0
97	2	2	8	7	7	9	4	1	5	4	9	7	7	1	7	9	2	0	9	3	9	4	0	7	4	1	7	2	1	8	8	2	6	8	5
98	3	5	8	1	2	4	3	4	0	3	0	9	5	9	2	4	9	1	7	6	3	2	9	8	9	7	9	8	1	5	2	5	6	9	2
99	3	8	8	2	4	4	4	8	4	8	3	7	1	5	3	5	4	1	8	7	7	8	8	9	1	7	6	6	8	9	7	1	4	9	1

附录2 标准正态分布函数表

$$\Phi(x) = \int_{-\infty}^{x} \frac{1}{\sqrt{2\pi}} e^{-\frac{t^2}{2}} dt$$

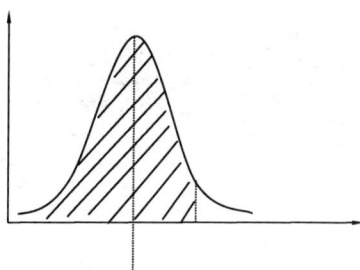

$\varphi(x)x$ x	0	0.01	0.02	0.03	0.04	0.05	0.06	0.07	0.08	0.09
0	0.5	0.504	0.508	0.512	0.516	0.5199	0.5239	0.5279	0.5319	0.5359
0.1	0.5398	0.5438	0.5478	0.5517	0.5557	0.5596	0.5636	0.5675	0.5714	0.5753
0.2	0.5793	0.5832	0.5871	0.591	0.5948	0.5987	0.6026	0.6064	0.6103	0.6141
0.3	0.6179	0.6217	0.6255	0.6293	0.6331	0.6368	0.6406	0.6443	0.648	0.6517
0.4	0.6554	0.6591	0.6628	0.6664	0.67	0.6736	0.6772	0.6808	0.6844	0.6879
0.5	0.6915	0.695	0.6985	0.7019	0.7054	0.7088	0.7123	0.7157	0.719	0.7224
0.6	0.7257	0.7291	0.7324	0.7357	0.7389	0.7422	0.7454	0.7486	0.7517	0.7549
0.7	0.758	0.7611	0.7642	0.7673	0.7703	0.7734	0.7764	0.7794	0.7823	0.7852
0.8	0.7881	0.791	0.7939	0.7967	0.7995	0.8023	0.8051	0.8078	0.8106	0.8133
0.9	0.8159	0.8186	0.8212	0.8238	0.8264	0.8289	0.8315	0.834	0.8365	0.8389
1	0.8413	0.8438	0.8461	0.8485	0.8508	0.8531	0.8554	0.8577	0.8599	0.8621
1.1	0.8643	0.8665	0.8686	0.8708	0.8729	0.8749	0.877	0.879	0.881	0.883
1.2	0.8849	0.8869	0.8888	0.8907	0.8925	0.8944	0.8962	0.898	0.8997	0.9015
1.3	0.9032	0.9049	0.9066	0.9082	0.9099	0.9115	0.9131	0.9147	0.9162	0.9177
1.4	0.9192	0.9207	0.9222	0.9236	0.9251	0.9265	0.9278	0.9292	0.9306	0.9319
1.5	0.9332	0.9345	0.9357	0.937	0.9382	0.9394	0.9406	0.9418	0.943	0.9441
1.6	0.9452	0.9463	0.9474	0.9484	0.9495	0.9505	0.9515	0.9525	0.9535	0.9545
1.7	0.9554	0.9564	0.9573	0.9582	0.9591	0.9599	0.9608	0.9616	0.9625	0.9633
1.8	0.9641	0.9648	0.9656	0.9664	0.9671	0.9678	0.9686	0.9693	0.97	0.9706
1.9	0.9713	0.9719	0.9726	0.9732	0.9738	0.9744	0.975	0.9756	0.9762	0.9767
2	0.9772	0.9778	0.9783	0.9788	0.9793	0.9798	0.9803	0.9808	0.9812	0.9817
2.1	0.9821	0.9826	0.983	0.9834	0.9838	0.9842	0.9846	0.985	0.9854	0.9857

$\varphi(x)x$ x	0	0.01	0.02	0.03	0.04	0.05	0.06	0.07	0.08	0.09
2.2	0.9861	0.9864	0.9868	0.9871	0.9874	0.9878	0.9881	0.9884	0.9887	0.989
2.3	0.9893	0.9896	0.9898	0.9901	0.9904	0.9906	0.9909	0.9911	0.9913	0.9916
2.4	0.9918	0.992	0.9922	0.9925	0.9927	0.9929	0.9931	0.9932	0.9934	0.9936
2.5	0.9938	0.994	0.9941	0.9943	0.9945	0.9946	0.9948	0.9949	0.9951	0.9952
2.6	0.9953	0.9955	0.9956	0.9957	0.9959	0.996	0.9961	0.9962	0.9963	0.9964
2.7	0.9965	0.9966	0.9967	0.9968	0.9969	0.997	0.9971	0.9972	0.9973	0.9974
2.8	0.9974	0.9975	0.9976	0.9977	0.9977	0.9978	0.9979	0.9979	0.998	0.9981
2.9	0.9981	0.9982	0.9982	0.9983	0.9984	0.9984	0.9985	0.9985	0.9986	0.9986
3	0.9987	0.999	0.9993	0.9995	0.9997	0.9998	0.9998	0.9999	0.9999	1
3.1	0.999032	0.999065	0.999096	0.999126	0.999155	0.999184	0.999211	0.999238	0.999264	0.999289
3.2	0.999313	0.999336	0.999359	0.999381	0.999402	0.999423	0.999443	0.999462	0.999481	0.999499
3.3	0.999517	0.999534	0.999550	0.999566	0.999581	0.999596	0.999610	0.999624	0.999638	0.999660
3.4	0.999663	0.999675	0.999687	0.999698	0.999709	0.999720	0.999730	0.999740	0.999749	0.999760
3.5	0.999767	0.999776	0.999784	0.999792	0.999800	0.999807	0.999815	0.999822	0.999828	0.999885
3.6	0.999841	0.999847	0.999853	0.999858	0.999864	0.999869	0.999874	0.999879	0.999883	0.999880
3.7	0.999892	0.999896	0.999900	0.999904	0.999908	0.999912	0.999915	0.999918	0.999922	0.999926
3.8	0.999928	0.999931	0.999933	0.999936	0.999938	0.999941	0.999943	0.999946	0.999948	0.999950
3.9	0.999952	0.999954	0.999956	0.999958	0.999959	0.999961	0.999963	0.999964	0.999966	0.999967
4	0.999968	0.999970	0.999971	0.999972	0.999973	0.999974	0.999975	0.999976	0.999977	0.999978
4.1	0.999979	0.999980	0.999981	0.999982	0.999983	0.999983	0.999984	0.999985	0.999985	0.999986
4.2	0.999987	0.999987	0.999988	0.999988	0.999989	0.999989	0.999990	0.999990	0.999991	0.999991
4.3	0.999991	0.999992	0.999992	0.999930	0.999993	0.999993	0.999993	0.999994	0.999994	0.999994
4.4	0.999995	0.999995	0.999995	0.999995	0.999996	0.999996	0.999996	1.000000	0.999996	0.999996
4.5	0.999997	0.999997	0.999997	0.999997	0.999997	0.999997	0.999997	0.999998	0.999998	0.999998
4.6	0.999998	0.999998	0.999998	0.999998	0.999998	0.999998	0.999998	0.999998	0.999999	0.999999
4.7	0.999999	0.999999	0.999999	0.999999	0.999999	0.999999	0.999999	0.999999	0.999999	0.999999
4.8	0.999999	0.999999	0.999999	0.999999	0.999999	0.999999	0.999999	0.999999	0.999999	0.999999
4.9	1.000000	1.000000	1.000000	1.000000	1.000000	1.000000	1.000000	1.000000	1.000000	1.000000

附录3　卡方(χ^2)分布表

表中给出了满足 $Px^2(df) > \lambda = \alpha$ 的 α 的数值，其中的 df 自由度

df	α												
	0.995	0.99	0.975	0.95	0.9	0.75	0.5	0.25	0.1	0.05	0.025	0.01	0.005
1	...	...	...	...	0.02	0.1	0.45	1.32	2.71	3.84	5.02	6.63	7.88
2	0.01	0.02	0.02	0.1	0.21	0.58	1.39	2.77	4.61	5.99	7.38	9.21	10.6
3	0.07	0.11	0.22	0.35	0.58	1.21	2.37	4.11	6.25	7.81	9.35	11.34	12.84
4	0.21	0.3	0.48	0.71	1.06	1.92	3.36	5.39	7.78	9.49	11.14	13.28	14.86
5	0.41	0.55	0.83	1.15	1.61	2.67	4.35	6.63	9.24	11.07	12.83	15.09	16.75
6	0.68	0.87	1.24	1.64	2.2	3.45	5.35	7.84	10.64	12.59	14.45	16.81	18.55
7	0.99	1.24	1.69	2.17	2.83	4.25	6.35	9.04	12.02	14.07	16.01	18.48	20.28
8	1.34	1.65	2.18	2.73	3.4	5.07	7.34	10.22	13.36	15.51	17.53	20.09	21.96
9	1.73	2.09	2.7	3.33	4.17	5.9	8.34	11.39	14.68	16.92	19.02	21.67	23.59
10	2.16	2.56	3.25	3.94	4.87	6.74	9.34	12.55	15.99	18.31	20.48	23.21	25.19
11	2.6	3.05	3.82	4.57	5.58	7.58	10.34	13.7	17.28	19.68	21.92	24.72	26.76
12	3.07	3.57	4.4	5.23	6.3	8.44	11.34	14.85	18.55	21.03	23.34	26.22	28.3
13	3.57	4.11	5.01	5.89	7.04	9.3	12.34	15.98	19.81	22.36	24.74	27.69	29.82
14	4.07	4.66	5.63	6.57	7.79	10.17	13.34	17.12	21.06	23.68	26.12	29.14	31.32
15	4.6	5.23	6.27	7.26	8.55	11.04	14.34	18.25	22.31	25	27.49	30.58	32.8
16	5.14	5.81	6.91	7.96	9.31	11.91	15.34	19.37	23.54	26.3	28.85	32	34.27
17	5.7	6.41	7.56	8.67	10.09	12.79	16.34	20.49	24.77	27.59	30.19	33.41	35.72
18	6.26	7.01	8.23	9.39	10.86	13.68	17.34	21.6	25.99	28.87	31.53	34.81	37.16
19	6.84	7.63	8.91	10.12	11.65	14.56	18.34	22.72	27.2	30.14	32.85	36.19	38.58
20	7.43	8.26	9.59	10.85	12.44	15.45	19.34	23.83	28.41	31.41	34.17	37.57	40
21	8.03	8.9	10.28	11.59	13.24	16.34	20.34	24.93	29.62	32.67	35.48	38.93	41.4
22	8.64	9.54	10.98	12.34	14.04	17.24	21.34	26.04	30.81	33.92	36.78	40.29	42.8
23	9.26	10.2	11.69	13.09	14.85	18.14	22.34	27.14	32.01	35.17	38.08	41.64	44.18
24	9.89	10.86	12.4	13.85	15.66	19.04	23.34	28.24	33.2	36.42	39.36	42.98	45.56
25	10.52	11.52	13.12	14.61	16.47	19.94	24.34	29.34	34.38	37.65	40.65	44.31	46.93
26	11.16	12.2	13.84	15.38	17.29	20.84	25.34	30.43	35.56	38.89	41.92	45.64	48.29
27	11.81	12.88	14.57	16.15	18.11	21.75	26.34	31.53	36.74	40.11	43.19	46.96	49.64
28	12.46	13.56	15.31	16.93	18.94	22.66	27.34	32.62	37.92	41.34	44.46	48.28	50.99
29	13.12	14.26	16.05	17.71	19.77	23.57	28.34	33.71	39.09	42.56	45.72	49.59	52.34
30	13.79	14.95	16.79	18.49	20.6	24.48	29.34	34.8	40.26	43.77	46.98	50.89	53.67
40	20.71	22.16	24.43	26.51	29.05	33.66	39.34	45.62	51.8	55.76	59.34	63.69	66.77
50	27.99	29.71	32.36	34.76	37.69	42.94	49.33	56.33	63.17	67.5	71.42	76.15	79.49
60	35.53	37.48	40.48	43.19	46.46	52.29	59.33	66.98	74.4	79.08	83.3	88.38	91.95
70	43.28	45.44	48.76	51.74	55.33	61.7	69.33	77.58	85.53	90.53	95.02	100.4	104.2
80	51.17	53.54	57.15	60.39	64.28	71.14	79.33	88.13	96.58	101.9	106.6	112.3	116.3
90	59.2	61.75	65.65	69.13	73.29	80.62	89.33	98.64	107.6	113.1	118.1	124.1	128.3
100	67.33	70.06	74.22	77.93	82.36	90.13	99.33	109.1	118.5	124.3	129.6	135.8	140.2

附录 4 t 分布表

df \ α	0.25	0.2	0.15	0.1	0.05	0.025	0.01	0.005	0.0025	0.001	0.0005
1	1	1.376	1.963	3.078	6.314	12.71	31.82	63.66	127.3	318.3	636.6
2	0.816	1.061	1.386	1.886	2.92	4.303	6.965	9.925	14.09	22.33	31.6
3	0.765	0.978	1.25	1.638	2.353	3.182	4.541	5.841	7.453	10.21	12.92
4	0.741	0.941	1.19	1.533	2.132	2.776	3.747	4.604	5.598	7.173	8.61
5	0.727	0.92	1.156	1.476	2.015	2.571	3.365	4.032	4.773	5.893	6.869
6	0.718	0.906	1.134	1.44	1.943	2.447	3.143	3.707	4.317	5.208	5.959
7	0.711	0.896	1.119	1.415	1.895	2.365	2.998	3.499	4.029	4.785	5.408
8	0.706	0.889	1.108	1.397	1.86	2.306	2.896	3.355	3.833	4.501	5.041
9	0.703	0.883	1.1	1.383	1.833	2.262	2.821	3.25	3.69	4.297	4.781
10	0.7	0.879	1.093	1.372	1.812	2.228	2.764	3.169	3.581	4.144	4.587
11	0.697	0.876	1.088	1.363	1.796	2.201	2.718	3.106	3.497	4.025	4.437
12	0.695	0.873	1.083	1.356	1.782	2.179	2.681	3.055	3.428	3.93	4.318
13	0.694	0.87	1.079	1.35	1.771	2.16	2.65	3.012	3.372	3.852	4.221
14	0.692	0.868	1.076	1.345	1.761	2.145	2.624	2.977	3.326	3.787	4.14
15	0.691	0.866	1.074	1.341	1.753	2.131	2.602	2.947	3.286	3.733	4.073
16	0.69	0.865	1.071	1.337	1.746	2.12	2.583	2.921	3.252	3.686	4.015
17	0.689	0.863	1.069	1.333	1.74	2.11	2.567	2.898	3.222	3.646	3.965
18	0.688	0.862	1.067	1.33	1.734	2.101	2.552	2.878	3.197	3.61	3.922
19	0.688	0.861	1.066	1.328	1.729	2.093	2.539	2.861	3.174	3.579	3.883
20	0.687	0.86	1.064	1.325	1.725	2.086	2.528	2.845	3.153	3.552	3.85
21	0.686	0.859	1.063	1.323	1.721	2.08	2.518	2.831	3.135	3.527	3.819
22	0.686	0.858	1.061	1.321	1.717	2.074	2.508	2.819	3.119	3.505	3.792
23	0.685	0.858	1.06	1.319	1.714	2.069	2.5	2.807	3.104	3.485	3.767
24	0.685	0.857	1.059	1.318	1.711	2.064	2.492	2.797	3.091	3.467	3.745
25	0.684	0.856	1.058	1.316	1.708	2.06	2.485	2.787	3.078	3.45	3.725
26	0.684	0.856	1.058	1.315	1.706	2.056	2.479	2.779	3.067	3.435	3.707
27	0.684	0.855	1.057	1.314	1.703	2.052	2.473	2.771	3.057	3.421	3.69
28	0.683	0.855	1.056	1.313	1.701	2.048	2.467	2.763	3.047	3.408	3.674
29	0.683	0.854	1.055	1.311	1.699	2.045	2.462	2.756	3.038	3.396	3.659
30	0.683	0.854	1.055	1.31	1.697	2.042	2.457	2.75	3.03	3.385	3.646
40	0.681	0.851	1.05	1.303	1.684	2.021	2.423	2.704	2.971	3.307	3.551
50	0.679	0.849	1.047	1.299	1.676	2.009	2.403	2.678	2.937	3.261	3.496
60	0.679	0.848	1.045	1.296	1.671	2	2.39	2.66	2.915	3.232	3.46
80	0.678	0.846	1.043	1.292	1.664	1.99	2.374	2.639	2.887	3.195	3.416
100	0.677	0.845	1.042	1.29	1.66	1.984	2.364	2.626	2.871	3.174	3.39
120	0.677	0.845	1.041	1.289	1.658	1.98	2.358	2.617	2.86	3.16	3.373
infty	0.674	0.842	1.036	1.282	1.645	1.96	2.326	2.576	2.807		

附录 5 F 分布表

$$P\{F(n_1,n_2) > F_a(n_1,n_2)\} = a$$

$\alpha = 0.10$

$df2 \backslash df1$	1	2	3	4	5	6	7	8	9	10	12	15	20	24	30	40	60	120	∞
1	39.86	49.50	53.59	55.83	57.24	58.20	58.91	59.44	59.86	60.19	60.71	61.22	61.74	62.00	62.26	62.53	62.79	63.06	63.33
2	8.53	9.00	9.16	9.24	9.29	9.33	9.35	9.37	9.38	9.39	9.41	9.42	9.44	9.45	9.46	9.47	9.47	9.48	9.49
3	5.54	5.46	5.39	5.34	5.31	5.28	5.27	5.25	5.24	5.23	5.22	5.20	5.18	5.18	5.17	5.16	5.15	5.14	5.13
4	4.54	4.32	4.19	4.11	4.05	4.01	3.98	3.95	3.94	3.92	3.90	3.87	3.84	3.83	3.82	3.80	3.79	3.78	3.76
5	4.06	3.78	3.62	3.52	3.45	3.40	3.37	3.34	3.32	3.30	3.27	3.24	3.21	3.19	3.17	3.16	3.14	3.12	3.10
6	3.78	3.46	3.29	3.18	3.11	3.05	3.01	2.98	2.96	2.94	2.90	2.87	2.84	2.82	2.80	2.78	2.76	2.74	2.72
7	3.59	3.26	3.07	2.96	2.88	2.83	2.78	2.75	2.72	2.70	2.67	2.63	2.59	2.58	2.56	2.54	2.51	2.49	2.47
8	3.46	3.11	2.92	2.81	2.73	2.67	2.62	2.59	2.56	2.54	2.50	2.46	2.42	2.40	2.38	2.36	2.34	2.32	2.29
9	3.36	3.01	2.81	2.69	2.61	2.55	2.51	2.47	2.44	2.42	2.38	2.34	2.30	2.28	2.25	2.23	2.21	2.18	2.16
10	3.29	2.92	2.73	2.61	2.52	2.46	2.41	2.38	2.35	2.32	2.28	2.24	2.20	2.18	2.16	2.13	2.11	2.08	2.06
11	3.23	2.86	2.66	2.54	2.45	2.39	2.34	2.30	2.27	2.25	2.21	2.17	2.12	2.10	2.08	2.05	2.03	2.00	1.97
12	3.18	2.81	2.61	2.48	2.39	2.33	2.28	2.24	2.21	2.19	2.15	2.10	2.06	2.04	2.01	1.99	1.96	1.93	1.90
13	3.14	2.76	2.56	2.43	2.35	2.28	2.23	2.20	2.16	2.14	2.10	2.05	2.01	1.98	1.96	1.93	1.90	1.88	1.85
14	3.10	2.73	2.52	2.39	2.31	2.24	2.19	2.15	2.12	2.10	2.05	2.01	1.96	1.94	1.91	1.89	1.86	1.83	1.80
15	3.07	2.70	2.49	2.36	2.27	2.21	2.16	2.12	2.09	2.06	2.02	1.97	1.92	1.90	1.87	1.85	1.82	1.79	1.76
16	3.05	2.67	2.46	2.33	2.24	2.18	2.13	2.09	2.06	2.03	1.99	1.94	1.89	1.87	1.84	1.81	1.78	1.75	1.72
17	3.03	2.64	2.44	2.31	2.22	2.15	2.10	2.06	2.03	2.00	1.96	1.91	1.86	1.84	1.81	1.78	1.75	1.72	1.69
18	3.01	2.62	2.42	2.29	2.20	2.13	2.08	2.04	2.00	1.98	1.93	1.89	1.84	1.81	1.78	1.75	1.72	1.69	1.66
19	2.99	2.61	2.40	2.27	2.18	2.11	2.06	2.02	1.98	1.96	1.91	1.86	1.81	1.79	1.76	1.73	1.70	1.67	1.63

续表

$\alpha = 0.10$

n_2 \ n_1	1	2	3	4	5	6	7	8	9	10	12	15	20	24	30	40	60	120	∞
20	2.97	2.59	2.38	2.25	2.16	2.09	2.04	2.00	1.96	1.94	1.89	1.84	1.79	1.77	1.74	1.71	1.68	1.64	1.61
21	2.96	2.57	2.36	2.23	2.14	2.08	2.02	1.98	1.95	1.92	1.87	1.83	1.78	1.75	1.72	1.69	1.66	1.62	1.59
22	2.95	2.56	2.35	2.22	2.13	2.06	2.01	1.97	1.93	1.90	1.86	1.81	1.76	1.73	1.70	1.67	1.64	1.60	1.57
23	2.94	2.55	2.34	2.21	2.11	1.05	1.99	1.95	1.92	1.89	1.84	1.80	1.74	1.72	1.69	1.66	1.62	1.59	1.55
24	2.93	2.54	2.33	2.19	2.10	2.04	1.98	1.94	1.91	1.88	1.83	1.78	1.73	1.70	1.67	1.64	1.61	1.57	1.53
25	2.92	2.53	2.32	2.18	2.09	2.02	1.97	1.93	1.89	1.87	1.82	1.77	1.72	1.69	1.66	1.63	1.59	1.56	1.52
26	2.91	2.52	2.31	2.17	2.08	2.01	1.96	1.92	1.88	1.86	1.81	1.76	1.71	1.68	1.65	1.61	1.58	1.54	1.50
27	2.90	2.51	2.30	2.17	2.07	2.00	1.95	1.91	1.87	1.85	1.80	1.75	1.70	1.67	1.64	1.60	1.57	1.53	1.49
28	2.89	2.50	2.29	2.16	2.06	2.00	1.94	1.90	1.87	1.84	1.79	1.74	1.69	1.66	1.63	1.59	1.56	1.52	1.48
29	2.89	2.50	2.28	2.15	2.06	1.99	1.93	1.89	1.86	1.83	1.78	1.73	1.68	1.65	1.62	1.58	1.55	1.51	1.47
30	2.88	2.49	2.28	2.14	2.05	1.98	1.93	1.88	1.85	1.82	1.77	1.72	1.67	1.64	1.61	1.57	1.54	1.50	1.46
40	2.84	2.44	2.23	2.09	2.00	1.93	1.87	1.83	1.79	1.76	1.71	1.66	1.61	1.57	1.54	1.51	1.47	1.42	1.38
60	2.79	2.39	2.18	2.04	1.95	1.87	1.82	1.77	1.74	1.71	1.66	1.60	1.54	1.51	1.48	1.44	1.40	1.35	1.29
120	2.75	2.35	2.13	1.99	1.90	1.82	1.77	1.72	1.68	1.65	1.60	1.55	1.48	1.45	1.41	1.37	1.32	1.26	1.19
∞	2.71	2.30	2.08	1.94	1.85	1.77	1.72	1.67	1.63	1.60	1.55	1.49	1.42	1.38	1.34	1.30	1.24	1.17	

$\alpha = 0.05$

n_2 \ n_1	1	2	3	4	5	6	7	8	9	10	12	15	20	24	30	40	60	120	∞
1	161.4	199.5	215.7	224.6	230.2	234.0	236.8	238.9	240.5	241.9	243.9	245.9	248.0	249.1	250.1	251.1	252.2	253.3	254.3
2	18.51	19.00	19.16	19.25	19.30	19.33	19.35	19.37	19.38	19.40	19.41	19.43	19.45	19.45	19.46	19.47	19.48	19.49	19.50
3	10.13	9.55	9.28	9.12	9.01	8.94	8.89	8.85	8.81	8.79	8.74	8.70	8.66	8.64	8.62	8.59	8.57	8.55	8.53
4	7.71	6.94	6.59	6.39	6.26	6.16	6.09	6.04	6.00	5.96	5.91	5.86	5.80	5.77	5.75	5.72	5.69	5.66	5.63
5	6.61	5.79	5.41	5.19	5.05	4.95	4.88	4.82	4.77	4.74	4.68	4.62	4.56	4.53	4.50	4.46	4.43	4.40	4.36
6	5.99	5.14	4.76	4.53	4.39	4.28	4.21	4.15	4.10	4.06	4.00	3.94	3.87	3.84	3.81	3.77	3.74	3.70	3.67
7	5.59	4.74	4.35	4.12	3.97	3.87	3.79	3.73	3.68	3.64	3.57	3.51	3.44	3.41	3.38	3.34	3.30	3.27	3.23
8	5.32	4.46	4.07	3.84	3.69	3.58	3.50	3.44	3.39	3.35	3.28	3.22	3.15	3.12	3.08	3.04	3.01	2.97	2.93
9	5.12	4.26	3.86	3.63	3.48	3.37	3.29	3.23	3.18	3.14	3.07	3.01	2.94	2.90	2.86	2.83	2.79	2.75	2.71

续表

$\alpha = 0.05$

n_1 \ n_2	1	2	3	4	5	6	7	8	9	10	12	15	20	24	30	40	60	120	∞
10	4.96	4.10	3.71	3.48	3.33	3.22	3.14	3.07	3.02	2.98	2.91	2.85	2.77	2.74	2.70	2.66	2.62	2.58	2.54
11	4.84	3.98	3.59	3.36	3.20	3.09	3.01	2.95	2.90	2.85	2.79	2.72	2.65	2.61	2.57	2.53	2.49	2.45	2.40
12	4.75	3.89	3.49	3.26	3.11	3.00	2.91	2.85	2.80	2.75	2.69	2.62	2.54	2.51	2.47	2.43	2.38	2.34	2.30
13	4.67	3.81	3.41	3.18	3.03	2.92	2.83	2.77	2.71	2.67	2.60	2.53	2.46	2.42	2.38	2.34	2.30	2.25	2.21
14	4.60	3.74	3.34	3.11	2.96	2.85	2.76	2.70	2.65	2.60	2.53	2.46	2.39	2.35	2.31	2.27	2.22	2.18	2.13
15	4.54	3.68	3.29	3.06	2.90	2.79	2.71	2.64	2.59	2.54	2.48	2.40	2.33	2.29	2.25	2.20	2.16	2.11	2.07
16	4.49	3.63	3.24	3.01	2.85	2.74	2.66	2.59	2.54	2.49	2.42	2.35	2.28	2.24	2.19	2.15	2.11	2.06	2.01
17	4.45	3.59	3.20	2.96	2.81	2.70	2.61	2.55	2.49	2.45	2.38	2.31	2.23	2.19	2.15	2.10	2.06	2.01	1.96
18	4.41	3.55	3.16	2.93	2.77	2.66	2.58	2.51	2.46	2.41	2.34	2.27	2.19	2.15	2.11	2.06	2.02	1.97	1.92
19	4.38	3.52	3.13	2.90	2.74	2.63	2.54	2.48	2.42	2.38	2.31	2.23	2.16	2.11	2.07	2.03	1.98	1.93	1.88
20	4.35	3.49	3.10	2.87	2.71	2.60	2.51	2.45	2.39	2.35	2.28	2.20	2.12	2.08	2.04	1.99	1.95	1.90	1.84
21	4.32	3.47	3.07	2.84	2.68	2.57	2.49	2.42	2.37	2.32	2.25	2.18	2.10	2.05	2.01	1.96	1.92	1.87	1.81
22	4.30	3.44	3.05	2.82	2.66	2.55	2.46	2.40	2.34	2.30	2.23	2.15	2.07	2.03	1.98	1.94	1.89	1.84	1.78
23	4.28	3.42	3.03	2.80	2.64	2.53	2.44	2.37	2.32	2.27	2.20	2.13	2.05	2.01	1.96	1.91	1.86	1.81	1.76
24	4.26	3.40	3.01	2.78	2.62	2.51	2.42	2.36	2.30	2.25	2.18	2.11	2.03	1.98	1.94	1.89	1.84	1.79	1.73
25	4.24	3.39	2.99	2.76	2.60	2.49	2.40	2.34	2.28	2.24	2.16	2.09	2.01	1.96	1.92	1.87	1.82	1.77	1.71
26	4.23	3.37	2.98	2.74	2.59	2.47	2.39	2.32	2.27	2.22	2.15	2.07	1.99	1.95	1.90	1.85	1.80	1.75	1.69
27	4.21	3.35	2.96	2.73	2.57	2.46	2.37	2.31	2.25	2.20	2.13	2.06	1.97	1.93	1.88	1.84	1.79	1.73	1.67
28	4.20	3.34	2.95	2.71	2.56	2.45	2.36	2.29	2.24	2.19	2.12	2.04	1.96	1.91	1.87	1.82	1.77	1.71	1.65
29	4.18	3.33	2.93	2.70	2.55	2.43	2.35	2.28	2.22	2.18	2.10	2.03	1.94	1.90	1.85	1.81	1.75	1.70	1.64
30	4.17	3.32	2.92	2.69	2.53	2.42	2.33	2.27	2.21	2.16	2.09	2.01	1.93	1.89	1.84	1.79	1.74	1.68	1.62
40	4.08	3.23	2.84	2.61	2.45	2.34	2.25	2.18	2.12	2.08	2.00	1.92	1.84	1.79	1.74	1.69	1.64	1.58	1.51
60	4.00	3.15	2.76	2.53	2.37	2.25	2.17	2.10	2.04	1.99	1.92	1.84	1.75	1.70	1.65	1.59	1.53	1.47	1.39
120	3.92	3.07	2.68	2.45	2.29	2.17	2.09	2.02	1.96	1.91	1.83	1.75	1.66	1.61	1.55	1.50	1.43	1.35	1.25
∞	3.84	3.00	2.60	2.37	2.21	2.10	2.01	1.94	1.88	1.83	1.75	1.67	1.57	1.52	1.46	1.39	1.32	1.22	1.00

续表

$\alpha = 0.025$

n_1 \ n_2	1	2	3	4	5	6	7	8	9	10	12	15	20	24	30	40	60	120	∞
1	647.8	799.5	864.2	899.6	921.8	937.1	948.2	956.7	963.3	968.6	976.7	984.9	993.1	997.2	1 001	1 006	1 010	1 014	1 018
2	38.51	39.00	39.17	39.25	39.30	39.33	39.36	39.37	39.39	39.40	39.41	39.43	39.45	39.46	39.46	39.47	39.48	39.40	39.50
3	17.44	16.04	15.44	15.10	14.88	14.73	14.62	14.54	14.47	14.42	14.34	14.25	14.17	14.12	14.08	14.04	13.99	13.95	13.90
4	12.22	10.65	9.98	9.60	9.36	9.20	9.07	8.98	8.90	8.84	8.75	8.66	8.56	8.51	8.46	8.41	8.36	8.31	8.26
5	10.01	8.43	7.76	7.39	7.15	6.98	6.85	6.76	6.68	6.62	6.52	6.43	6.33	6.28	6.23	6.18	6.12	6.07	6.02
6	8.81	7.26	6.60	6.23	5.99	5.82	5.70	5.60	5.52	5.46	5.37	5.27	5.17	5.12	5.07	5.01	4.96	4.90	4.85
7	8.07	6.54	5.89	5.52	5.29	5.12	4.99	4.90	4.82	4.76	4.67	4.57	4.47	4.42	4.36	4.31	4.25	4.20	4.14
8	7.57	6.06	5.42	5.05	4.82	4.65	4.53	4.43	4.36	4.30	4.20	4.10	4.00	3.95	3.89	3.84	3.78	3.73	3.67
9	7.21	5.71	5.08	4.72	4.48	4.23	4.20	4.10	4.03	3.96	3.87	3.77	3.67	3.61	3.56	3.51	3.45	3.39	3.33
10	6.94	5.46	4.83	4.47	4.24	4.07	3.95	3.85	3.78	3.72	3.62	3.52	3.42	3.37	3.31	3.26	3.20	3.14	3.08
11	6.72	5.26	4.63	4.28	4.04	3.88	3.76	3.66	3.59	3.53	3.43	3.33	3.23	3.17	3.12	3.06	3.00	2.94	2.88
12	6.55	5.10	4.47	4.12	3.89	3.73	3.61	3.51	3.44	3.37	3.28	3.18	3.07	3.02	2.96	2.91	2.85	2.79	2.72
13	6.41	4.97	4.35	4.00	3.77	3.60	3.48	3.39	3.31	3.25	3.15	3.05	2.95	2.89	2.84	2.78	2.72	2.66	2.60
14	6.30	4.86	4.24	3.89	3.66	3.50	3.38	3.29	3.21	3.15	3.05	2.95	2.84	2.79	2.73	2.67	2.61	2.55	2.49
15	6.20	4.77	4.15	3.80	3.58	3.41	3.29	3.20	3.12	3.06	2.96	2.86	2.76	2.70	2.64	2.59	2.52	2.46	2.40
16	6.12	4.69	4.08	3.73	3.50	3.34	3.22	3.12	3.05	2.99	2.89	2.79	2.68	2.63	2.57	2.51	2.45	2.38	2.32
17	6.04	4.62	4.01	3.66	3.44	3.28	3.16	3.06	2.98	2.92	2.82	2.72	2.62	2.56	2.50	2.44	2.38	2.32	2.25
18	5.98	4.56	3.95	3.61	3.38	3.22	3.10	3.01	2.93	2.87	2.77	2.67	2.56	2.50	2.44	2.38	2.32	2.26	2.19
19	5.92	4.51	3.90	3.56	3.33	3.17	3.05	2.96	2.88	2.82	2.72	2.62	2.51	2.45	2.39	2.33	2.27	2.20	2.13
20	5.87	4.46	3.86	3.51	3.29	3.13	3.01	2.91	2.84	2.77	2.68	2.57	2.46	2.41	2.35	2.29	2.22	2.16	2.09
21	5.83	4.42	3.82	3.48	3.25	3.09	2.97	2.87	2.80	2.73	2.64	2.53	2.42	2.37	2.31	2.25	2.18	2.11	2.04
22	5.79	4.38	3.78	3.44	3.22	3.05	2.73	2.84	2.76	2.70	2.60	2.50	2.39	2.33	2.27	2.21	2.14	2.08	2.00
23	5.75	4.35	3.75	3.41	3.18	3.02	2.90	2.81	2.73	2.67	2.57	2.47	2.36	2.30	2.24	2.18	2.11	2.04	1.97
24	5.72	4.32	3.72	3.38	3.15	2.99	2.87	2.78	2.70	2.64	2.54	2.44	2.33	2.27	2.21	2.15	2.08	2.01	1.94

续表

$\alpha = 0.025$

n_1 \ n_2	1	2	3	4	5	6	7	8	9	10	12	15	20	24	30	40	60	120	∞
25	5.69	4.29	3.69	3.35	3.13	2.97	2.85	2.75	2.68	2.61	2.51	2.41	2.30	2.24	2.18	2.12	2.05	1.98	1.91
26	5.66	4.27	3.67	3.33	3.10	2.94	2.82	2.73	2.65	2.59	2.49	2.39	2.28	2.22	2.16	2.09	2.03	1.95	1.88
27	5.63	4.24	3.65	3.31	3.08	2.92	2.80	2.71	2.63	2.57	2.47	2.36	2.25	2.19	2.13	2.07	2.00	1.93	1.85
28	5.61	4.22	3.63	3.29	3.06	2.90	2.78	2.69	2.61	2.55	2.45	2.34	2.23	2.17	2.11	2.05	1.98	1.91	1.83
29	5.59	4.20	3.61	3.27	3.04	2.88	2.76	2.67	2.59	2.53	2.43	2.32	2.21	2.15	2.09	2.03	1.96	1.89	1.81
30	5.57	4.18	3.59	3.25	3.03	2.87	2.75	2.65	2.57	2.51	2.41	2.31	2.20	2.14	2.07	2.01	1.94	1.87	1.79
40	5.42	4.05	3.46	3.13	3.90	2.74	2.62	2.53	2.45	2.39	2.29	2.18	2.07	2.01	1.94	1.88	1.80	1.72	1.64
60	5.29	3.93	3.34	3.01	2.79	2.63	2.51	2.41	2.33	2.27	3.17	2.06	1.94	1.88	1.82	1.74	1.67	1.58	1.48
120	5.15	3.80	3.23	2.89	2.67	2.52	2.39	2.30	2.22	2.16	2.05	1.94	1.82	1.76	1.69	1.61	1.53	1.43	1.31
∞	5.02	3.69	3.12	2.79	2.57	2.41	2.29	2.19	2.11	2.05	1.94	1.83	1.71	1.64	1.57	1.48	1.39	1.27	1.00

$\alpha = 0.01$

n_1 \ n_2	1	2	3	4	5	6	7	8	9	10	12	15	20	24	30	40	60	120	∞
1	4 052	4 999.5	5 403	5 625	5 764	5 859	5 928	5 982	6 022	6 056	6 106	6 157	6 209	6 235	6 261	6 287	6 313	6 339	6 366
2	98.50	99.00	99.17	99.25	99.30	99.33	99.36	99.37	99.39	99.40	99.42	99.43	99.45	99.46	99.47	99.47	99.48	99.49	99.50
3	34.12	30.82	29.46	28.71	28.24	27.91	27.67	27.49	27.35	27.23	27.05	26.87	26.69	26.60	26.50	26.41	26.32	26.22	26.13
4	21.20	18.00	16.69	15.98	15.52	15.21	14.98	14.80	14.66	14.55	14.37	14.20	14.02	13.93	13.84	13.75	13.65	13.56	13.46
5	16.26	13.27	12.06	11.39	10.97	10.67	10.46	10.29	10.16	10.05	9.89	9.72	9.55	9.47	9.38	9.29	9.20	9.11	9.02
6	13.75	10.93	9.78	9.15	8.75	8.47	8.26	8.10	7.98	7.87	7.72	7.56	7.40	7.31	7.23	7.14	7.06	6.97	6.88
7	12.25	9.55	8.45	7.85	7.46	7.19	6.99	6.84	6.72	6.62	6.47	6.31	6.16	6.07	5.99	5.91	5.82	5.74	5.65
8	11.26	8.65	7.59	7.01	6.63	6.37	6.18	6.03	5.91	5.81	5.67	5.52	5.36	5.28	5.20	5.12	5.03	4.95	4.86
9	10.56	8.02	6.99	6.42	6.06	5.80	5.61	5.47	5.35	5.26	5.11	4.96	4.81	4.73	4.65	4.57	4.48	4.40	4.31

续表

$\alpha=0.01$

n_2 \ n_1	1	2	3	4	5	6	7	8	9	10	12	15	20	24	30	40	60	120	∞
10	10.04	7.56	6.55	5.99	5.64	5.39	5.20	5.06	4.94	4.85	4.71	4.56	4.41	4.33	4.25	4.17	4.08	4.00	3.91
11	9.65	7.21	6.22	5.67	5.32	5.07	4.89	4.74	4.63	4.54	4.40	4.25	4.10	4.02	3.94	3.86	3.78	3.69	3.60
12	9.33	6.93	5.95	5.41	5.06	4.82	4.64	4.50	4.39	4.30	4.16	4.01	3.86	3.78	3.70	3.62	3.54	3.45	3.36
13	9.07	6.70	5.74	5.21	4.86	4.62	4.44	4.30	4.19	4.10	3.96	3.82	3.66	3.59	3.51	3.43	3.34	3.25	3.17
14	8.86	6.51	5.56	5.04	4.69	4.46	4.28	4.14	4.03	3.94	3.80	3.66	3.51	3.43	3.35	3.27	3.18	3.09	3.00
15	8.68	6.36	5.42	4.89	4.56	4.32	4.14	4.00	3.89	3.80	3.67	3.52	3.37	3.29	3.21	3.13	3.05	2.96	2.87
16	8.53	6.23	5.29	4.77	4.44	4.20	4.03	3.89	3.78	3.69	3.55	3.41	3.26	3.18	3.10	3.02	2.93	2.84	2.75
17	8.40	6.11	5.18	4.67	4.34	4.10	3.93	3.79	3.68	3.59	3.46	3.31	3.16	3.08	3.00	2.92	2.83	2.75	2.65
18	8.29	6.01	5.09	4.58	4.25	4.01	3.84	3.71	3.60	3.51	3.37	3.23	3.08	3.00	2.92	2.84	2.75	2.66	2.57
19	8.18	5.93	5.01	4.50	4.17	3.94	3.77	3.63	3.52	3.43	3.30	3.15	3.00	2.92	2.84	2.76	2.67	2.58	2.49
20	8.10	5.85	4.94	4.43	4.10	3.87	3.70	3.56	3.46	3.37	3.23	3.09	2.94	2.86	2.78	2.69	2.61	2.52	2.42
21	8.02	5.78	4.87	4.37	4.04	3.81	3.64	3.51	3.40	3.31	3.17	3.03	2.88	2.80	2.72	2.64	2.55	2.46	2.36
22	7.95	5.72	4.82	4.31	3.99	3.76	3.59	3.45	3.35	3.26	3.12	2.98	2.83	2.75	2.67	2.58	2.50	2.40	2.31
23	7.88	5.66	4.76	4.26	3.94	3.71	3.54	3.41	3.30	3.21	3.07	2.93	2.78	2.70	2.62	2.54	2.45	2.35	2.26
24	7.82	5.61	4.72	4.22	3.90	3.67	3.50	3.36	3.26	3.17	3.03	2.89	2.74	2.66	2.58	2.49	2.40	2.31	2.21
25	7.77	5.57	4.68	4.18	3.85	3.63	3.46	3.32	3.22	3.13	2.99	2.85	2.70	2.62	2.54	2.45	2.36	2.27	2.17
26	7.72	5.53	4.64	4.14	3.82	3.59	3.42	3.29	3.18	3.09	2.96	2.81	2.66	2.58	2.50	2.42	2.33	2.23	2.13
27	7.68	5.49	4.60	4.11	3.78	3.56	3.39	3.26	3.15	3.06	2.93	2.78	2.63	2.55	2.47	2.38	2.29	2.20	2.10
28	7.64	5.45	4.57	4.07	3.75	3.53	3.36	3.23	3.12	3.03	2.90	2.75	2.60	2.52	2.44	2.35	2.26	2.17	2.06
29	7.60	5.42	4.54	4.04	3.73	3.50	3.33	3.20	3.09	3.00	2.87	2.73	2.57	2.49	2.41	2.33	2.23	2.14	2.03
30	7.56	5.39	4.51	4.02	3.70	3.47	3.30	3.17	3.07	2.98	2.84	2.70	2.55	2.47	2.39	2.30	2.21	2.11	2.01
40	7.31	5.18	4.31	3.83	3.51	3.29	3.12	2.99	2.89	2.80	2.66	2.52	2.37	2.29	2.20	2.11	2.02	1.92	1.80
60	7.08	4.98	4.13	3.65	3.34	3.12	2.95	2.82	2.72	2.63	2.50	2.35	2.20	2.12	2.03	1.94	1.84	1.73	1.60
120	6.85	4.79	3.95	3.48	3.17	2.96	2.79	2.66	2.56	2.47	2.34	2.19	2.03	1.95	1.86	1.76	1.66	1.53	1.38
∞	6.63	4.61	3.78	3.32	3.02	2.80	2.64	2.51	2.41	2.32	2.18	2.04	1.88	1.79	1.70	1.59	1.47	1.32	1.00

续表

$\alpha = 0.005$

n_2 \ n_1	1	2	3	4	5	6	7	8	9	10	12	15	20	24	30	40	60	120	∞
1	16 211	20 000	21 615	22 500	23 056	23 437	23 715	23 925	24 091	24 224	24 426	24 630	24 836	24 940	25 044	25 148	25 253	25 359	25 465
2	198.5	199.0	199.2	199.2	199.3	199.3	199.4	199.4	199.4	199.4	199.4	199.4	199.4	199.5	199.5	199.5	199.5	199.5	199.5
3	55.55	49.80	47.47	46.19	45.39	44.84	44.43	44.13	43.88	43.69	43.39	43.08	42.78	42.62	42.47	42.31	42.15	41.99	41.83
4	31.33	26.28	24.26	23.15	22.46	21.97	21.62	21.35	21.14	20.97	20.70	20.44	20.17	20.03	19.89	19.75	19.61	19.47	19.32
5	22.78	18.31	16.53	15.56	14.94	14.51	14.20	13.96	13.77	13.62	13.38	13.15	12.90	12.78	12.66	12.53	12.40	12.27	12.14
6	18.63	14.54	12.92	12.03	11.46	11.07	10.79	10.57	10.39	10.25	10.03	9.81	9.59	9.47	9.36	9.24	9.12	9.00	8.88
7	16.24	12.40	10.88	10.05	9.52	9.16	8.89	8.68	8.51	8.38	8.18	7.97	7.75	7.65	7.53	7.42	7.31	7.19	7.08
8	14.69	11.04	9.60	8.81	8.30	7.95	7.69	7.50	7.34	7.21	7.01	6.81	6.61	6.50	6.40	6.29	6.18	6.06	5.95
9	13.61	10.11	8.72	7.96	7.47	7.13	6.88	6.69	6.54	6.42	6.23	6.03	5.83	5.73	5.62	5.52	5.41	5.30	5.19
10	12.83	9.43	8.08	7.34	6.87	6.54	6.30	6.12	5.97	5.85	5.66	5.47	5.27	5.17	5.07	4.97	4.86	4.75	4.64
11	12.23	8.91	7.60	6.88	6.42	6.10	5.86	5.68	5.54	5.42	5.24	5.05	4.86	4.76	4.65	4.55	4.44	4.34	4.23
12	11.75	8.51	7.23	6.52	6.07	5.76	5.52	5.35	5.20	5.09	4.91	4.72	4.53	4.43	4.33	4.23	4.12	4.01	3.90
13	11.37	8.19	6.93	6.23	5.79	5.48	5.25	5.08	4.94	4.82	4.64	4.46	4.27	4.17	4.07	3.97	3.87	3.76	3.65
14	11.06	7.92	6.68	6.00	5.56	5.26	5.03	4.86	4.72	4.60	4.43	4.25	4.06	3.96	3.86	3.76	3.66	3.55	3.44
15	10.80	7.70	6.48	5.80	5.37	5.07	4.85	4.67	4.54	4.42	4.25	4.07	3.88	3.79	3.69	3.58	3.48	3.37	3.26
16	10.58	7.51	6.30	5.64	5.21	4.91	4.69	4.52	4.38	4.27	4.10	3.92	3.73	3.64	3.54	3.44	3.33	3.22	3.11
17	10.38	7.35	6.16	5.50	5.07	4.78	4.56	4.39	4.25	4.14	3.97	3.79	3.61	3.51	3.41	3.31	3.21	3.10	2.98
18	10.22	7.21	6.03	5.37	4.96	4.66	4.44	4.28	4.14	4.03	3.86	3.68	3.50	3.40	3.30	3.20	3.10	2.99	2.87
19	10.07	7.09	5.92	5.27	4.85	4.56	4.34	4.18	4.04	3.93	3.76	3.59	3.40	3.31	3.21	3.11	3.00	2.89	2.78
20	9.94	6.99	5.82	5.17	4.76	4.47	4.26	4.09	3.96	3.85	3.68	3.50	3.32	3.22	3.12	3.02	2.92	2.81	2.69
21	9.83	6.89	5.73	5.09	4.68	4.39	4.18	4.01	3.88	3.77	3.60	3.43	3.24	3.15	3.05	2.95	2.84	2.73	2.61
22	9.73	6.81	5.65	5.02	4.61	4.32	4.11	3.94	3.81	3.70	3.54	3.36	3.18	3.08	2.98	2.88	2.77	2.66	2.55
23	9.63	6.73	5.58	4.95	4.54	4.26	4.05	3.88	3.75	3.64	3.47	3.30	3.12	3.02	2.92	2.82	2.71	2.60	2.48
24	9.55	6.66	5.52	4.89	4.49	4.20	3.99	3.83	3.69	3.59	3.42	3.25	3.06	2.97	2.87	2.77	2.66	2.55	2.43

续表

α=0.005

n_1 \ n_2	1	2	3	4	5	6	7	8	9	10	12	15	20	24	30	40	60	120	∞
25	9.48	6.60	5.46	4.84	4.43	4.15	3.94	3.78	3.64	3.54	3.37	3.20	3.01	2.92	2.82	2.72	2.61	2.50	2.38
26	9.41	6.54	5.41	4.79	4.38	4.10	3.89	3.73	3.60	3.49	3.33	3.15	2.97	2.87	2.77	2.67	2.56	2.45	2.33
27	9.34	6.49	5.36	4.74	4.34	4.06	3.85	3.69	3.56	3.45	3.28	3.11	2.93	2.83	2.73	2.63	2.52	2.41	2.29
28	9.28	6.44	5.32	4.70	4.30	4.02	3.81	3.65	3.52	3.41	3.25	3.07	2.89	2.79	2.69	2.59	2.48	2.37	2.25
29	9.23	6.40	5.28	4.66	4.26	3.98	3.77	3.61	3.48	3.38	3.21	3.04	2.86	2.76	2.66	2.56	2.45	2.33	2.21
30	9.18	6.35	5.24	4.62	4.23	3.95	3.74	3.58	3.45	3.34	3.18	3.01	2.82	2.73	2.63	2.52	2.42	2.30	2.18
40	8.83	6.07	4.98	4.37	3.99	3.71	3.51	3.35	3.22	3.12	2.95	2.78	2.60	2.50	2.40	2.30	2.18	2.06	1.93
60	8.49	5.79	4.73	4.14	3.76	3.49	3.29	3.13	3.01	2.90	2.74	2.57	2.39	2.29	2.19	2.08	1.96	1.83	1.69
120	8.18	5.54	4.50	3.92	3.55	3.28	3.09	2.93	2.81	2.71	2.54	2.37	2.19	2.09	1.98	1.87	1.75	1.61	1.43
∞	7.88	5.30	4.28	3.72	3.35	3.09	2.90	2.74	2.62	2.52	2.36	2.19	2.00	1.90	1.79	1.67	1.53	1.36	1.00

α=0.001

n_1 \ n_2	1	2	3	4	5	6	7	8	9	10	12	15	20	24	30	40	60	120	∞
1	4053+	5000+	5404+	5625+	5764+	5859+	5929+	5981+	6023+	6056+	6107+	6158+	6209+	6235+	6261+	6287+	6313+	6340+	6366+
2	998.5	999.0	999.2	999.2	999.3	999.3	999.4	999.4	999.4	999.4	999.4	999.4	999.4	999.5	999.5	999.5	999.5	999.5	999.5
3	167.0	148.5	141.1	137.1	134.6	132.8	131.6	130.6	129.9	129.2	128.3	127.4	126.4	125.9	125.4	125.0	124.5	124.0	123.5
4	74.14	61.25	56.18	53.44	51.71	50.53	49.66	49.00	48.47	48.05	47.41	46.76	46.10	45.77	45.43	45.09	44.75	44.40	44.05
5	47.18	37.12	33.20	31.09	29.75	28.84	28.16	27.64	27.24	26.92	26.42	25.91	25.39	25.14	24.87	24.60	24.33	24.06	23.79
6	35.51	27.00	23.70	21.92	20.81	20.03	19.46	19.03	18.69	18.41	17.99	17.56	17.12	16.89	16.67	16.44	16.21	15.99	15.75
7	29.25	21.69	18.77	17.19	16.21	15.52	15.02	14.63	14.33	14.08	13.71	13.32	12.93	12.73	12.53	12.33	12.12	11.91	11.70
8	25.42	18.49	15.83	14.39	13.49	12.86	12.40	12.04	11.77	11.54	11.19	10.84	10.48	10.30	10.11	9.92	9.73	9.53	9.33
9	22.86	16.39	13.90	12.56	11.71	11.13	10.70	10.37	10.11	9.89	9.57	9.24	8.90	8.72	8.55	8.37	8.19	8.00	7.80

+：表示要将所列列数乘100。

续表

$\alpha = 0.001$

n_1 / n_2	1	2	3	4	5	6	7	8	9	10	12	15	20	24	30	40	60	120	∞
10	21.04	14.91	12.55	11.28	10.48	9.92	9.52	9.20	8.96	8.75	8.45	8.13	7.80	7.64	7.47	7.30	7.12	6.94	6.76
11	19.69	13.81	11.56	10.35	9.58	9.05	8.66	8.35	8.12	7.92	7.63	7.32	7.01	6.85	6.68	6.52	6.35	6.17	6.00
12	18.64	12.97	10.80	9.63	8.89	8.38	8.00	7.71	7.48	7.29	7.00	6.71	6.40	6.25	6.09	5.93	5.76	5.59	5.42
13	17.81	12.31	10.21	9.07	8.35	7.86	7.49	7.21	6.98	6.80	6.52	6.23	5.93	5.78	5.63	5.47	5.30	5.14	4.97
14	17.14	11.78	9.73	8.62	7.92	7.43	7.08	6.80	6.58	6.40	6.13	5.85	5.56	5.41	5.25	5.10	4.94	4.77	4.60
15	16.59	11.34	9.34	8.25	7.57	7.09	6.74	6.47	6.26	6.08	5.81	5.54	5.25	5.10	4.95	4.80	4.64	4.47	4.31
16	16.12	10.97	9.00	7.94	7.27	6.81	6.46	6.19	5.98	5.81	5.55	5.27	4.99	4.85	4.70	4.54	4.39	4.23	4.06
17	15.72	10.66	8.73	7.68	7.02	6.56	6.22	5.96	5.75	5.58	5.32	5.05	4.78	4.63	4.48	4.33	4.18	4.02	3.85
18	15.38	10.39	8.49	7.46	6.81	6.35	6.02	5.76	5.56	5.39	5.13	4.87	4.59	4.45	4.30	4.15	4.00	3.84	3.67
19	15.08	10.16	8.28	7.26	6.62	6.18	5.85	5.59	5.39	5.22	4.97	4.70	4.43	4.29	4.14	3.99	3.84	3.68	3.51
20	14.82	9.95	8.10	7.10	6.46	6.02	5.69	5.44	5.24	5.08	4.82	4.56	4.29	4.15	4.00	3.86	3.70	3.54	3.38
21	14.59	9.77	7.94	6.95	6.32	5.88	5.56	5.31	5.11	4.95	4.70	4.44	4.17	4.03	3.88	3.74	3.58	3.42	3.26
22	14.38	9.61	7.80	6.81	6.19	5.76	5.44	5.19	4.98	4.83	4.58	4.33	4.06	3.92	3.78	3.63	3.48	3.32	3.15
23	14.19	9.47	7.67	6.69	6.08	5.65	5.33	5.09	4.89	4.73	4.48	4.23	3.96	3.82	3.68	3.53	3.38	3.22	3.05
24	14.03	9.34	7.55	6.59	5.98	5.55	5.23	4.99	4.80	4.64	4.39	4.14	3.87	3.74	3.59	3.45	3.29	3.14	2.97
25	13.88	9.22	7.45	6.49	5.88	5.46	5.15	4.91	4.71	4.56	4.31	4.06	3.79	3.66	3.52	3.37	3.22	3.06	2.89
26	13.74	9.12	7.36	6.41	5.80	5.38	5.07	4.83	4.64	4.48	4.24	3.99	3.72	3.59	3.44	3.30	3.15	2.99	2.82
27	13.61	9.02	7.27	6.33	5.73	5.31	5.00	4.76	4.57	4.41	4.17	3.92	3.66	3.52	3.38	3.23	3.08	2.92	2.75
28	13.50	8.93	7.19	6.25	5.66	5.24	4.93	4.69	4.50	4.35	4.11	3.86	3.60	3.46	3.32	3.18	3.02	2.86	2.69
29	13.39	8.85	7.12	6.19	5.59	5.18	4.87	4.64	4.45	4.29	4.05	3.80	3.54	3.41	3.27	3.12	2.97	2.81	2.64
30	13.29	8.77	7.05	6.12	5.53	5.12	4.82	4.58	4.39	4.24	4.00	3.75	3.49	3.36	3.22	3.07	2.92	2.76	2.59
40	12.61	8.25	6.60	5.70	5.13	4.73	4.44	4.21	4.02	3.87	3.64	3.40	3.15	3.01	2.87	2.73	2.57	2.41	2.23
60	11.97	7.76	6.17	5.31	4.76	4.37	4.09	3.87	3.69	3.54	3.31	3.08	2.83	2.69	2.55	2.41	2.25	2.08	1.89
120	11.38	7.32	5.79	4.95	4.42	4.04	3.77	3.55	3.38	3.24	3.02	2.78	2.53	2.40	2.26	2.11	1.95	1.76	1.54
∞	10.83	6.91	5.42	4.62	4.10	3.74	3.47	3.27	3.10	2.96	2.74	2.51	2.27	2.13	1.99	1.84	1.66	1.45	1.00